Alexander Gosztonyi

# Die Welt der Reinkarnationslehre

Das umfassende Grundlagenwerk zur Geschichte, Beweisbarkeit und Praxis der Reinkarnationslehre sowie ihre Bedeutung für Psychologie und das Weltbild des Christentums

WINDPFERD

2. Auflage 2003

Umschlaggestaltung: Kuhn Grafik, Zürich, unter
Verwendung eines Kunstwerks von Holger Gerull
Gesamtherstellung: Schneelöwe, Aitrang
ISBN 3-89385-319-7

Printed in Germany

# Inhaltsverzeichnis

Erster Teil

## Aspekte der Reinkarnationslehre

## Zweiter Teil
## Die Diskussion um die Reinkarnation

Dritter Teil
# Die Erfahrung der Reinkarnation

## Vierter Teil
## Das Christentum und die Reinkarnation

Die Gegenwart ist eine Zeit des Umbruchs. Die Menschheit steht inmitten einer Zeitwende.

Die Wende ereignet sich im zweifachen Sinne. Die Zeit ändert sich und die Sicht der Zeit ändert sich.

Die Zeit ändert sich, indem eine zweitausend Jahre alte Epoche zu Ende geht und eine neue Epoche anbricht.

Der Übergang von einer Epoche zur nächsten vollzieht sich nie bloss äusserlich, er ist nicht nur eine Frage der traditionellen Zeitrechnung.

Der Wechsel von Epochen bedeutet stets einen Wechsel in allen irdischen – menschlichen und nicht-menschlichen – Belangen. In allen Bereichen und auf allen Ebenen der Erde findet gegenwärtig eine tiefgreifende Umstrukturierung statt.

Sie ereignet sich als Folge der Erhöhung der Kosmischen Strahlung, die die Erde mit geistiger Energie versorgt. Ihre Erhöhung bewirkt eine Erhöhung des allgemeinen Bewusstseinsniveaus.

Die Erhöhung des Bewusstseinsniveaus wird nun an der Schwelle des neuen Jahrtausends allmählich spürbar und erschliesst für den Menschen neue Möglichkeiten und eine neue Sicht. Es werden neue Fähigkeiten entfaltet und die Welt wird für den Menschen in mehrfacher Hinsicht und in verschiedenen Bereichen transparent.

*Transparenz* bedeutet Durchsichtigkeit, die Durchlässigkeit von Licht. Die Welt wird für den Menschen durchsichtiger, indem er sie mit seinem Erfahrungs- und Erfassungsvermögen tiefer durchdringen kann. Immer mehr Menschen können in die Welt der Natur, in die Welt des Jenseits, in die Welt des Übersinnlichen und in die Himmlische Welt Einblick gewinnen und auch Zugang zu ihnen finden.

Der Mensch dringt auch in seine eigene Welt tiefer ein und beginnt, sich und seine Existenz besser zu verstehen. Tritt er an die Wirklichkeit näher heran, so wird er unrealistische Vorstellungen korrigieren, falsche ausmerzen können, und er gewinnt über sich und über die Welt eine neue Sicht.

Ändert sich die Sicht der Welt, so ändert sich auch die Sicht der Zeit.

Es ist die Dimension der Zeit, die sich in der Vorstellung des Menschen ändert, jene Dimension, in welcher der Mensch zu leben hat.

Anfang und Ende des Lebens rücken in ungeahnte Ferne, und das Leben breitet sich auf einen unübersehbar grossen Zeitraum aus.

Der Mensch ist heute mit dieser neuen Sicht seines Lebens konfrontiert, und sein Leben erscheint als eine Folge von Erdenleben. Es ist die Konfrontation mit der *Tatsache der Reinkarnation*.

# Erster Teil

# Aspekte
der Reinkarnationslehre

# 1.

# Das Leben des Menschen

Wann beginnt das Leben des Menschen?

Es beginnt in dem Augenblick, in dem seine Seele entsteht.

Und wann entsteht die Seele des Menschen?

Nach einer weitverbreiteten Auffassung entsteht sie bei der physischen Empfängnis: Der Mensch beginnt erst im Augenblick seiner Empfängnis zu existieren.

Jeder, der den wahren Sachverhalt kennt, weiss, dass dies nicht den Tatsachen entspricht. Das Leben des Menschen, der auf der Erde im Mutterleib empfangen wird, setzt sich beim Eintritt in die irdisch-materielle Welt lediglich fort. Die Empfängnis ist das Ereignis, das einen Wiederbeginn des Lebens auf der Erde möglich macht, es ist aber nicht das Ereignis, demzufolge auf der Erde nun ein völlig neues Leben entstehen würde. Neu entsteht nur der physische Leib, nicht die Seele.

Wann nimmt also das Leben des Menschen seinen Anfang?

Der Mensch lebt bereits seit sehr langer Zeit. Er verbringt sein Leben abwechselnd auf der Erde und jenseits der irdisch-materiellen Welt. Er hat ein einziges Leben, und dieses ist auf eine äusserst grosse Zeitspanne ausgedehnt und umfasst unzählige Erdenleben.

Die Frage, wann genau die Folge der Erdenleben begonnen hat, kann vorerst offen bleiben, ebenso die Frage, wann sie zu Ende geht. Entscheidend ist zunächst, dass die Zeitspanne des menschlichen Lebens nicht auf ein einziges Erdenleben bemessen ist, sondern sich auf eine unübersehbar lange Reihe von Inkarnationen erstreckt.

Diese Tatsache, die Tatsache der Reinkarnation, kann ein jeder, der an die Frage unvoreingenommen herantritt, erfahren.

Die Reinkarnation ist eine *Erfahrungstatsache.*

## Das neue Lebensgefühl

Es scheint, dass für die Erfahrung der Reinkarnation die Zeit nun auch im Westen reif geworden ist. Viele Menschen wissen über die Tatsache der Reinkarnation allerdings auch da schon längst Bescheid. Die meisten müssen lediglich ihre Vorstellung über die Länge der Reinkarnationsreihe revidieren, da die vermutete Anzahl von Inkarnationen im allgemeinen viel niedriger angesetzt wird, als dies nötig wäre.

Die Wende in der Zeitvorstellung hat jedoch nicht bloss formalen Charakter, sie berührt auch die zentrale Vorstellung des Menschen über sein Leben und über sein Wesen. Sie ist im tiefsten Sinne eine *Zeitwende*. Sie ist dermassen radikal, dass sie die Wende in der Vorstellung über die Raumstruktur der Welt zur Zeit der Renaissance bei weitem übertrifft.

Denn als entdeckt wurde, dass nicht die Erde im Mittelpunkt des Sonnensystems steht, wie bis anhin angenommen, sondern die Sonne, und dass sich – entgegen der damaligen Meinung – auch die Erde bewegt, betraf diese Änderung in der Raumvorstellung den Menschen selber nicht.

Auch die Entdeckung, der Raum sei unendlich, hatte für einen Menschen kaum eine praktische Bedeutung. Die Erdoberfläche schrumpfte dank der Technisierung der Verkehrsmittel und der Nachrichtenübermittlung inzwischen ohnehin tüchtig zusammen, und nur Fachleute forderte es heraus, als sich vor ihren Messinstrumenten der Weltraum immer mehr ausdehnte.

Erweitert sich hingegen die Dimension der Zeit, in welcher der Mensch lebt, so schneidet diese Veränderung tief in sein Lebensgefühl ein und verändert auch sein Selbstverständnis. Dies erfährt jeder, der sich dem Gedanken vorbehaltlos hingibt, sein Leben hätte schon vor langer Zeit begonnen und dauere noch für unbestimmte Zeit, wenn nicht sogar für immer fort.

Es kann sein, dass derjenige, der sich das erste Mal vorstellt, er hätte schon viele Inkarnationen hinter sich und etliche noch vor sich, von diesen Gedanken irritiert wird. Erfahrungsgemäss denken besonders jene Menschen, die ihr Leben als mühsam und belastend empfinden, nicht gerne daran, dass sie auf die Erde zurückkehren müssen. Für sie ist das irdische Leben eher eine Verpflichtung als eine Freude, sie empfinden das Leben, als wäre es ihnen aufgezwungen worden, und für manche ist ein einziges Erdenleben schon zuviel.

Erst recht kann der Mensch beunruhigt, sogar von Schwindel erfasst werden, wenn er vernimmt, dass sich die Zeitspanne seines Lebens über eine ungeahnte Länge, ja, wie es scheint, bis ins Unendliche erstreckt. Und wird er angesichts seiner langen Lebenszeit von Mutlosigkeit oder sogar von Angst ergriffen, so kann ihn dies erst recht veranlassen, sich fortan von Gedanken an die Reinkarnation fernzuhalten.

Die Reihe der Reinkarnationen ist selbstverständlich nicht unendlich lang. Und nicht ein jeder wird den Gedanken an ihre Länge als befremdend empfinden. Je reifer ein Mensch innerlich wird, umso mehr wird er ihn begrüssen. Denn er wird ihn als befreiend betrachten.

Er fühlt sich tatsächlich befreit, sobald er einsieht, dass er Raum um sich hat, Zeitraum für sein Leben.

Und er wird aufatmen.

Er atmet auf, weil ihn die Vorstellung, seine Lebenszeit beschränke sich auf ein einziges Erdenleben, nicht mehr beengt. Er weiss nun, dass er Zeit hat. Er hat Zeit, all seine Fähigkeiten zu entfalten und alle Pläne zu verwirklichen. Es wird ihm zudem klar, dass Gott von ihm keine Entscheidungen verlangen würde, zu welchen er sich in nur einem einzigen Erdenleben durchzuringen hätte.

Und er wird nicht nur hoffen, sondern wissen können, dass er das, was er heute noch nicht ist, morgen schon sein kann, und was er heute noch nicht erreicht, morgen schon in greifbare Nähe rücken kann.

Viele Menschen hegen angesichts ihrer Misserfolge, Fehler oder Verschuldungen in der gegenwärtigen Inkarnation ohnehin den Wunsch, alles noch einmal von vorne beginnen zu können. Sie wünschen es in der Hoffnung, dass sie vieles von dem, was ihnen misslungen war, nun besser machen, und alles, was sie verschuldet haben, wiedergutmachen können.

Der Wunsch wird erfüllt. Jedem Menschen wird immer wieder die Chance geboten, alles, was er tut, einmal zu seiner Zufriedenheit durchzuführen, und alles, was er verschuldet hat, wieder gutzumachen.

Und was für eine Erleichterung bedeutet es doch dem Menschen, wenn er wissen kann, dass sein Seelenheil nicht bloss von seinem Verhalten in einem einzigen Erdenleben abhängt, und dass es nicht zutrifft, er könne, falls dieses eine Leben misslungen oder verdorben war, in einen Zustand geraten, in welchem es keine neue Chance mehr, keine Wiedergutmachung und keinen Aufstieg gibt, da sich für ihn die Pforten des Jenseits, die vielleicht Pforten der „Hölle“ sind, für immer schliessen würden!

Soll da der Mensch nicht aufatmen, wenn sich die Lehre von dem einmaligen Erdenleben und von der „ewigen Verdammnis“ als ein herzlos erfundenes, unwahres Ammenmärchen erweist?

## Der Sinn des Lebens

Heute ist die Zeit nicht nur für die Erfahrung der blossen Tatsache der Reinkarnation gekommen. Der Mensch will ja nicht nur wissen, *dass* er oft auf die Erde kommt, er will vor allem wissen, *warum* er immer wieder auf die Erde kommt und sogar auf die Erde kommen *muss*.

Die Reinkarnation hat für ihn nur dann Bedeutung, wenn er in ihr einen Sinn erkennen kann, der einleuchtet.

### Der Sinn der Reinkarnation

Der Ausdruck *Reinkarnation* bedeutet wörtlich „Wiedereinfleischung“, sinngemäss also den wiederholten Einstieg in den physischen Leib. Und es bestehen wichtige Gründe dafür, dass der Mensch immer wieder in einen physischen Leib einsteigen und sich auf der Erde *re*-inkarnieren muss. Ohne solche Gründe wäre die Reinkarnation sinnlos.

Sie wäre sinnlos, wenn sie bloss als eine Gegebenheit gelten würde, die der Mensch ungefragt hinnehmen müsste, weil er daran ohnehin nichts ändern könne. Ebensowenig wäre sie sinnvoll, wenn sie dem Zufall überlassen wäre und es den Anschein hätte, als sei die Reihenfolge der Inkarnationen aufs Geratewohl zusammengewürfelt oder willkürlich zusammengefügt.

Und auch als blosses Wirkungsfeld des Karma-Gesetzes wäre die Reinkarnation nicht sinnvoll. Eine Reihe von Inkarnationen, die ausschliesslich aus einer Kette von Handlungen und deren Folgen – aus Verursachung und Auflösung von Karma – bestünde, wäre letzten Endes zufallsbedingt, daher kaum – oder höchstens im negativen Sinne – sinnvoll.

In der Reinkarnation muss ein positiver Sinn liegen, und dies ist nur dann der Fall, wenn die Abfolge der Erdenleben zielgerichtet darauf angelegt ist, dass der Mensch den Sinn seiner Existenz vollauf erfüllen kann.

Und was ist der Sinn seiner Existenz?

Der grundlegende Sinn der menschlichen Existenz ist die *innere Entwicklung* des Menschen. Die Reinkarnation ist sinnvoll, weil sie den äusseren, zeitlich-formalen Rahmen für die innere Entwicklung des Menschen darbietet und allen Menschen die Möglichkeit gibt, sich vollständig zu entwickeln.

Der Mensch kommt immer wieder auf die Erde, damit er sich *entwickelt.*

Und nicht nur er. Alles, was auf der Erde lebt, entwickelt sich. Und alles, was es auf der Erde gibt, lebt.

Jedes Lebewesen lebt ebenfalls nur, damit es sich entwickelt. Auch das Lebewesen inkarniert sich immer wieder auf der Erde. Auch die Seele des Lebewesens hat nur ein einziges Leben, das sich ebenfalls auf unzählige Inkarnationen erstreckt und dessen Erscheinungsform von Art zu Art wechselt, um schliesslich zur menschlichen Art zu werden.

Die Seele des Menschen hatte bereits ein *Vorleben*, als sie in menschlicher Gestalt auf der Erde erschien. Der Mensch ist in diesem Sinne kein Neuankömmling, wenn er das erste Mal auf die Erde kommt, denn Grundschichten seiner Seele sind zu diesem Zeitpunkt bereits weitgehend herangebildet.

Auch die Evolution der Lebewesen gehört somit in einem bestimmten Sinne zur inneren Entwicklung des Menschen und bildet darin eine erste – immens lange – Phase seines Lebens. Jede menschliche Seele ging einst durch das Mineral-, Pflanzen- und Tierreich hindurch und musste alle wesentlichen Schritte der Evolution auch in ihrem Entwicklungsgang in gedrängter Form selber nachvollziehen.

Der Mensch ging allerdings nicht unmittelbar aus dem Tier hervor. Zwischen dem Reich der Tiere und dem Reich des Menschen liegt ein Zwischenreich, das Reich der *Niederen Wesenheiten*, die jedoch keinen physischen Leib, sondern nur einen feinstofflichen besitzen.

Die Seele muss durch dieses feinstoffliche Reich hindurchgehen. Der Durchgang gehört ebenfalls zu ihrer Entwicklung, da in dieser Phase eine weitere Seelenschicht herangebildet wird.

Doch auch dann noch, wenn die Seele erstmalig in Menschengestalt auf die Erde tritt, ist sie – ist der „Mensch“ – im eigentlichen Sinne noch kein *Mensch*. Er ist da erst *in statu nascendi* ein Mensch, er ist erst im Begriff, ein Mensch im wahren Sinne zu werden. Er wird ja nicht mit einem Schlag zum Menschen. Dazu braucht er Zeit, überaus viel Zeit. Sein erster Auftritt in Menschengestalt auf der Erde bedeutet bloss den allerersten Anfang seiner eigentlichen Menschwerdung. Seine *wahre Menschlichkeit* hingegen wird erst gegen Ende seiner inneren Entwicklung spürbar.

*Menschwerdung* bedeutet, dass der Mensch auf Erden nicht bloss im physischen Leib eines Menschen in Erscheinung tritt, sondern auch seiner Gesinnung nach ein *menschliches* Wesen und also tatsächlich zu einem wahrhaft *menschlichen* Menschen wird.

Der Mensch wird zum wahren Menschen, indem er auch seelisch und geistig zu einem Erwachsenen wird. Er muss durch und durch *human* sein, und das muss sich in seinem Fühlen und Denken, in seinem Verhalten und seinen Handlungen zeigen.

Damit er tatsächlich menschlich sein kann, muss er einsichts- und liebesfähig geworden sein.

## Die Einheitlichkeit des Lebens

Da das Leben Entwicklung ist, muss es einheitlich und sinnvoll aufgebaut sein. Und das ist es in der Tat.

Der Mensch hat ein *einziges* Leben, und dieses eine Leben erstreckt sich auf die ganze Länge der Reihe aller Inkarnationen. Es stellt einen einzigen, umfassenden, sinnvoll aufgebauten und zweckmässig strukturierten *Entwicklungsprozess* dar. Die Entwicklung verläuft eine kontinuierlich *aufsteigende* Entwicklungslinie entlang, deren Steigung am Anfang zwar noch gering ist, gegen die zweite Hälfte der Gesamtentwicklung jedoch zunimmt. Die Entwicklung ist also nicht durch eine arithmetische – geradlinig und konstant aufsteigende –, sondern durch eine *geometrische* Linie zu veranschaulichen, die aus einer zunächst flach verlaufenden, dann immer steiler steigenden Kurve besteht.

Für diesen Entwicklungsprozess braucht der Mensch überaus viel Zeit. Denn nur das, was durch die innere Entwicklung Schritt für Schritt erarbeitet wird, hat Bestand. Darum ereignet sich alles, was zur inneren Entwicklung gehört, weder sprunghaft noch augenblicklich.

Im Vollzug der inneren Entwicklung kann daher keine einzige Stufe, nicht einmal eine noch so kleine Teilstufe ausgelassen oder übersprungen werden, wie auch die Pflanze in ihrem Wachstumsprozess kein einziges Entwicklungsstadium überspringen kann.

Andererseits kann die Entwicklung auch nicht beschleunigt werden, wie auch das organische Wachstum nur gefördert, jedoch nicht beschleunigt werden kann. Wird dies versucht, so leiden Pflanze und Tier darunter und verkümmern.

*Entwicklung* ist nichts anderes als das *Wachstum der Seele*. Die Reinkarnation aber stellt überhaupt erst die formale Grundlage zum Aufbau und zur Entfaltung der Seele dar.

## Die Anzahl der Inkarnationen

Je wichtiger ein inneres Ereignis für den Menschen ist, je mehr es dazu beiträgt, dass er sich wandeln kann, umso länger ist auch die Zeitspanne, die es zu seinem Vollzug benötigt. Erst recht gross ist der Zeitraum, den der Mensch zur Durchführung seiner ganzen inneren Entwicklung braucht.

Wie lang ist nun die Zeitspanne der menschlichen Entwicklung? Wie oft muss sich der Mensch auf der Erde inkarnieren?

Wir Menschen neigen überaus stark dazu, die nötige Zeit jeweils zu unterschätzen und die Zeiträume zu verkürzen. Auch in der Naturwissenschaft wurde – und wird aller Wahrscheinlichkeit nach immer noch – die Entstehungszeit des Lebens auf der Erde und erst recht die Entstehungszeit der Planeten oder des Sonnensystems viel zu kurz angesetzt.

Ebenso wird die Anzahl möglicher Inkarnationen im allgemeinen viel zu niedrig eingeschätzt. Selbst unter jenen, die um die Existenz der Reinkarnation Bescheid wissen, die Lehre sogar vertreten, pflegt über die tatsächliche Anzahl der bereits gelebten und noch zu lebenden Inkarnationen Unklarheit zu herrschen. Die Meinung ist weit verbreitet, einige Dutzend, höchstens einige Hundert Inkarnationen würden ausreichen, damit der Mensch die für ihn vorgesehene Entwicklungshöhe erreichen könne.

Nun geht aber die Entwicklung vor allem in ihren Anfängen noch nahezu unwahrnehmbar langsam vor sich und scheint immer wieder zu stagnieren.

Der Mensch benötigt unheimlich viele Inkarnationen, damit seine Entwicklung überhaupt richtig in Gang kommt und er an ihr auch bewusst arbeiten kann. So benötigt auch die eigentliche Menschwerdung sehr viel Zeit und umfasst äusserst viele Inkarnationen.

Weiss also jemand erst, was Entwicklung in Wirklichkeit heisst und in welchem beinahe übermässig langsamen Tempo diese Entwicklung – besonders auf den unteren Stufen – vor sich geht, so wird er nicht überrascht sein, wenn er vernimmt, dass die Anzahl der möglichen Inkarnationen mit einer nicht zu niedrigen Zahl, am besten gleich mit einer *sechs*stelligen, ebenfalls nicht zu niedrigen, anzusetzen ist.

## Das Ziel der Entwicklung

Steigt der Mensch in den physischen Leib, so taucht er mit seiner Seele in die grobstoffliche Materie und wird der irdischen Materialität voll ausgesetzt.

Seine Seele *muss* in die irdische Materie tauchen, denn nur auf diese Weise, nur in der engsten Berührung mit der Materie, kann sie das werden, was sie werden soll.

Und was soll sie werden?

Die Seele soll zuerst eigenständig werden. Sie soll sich aus der Gruppenseele herauslösen und zu einer unabhängigen Einzelseele werden. Denn sie ist nicht von Anfang an eine selbständige Einzelseele, sie ist vorerst nur ein Teilchen einer umfassenden Gruppenseele, das in den anfänglichen Phasen der Entwicklung nach jeder Inkarnation in diese zurückkehrt und – wie ein Regentropfen im Ozean – sich beinahe ganz auflöst.

Soll sie zu einer Einzelseele werden, so muss sie sich entwickeln. Sie entwickelt sich, indem sie ihre Individualität heranbildet, ihre Anlagen, die in ihr schlummern, und ihre Fähigkeiten, die in ihr von Anfang an keimhaft angelegt sind, vollzählig und vollständig entfaltet und sich dabei ein gerütteltes Mass an Können und Wissen aneignet.

Entwickeln kann sie sich zunächst nur, wenn sie wiederholt in die irdische Materie steigt und sich mit ihr sogar identifiziert. Nur im engsten Kontakt mit der Materie kann sie sich individualisieren und ihre Anlagen und Fähigkeiten, soweit dies auf Erden möglich ist, entfalten.

Das Ziel der Entwicklung des Menschen ist aber nicht die begrenzte, sondern die vollständige Entfaltung seiner Seele, ihre *Vervollkommnung*.

Es ist ein so hohes Ziel, dass nicht einmal die grosse Anzahl von Erdenleben ausreicht. Die irdische Entwicklung der Seele wird zwar beendet, sobald der Mensch zum wahren Menschen geworden ist, doch damit noch nicht vollendet.

Der Mensch hat es zwar, sobald seine Seele auf diese hohe Stufe gelangt ist, nicht mehr nötig, sich auf der Erde weiter zu inkarnieren, dennoch wird seine Seele ihre Entwicklung fortsetzen.

Sie setzt ihre höhere Entwicklung in anderen, für ihr Vorwärtskommen geeigneten Sphären des Kosmos fort, um sich zu vollenden und den für sie möglichen höchsten Grad an Vollkommenheit zu erreichen.

## Die Vergeistigung der Erdsphäre

Der Mensch hat auf Erden eine weitere grundlegende Aufgabe. Wenn sich die Seele entwickelt, so verwandelt sie sich, und wenn sie sich verwandelt, verwandelt sie auch das Materielle, mit dem sie jeweils verschmilzt.

Entfaltet der Mensch die Anlagen seiner Seele, so trägt er auch dazu bei, dass das Seelische materielle Gestalt annehmen kann. Und da in der Seele stets auch das Geistige wirkt, realisiert sich im Laufe der Entwicklung des Menschen auch das Geistige auf der irdisch-materiellen Ebene.

Verwandelt die Seele das Materielle, so verwandelt sie zugleich die Materialität der *Erdsphäre*. Die Materie wird dem Seelischen gegenüber durchlässiger und das Geistige, das in der Materie wirksam ist, kommt immer deutlicher zum Vorschein.

Die Materie wird in diesem Sinne *vergeistigt*. Wird die Materie vergeistigt, so wird auch die *Erdsphäre* vergeistigt.

Durch die Vergeistigung der Erdsphäre aber trägt der Mensch zur Entfaltung der Schöpfung bei. Die Schöpfung – als Gedanke Gottes – verwirklicht sich in der Erdsphäre, und sie verwirklicht sich auch materiell, in der grobstofflichen Materie.

Nimmt die Materie an Geistigkeit zu, so geht auch die Entfaltung der Schöpfung ihrer Vollendung entgegen. Allein daraus ergibt sich der Sinn der Reinkarnation.

Es bestehen zwei entscheidende Gründe dafür, warum die Seele erschaffen wurde und warum der Mensch immer wieder auf die Erde kommen muss:

*Der erste Grund* ist die – wenn auch nicht vollständige – *Entfaltung der Seele*, der *zweite* die *Vergeistigung der Erdsphäre*. Entwickelt sich der Mensch, so leistet er einen Beitrag zur Vergeistigung der Erdsphäre. Und mit seinem Beitrag zur Vergeistigung der Erdsphäre wirkt er an der Vollendung der irdischen Schöpfung mit.

Damit erfüllt er seinen Göttlichen Auftrag.

Die Zeiten, in denen die Entwicklung der Seele begonnen hat, liegen weit zurück. Mit viel Mühe und Anstrengung wurde sie zur menschlichen Seele, und mit viel Mühe und Anstrengung hat sie als menschliche Seele ihren heutigen Stand erreicht. Doch auch auf dem heutigen Stand, als menschliche Seele, liegt die Krönung ihrer Bemühungen noch nicht in Reichweite. Der Mensch ist heute erst an jener Schwelle angelangt, die für ihn die *Zeitwende* bedeutet und an der für ihn die eigentliche Arbeit an der Erfüllung seines zweifachen Auftrags beginnen kann. Und nur ein kleiner Teil unserer Menschheit ist soweit, dass er in dieser Arbeit Fortschritte erzielen kann.

Dennoch kann jeder mit Zuversicht in seine Zukunft blicken. Wem Gott einen Auftrag erteilt, dem gibt er auch die nötige Kraft und jede erdenkliche Unterstützung, damit er sein Werk nicht nur zu Ende führen, sondern auch vollenden kann.

Und jeder wird einmal zu jenem Lichtwesen, auf dessen Entstehen die Entwicklung seiner Seele von Anfang an angelegt wurde. Als Lichtwesen vereinigt er sich mit Gott, ohne seine Individualität einzubüssen. Er stellt sich als Individuum, das sich inzwischen zu einer wahren Persönlichkeit entwickelt hat, mitsamt der Fülle seiner Erfahrungen und dem Reichtum seines erworbenen Könnens und Wissens und mit seiner vollkommen entfalteten Liebesfähigkeit für immer in den Dienst Gottes.

## Die Gesamtentwicklung der Seele

Der gesamte Entwicklungsprozess der Seele gliedert sich demnach in drei immens grosse Abschnitte und vollzieht sich dementsprechend auf drei Stufen, die sich voneinander deutlich abheben: auf der *vor*menschlichen, der *menschlichen* und der *nach*menschlichen Stufe.

Es ist der zweite grosse Abschnitt, in welchem die spezifisch menschliche Entwicklung der Seele stattfindet. Dieser Abschnitt ist für sie das *menschliche Lebensalter*.

*Lebensalter* oder *Zeitalter* heisst auf Griechisch *Äon*.

Um nun die Entwicklung des Menschen, die innerhalb einer einzigen Inkarnation stattfindet, von der Gesamtentwicklung seiner Seele auch terminologisch klar abzuheben, soll diese Entwicklung, die die ganze Reihe der Reinkarnationen in menschlicher Gestalt in sich fasst, als seine *äonische Entwicklung* bezeichnet werden.

*Die äonische Entwicklung* ist demnach jener Abschnitt in der Gesamtentwicklung der Seele, der im Laufe der Reinkarnationen des Menschen vollzogen wird.

# 2.

# Religion und die Reinkarnation

Im Westen ist die Meinung noch weit verbreitet, die Lehre von der Reinkarnation gehöre ursprünglich ausschliesslich zur Vorstellungswelt der indischen Religionen und sei von dort nach Europa gekommen. Diese Meinung ist jedoch ein Irrtum und beruht zum einen auf Unkenntnis der abendländischen Geistesgeschichte, zum anderen auf Unkenntnis von Wesen und Aufgabe der Religion.

Die Lehre von der Reinkarnation ist kein Bestandteil der fernöstlichen Religionen, sie ist überhaupt kein Bestandteil irgendeiner Religion. Sie geht auf *Erfahrung* zurück.

Es gibt auch im Westen unzählige Menschen, die von der Existenz der Reinkarnation Kenntnis haben, viele sind in der Lage zu erfahren, dass sie schon früher und öfters ein Leben auf der Erde führten, und es gibt viele, die konkrete Erinnerungen an einstige Erdenleben haben.

Sie glauben nicht an die Reinkarnation, sie *wissen*, dass es sie gibt.

Dennoch scheint es, als würde die Lehre von der Reinkarnation immer mehr Menschen faszinieren, weil sie sich für eine fernöstliche Religion interessieren. Viele werden dabei auch auf die Reinkarnation aufmerksam.

Andere wiederum lassen sich wegen ihres christlichen Glaubens von einer Auseinandersetzung mit der Reinkarnationslehre abhalten, und etliche Christen zögern, die Tatsache der Reinkarnation zur Kenntnis zu nehmen. Ihr Glaube scheint von ihnen zu fordern, Abstand davon zu nehmen. Denn die Reinkarnation wird von vielen Vertretern des offiziellen Christentums nicht als Tatsache betrachtet, sondern für eine Glaubenslehre gehalten und ihre Existenz in Frage gestellt.

## Der Glaube und die Reinkarnation

Eine Tatsache hat mit Glauben allerdings nichts zu tun. An eine Tatsache muss der Mensch nicht glauben, wie er – so meint er vielleicht – an Gott glauben muss, oder wie er – in einem anderen Sinne – glaubt, dass das Wetter morgen schön oder regnerisch sein wird. Tatsachen werden zur Kenntnis genommen. Und selbst dann, wenn niemand oder nur ein einziger Mensch um sie weiss, existieren sie.

Das Wissen um eine Tatsache setzt lediglich Erkenntnisvermögen, aber keinen Glauben voraus.

Für eine Tatsache kann es auch keine Alternative geben. Werden auf irgendeinem Forschungsgebiet verschiedene Theorien oder Arbeitshypothesen einander gegenübergestellt, so hat jeder Sachkundige die Wahl, aufgrund seiner Fachkenntnisse jene zu bevorzugen, die er für seine Zwecke als tauglich erachtet.

Bei der Auseinandersetzung mit der Reinkarnation hingegen steht nicht Hypothese gegen Hypothese oder Glaubenslehre gegen Glaubenslehre oder Weltvorstellung gegen Weltvorstellung.

Angesichts einer Tatsache stellt sich lediglich die Frage, ob jemand sie zur Kenntnis nehmen und einsehen kann oder nicht.

Auch die Tatsache der Reinkarnation bestand und besteht völlig unabhängig davon, ob jemand sie zur Kenntnis nimmt oder nicht, ob jemand sie für eine Tatsache oder für den Inhalt einer Glaubenslehre, für eine Spekulation oder für ein Phantasieprodukt hält.

Da sie keine Frage des Glaubens, sondern eine Frage der Erkenntnis und der inneren Erfahrung ist, ist sie auch in dem Fall vom religiösen Glauben unabhängig, wenn sie für den Bestandteil einer Religion gehalten wird. Es gibt viele Menschen, die um die Existenz der Reinkarnation wissen und an Gott nicht glauben, und es gibt viele Gottgläubige, die von der Reinkarnation nichts wissen oder nichts wissen wollen.

Die Reinkarnation gehört zum Weltbild und nicht zum religiösen Glauben. In ähnlicher Weise ist auch das Wissen, wonach die Erde um die Sonne und nicht die Sonne um die Erde kreist, ein Bestandteil eines Weltbildes, des heliozentrischen, es ist aber nicht der Glaubenssatz einer Religion, selbst wenn das geozentrische Weltbild von Vertretern des Christentums noch lange nach der Entdeckung des Kopernikus für eine sogar theologisch begründbare Glaubensansicht gehalten wurde.

Muteten sich Vertreter des Christentums zu, aufgrund ihres Glaubens Behauptungen über die Struktur des Sonnensystems aufstellen zu können, so erlaubten sie sich einen wissentlichen Übergriff, da sie die Gültigkeit ihrer Ansichten auch für ein Gebiet (Naturwissenschaft/Astronomie) in Anspruch nahmen, auf welchem sie keine hinreichenden Kenntnisse und daher auch keine Kompetenz besassen.

Ignorieren heute Vertreter christlicher Konfessionen die Tatsache der Reinkarnation, versuchen sie mit Hilfe der sogenannten Tradition oder aufgrund ihrer spekulativ-theologischen Erwägungen die Existenz dieser Tatsache in Abrede zu stellen, so überschreiten sie die Grenze ihrer Kompetenz ebenso, wie vor vierhundert Jahren ihre Kollegen es taten, als sie die ihnen nicht genehmen astronomischen Erkenntnisse zurückwiesen und deren Entdecker verfolgten.

Ob allerdings ein Mensch die Reinkarnation für wahr hält oder nicht, sagt sein Dafürhalten, solange er mit ihrer Tatsache nicht ernstlich konfrontiert ist, weder über sein Denkvermögen noch über seine Religiosität oder über seine menschlichen Qualitäten etwas aus. In ähnlicher Weise kann auch der Umstand, dass jemand an Gott glaubt oder nicht, keineswegs als Grundlage für seine menschliche oder moralische Bewertung gelten.

Da jede Tatsache, die für das Leben des Menschen eine Bedeutung hat, einmal entdeckt wird, wird ein jeder früher oder später – wenn auch nicht unbedingt in seiner gegenwärtigen Inkarnation – unfehlbar erkennen, dass es die Reinkarnation gibt, und auch einsehen, warum er immer wieder auf die Erde kommen muss.

Tatsachen zwingen früher oder später jeden Menschen zu ihrer Anerkennung. Auch der Widerstand der offiziellen Vertreter des Christentums gegen das heliozentrische Weltbild brach einmal unter der Last der inzwischen erbrachten Beweise zusammen und auch die katholische Kirche sah sich genötigt, die Richtigkeit der mittlerweile erweiterten neuen astronomischen Weltsicht anzuerkennen.

Sie tat es zweihundert Jahre nach GALILEIs Verurteilung, im Jahre 1836. – 1992 wurde von der Kirche schliesslich sogar GALILEI selbst offiziell „rehabilitiert“.

## Der Christ und die Reinkarnation

Erkennt ein Mensch die Reinkarnation als Tatsache an, so bedeutet dies nicht, dass er sich zum Hinduismus oder Buddhismus bekennen würde oder müsste.

Es braucht ja keine Impulse aus diesen Religionen dafür, dass sich ein Mensch der Frage der Reinkarnation zuwendet. Die Tatsache der Reinkarnation war auch in anderen Kulturkreisen vielen Menschen bekannt. Es gibt nicht nur in Indien Kulturen und religiöse Gemeinschaften, in welchen die Kenntnis dieser Tatsache zum Allgemeingut gehört, und auch im Westen kann die Reinkarnationslehre auf eine alte, ins achte vorchristliche Jahrhundert zurückgehende Tradition zurückblicken. Selbst unter gläubigen Christen gibt es – wie dies Umfragen zeigen – beachtlich viele, die um die Tatsache der Reinkarnation Bescheid wissen (man schätzt sie auf 30 %).

Hält jemand allerdings Tatsache und Glaubenslehre nicht sauber auseinander, so kann er als Christ in der Verbreitung der Reinkarnationslehre die Gefahr wittern, dass die christliche Glaubenslehre mit Glaubensvorstellungen fernöstlicher Religionen vermengt wird. Er wittert also die Gefahr des *Synkretismus*, die Gefahr, dass man das christliche Glaubensgut durch Verschmelzung mit Elementen aus an sich fremden Religionen verwässern würde oder auf den Stamm des christlichen Glaubens sogar einen fremden Zweig aufpfropfen wolle. Manch ein Christ befürchtet, dass der Kerngehalt von Offenbarung und Verkündigung verblassen oder ganz verloren gehen könnte.

Die Anerkennung der Tatsache der Reinkarnation entfremdet den Menschen vom Kern des christlichen Glaubens jedoch nicht. Sie stellt ja nicht einen einzigen Glaubenssatz in Frage, vorausgesetzt allerdings, dass der Glaubenssatz auf echte Einsicht in die wahre – menschliche und Göttliche – Wirklichkeit zurückzuführen ist und nicht von Menschen ausgeklügelt wurde.

Auf viele Christen übt der Gedanke, der Mensch würde nicht nur einmal, sondern wiederholt auf der Erde leben, ohnehin eine grosse Anziehungskraft aus. Der Grund dafür ist bei den meisten die Enttäuschung darüber, dass christliche Konfessionen auf viele Lebensfragen keine Antwort geben können, die anspruchsvolle und innerlich reifere Menschen befriedigen könnte.

Viele Christen sehen sich ohnehin genötigt, aus der christlichen Glaubenslehre nur jene Thesen zu akzeptieren, mit denen sie sich einverstanden erklären können. Denn vieles von dem, was im Christentum im allgemeinen oder in einer Konfession im besonderen gelehrt wird, ist für sie nicht annehmbar.

Besonders die christliche Erlösungslehre, insofern sie sich auf die Lehre von der sogenannten „Erbsünde“ stützt und die innere Entwicklung des Menschen ausser Acht lässt, wie auch die Lehre von der „Auferwekkung der Toten am Jüngsten Gericht", die an der materiellen Vorstellung des Leibes haftet und eine beachtliche Ahnungslosigkeit über die Feinstofflichkeit und über den nachtodlichen Zustand des Menschen im Jenseits verrät, verursachen aufgeschlossenen Christen grosse Schwierigkeiten, wie dies zahlreiche Anfragen an Geistliche und Leserzuschriften an christliche Zeitschriften häufig genug zeigen (zur Auferweckungslehre vgl. S. 137-138).

Es gibt ohnehin viele Christen, deren Glaube deswegen lebendig bleibt, weil sie sich auf eine Auswahl aus der christlichen Glaubenslehre stützen („Selbstbedienungs-Christentum"). So ignorieren viele gläubige Christen auch die ablehnende Haltung der offiziellen Vertreter ihrer Konfession der Reinkarnationslehre gegenüber.

Ob freilich für solche Christen das Rätsel heute schon lösbar ist, wie die Reinkarnation mit der christlichen Glaubenslehre in allen Einzelheiten in Einklang zu bringen ist, dürfte eine andere Frage sein, scheint doch der christliche Glaube ganz auf die Ein-Leben-Lehre zugeschnitten.

Hält jemand dagegen Religion und Tatsachen streng auseinander, weiss er zudem, was die eigentliche Aufgabe der Religion ist, so wird er kaum noch Schwierigkeiten haben, seinen – wenn auch unkonventionellen – christlichen Glauben mit seinem Wissen um die Reinkarnation zu vereinbaren.

## Die Aufgabe der Religion

Es ist nicht die Aufgabe einer Religion, auf Tatsachen hinzuweisen, die jeder Mensch früher oder später selber erfahren kann. Religion hat vielmehr die Aufgabe zu zeigen, wie der Mensch mit bestimmten Tatsachen umzugehen hat. Sie erfüllt daher ihre Aufgabe, wenn sie von der Voraussetzung von Tatsachen ausgeht, nicht aber, wenn sie ihre Existenz zur Diskussion stellt.

Zu den Tatsachen, von welchen eine Religion auszugehen hat, gehört *erstens* die Existenz Gottes, *zweitens* die Weiterexistenz des Menschen nach dem physischen Tode, *drittens* die Existenz der Reinkarnation.

Auch der Hinduismus und der Buddhismus setzen die Tatsache der Reinkarnation bereits voraus. Sie stellen lediglich den Versuch dar, eine Antwort unter anderen auch auf die Frage zu geben, *wie* der Mensch mit der Tatsache, dass er immer wieder auf die Erde kommen muss, zurecht kommen könne. Und auch im Westen bemühten sich verschiedene religiöse und philosophische Lehren, beispielsweise der Platonismus und die Gnosis, die Frage zu beantworten, warum der Mensch mit der Tatsache der Reinkarnation konfrontiert wird, was also der Grund dafür ist, dass er so viele Erdenleben durchzuleben hat.

Glaube aber wird auch in einer Religion erst für die von ihr angebotene Antwort, nicht aber für die Anerkennung von Grundtatsachen verlangt.

Um eine Tatsache *weiss* der Mensch, an die Lehre seiner Religion hingegen muss er *glauben*. Sein Glaube wird jedoch nicht beeinträchtigt, wenn er eine Tatsache zur Kenntnis nimmt.

Nimmt er die Tatsache der Reinkarnation zur Kenntnis, so tastet seine Einsicht seinen Glauben überhaupt nicht an, es sei denn, er verwechselt sie mit einem Glaubenssatz. Derjenige hingegen, der die unheilvolle Verwechslung von Tatsache und Glaubensaussage durchschaut, wird alles, was zur erfahrbaren irdischen Wirklichkeit gehört, als Tatsache anerkennen, und alles, was des Glaubens ist, dem Glauben belassen können.

Dass die Anerkennung von Tatsachen dem Glauben keinen Abbruch tut, erwies sich auch bei der Erkenntnis der wahren Struktur des Sonnensystems. Durch KOPERNIKUS' Entdeckung der Heliozentrik des Planetensystems und der zweifachen Bewegung der Erde (Rotation und Kreislauf um die Sonne) erlitt der christliche Glaube, obwohl dies anfänglich befürchtet und behauptet wurde, nicht den geringsten Schaden.

Heute lernt jedes Schulkind das kopernikanische Weltsystem und überdies ein kosmisches Weltbild, das seitdem durch eine lange Reihe astronomischer Entdeckungen erweitert wurde, ohne dass dieses Wissen seinen christlichen oder sonstigen religiösen Glauben in Frage stellen würde.

Und derjenige Christ, der die Tatsache der Reinkarnation anerkennt, wird immer deutlicher erkennen können, dass in der Sicht der Reinkarnation sämtliche christlichen Glaubenssätze, vorausgesetzt, dass sie auf Wahrheit beruhen, einer wesentlich tieferen Deutung fähig sind.

Und nicht nur dies.

Ähnlich, wie aufgrund der Entdeckung der wahren Raumstruktur des Kosmos sämtliche Erscheinungen, die im geozentrischen Weltbild unerklärbar waren, so zum Beispiel die Rückläufigkeit der Planeten, die periodische Veränderung der Tageslänge im Wechsel der Jahreszeiten oder die *Präzession* und andere Beobachtungen mühelos erklärt werden konnten, lösen sich in der Sicht der Reinkarnation entscheidende Probleme, die den Menschen immer schon beschäftigt haben, ebenfalls wie von selbst. Zu solchen Fragen, die in der Sicht der Reinkarnation eine befriedigende Antwort finden, gehört – um nur ein Beispiel herauszugreifen – die Frage nach der ungleichen Verteilung materieller, seelischer und geistiger Güter, und damit die Frage nach der – auf der irdischen Ebene offensichtlichen – Ungerechtigkeit auf der Welt, die mit der Güte und der Allmacht Gottes unvereinbar ist.

Ebenso können vor dem Hintergrund der Reinkarnation spezifisch christliche Ansichten, deren Anerkennung vielen Gläubigen Mühe bereitet, wie zum Beispiel die Erbsünden- oder die Erlösungslehre, ins richtige Licht gestellt und entscheidende Fragen des Christentums auf eine Weise geklärt werden, die auch innerlich reife Menschen befriedigen. Hierzu gehört auch die *Christologie*: Vor dem Hintergrund der Reinkarnationslehre erfahren sowohl das Verständnis von JESU Lehre als auch die Einsicht in das wahre Wesen seiner Person eine ungeahnte Vertiefung (vgl. S. 309-325).

# 3.

# Ursprung und Geschichte der Reinkarnationslehre

Ursprung und Geschichte der Reinkarnationslehre stellen einen jeden, der sich für sie eingehend interessiert, nicht bloss vor historische, sondern auch vor prinzipielle Fragen.

Beschäftigt sich jemand mit der Reinkarnation auf historischer Basis, so wird er zum Beispiel feststellen können, dass die Aussagen über einschlägige Fragen, die den Aufbau und den Verlauf der Reinkarnation betreffen, in den einzelnen Stellungnahmen – selbst innerhalb eines Kulturkreises oder einer Epoche – oft weit auseinanderklaffen, mitunter sich sogar widersprechen. Dabei müssten sie einheitlich sein, wurden sie doch – wie man vermuten würde – über Sachverhalte aufgestellt.

Es entsteht zudem die Frage, ob angesichts der Vielzahl der Lehrmeinungen über die Reinkarnation die Lehre überhaupt eine Geschichte haben kann. Berührungspunkte, aber auch weitreichende Parallelen sind zwar in den Lehren verschiedener Herkunft und verschiedener Geschichtsepochen nicht zu übersehen. Es ist jedoch eine andere Frage, ob sie ausreichen, um aus ihnen eine eigentliche Geschichte der Reinkarnationslehre abzuleiten oder auch nur zusammenzustellen.

Diese grundsätzlichen Fragen müssen nicht zuletzt im Hinblick auf die Auseinandersetzung mit der Reinkarnation bzw. ihrer Lehre geklärt werden. Werden sie berücksichtigt, so fallen so manche Argumente – pro oder contra Reinkarnation – von selber weg.

Dabei werden nicht nur Einblicke in die Denkweise und die geistige Mentalität verschiedener Geschichtsepochen und Kulturkreise gewonnen, sondern auch Wesen und Struktur der Reinkarnation erfahren eine erste Klärung.

## Die Frage nach dem Ursprung

Eine Lehre entsteht, wenn die seelisch-geistige Entwicklung einer Gemeinschaft soweit gediehen ist, dass ihre Angehörigen fähig geworden sind, bestimmte Vorstellungen oder Gedanken zu fassen und zu entfalten.

Eine Tatsache hingegen entsteht unabhängig davon, ob es Menschen gibt, die sie erkennen können oder nicht.

Die Reinkarnation gibt es, seitdem es Seelen gibt, die sich im physischen Leib inkarnieren. Sie ist also so alt wie die Menschheit, ja, sie ist so alt wie das Leben auf der Erde. Denn nicht nur die menschliche Seele verkörpert sich immer wieder im irdischen Leib, sondern auch die Seele von Tier und Pflanze und auch jene Seele, die dem Mineral innewohnt.

Mit der Frage nach dem Ursprung der Reinkarnationslehre kann daher nur die Frage gemeint sein, wann die ältesten Zeugnisse über die Kenntnisnahme der Reinkarnation zu datieren sind und wo sie gefunden wurden.

Jene, die bei der Entstehung der Reinkarnationslehre nach Spuren einer Überlieferung suchen, vermuten als ihren Ursprung die alte chaldäisch-mesopotamische Kultur, die die Wiege der nachfolgenden Hochkulturen – so auch der indischen und der ägyptischen – sein soll. Andere meinen, die Lehre stamme aus der Überlieferung verschwundener Hochkulturen, und manche vertreten die Ansicht, dass die Indoasier diese Lehre von der vorarischen Bevölkerung des heutigen Indiens übernommen haben.

Taucht das Wissen um eine Tatsache irgendwo auf, so muss es nicht von vorangehenden oder benachbarten Kulturen übernommen worden sein. Eine Tatsache wird, sobald zu ihrer Kenntnisnahme Menschen oder Gemeinschaften disponiert oder innerlich reif geworden sind, zu verschiedenen Zeiten, an verschiedenen Orten und in verschiedenen Kulturen immer wieder neu entdeckt, ohne dass irgendeine Beeinflussung von anderswoher vorliegen müsste. Es ist daher unstatthaft, aufgrund des Umstandes, dass eine Ansicht auch andernorts vertreten wird, auf einen ursächlichen Zusammenhang oder auf ihre direkte Übernahme zu schliessen, ohne nachweisen zu können, dass die eine von der anderen tatsächlich beeinflusst wurde.

Gleiche Entdeckungen können ja an verschiedenen Orten gleichzeitig oder zu verschiedenen Zeiten, aber unabhängig von den anderen gemacht werden. Beispielsweise wurde die Heliozentrik des Planetensystems schon im dritten vorchristlichen Jahrhundert von ARISTARCH erkannt, seine Entdeckung wurde jedoch nicht beachtet, und erst viel später, ohne Kenntnis von ARISTARCHS Entdeckung, hat dann KOPERNIKUS im 16. Jahrhundert die wahre Struktur des Sonnensystems von neuem entdeckt. In ähnlicher Weise wurden die Grundlagen der Infinitesimalrechnung von NEWTON und LEIBNIZ im 18. Jahrhundert zur gleichen Zeit aufgestellt, ohne dass der eine den anderen beeinflusst hätte.

Auch eine bestimmte Weltsicht kann immer wieder neu entstehen, unabhängig davon, ob sie schon irgendwann einmal aufgetreten ist. Trifft eine Ansicht die Wahrheit, beruht sie auf Tatsachen, so ist es selbstverständlich, dass sie zu verschiedenen Zeiten und an verschiedenen Orten immer wieder auftauchen und Vertreter finden wird.

So wurde auch die Tatsache der Reinkarnation immer wieder erkannt, und das Wissen um sie war in den meisten Kulturkreisen und Religionen von alters her verbreitet.

Nur einheitlich war es nicht.

## Die Vielzahl der Vorstellungen über die Reinkarnation

Die Reinkarnation ist zwar eine Tatsache, gleichwohl gibt es diverse, zum Teil weit auseinandergehende, sogar sich widersprechende Vorstellungen über sie. Dies ist allerdings nicht verwunderlich.

Denn die Kenntnisnahme einer Tatsache ist eine Sache, ihr Verständnis und ihre Ausdeutung eine andere. Für jede Tatsache gilt, dass die Möglichkeiten, sie zu entdecken und darzustellen, nicht von der Tatsache allein, sondern – und dies sogar in erster Linie – vom Menschen abhängen.

Auch ein materielles Objekt, das jedem Menschen offen darliegt, wird je nach Veranlagung, Einstellung und Reife anders wahrgenommen, erfasst und bewertet. Erst recht gross ist die Variationsbreite für die mögliche Ausdeutung einer Tatsache wie der Reinkarnation.

Auch die Ausdeutung der Reinkarnation erfolgte – und erfolgt noch – jeweils unter einem bestimmten Gesichtspunkt, und dieser lenkte bzw. lenkt ihre Auslegung in eine bestimmte (mitunter in eine vorausbestimmte) Richtung.

In allen Gemeinschaften oder Kulturkreisen, in welchen die Reinkarnation nicht bloss zur Kenntnis genommen wurde, sondern auch eine Sinndeutung erfuhr, wurde der fragliche Gesichtspunkt stets von einem bereits bestehenden *Weltbild* her gewonnen. Das Weltbild entschied darüber, welchen Stellenwert die Reinkarnation im System einzunehmen hatte. Das System selbst war philosophisch oder theologisch begründet oder aber überhaupt nicht formuliert und konnte auch verschiedene, etwa aus Mythen oder Mysterienkulten entlehnte Vorstellungen enthalten.

Das Weltbild konnte auch so gestaltet sein, dass in seiner Perspektive die Reinkarnation keinen Platz hatte, wie dies in der jüdisch- und christlich-orthodoxen oder der orthodox-islamischen Weltvorstellung bekanntlich der Fall ist.

Verständnis und Darstellung eines Sachverhalts variieren ohnehin je nach Geschichtsepoche und Kultur. Sie sind entwicklungsbedingt, spiegeln die Höhe des jeweiligen Entwicklungsniveaus und geben über Weite oder Enge des Verständnishorizontes jener Bescheid, die sie entdecken und ausdeuten.

Da jede Darstellung der Reinkarnation von der Sicht und dem Erkenntnisvermögen des Menschen abhängt, ist nicht jede gleichwertig. Manches kann sogar irreführend oder einfach falsch sein.

Aus diesem Grunde ist es (besser gesagt: wäre es) unstatthaft, bei der Auseinandersetzung mit der Frage der Reinkarnation unbesehen eine beliebige Auffassung als Muster heranzuziehen und diese für die allgemeingültige Lehre von der Reinkarnation auszugeben. Mit Hilfe solcher herausgegriffenen – unhaltbaren – Thesen ist die Reinkarnationslehre natürlich leicht zu „widerlegen". – Ebensowenig ist (oder wäre) es legitim, von der Vielzahl diverser, teils sich sogar widersprechender Ansichten über die Reinkarnation auf die Unmöglichkeit ihrer Existenz zu schliessen. (Vgl. S. 111-112)

## Die Frage nach der Geschichte

Taucht auch der Gedanke der Reinkarnation in allen Weltreligionen, in allen Erdteilen, in allen Kulturkreisen und bei den meisten Naturvölkern immer wieder auf, so ergeben die Ansichten über die Reinkarnation in den einzelnen Religionen, Kulturen oder Gemeinschaften dennoch keine fortlaufende Entwicklungsgeschichte, wie dies aufgrund immer genauerer Erkenntnisse in der Geschichte von Geistes- oder Naturwissenschaft der Fall ist.

Auch die Reinkarnationslehre hat freilich eine Geschichte, nur in einem anderen Sinne als zum Beispiel eine geistes- oder naturwissenschaftliche Disziplin. Versteht man nämlich unter „Geschichte" lediglich die chronologische Aneinanderreihung von Daten, Ereignissen und

Lehren unter Berücksichtigung ihrer Abhängigkeit voneinander, so kann man tatsächlich eine Geschichte der Reinkarnationslehre zusammenstellen, man muss nur ausfindig machen, wo sie vertreten war und wie sie dargestellt wurde.

Versteht man jedoch unter „Geschichte" die Beschreibung einer Entwicklung, wie dies in der Geschichte der Mathematik oder einer naturwissenschaftlichen Disziplin geschildert wird, in welcher jede Entdekkung eine weitere ermöglicht und jede neue These auf einer früheren fusst oder eine frühere überflüssig macht, je nachdem, ob sie sich als haltbar oder als unbrauchbar erweist, so gibt es in diesem Sinne keine eigentliche Geschichte der Reinkarnationslehre.

Ist sie aber ein Teil eines philosophischen Systems oder eines Weltbildes, so ergibt sich ihre Geschichte aus der Geschichte philosophischer Ansichten oder des Weltbildes.

Angeregt zur Reinkarnationslehre oder zumindest zur Auseinandersetzung mit ihr wurden kulturelle und religiöse Kreise in erster Linie nicht durch die Lehre selbst, sondern durch das fragliche Weltbild, das auch die Vorstellungswelt einer solchen Gemeinschaft befruchtete oder aber ihr widersprach. Im Westen war es der Einfluss vor allem der platonisch-neuplatonischen und der gnostischen Lehren, die sowohl in der jüdischen Kabbala als auch in einzelnen Lehren des Islam – vor allem in seiner Mystik – unverkennbare Spuren hinterliessen. Und auf Widerspruch stiessen die genannten Lehren im traditionellen Christentum.

Doch die Ausgestaltung der Lehre selbst erfolgte – den geistig-seelischen Bedingungen der Kreise bzw. ihrer Gelehrten entsprechend – stets auf verschiedene Weise, und selbst innerhalb einer Gemeinschaft erfuhr die Lehre in den Jahrhunderten Abwandlungen und Ergänzungen, wobei frühere Ansichten von späteren nicht mehr geteilt, dafür einige neue eingeführt oder alte wieder herangeholt wurden.

Wird nämlich ein Gedanke oder eine Lehre in einer Gemeinschaft oder in einem Kulturkreis aufgegriffen, so hängt ihre Ausgestaltung in den allermeisten Fällen nicht von früheren und anderswo formulierten Gedanken oder Lehren, sondern von dem geistigen Niveau und der geistigen Orientierung der Gemeinschaft, aber auch – und nicht zuletzt – von ihrer Mentalität ab.

Dies ist der Grund, weshalb in der Reinkarnationslehre keine Entwicklung festzustellen ist und warum eine später ausgebildete Lehre auch flacher, unergiebiger als eine frühere sein kann. Die Lehre – und mit ihr die Kenntnis der Reinkarnation – kann aber auch zurückgedrängt werden oder sogar ganz verschwinden, wenn zum Beispiel eine andersartige Weltsicht oder eine Religion zur Herrschaft gelangt, in welcher die Existenz der Reinkarnation nicht zur Kenntnis genommen oder in Abrede gestellt wird, wie dies in den ersten Jahrhunderten beim Aufkommen des Christentums der Fall war und wie ihr dies in weiten Teilen Indiens beim Aufkommen des Islam von der ersten Jahrtausendwende an fortschreitend widerfuhr.

Die Frage nach einer geschichtlichen Entwicklung der Reinkarnationslehre wird erst sinnvoll, wenn man dabei vom Sinn der Reinkarnation ausgeht.

Heute steht der Sinn der Reinkarnation eindeutig fest. Ihr Sinn ist die *innere Entwicklung des Menschen.*

Diese grundlegende, in der Gegenwart gewonnene Erkenntnis wurde nicht aus der „Geschichte der Reinkarnationslehre", nicht aus historischen Vorlagen, früheren Lehrmeinungen und Ansichten, sondern ausschliesslich aufgrund von heute möglich gewordenen Erfahrungen gewonnen. Die Erkenntnis über den wahren Sinn der Reinkarnation wurde möglich, weil in der Gegenwart das Erfahrungsgut sowohl über die Tatsache als auch über die Struktur der Reinkarnation hinreichend gross geworden ist, um ihre Einheitlichkeit und ihren sinnvollen Aufbau zu erkennen. Aus diesem Erfahrungsgut also kristallisierte sich die heutige – grundlegende und wohl endgültige – Erkenntnis heraus, dass für die Abfolge der Inkarnationen die fortlaufende innere Entwicklung des Menschen ausschlaggebend ist.

Erst diese entscheidende Erkenntnis wird in der Zukunft eine eigentliche Geschichte der Reinkarnationslehre ermöglichen. Ähnlich wie in der Naturwissenschaft: sobald die Sicht richtig ausgerichtet wurde, Entdekkung nach Entdeckung gemacht und These auf These aufgebaut werden konnte, so dass eine sukzessive Entfaltung des einschlägigen Wissens in Gang gekommen ist, werden von nun an Sinn und Aufbau der Reinkarnation immer differenzierter und immer gründlicher erfasst werden können.

Um eine Ausgangsbasis für eine jeweilige Geschichte der Reinkarnationslehre schaffen zu können, muss zum einen gezeigt werden, *wie* die Tatsache der Reinkarnation in Erfahrung gebracht werden kann, zum anderen muss das heute bereits zugängliche Wissen über die *Struktur* der Reinkarnation vorgestellt werden. Vorerst sollen jedoch sowohl die verbreitete Kenntnis über die Reinkarnation als auch das Ringen um ihren Sinn in einem historischen Überblick dargelegt werden.

# 4.

# Historischer Überblick

Ein historischer Überblick, selbst wenn er in gedrängter Form dargeboten wird und in ihm nicht jede Lehre berücksichtigt und nicht jede Einzelfrage erörtert werden kann, soll ermöglichen, dass ein jeder, der sich mit der Reinkarnation ernstlich befasst, in die geistesgeschichtliche Bedeutung der Reinkarnationslehre selber Einblick gewinnt.

Trotz Kürze des Überblicks wird jedoch deutlich, dass es keinen Kulturbereich und keine Weltreligion gibt, innerhalb derer nicht in einer Gemeinschaft oder in einer Richtung die Reinkarnation vertreten worden wäre.

Eine jeweils knappe Darstellung der einzelnen wichtigeren Lehren ermöglicht einen Vergleich der diversen Vorstellungen und verhilft dazu festzustellen, ob und wie weit die Lehre in einer Region oder in einer Kultur- oder sonstigen Gemeinschaft von aussen beeinflusst wurde oder von dort her Einfluss auf die Vorstellung anderer Gemeinschaften über die Reinkarnation ausgeübt hat.

Auch die Frage einer eventuellen Abhängigkeit der westlichen Reinkarnationslehre von der indischen kann geklärt werden. Im Westen geht die Kenntnis der Reinkarnation ins sechste oder vielleicht schon siebte Jahrhundert v. Chr. zurück und weist den hinduistischen und den – später entstandenen – buddhistischen Lehren gegenüber inhaltlich so grundlegende Unterschiede auf, dass die Unabhängigkeit hiervon leicht erkennbar ist.

Augenfällig ist, dass die Reinkarnationslehre auch im Westen – vor allem im griechisch-römischen Kulturbereich – weit verbreitet war. Es gab Zeiten, in welchen das Wissen um die Tatsache der Reinkarnation auch dort – wie in Indien – zum Allgemeingut gehörte.

Erst die Glaubenslehre des Christentums, in der die Reinkarnation abgelehnt wurde, unterdrückte allmählich ihre Kenntnis, so dass das Wissen um sie im Westen – so auch unter Christen – nur in kleineren Gemeinschaften weiterlebte.

# Indien

In Indien ist die Reinkarnationslehre erst vom neunten oder achten vorchristlichen Jahrhundert an nachweisbar.

## Der Hinduismus

Den älteren Teilen der heiligen Schrift der Inder, des *Veda* (sans. Wissen), welche in *Rigveda* (sans. *ric* = Hymne) zusammengefasst und etwa auf 1250 v. Chr. datierbar sind, kann man die Lehre von der Reinkarnation nicht mit Sicherheit entnehmen. Erst in den (von 800 v.Chr. an aufgezeichneten) *Upanischaden* (sans. wörtl. Sitzungen; vertrauliche Belehrungen, Geheimtexte) ist die Auffassung über das wiederholte Erdenleben grundlegend, wonach der Mensch seinen guten und bösen Taten, seinem *Karma*, entsprechend auf der Erde wiedergeboren wird.

Die *Bhagavad-Gita* (sans. Gesang des Erhabenen), deren ältere Teile – entgegen der Behauptung, sie sei 3000 v. Chr. entstanden – auf das dritte Jahrhundert v.Chr. anzusetzen sind, deren endgültige Fassung jedoch erst im vierten nachchristlichen Jahrhundert entstand, wird ebenfalls zu den Upanischaden gezählt. Nach der in ihr dargelegten Auffassung gilt für den Menschen als „gute Tat" die Erfüllung der Aufgabe, die ihm in einer Inkarnation von Gott gestellt wird.

Die systematisierende Disziplin des *Vedanta* (sans. Ende oder Endziel des *Veda*; Ziel des Wissens), deren frühere Teile auf das erste nachchristliche Jahrhundert zurückgehen, hat die Upanischaden zu deuten. Sie bietet für verschiedene, teils widersprüchliche Interpretationen eine Handhabe, von denen die folgenden drei die wichtigsten sind: *Vielgötterei*, *Pantheismus* (Gott alles in allem), und *Illusionstheorie* („Schleier der Maya"). Aus dem *Vedanta* ist auch eine Sinndeutung der Reinkarnation herauszulesen.

Bereits in den *Upanischaden* und der dazugehörigen *Bhagavad-Gita* wird die Wesensgleichheit von *Âtman* (sans. das Selbst, der innere Kern der Seele) mit dem ewigen *Brahmân* (sans. das Absolute, die Weltseele) gelehrt. Als eine Konsequenz dieser Identität ergibt sich auch der Sinn der Reinkarnation: Der „Heimgang" der Einzelseele in das Absolute ist nur durch eine Reihe von Wiederverkörperungen möglich.

Die meisten vischnuitischen und schivaitischen Schulen lehren, dass der Mensch aus eigenem Vermögen nicht imstande ist, sich von den „Banden des Welttreibens" (sans. *sansâra*) – aus dem ewigen Kreislauf der Wiederverkörperungen – zu befreien, sondern vielmehr auf Gottes

Gnade angewiesen ist. Diese Ansicht vertrat auch eine der bedeutendsten religiösen Gestalten des Hinduismus im neunzehnten Jahrhundert, RAMAKRISCHNA (1834-1886).

## Buddhas Lehre

Während in der hinduistischen Lehre von der Reinkarnation die Vorstellung vorherrscht, dass es die individuelle Geistseele des Menschen ist, die in einer Folge von Inkarnationen mit zum Teil gleichbleibenden persönlichen Zügen jeweils auf der Erde in Erscheinung tritt, zeigt sich in BUDDHAS Auffassung der Reinkarnation eine Entpersönlichung.

BUDDHA (sans. der Erwachte, Erleuchtete; um 550-480 v. Chr.) verwirft nämlich den Gedanken von der Existenz einer persönlichen Seele. Es kann also auch keine „Wanderung" der Seele von Leib zu Leib stattfinden, sondern nur ein unpersönliches Weitergeben des Lebens, ähnlich wie – so seine Worte – „die Flamme einer Kerze einer Reihe von Kerzen weitergegeben werden kann". Die Flamme ist nach der Ausdrucksweise BUDDHAS „dieselbe und doch nicht dieselbe". Die Befreiung von der Kette der so verstandenen Wiedereinkörperungen besteht im „Auslöschen der Flamme", im Eingehen in das *Nirvâna* (sans. Verwehen; Erlöschen). – Die Erfahrung zeigt allerdings, dass in der Reihe der Inkarnationen eine eindeutige Kontinuität der Person besteht, so dass kein Zweifel über die gleichbleibende Identität einer persönlichen Seele während der ganzen Entwicklung aufkommen kann.

BUDDHA sieht im irdischen Leben nichts als Leiden. Seine erste, in Benares verkündete „ewige Wahrheit" lautet: „Alles Leben ist unablässig dem Leiden unterworfen". Wer sich des irdischen Lebens dennoch erfreut, dessen Augen sind über die irdische Realität noch nicht aufgegangen. An sich bietet das Leben dem Menschen keinen Sinn. Der einzige Sinn, den der Mensch dem Leben abgewinnen kann, besteht im Wunsch, sich vom Leiden und also vom Leben – das heisst vom Zwang der Reinkarnation – zu befreien.

Damit zeichnet sich auch der Sinn der Reinkarnation in BUDDHAS Deutung ab. Dieser besteht einzig darin, dem Menschen durch das wiederholte Erdenleben Gelegenheit zu bieten, sich – wörtlich – „vom sinnlosen Treiben im ewigen Kreislauf der Wiedergeburten" (also von *sansâra*) loszureissen. Der Sinn der Reinkarnation erfüllt sich demnach erst dann, wenn sie – die Reinkarnation – aufgehoben wird und aufhört, zu existieren. (Ob ein solcher „Sinn" noch tatsächlich sinnvoll ist, wird wohl ein jeder selber ermessen müssen.)

Die Befreiung vom „Rad der Wiedergeburten" muss der Mensch selber durchführen, er muss sich also selbst erlösen. Zur Durchführung der Selbsterlösung gibt BUDDHA dem Menschen Ratschläge. Er muss auf dem „heiligen, achtfachen Pfad" wandern. Zusammengefasst heisst das, ein „rechtes" Leben sowohl nach aussen als auch innen zu führen und somit eine „rechte" Gesinnung zu erstreben.

Da sich das „Rad der Wiedergeburten" nach dem Karma-Gesetz von selber ewig dreht und da der Mensch sich selber zu erlösen hat, braucht BUDDHAS Welt keinen Gott. Es ist letztlich gleichgültig, ob es einen Gott gibt oder nicht. Denn selbst dann, wenn es ihn gibt, braucht er sich nicht um Weltengang und Menschen zu kümmern. Er könnte ja gar nicht in das Leben des Menschen eingreifen, rollt doch das karmagelenkte Schicksal des Menschen durch die Reihe der Inkarnationen rein mechanisch ab.

Erreicht der Mensch im Bemühen um seine Selbsterlösung den Grad der Vollendung, so braucht er nicht mehr auf die Erde zu kommen.

Nach der erst später, in den ersten nachchristlichen Jahrhunderten entstandenen buddhistischen Lehre, nach der Lehre der *Mahâyâna* (sans. das grosse Fahrzeug), kann der Mensch, falls er in seiner Selbsterlösung sehr weit fortgeschritten ist oder die vollkommene Erleuchtung erreicht hat, aus Erbarmen mit der Welt als *Bodhisattva* noch mehrfach in sie zurückkehren, um den Menschen zu helfen (sans. *bodhi* = Erleuchtung; *bodhisattva* = urspr. Anwärter auf die Buddhawürde, d. h. in der Erwartung, erleuchtet zu werden; später: Erleuchteter).

Dieser Gedanke kehrte auch in der Gnosis und der Kabbala wieder. Dies ist allerdings kein Grund dafür, dass eine Abhängigkeit dieser Lehren vom späteren Buddhismus angenommen werden müsste. Beruht eine Ansicht auf Einsicht in die wahren Verhältnisse der Realität, so wird sie – um es noch einmal zu betonen – immer wieder Vertreter finden.

Es tauchen allerdings auch unhaltbare Ansichten immer wieder – und unabhängig voneinander – auf. So wird im Hinduismus und Buddhismus (bis heute) angenommen, die menschliche Seele könne sich auch im Tierleib inkarnieren, – eine Annahme, die – unabhängig von der indischen Lehre – auch PLATON und etliche seiner Nachfolger machten, die jedoch unzutreffend ist (vgl. S. 44, 45, ausführlich S. 173-181).

## Das Abendland

Im Abendland war zur selben Zeit wie in Indien – nachweislich im sechsten, vielleicht schon im siebten vorchristlichen Jahrhundert – die Reinkarnationslehre ebenfalls bekannt. Es gab zu dieser Zeit in Griechenland, genauer in Thrakien, eine Gemeinschaft, in deren Lehre auch die Reinkarnation eine Rolle spielte. Diese Gemeinschaft war der Geheimbund der *Orphiker*.

### Die Orphiker

Die Orphiker, die sich nach dem sagenhaften Sänger ORPHEUS benannten, stellten eine Art von „Erbsündenlehre" auf. Die „Ursünde" wurde – im Unterschied zur jüdisch-christlichen Erbsündenlehre – nicht von Menschen (in ihrem Ungehorsam Gott gegenüber), sondern von Titanen (durch einen Frevel gegen Gott) begangen. Es waren dann allerdings die Menschen, die die Folgen des Frevels – der „Ursünde" –, die sie gar nicht begangen haben, zu tragen hatten, nicht anders als in der jüdisch-christlichen Lehre, wonach die Nachfolger des ersten Menschenpaares, die zur Zeit des „Sündenfalls" noch gar nicht existierten, die Last der „Erbsünde" zu spüren bekamen.

Die Folge der „Ursünde" war (bzw. ist), dass die Seele des Menschen eine Doppelnatur hat: eine gute und eine böse Seite. Ihre gute Natur verdankt sie dem göttlichen Kern, der ihr innewohnt. Die Seele ist jedoch seit ihrer Erschaffung – infolge des Frevels der Titanen – verdorben und hat demzufolge auch eine böse Natur, von der sie sich befreien muss. Das wiederholte Erdenleben bietet dem Menschen – wie in BUDDHAS Lehre – die Möglichkeit, sich durch entsprechendes Verhalten im Laufe der Inkarnationen zu reinigen. Begeht der Mensch eine besonders verwerfliche Tat, so kann er auch mit der „ewigen Hölle" bestraft werden.

Die orphische Lehre, darunter auch die von der Reinkarnation, stiess auch bei griechischen Philosophen auf Beachtung, und keine geringeren als PYTHAGORAS, EMPEDOKLES und PLATON bezogen die Reinkarnation in ihre Weltsicht ein.

### Pythagoras

PYTHAGORAS' Lehre (6. Jh. v. Chr.) wurde durch seine Schüler überliefert. Es gibt von ihm nur wenige authentische Aussprüche, die erhalten sind. Unter diesen befindet sich einer, der seine Überzeugung über die

Existenz der Reinkarnation erkennen lässt. Laut dieses Ausspruchs war er auch davon überzeugt, dass sich eine Menschenseele im Tierleib inkarnieren könne.

## Empedokles

EMPEDOKLES (5.- 4. Jh. v. Chr.) lehrte, dass es kein Entstehen und Vergehen, nur „Mischung" und „Trennung", das heisst nur Wandlung gibt. Auch die Seele ist nie entstanden und kann nicht vernichtet werden. Geburt und Tod sind lediglich Zustandswechsel. Das Leben, das einzige Leben, das der Mensch hat, setzt sich über die Reihe von Inkarnationen fort. Das Ziel des Lebens ist – wie in den anderen Reinkarnationslehren – die vollständige Reinigung der Seele.

Als Strafe kann sich die Seele auch in Tierleiber inkarnieren müssen. EMPEDOKLES behauptete von sich, Erinnerungen auch an Inkarnationen im Tierleib zu haben.

Die Seele hat nach seiner Auffassung an Gottes Geist (gr. *pneuma*) Anteil. Geht sie den mühsamen Pfad ihrer Wanderung zu Ende, ist sie also geläutert, so wird sie imstande sein, am „Reinen", das heisst am Göttlichen, teilzuhaben.

## Platon

PLATON (427-347 v. Chr.) deutete den Sinn der Reinkarnation – in ähnlicher Weise wie die Orphiker und BUDDHA – als Gelegenheit, sich vom Zwang der Wiedergeburten durch Reinigung der Seele zu befreien.

Auch PLATON betrachtete die Reinkarnation als eine Gegebenheit, die der Mensch hinzunehmen hat, ohne dass er darin – ausser der Selbstreinigung – einen anderen – konstruktiven – Sinn erkennen könnte.

Der Mensch muss einfach hinnehmen, dass er reinigungsbedürftig ist, und er muss erkennen, dass das irdische Dasein ein „Jammertal" ist. (Der Ausdruck ist allerdings nicht platonischen Ursprungs, sondern jüdisch-christlichen: hebr. *Bakatal*, Psalm 84, 7.)

Der irdische Leib (gr. *soma*) ist sogar – nach einem bitterbösen Wortspiel der Orphiker – als *Kerker* oder *Grab* (gr. *sema*) der Seele zu betrachten. Das Wortspiel wird auch vom PYTHAGORAS-Schüler PHILOLAOS (Ende d. 5. Jh. v. Chr.) und von PLATON selbst aufgegriffen. (Orphicorum fragmenta collecta, gr. hg. O.KERN, 1922, Frg. 8; Die Fragmente der Vorsokratiker, gr. hg. H. DIELS u. W. KRANZ, 3 Bde. [10]1960-61, 66 B 3 u. 32 B 14)

Platon meint, „die Seele leide Strafe, weswegen es nun auch sei, und werde deswegen, wie in einem Gefängnis – im Leib – behalten, bis sie ihre Schuld bezahlt hat“ (Kratylos 400 c; dem Sinne nach auch Phaidon 82 e).

Was die Seele verbrochen hat, deswegen sie Strafe leiden muss, sagt Platon nicht. Er verweist – in seinem berühmten Gleichnis über den „Seelenwagen“ (Phaidros 246 a – 249 e) – lediglich auf die Doppelnatur der Seele, ohne sie – im Gegensatz zu den Orphikern – auf irgendeine „Ursünde“ oder auf ein „Urereignis“ zurückzuführen. Wie er im Gleichnis schildert, ist dem „Seelengefährt“, das der Mensch selbst zu lenken hat, ein gutmütiges und ein triebhaftes, nur auf Genüsse des irdischen Lebens und auf die Befriedigung ichsüchtiger Wünsche bedachtes Ross vorgespannt. Und dieses zweite Ross – die böse Hälfte der Seele – macht dem Menschen redlich Mühe, sich aus der Verstrickung im Irdischen herauszulösen.

Die menschliche Seele existiert – wie für Empedokles – auch nach Platons Ansicht seit Ewigkeit her und ist unzerstörbar, so dass sie in alle Ewigkeit weiterexistieren wird. Sie existierte immer schon in ihrer Doppelnatur und hatte von Ewigkeit her sowohl eine gute als auch eine weniger gute, ja böse Hälfte.

Auf die Frage, warum dies so ist, woher die Doppelnatur des Menschen stammt, bleibt Platon die Antwort ebenfalls schuldig.

Die Lehre von der Doppelnatur der menschlichen Seele beruht übrigens auf der Beobachtung einer Tatsache. Auch die heutige Psychologie weiss, dass die Seele eine Licht- und eine Schattenseite hat. Bewusst wird sich der Mensch seiner Doppelnatur allerdings erst dann, wenn er innerlich reif genug ist, um auch sich selbst gegenüber kritisch zu sein. Dann gerät er wegen der Übergriffe aus seiner Schattenseite in Bedrängnis und beginnt, unter sich – wegen seiner Doppelnatur – zu leiden. Erst auf dieser Stufe der inneren Reife erscheint ihm das irdische Leben, dessen Vorzüge er bis dahin mehr oder weniger unbedenklich genossen hat, als „Jammertal“.

Auch Platon vertrat übrigens die Ansicht, wonach die Seele des Menschen unter Umständen – als Strafe – auch in einen Tierleib verbannt werden könne, eine Ansicht, die allerdings auch unter seinen Schülern nicht ohne Widerspruch blieb. So wiesen die Neuplatoniker Porphyr und Jamblichos (beide 3.-4. Jh. n. Chr.) die These ausdrücklich zurück, und es entbrannte deswegen in den neuplatonischen Schulen sogar eine Kontroverse.

Die Vorstellungen PLATONS und der Platoniker über die Seele, über die Welt und damit über die Reinkarnation fanden auch in das christliche Denken Eingang. Sie wurden in abgewandelter Form von Vertretern der *Gnosis* (die ja Christen waren) übernommen, und bildeten bei ihren heidnischen Zeitgenossen, vor allem bei den *Neuplatonikern* und später auch bei den Neuplatonikern zur Zeit der Renaissance (14.-15. Jh.), einen wichtigen Bestandteil ihrer Weltvorstellung.

Erst den Gnostikern und den Neuplatonikern gelang es dann, die Reinkarnation in einer hinreichend weit gefassten Sicht zu betrachten, so dass die Reihe der wiederholten Erdenleben als Teilabschnitt in einem umfassenden Kosmischen Geschehen gesehen werden konnte.

Auch unter den *Römern*, zweifellos unter griechischem, vor allem unter neuplatonischem Einfluss, war die Reinkarnationslehre verbreitet. Der wichtigste Vertreter des Neuplatonismus, PLOTIN, lebte und lehrte in Rom.

## Plotin

PLOTIN (um 205-270) stellte ein System auf, in welchem der Gedanke der *Emanation* (lat. Ausfluss, Ausströmung) grundlegend war. Aus der „Höchsten Idee" (= Gott) geht die Schöpfung stufenweise hervor und büsst dabei ihre Qualität ein, bis sie die unterste Stufe, die der (physischen) Materie erreicht. Die Materie ist nach PLOTINS Ansicht das Prinzip – und damit auch die Ursache – des Bösen. Von ihr, von ihrer Wirkung muss sich der Mensch befreien, und dies kann er nur in einer Reihe von Inkarnationen tun.

Diese Ansicht, dass die Reinkarnation zur Reinigung und Befreiung der Seele dient, hegten bisher alle griechischen Vertreter der Reinkarnationslehre wie auch BUDDHA. PLOTIN sah jedoch die Reinkarnation – im Unterschied zu jenen – im Zusammenhang mit dem Kosmischen Vorgang der Emanation. Der Reinkarnation fällt dabei die Rolle zu, jener Abschnitt im Weltgeschehen zu sein, an welchem eine entscheidende Wende in den Kosmischen Vorgängen stattfindet. An dieser Wende beginnt jene Phase, in welcher die Ausströmung in eine „Zurückströmung zur Höchsten Idee" übergeht.

In PLOTINS Lehre gewinnt also die Reinkarnation entscheidend an Bedeutung. Eine besondere Aufwertung erhielt die Reinkarnation allerdings schon vor ihm, als die Gnostiker versuchten, sie mit einer Christologie in Einklang zu bringen und in der Perspektive eines Kosmischen Geschehens darzustellen, ein Versuch, der – kurz vor PLOTINS Zeit – bei ORIGENES seine – für die damalige Zeit – geglückte Realisierung fand (vgl. S. 53-60).

## Das Römische Reich

In Rom – und wohl auch in weiten Teilen des Römischen Reiches – war um die Jahrtausendwende die Kenntnis der Tatsache der Reinkarnation schon sehr weit verbreitet.

Einer der vornehmsten Exponenten der römischen Kultur, VERGIL (70-19 v. Chr.), legte über sein diesbezügliches Wissen in seinem Epos *Aeneis* auch Zeugnis ab. Im Epos belehrt Anchises aus dem Jenseits seinen Sohn Aeneas über die Weltstruktur im Sinne der Reinkarnationslehre (VI, 713-714 u. 748-751).

Nach dem Urteil von Historikern „wurde der Glaube der Nichtchristen an die Seelenwanderung vom 2. Jahrhundert an immer stärker, bis er, besonders im 5. Jahrhundert, für die Menschen der Spätantike als eine ‚Selbstverständlichkeit' angenommen wurde" (W. STETTNER: Die Seelenwanderung bei Griechen und Römern 1937, 67).

## Ausserrömische Kulturen

In anderen Kulturbereichen wurde die Reinkarnationslehre, unabhängig vom Einfluss sowohl aus Indien als auch aus dem griechisch-römischen Kulturkreis, in den Jahrhunderten vor und nach Beginn der christlichen Zeitrechnung und auch später immer wieder vertreten.

**Ägypten.** Wie der griechische Geschichtsschreiber HERODOT in seinem im fünften vorchristlichen Jahrhundert verfassten Werk mitteilt (II, 123), kannten die *Ägypter* die Reinkarnation, nur waren sie der Meinung, nicht allen Seelen werde sie zuteil.

Im Westen waren es die *Kelten* und die alten *Germanen*, denen die Tatsache der Reinkarnation vertraut war.

**Die Kelten.** Der genaue Inhalt der keltischen Lehre ist nicht rekonstruierbar. Der aus Sizilien stammende Geschichtsschreiber *DIODOR*, ein Zeitgenosse CÄSARs, der seine Berichte allerdings fast ausschliesslich aus Auszügen aus Büchern anderer, heute zum Teil nicht bekannter Schriftsteller zusammenstellte, berichtete über die Kelten in seiner Universalsgeschichte (V, 28), dass die Reinkarnationslehre zur Geheimlehre ihrer Priesterklasse, der Druiden, gehörte.

Dies bestätigte CÄSAR in seiner Schrift über seinen Feldzug gegen die Kelten (De bello gallico VI, 14): „Vor allen Dingen suchen die Druiden davon zu überzeugen, dass die Seelen unsterblich sind und nach dem Tode von einem Körper in einen anderen übergehen. Sie meinen, diese Lehre sei ganz besonders geeignet, zur Tapferkeit anzuspornen, weil man dann den Tod nicht fürchte," – eine Ansicht, die dem Kriegshandwerker CÄSAR offenbar Eindruck machte. Er berichtete im weiteren, dass die Druiden ihre Lehre nur mündlich weitergeben und nicht gestatten, sie aufzuschreiben, obwohl sie des Schreibens mit griechischen Buchstaben kundig sind.

**Die Germanen.** Zeugnis dafür, dass unter den alten Germanen das Wissen um die Reinkarnation lebendig war, bietet einmal der ältere Teil der altisländischen Schriftensammlung, der *Edda* (Buch vom Oddi; dt. übs. H. Gering, 182 u. 234). Dieser Teil, die *Liederedda*, stammt aus der Wikingerzeit (9.-12. Jh.) und entstand in Island und Norwegen, einzelne Lieder in Grönland. Ihr Inhalt gehört teils der nordischen Mythologie, teils der germanischen Heldensage an.

Zwei weitere Belege sind die altsächsische Helianddichtung (Anfang 9. Jh.; hg. Heyne, XLIV, 3627-3634) und das norwegische *Flateyjarbok* (II B: OLAFs Saga, 134-135), das unter anderem die nordische Sage von OLAF „dem Heiligen" (OLAF II.) wiedergibt, der am Anfang des 11. Jahrhunderts die gewaltsame Christianisierung in Norwegen vorantrieb. Er verwarf gleichzeitig den Volksglauben an die Reinkarnation, zu der er sich früher selber bekannte, als Aberglaube. (Hinweise auf germanische Quellen entnommen aus: E.BOCK: Wiederholte Erdenleben [6]1975, 15-17; dort auch zahlreiche Belege für die verbreitete Kenntnis der Reinkarnation im deutschen Sprachraum)

## Märchen

Auch im *deutschen Volksglauben* scheint das Wissen um die Reinkarnation lebendig geblieben zu sein, wie dies etliche *Volksmärchen* erkennen lassen. Wird so ein Märchen unter Berücksichtigung der Reinkarnation ausgelegt, so kommt auch sein tieferer Sinn zum Vorschein.

Etliche Psychologen wissen, welche Hilfeleistung Märchen bei der Erforschung seelischer Vorgänge erbringen können. Besonders in der Psychologie von C.G. JUNG wird darauf hingewiesen, dass Gestalten und Geschichten – vor allem in (von den Brüdern GRIMM im 19. Jh. gesammelten) Volksmärchen – eine symbolische Bedeutung haben, indem sie Aspekte und Vorgänge in der Seele umschreiben.

Werden sie aus der Sicht der Reinkarnation betrachtet, wird erkennbar, dass die in ihnen vorkommenden Ereignisse entscheidende Entwicklungsschritte, nicht selten eine tiefgreifende Wandlung der Seele beschreiben. Im Vordergrund steht bei einer solchen Deutung die Entwicklung der Seele, die sich – dies ist selbstverständlich – vor dem Hintergrund der Reinkarnation vollzieht.

Märchen sprechen also *nicht direkt* von der Reinkarnation. Für ihre Ausdeutung als Zustände und Veränderungen der Seele ist daher die Kenntnis des Verlaufs der inneren Entwicklung des Menschen nötig. Weiss jemand um sie Bescheid, weiss er zudem, dass die Entwicklungsschritte nicht in der überaus kurzen Zeit eines einzigen Erdenlebens vollzogen werden können, so wird er die bildhafte – nicht selten poetisch, gelegentlich auch grausam anmutende – Ausgestaltung seelischer Aspekte und Vorgänge als sukzessive Phasen im Ablauf der Inkarnationen erkennen können.

Einige Beispiele:
***Rotkäppchen*** (= die Seele) geht von Zuhause (= paradiesische Kindheit) durch den Wald (= d. Unbewusste) zur Grossmutter (= Aussenwelt, gleichzeitig: Ahnenwelt, d. h. Vergangenheit). Der Wolf (= d. Böse) hat jedoch die Grossmutter verschluckt (anstelle des erwarteten Guten u. d. Liebe: Hinterlist u. Bedrohung). Auch sie (die Seele) muss jedoch durch das Böse gehen: Der Wolf verschluckt auch Rotkäppchen, so dass sie und die Grossmutter im Bauch des Wolfes sind (Seele u. Seelenfamilie tief in die Abgründe d. irdischen Welt geraten). Der Jäger (= Höherer Helfer) erscheint jedoch *recht*-zeitig (d. h. wenn die Zeit dafür reif ist), befreit Rotkäppchen und die Grossmutter (die Seele gelangt wieder an das Tages*licht*), der aufgeschnittene Bauch des Wolfes wird mit Steinen gefüllt und als er aufwacht und aufstehen will, fällt er tot um (d. Irdische, Triebhafte kehrt mit Materie <= Steinen> beladen in die unbewusste Region der Erde zurück), während sich Grossmutter am Kuchen und Wein erfreut (Freude am wiedergewonnen Leben und wegen der seelischen Sauberkeit nach der leidvollen Reinigung; aber auch – verstanden als Anspielung auf das Abendmahl: „Brot" <Kuchen> u. „Wein" –: berauschendes Einssein mit Gott). Rotkäppchen aber nimmt sich vor, niemals mehr vom rechten Weg abzukommen (was der Seele freilich erst viel später – nach Vollendung ihrer irdischen Laufbahn – gelingen wird).

***Hänsel und Gretel*** müssen zuerst die Lieblosigkeit, sodann die erste Form der – noch unechten – Liebe: die besitzergreifende, erfahren. Die Stiefmutter möchte, dass sie sich im Wald (im Unbewussten) verirren und den Weg nach Hause nicht mehr finden. Die List der Kinder, Körner oder Brosamen auf den Weg zu streuen, um an der so markierten Route zurückkehren zu können, hilft nur einige Male, dann picken die Vögel (= Gedanken, Eingebungen) die Körner auf (die Seele *muss* aus der Geborgenheit heraustreten, damit sie ihre Erfahrungen in der Fremde machen kann). – Sie stossen auf die aus Süssigkeiten (aus irdischem Genuss <= vermeintliches Paradies>, Verführung, Illusion) gebaute Hütte der Hexe (= besitzergreifender Mensch u. also nicht nur „die Mutter“), die sie mästet, um sie dann „aufzufressen“ (die Seele d. anderen mit Scheinliebe <= Verhätscheln> so an sich binden, dass sie – zumindest für eine Weile – nicht mehr entwicklungsfähig ist). Über die Stufe der besitzergreifenden „Liebe“ kommt die Seele nur durch eine vollständige Verwandlung (Verbrennen = Leiden) hinaus. Dazu verhilft sich die Seele selber: Die Kinder (Aspekte d. Erfahrung in d. Seele) stossen die Hexe (Aspekt d. besitzergreifenden – „auffressenden“ – Liebe) ins Feuer (in die radikale Reinigung).

Auch *Kunstmärchen* können Entwicklungsschritte der Seele – mitunter auf die schönste Weise – darlegen. Christian Andersens (1805-1875) beliebte Geschichte der *Meerjungfrau* zeigt die Sehnsucht der noch animalischen Seele (= Meerjungfrau) nach Menschwerdung. Sehnsucht wird stets von Liebe zu etwas (letztlich von der Gottesliebe) entfacht. Die Liebe veranlasst die Meerjungfrau, Opfer (Schmerz und Leid) auf sich zu nehmen, damit sie (d. Seele) ihre Entwicklung in menschlicher Gestalt beginnen kann. Betritt die Seele in ihrer inneren Entwicklung eine neue Stufe, so wartet auf sie nicht sogleich das „Glück“, sondern Schwierigkeiten. Es muss geprüft werden, ob ihr Wunsch, weiterzukommen, ernst gemeint ist. Es gibt jedoch keinen Weg zurück, *jede* Seele findet letztlich die Erfüllung ihrer Liebessehnsucht (findet d. Göttliche in sich, schliesslich kehrt sie zu Gott zurück).

Das Böse und Brutale in den Märchen, das viele brüskiert, hat übrigens durchaus seine Berechtigung, ist es doch in jeder Seele vorhanden. Damit es eine Entwicklung des Menschen geben kann, muss der Mensch zuerst durch das Böse, bevor er in das Licht gelangen kann. Es ist also nicht überraschend, wenn viele Märchen an diese Tatsache erinnern.

Märchen bieten also die Reinkarnationsidee nicht unmittelbar an, sondern ermöglichen dem Menschen, dem die Bedeutung ihres Symbolgehalts nach und nach aufgeht, aus der Schatzkiste seines inneren Wissens, das zugleich das Archiv der menschlichen Seele ist (vgl. S. 102-103), auch sein verborgenes Wissen um die Reinkarnation hervorzuholen. Märchen bestätigen aber auch sein Gefühl, das als Gewissheit ebenfalls tief in jeder Seele liegt, dass letzten Endes alles immer ein gutes Ende haben wird (d. h. jedes Problem einmal gelöst wird und seine Seele einst zu Gott gelangt).

# Das Christentum

Nicht nur der Hinduismus und der Buddhismus lehrten bzw. lehren die Reinkarnation, sondern auch in den anderen drei *Weltreligionen*, im *Christentum*, im *Judentum* und im *Islam*, gab bzw. gibt es Richtungen, in welchen das Wissen um die Tatsache der Reinkarnation lebendig war bzw. ist.

Die Kenntnis der Reinkarnation war zwar in den ersten sechs Jahrhunderten auch im Christentum weit verbreitet, die Lehre selbst wurde jedoch von den meisten Vertretern der kirchlichen Glaubenslehre abgelehnt.

## Jesus und das Evangelium

JESUS und seine Zeitgenossen, so auch seine Jünger, wussten um die Tatsache der Reinkarnation. Zu jener Zeit war ohnehin – wie auch von katholischer Seite festgestellt wird – „der Gedanke der Reinkarnation dem Volk nicht unbekannt“ (Lexikon für Theologie und Kirche IX, 578).

JESUS selbst lehrte die Reinkarnation nicht ausdrücklich.

(Die Annahme, wonach aus den Evangelien alte Textstellen entfernt wurden, aus welchen hervorgehen würde, JESUS hätte die Reinkarnation gelehrt, entbehrt jeglicher Wahrscheinlichkeit. Die sogenannten „apokryphen“ <gr. unechten> „Evangelien“, z. B. das „Thomas-Evangelium“, in welchen Reden über die Reinkarnation in den Mund JESU gelegt werden, entstanden später als die vier kanonisierten Texte; der gnostische Einfluss, der in ihnen nachweisbar ist, stammt aus den ersten nachchristlichen Jahrhunderten.)

Es ist jedoch festzuhalten, dass JESUS die Reinkarnation auch nicht ablehnte.

Darüber, dass auch die Jünger mit dem Gedanken der Reinkarnation vertraut waren, bestehen keine Zweifel. JESUS selbst sagte seinen Jüngern, JOHANNES DER TÄUFER sei der „wiedergekommene Prophet ELIA“ (Mt 11, 14; 17, 12-13). – Von JESUS nahm das Volk an, auch er sei einer der Propheten, der nun wieder gekommen sei (Mt. 16, 13-14; Mk 8, 27-28; Lk 9, 18-19).

Als JESUS einen Blindgeborenen heilte, fragten die Jünger, ob seine Blindheit durch die Sünden der Eltern oder des Blinden selbst verursacht worden sei (Jo 9, 1-3). Sie kannten also den Gedanken der „ausgleichenden Gerechtigkeit“. (Für die ausführliche Darstellung und Besprechung der Textstellen vgl. S. 145-153)

Es gibt ausserdem viele Aussprüche JESU, so auch in der Bergpredigt, die nur in der Sicht der Reinkarnation hinreichend tief erfasst werden können. (Die Aussprüche sind aufgelistet auf S. 157).

Natürlich gibt es Gründe dafür, warum JESUS, obwohl er um die Reinkarnation wusste, die Reinkarnation nicht ausdrücklich gelehrt hat.

Es war nicht seine Aufgabe, über die irdische Beschaffenheit der Wirklichkeit zu sprechen. Auch über die wahre Struktur des Sonnensystems machte er keine Mitteilungen, und ob er darüber Bescheid wusste, ist völlig belanglos.

Überdies war die Vorstellung über die Reinkarnation zu seiner Zeit noch nicht differenziert genug. Vor allem wusste man nichts über die innere Entwicklung des Menschen im heutigen Sinne, deren Kenntnis für das Verständnis des menschlichen Lebens grundlegend ist. Denn erst die Kenntnis dessen, dass die Reinkarnation die formale Struktur für die innere Entwicklung des Menschen darstellt, lässt die Reinkarnation sinnvoll erscheinen.

JESU Aufgabe war, den Menschen den unmittelbaren Weg zu Gott zu öffnen und ihnen zu ermöglichen, über die Stufe des rein formalen Glaubens, der auf Einhaltung von Vorschriften und Gesetzen aufgebaut ist, hinauszuwachsen. Er vermittelte den Menschen ein neues Gottesbild, das dem Wesen Gottes tatsächlich entspricht. Dieser Gott ist kein strafender Gott, den zu erzürnen der Mensch ständig zu befürchten hat, sondern wahrlich barmherzig: Er ist ein gütiger Vater, an den sich der Mensch stets im Vertrauen wenden kann.

(Zu JESU Person und Erlösungswerk vgl. S. 309-320; ferner vom Verfasser: *Das Vaterunser* – Die Entwicklung des Menschen im Lichte des Evangeliums, 1990)

## Die Gnosis

Bemühungen, den christlichen Glauben mit der Reinkarnationslehre zu verbinden, wurden bereits in den ersten Jahrhunderten unternommen.

Unter den Christen waren es die *Gnostiker,* die zu dieser Zeit unter platonischem bzw. neuplatonischem Einfluss versucht haben, die Reinkarnationslehre in ihre Christologie und in ihr Weltsystem einzufügen.

*Gnosis* (gr. Erkenntnis) bedeutet im engeren Sinne *religiöse Erkenntnis* (im Unterschied zum Autoritätsglauben), im weiteren Sinne die Gesamtheit jener religiös-philosophischen Systeme, die neben der christlichen Lehre sowohl die griechische Philosophie als auch orientalische

Mysterienreligionen in ihrem Weltbild berücksichtigte. Gnosis als System wurde seit dem 18. Jahrhundert auch *Gnostik* genannt. Der Begriff *Gnosis* ist übrigens wesentlich älter als die gnostischen Systeme.

Als Vorläufer der Gnostiker gilt MARCION. Die wichtigsten Vertreter der Gnosis sind SATURNILUS, KARPOKRATES, BASILIDES und VALENTINUS, ferner die *Ophiten*, auch *Naasener* genannt (gr. *ophis*, hebr. *naas* = Schlange; Schlangenverehrer). Auf ihre Lehre geht die – grösstenteils erhaltene – gnostische Schrift, die *Pistis Sophia* (gr. Glaubensweisheit), zurück. Zu den Gnostikern zählen auch die Anhänger des Persers MANI, die *Manichäer*, und auch Kirchenlehrer, besonders ORIGENES, ferner PRISCILLIANUS, der Begründer einer gnostischen Gemeinschaft in Spanien.

In allen gnostischen Systemen hat die Reinkarnation denselben Stellenwert wie bei den griechischen Philosophen. Sie soll die Reinigung der Seele und damit ihre Rückkehr zu Gott ermöglichen.

Der christologische Aspekt zeigt sich darin, dass die Gnostiker – ein jeder auf eine andere Weise – CHRISTUS als ein besonderes, manche als ein göttliches Wesen betrachteten und ihm bei der Rückführung der Seelen zu Gott eine entscheidende Rolle zuschrieben.

Einen vertieften Sinn erhält die Reinkarnation aber erst bei ORIGENES und – vermutlich unter seinem, nachweislich unter manichäischem Einfluss – bei PRISCILLIANUS.

## Origenes

ORIGENES (um 185-253/54), einer der grössten (vielleicht der grösste) unter den christlichen Lehrern (der offiziell nicht zu den „Kirchenvätern", dafür zu den „Häretikern" gezählt wird), dessen Christologie auf die Heranbildung der kirchlichen Dogmatik (so z. B. auf die Trinitätslehre) eine nachhaltige Wirkung ausgeübt hat, und der an den Folgen des Martyriums starb (aber nicht „heilig" gesprochen wurde), stellte das erste grosse System der christlichen Wissenschaft auf und gründete ein geordnetes Lehrgebäude der christlichen Dogmen. Darin verwendete er auch neuplatonische Elemente.

Anstelle der neuplatonischen Emanationslehre setzte er die biblische Schöpfungslehre, wonach Gott die Welt aus dem Nichts erschaffen habe.

Die Seelen wurden ursprünglich in gleicher Qualität von Gott geschaffen und erfreuten sich der ungetrübten Seligkeit, in Gottes Nähe weilen zu können.

Doch sie haben sich aus freier Entscheidung – oder unter Einfluss von bösen Geistern – gegen Gott gewendet, indem sie Gott gleich sein wollten. Wegen dieser Empörung gegen Gott wurden sie verstossen und müssen nun, mit Materie verhüllt, das heisst im physischen Leib, als Strafe auf der Erde leben und sich um ihre Reinigung bemühen, damit sie zu Gott zurückkehren können.

Mit Hilfe CHRISTI, der infolge der Teilnahme an der Gottheit des Vaters selbst vergottet ist, soll die Rückkehr zu Gott einst allen Seelen gelingen, denn die Folgen des Bösen können nicht bis über das Weltende hinausdauern.

So gibt es nach Ansicht von ORIGENES keine ewige Höllenstrafe. Dank Gottes Güte wird vielmehr bis zum Ende der Zeiten alle Sünde vernichtet, so dass die Herstellung des ursprünglichen – seligen – Zustandes der Welt und damit die „Wiederbringung aller Dinge zur Einheit mit Gott“, die berühmte *Ápokatástasis pánton* (gr.), stattfinden kann.

## Die Kirchenväter

Die Kirchenväter traten der Gnosis entgegen und bekämpften – wenige ausgenommen – auch die Reinkarnationslehre.

Bei manchen Kirchenvätern konnte bis heute nicht entschieden werden, ob sie die Reinkarnation selbst oder nur eine Variante der Lehre ablehnten. Fraglos haben ausser ORIGENES sein Anhänger RUFUS und der Bischof von Emesa in Phönizien, NEMESIOS, (beide im 4.-5. Jh.) die Reinkarnationslehre vertreten.

Einmütig lehnten hingegen alle Kirchenväter, so auch NEMESIOS, die Ansicht ab, wonach sich die Seele des Menschen unter Umständen auch im Tierleib wieder inkarnieren könne.

Ein anderer Kirchenlehrer, der die Möglichkeit der Rückkehr in den Tierleib ablehnte, nicht aber die Reinkarnation selbst, war JUSTIN DER MÄRTYRER (2. Jh.). Ob er sich zur Reinkarnationslehre ausdrücklich bekannte, ist allerdings bis heute umstritten.

Und immer noch ist auch die Frage umstritten, ob ORIGENES die Reinkarnation überhaupt lehrte. Unbestritten ist lediglich, dass er die Lehre von der Seelenwanderung vertrat. Er wurde offiziell – unter anderem – wegen seiner Seelenwanderungslehre verurteilt, wie dies eine Kurzfassung dieser Lehre im Verdammungstext zeigt.

Der Streit wirft zwei Fragen auf: die Frage nach dem Unterschied zwischen Seelenwanderung und Reinkarnation, und die Frage, wie es mit ORIGENES' Ansichten steht, ob er nur die Seelenwanderung oder auch die Reinkarnation lehrte.

## Seelenwanderung und Reinkarnation

Obwohl die beiden Ausdrücke oft als gleichbedeutend verwendet werden, gibt es zwischen ihnen einen wesentlichen Unterschied.

Der Begriff der *Seelenwanderung* (gr. *metempsychosis*; lat. *transmigration*) wurde in der Gnosis wesentlich weiter gefasst als die Bedeutung des lateinischen Wortes *Reinkarnation* (gr. *metemsomatosis*).

*Seelenwanderung* bedeutete „die Reise" oder „die Wanderung der Seele durch die Äonen" (gr. *aion* = Leben, Lebenszeit; ferner Zeitalter, Weltalter; vgl. auch Fremdbegriffe).

Die Reise oder die Wanderung der Seele erstreckt sich auf drei Etappen, auf eine *vor*-irdische, eine *irdische* und eine *nach*-irdische. Die vorirdische Etappe besteht allerdings – nach Ansicht einiger Gnostiker, so vor allem von ORIGENES und PRISCILLIANUS – nicht aus einer eigentlichen Wanderung, sondern ist ein abrupter Abstieg. Am Anfang der Seelenreise steht ihrer Meinung nach der (bereits erwähnte) *Seelensturz*, den die Seelen infolge ihrer Auflehnung gegen Gott erlitten und deswegen auf die Erde verbannt wurden. Die eigentliche Reinkarnation beginnt erst auf der Erde, wo die Seelen sich immer wieder solange inkarnieren müssen, bis sie gereinigt sind. Sind sie rein, so brauchen sie sich nicht mehr auf der Erde zu inkarnieren und können die dritte, abschliessende Etappe ihrer Seelenreise antreten, die sie zu Gott zurückführt. Mit „Reinkarnation" ist also nur die mittlere Etappe gleichzusetzen: die irdische, die auf der Erde zu vollziehen ist.

Ist jemand der Meinung, die irdische Etappe bestehe nur aus einem einzigen Erdenleben, so kann er die Lehre von der Seelenwanderung dennoch vertreten. In einer so verstandenen Seelenreise würde die Seele auf der Erde nur ein einziges Gastspiel geben, so dass auf die Reinkarnationslehre verzichtet werden kann. Dabei kann auch die Annahme fallen gelassen werden, es gäbe in der Seelenreise eine erste vorirdische Etappe.

Eine solche stark verkürzte Seelenreise vertrat im vierten Jahrhundert zum Beispiel der Kirchenlehrer und Mystiker GREGOR VON NYSSA und im 18. Jahrhundert EMANUEL SWEDENBORG. Die Seele wurde ihrer Ansicht nach bei der einmaligen Erzeugung des physischen Leibes erschaffen. Sie schlossen damit die Möglichkeit der *Prä*existenz der Seele – das Leben der Seele vor der einmaligen Inkarnation – wie auch die Möglichkeit der wiederholten Erdenleben aus. Hingegen vertraten sie die Ansicht, die Seele würde sich nach dieser einen Inkarnation auf Erden in Kosmischen Regionen noch lange weiterentwickeln.

Origenes lehrte die Seelenwanderung und er vertrat auch die Lehre von der Reinkarnation, und zwar ausdrücklich. Dies geht aus der heutigen wissenschaftlichen Textausgabe seines Hauptwerkes eindeutig hervor.

Es gibt vier Stellen in seinem griechisch geschriebenen Hauptwerk *Peri àrchon*, das nur in lateinischer Übersetzung erhalten ist (Über die Grundlagen od. Grundlehren, *De principiis* I 5, 3; II 9, 6-7; III 1, 23 u. 3, 5), in welchen Origenes von der Reinkarnation unmissverständlich als von einer Tatsache spricht. An einer fünften Stelle behauptet er sogar, die Menschenseele könne sich auch im Tierleib inkarnieren (I 8,4; eine erste Anspielung darauf: I 6,2), eine Ansicht, die er aber in einem späteren Werk ausdrücklich verwirft (Contra Celsum IV, 83; PG 11, 565). (Zu den Textstellen vgl. die kritische Ausgabe seines Hauptwerkes: *Vier Bücher von den Prinzipien*, lat. dt. hg. übs. mit kritischen und erläuternden Anmerkungen versehen von H. Görgemanns u. H. Karpp, 1976)

## Die Zeitproportionen der Seelenreise

Es gibt einen weiteren Gesichtspunkt, unter welchem die Frage, ob jemand eine Ansicht vertrat, im Zweifelsfalle gestellt werden muss. Man muss prüfen, ob diese Ansicht in sein System organisch einzufügen ist oder nicht. Es stellt sich also bei Origenes die Frage, ob für seine Lehre von der Seelenwanderung die Annahme der Reinkarnation notwendig und sinnvoll ist oder nicht.

Dabei müssen auch die Zeitproportionen zwischen den einzelnen Etappen der Seelenreise berücksichtigt werden. *Vor* dem Erdenleben liegt eine „halbe Ewigkeit", *hinterher* eine zweite „Ewigkeitshälfte" und zwischen diesen unvorstellbar langen Etappen würde – falls es nur ein einziges Erdenleben gäbe – die winzige Zeitspanne einer einzigen Inkarnation liegen. Und auch diese würde, falls der Mensch als Kind stirbt, auf einige wenige Jahre oder auf Monate oder auf Stunden oder sogar auf Minuten zusammenschrumpfen.

Es geht dabei freilich nicht bloss um das Augenmass zeitlicher Proportionen. Es geht vielmehr um das Augenmass für den Sinn der Existenz des Menschen.

Und auch auf diese Frage – auf die Frage nach dem Sinn des Lebens – kann nur unter dem Gesichtswinkel einer umfassenden Weltsicht eine Antwort erfolgen.

Die Antwort ergibt sich für ORIGENES aus seinem System und aus dessen Voraussetzungen von selbst. Die Erdenzeit, die eine Seele nach ihrem „Sturz“ zu ihrer Reinigung benötigt, kann nicht aus einem einzigen Erdenleben bestehen. Würde man die Reinigung auf eine einzige Inkarnation beschränken, so zeugte dies von einer ahnungslosen, geradezu infantilen Naivität der Wirklichkeit, namentlich der menschlichen Natur gegenüber. Und ORIGENES in Anbetracht seiner Geistesschärfe und der Weite seiner Weltsicht einer solchen Naivität zu bezichtigen, wäre doch etwas merkwürdig.

Die Erdenzeit der Seele muss nach ORIGENES – wie vor ihm schon nach PLATON – solange währen, bis die Seele überhaupt begreift, dass sie reinigungsbedürftig ist, sodann fähig wird, sich aus ihrem materiellen „Kerker“ auf der Erde zu befreien. Und dazu braucht sie nicht bloss ein einziges, nicht einmal nur einige wenige Erdenleben.

Es ergibt sich also aus ORIGENES' Gedankenwelt folgerichtig, dass er in seiner Seelenwanderungslehre auch der Reinkarnation Raum geben muss.

Verurteilt wurde ORIGENES allerdings nicht wegen der Reinkarnations-, sondern wegen seiner ganzen Seelenwanderungslehre. Und diese seine Verurteilung gilt heute noch als der Grundstein der offiziellen Absage des Christentums an die Reinkarnationslehre.

## Die offizielle Stellungnahme der Kirche zur Reinkarnationslehre

Eine erste Verurteilung erfuhr die Lehre des ORIGENES bereits anderthalb Jahrhunderte nach seinem Tod auf der Synode zu Alexandria 399. Die offizielle Verurteilung der Seelenwanderungslehre erfolgte aber – wie dies jeder Kenner der Kirchengeschichte wissen wird – erst im sechsten Jahrhundert. Und der Vorgang der Kirchenmänner bei der Verurteilung ist für die Dogmengeschichte überaus kennzeichnend.

Offiziell wurde die Ablehnung der Seelenwanderungslehre auf einer Lokalsynode der Kirchenprovinzen von Konstantinopel 542, die von Kaiser JUSTINIAN einberufen wurde, erstmalig ausgesprochen und ein Jahr später als Lehrsatz festgelegt. Besiegelt wurde die Verurteilung auf dem fünften sogenannten ökumenischen Konzil im Mai 553 unter Anwesenheit des vom Kaiser herbeizitierten, für seine Schwäche bekannten Papstes VIGILIUS, der unter dem Druck JUSTINIANS die Verurteilung guthiess. (Derselbe Kaiser liess auch die neuplatonische Philosophenschule in Athen 529 schliessen und schloss damit die Epoche der antiken Philosophie endgültig ab.)

Der Vorgang der Verurteilung weist aber noch einen Schönheitsfehler auf. Sie wurde in erster Linie nicht aufgrund religiöser Erwägungen, sondern machtpolitischer Manipulationen zuwege gebracht. Die Verurteilung betraf die Lehre des ORIGENES, der zwar rund 300 Jahre zuvor gestorben war, doch war die Verurteilung darauf angelegt, dass der Einfluss seiner Anhänger in der Kirchenpolitik eingedämmt werde, – ein Ziel, das auch erreicht wurde.

Eine ähnlich lautende Verurteilung erfuhr auf der Kirchenversammlung zu Braga (Portugal) im Jahre 561 auch die Lehre des christlichen Gnostikers PRISCILLIANUS, der übrigens der erste Christ war, der wegen seiner Ansichten im Jahre 385 mit sechs Gefährten nun von Christen hingerichtet wurde. Mit seiner Hinrichtung wurde die lange Reihe jener christlichen Märtyrer eröffnet, die durch Christen zum Martyrium gelangten.

Die Versammlung der konstantinopolitanischen Kirchenprovinz stellte im Jahre 543 gegen die Lehre des ORIGENES „nachdem die Dinge sich so verhalten und die von ORIGENES ausgesprochenen Lästerungen allen offenbar geworden sind“, wie es im offiziellen Text heisst, neun *Anathematismen* (gr.), Verdammungen von Lehrsätzen, auf. Eine zehnte (nicht numerierte) Verdammung richtet sich unmittelbar gegen die Person von ORIGENES.

Die erste Verdammung hat den Wortlaut: „Wer sagt oder daran festhält, die Menschenseelen hätten ein Vorleben gehabt, d. h. sie seien zuvor Geister und heilige Gestalten gewesen, sie seien aber der göttlichen Anschauung satt geworden, hätten sich dem Bösen zugewandt, seien deswegen in der Liebe Gottes erkaltet, hätten so den Namen ‚Seelen‘ (= die Kalten) bekommen und seien zur Strafe in die Körper gebannt worden, der sei ausgeschlossen“ – (gr. Ench. Symb. 403; dt. Urk. Lvk. 325). – Im Text wird ein Wortspiel gebraucht: Die Seele, gr. *psyche*, war – wie es heisst – in der Liebe zu Gott „erkaltet“, d. h. „kalt“ – zur „Kälte“, gr. *psychos* – geworden.

Der Lehrsatz, der die Verurteilung des PRISCILLIANUS und seiner Anhänger ausspricht, lautet: „Wer sagt, die Menschenseelen hätten zuvor in der himmlischen Wohnung gesündigt und seien dafür in menschliche Körper auf die Erde hinabgeworfen, wie es priscillianische Lehre ist, der sei ausgeschlossen“ (gr. Ench. Symb. 456; dt. Urk. Lvk. 326).

Die Schlussformulierung ist neueren Datums. Im Original steht anstelle von „der sei ausgeschlossen“ der übliche Verdammungssatz der Dogmen: „der sei mit Bannfluch“ (gr. *anathema*) „belegt“; dem Sinne nach: „der sei in Ewigkeit verdammt“.

Die beiden offiziellen Verurteilungen betreffen also nur die Präexistenz der Seele, den Seelensturz und die These, die menschliche Seele sei als Strafe in den irdischen Leib verbannt, nicht aber die Reinkarnationslehre.

Gnade fand ORIGENES vor den Vätern des Konzils auch mit seiner Lehre über die Wiederherstellung der Weltordnung, *Ápokatástasis pánton*, nicht. Mit der Lehre, bei deren Begründung er sich auf die Barmherzigkeit Gottes auch Sündern und Dämonen gegenüber berief (Peri àrchon I 6, 2-3; PG 11, 69 B – 71), griff er aus der berühmten Rede des PETRUS an die Juden den Gedanken über die „Herstellung alles von Propheten Vorausgesagten" auf (Apg 3,21; Peri àrchon II 3, 5; PG 11, 82; III 5, 7; PG 11, 151 C; vgl. auch III 6, 6-8; PG 11, 154 D – 155 D). – Da die Kirchenväter diese Art von Barmherzigkeit Gottes offenbar übertrieben fanden, wie dies vor ihnen AUGUSTIN schon tat, der die Behauptung des ORIGENES als „falsches Mitleid" ausdrücklich verwarf (Vom Gottesstaat 21, 17), verurteilten sie auf dem nämlichen Konzil (543) auch diese Lehre: „Wer sagt: die Strafe der bösen Geister und gottlosen Menschen sei zeitlich und werde nach bestimmter Zeit ein Ende nehmen, und dann komme eine völlige Wiederherstellung" (Ápokatástasis) „der bösen Geister und gottlosen Menschen, der sei ausgeschlossen" (Anathema Nr. 9; gr. Ench. Symb. 411; dt. Urk. Lvk. 891). Erwähnenswert ist diese Verdammung, weil mit ihr die Lehre über die *Ewigkeit der Höllenstrafe* als definierter Glaubenssatz (= Dogma), der alle Kirchenchristen zum Glauben daran verpflichtet, in die christlich-orthodoxe Glaubenslehre Einlass fand (Ench. Symb. 76, 780, 801, 839; Urk. Lvk. 895, 896, 898, 916).

Eine ausdrücklich gegen ORIGENES' Person gerichtete Verdammung schloss sich – wie erwähnt – auf die Verurteilung seiner Lehre über die *Ápokatástasis* an: „Anathema auch dem ORIGENES, der auch ADAMANTIOS heisst, der dieses gelehrt hat, samt seinen abscheulichen, verfluchten und lasterhaften Dogmen, und jede Person, die dieses denkt oder verteidigt oder überhaupt auf irgendeine Weise zu irgendeiner Zeit hierfür einzutreten wagt". (Text der Anathematismen in: *Acta Conciliorum Occumenicorum*, hg. E. SCHWARTZ, 1940, III 213 11-30, 214 1-7; abgedruckt gr. dt. in: Textanhang zu ORIGENES: *De principiis* <vgl. S. 56>, 822-825) – Den Beinamen ADAMANTIOS ( gr. der Stählerne; urspr. d. aus Diamanten Bestehende) erhielt ORIGENES wegen seines „eisernen Fleisses".

Eine weitere Verurteilung der Lehre des ORIGENES und seiner späteren Anhänger erfolgte zehn Jahre später (553) auf dem fünften ökumenischen Konzil zu Konstantinopel, das fünfzehn Lehrsätze verschiedener Herkunft verwarf und darin einem Brief JUSTINIANS an das Konzil – teils wörtlich – entsprach. Da heisst es kurz und bündig: „Wer die erdichtete Präexistenz der Seelen und ihre daraus folgende phantastische Wiederherstellung" (Apokatastasis) „vertritt, der sei mit Bannfluch belegt" (Anathema Nr. 1). Hinzu kam noch eine namentliche Verurteilung des ORIGENES mit anderen Häretikern: „Wer ARIUS, EUNOMIUS, MACEDONIUS, APOLLINARIS, NESTORIUS, EUTYCHES und ORIGENES mitsamt ihren gottlosen Schriften nicht mit dem Bannfluch" (*anathema*) „belegt", (...) „der sei selber mit dem Bannfluch belegt" (Ench. Symb. 433). (Zur historischen Einordnung der Anathematismen vgl. F. DIEKAMP: Die origentistischen Streitigkeiten im 6. Jahrhundert und das 5. allg. Konzil, 1899).

Eine zweite Verurteilung des ORIGENES zusammen mit einer langen Reihe von Abtrünnigen erfolgte auf dem Lateran-Konzil 649 (Ench. Symb. 518-519; die beiden namentlichen Verurteilungen der Häretiker wurden in d. Urk. Lvk. nicht aufgenommen).

Die Folge des Bannfluches war, dass die Schriften der Genannten aus den Bibliotheken entfernt und viele Handschriften verbrannt wurden. Auch das Hauptwerk des ORIGENES *Peri àrchon* fiel dieser „geistigen Reinigung" zum Opfer. (Dies ist der Grund, warum es der Nachwelt – einige kurze Textstellen ausgenommen – nur in lateinischer Übersetzung überliefert wurde.)

## Die indirekte Ablehnung der Reinkarnationslehre

Eine ausdrückliche Verurteilung der Reinkarnationslehre erfolgte bis heute nicht, was auch in kirchlichen Kreisen unumwunden zugegeben wird. Erklärungen von Konzilien und Päpsten, die in die Dogmengeschichte eingegangen sind, haben jedoch wichtige Voraussetzungen, auf welchen die Reinkarnationslehre fusst, formal verurteilt und somit auch diese – wenn auch unausgesprochen – zurückgewiesen. Vor allem die als offiziell geltende Annahme der Kirche, wonach die menschliche Seele erst bei der physischen Empfängnis erschaffen wird, schliesst die Möglichkeit eines Lebens vor der Empfängnis und damit die Reinkarnation aus.

Ihre Ablehnung stützt sich also auf eine Behauptung, deren Richtigkeit die christlichen Kirchen bis heute nicht nachgewiesen haben (und wohl auch nicht nachweisen werden können).

Dennoch halten die christlichen Kirchen und Konfessionen an ihr fest, weil zwei ihrer grundlegenden Glaubenssätze die Einmaligkeit des irdischen Lebens – wie dies irrtümlich angenommen wird – voraussetzen. Es sind dies die Erlösungslehre und die Lehre von der Auferwekkung der Toten am Jüngsten Gericht.

Die Erlösungslehre fordert vom Menschen eine endgültige Entscheidung für oder gegen Gott, für welche – nach traditioneller christlicher Ansicht – nur der Zeitraum eines einzigen Erdenlebens bemessen ist (was freilich wiederum nur vorausgesetzt und keineswegs aus der Erfahrung gewonnen wird). – Die Lehre von der Auferweckung der Toten setzt voraus, dass am Ende der Zeiten mit der Seele des Menschen auch sein physischer Leib auferweckt wird. Da aber dieser Auferweckungsleib nur ein einziger sein kann, kann der Mensch nicht mehrere physische Leiber auf der Erde gehabt haben.

Trotz Absage des Kirchenchristentums an die Reinkarnationslehre lebte diese auch unter Christen weiter, und sie wird – wie die Erfahrung zeigt – auch von heutigen Christen beachtet und sogar vertreten (vgl. S. 126-127 u. 292-297).

Im Mittelalter waren es die *Katharer*, die als Christen die Reinkarnation lehrten.

## Die Katharer

Die Katharer, nach ihrem Hauptsitz in Aquitanien in Südfrankreich Albi auch *Albigenser* genannt, waren unter Christen die bedeutendsten Vertreter der Reinkarnation. Sie wurden weder von indischer noch von neuplatonischer oder gnostischer Lehrtradition – zumindest nicht direkt – beeinflusst.

Sie bildeten eine christliche Gemeinschaft, die sich seit Ende des 10. Jahrhunderts im südlichen und westlichen Europa ausbreitete. Sie forderten die Rückkehr zur Lehre JESU und lehrten ausser der Reinkarnation (die sich ihrer Meinung nach auch auf die Inkarnation in Tierleiber erstreckte) unter anderem auch die Gewaltlosigkeit. Sie vertraten das wahre Christentum nicht nur verbal, sondern versuchten, es im alltäglichen Leben auch zu verwirklichen, – Grund genug, um ein Dorn im Auge vieler machtvoller Vertreter einer sittlich und geistig zerrütteten Kirche zu sein.

Ausgerechnet die Katharer mussten ihren Namen zur Bezeichnung der Ketzerei hergeben (*Katharós* gr. = der Reine). Sie hiessen mittellateinisch *catharie*, altitalienisch *gassari*, und aus der lombardischen Form *gazzari* entstand später das deutsche Wort *Ketzer*, das seit dem Beginn des 13. Jahrhunderts bezeugt ist.

Im Volksmund wurden die Katharer „die Guten“ genannt, da sie im Bemühen, JESU nachzufolgen, unter dem Volk des *Languedoc*, des (damals noch unabhängigen) Südens Frankreichs, das in Armut lebte, viel Gutes bewirkten.

Ihr Weltbild war – vielleicht von der altpersischen Religion ZARATHUSTRAs (6. Jh.v.Chr.) und von den späteren *Manichäern* angeregt – dualistisch ausgerichtet. Das Weltgeschehen war demnach der Schauplatz des Kampfes zwischen dem guten Prinzip, dem Licht-Reich, und dem Prinzip des Bösen, dem Reich der Finsternis.

Die Seelen galten für sie – wie für die Gnostiker – als gefallene Geister, die aus dem Reich des Lichts unter die Herrschaft des Bösen und damit unter die Herrschaft der Materie geraten sind und nun in das Gefängnis des physischen Leibes gesperrt wurden. Sie können sich erst durch Reinigung aus ihrer misslichen Lage befreien, und dazu ist die „Wanderung von Leib zu Leib“ nötig. Sie können aber erst dann ihre Erlösung vom Zwang der Reinkarnationen finden, wenn sie fähig geworden sind, sich in den Leib eines – katharischen – „Vollkommenen“ oder „guten Christen“ zu inkarnieren.

Gegen die Katharer wurde 1208 ein Kreuzzug entfesselt, wobei die Horden der Kreuzzüger nicht nur die Katharer, sondern die ganze Bevölkerung der Provence und Aquitaniens unter der Parole: „Tötet alle, Gott findet die Seinen schon heraus“, wahllos angriffen und arg dezimierten. Die Ausrottung der Katharer (die im übrigen Europa bis ins 14. Jahrhundert hineinreichte) ging schon aus dem Grunde mühelos vor sich, weil sie als Gegner jeglicher Gewaltanwendung ihren Verfolgern keinen Widerstand leisteten. (Der Krieg gegen die Katharer leitete übrigens die Annektierung des Südens durch die nordfranzösischen Könige ein, die 1243 ihren – ersten – Abschluss fand.)

Auch *im heutigen Christentum* gibt es immer mehr Gläubige, die ihren Glauben in der Lehre JESU und nicht in den Meinungen diverser christlicher Lehrer, die als Autoritäten gelten, oder in der Tradition begründet sehen. Sie haben daher keine Mühe, ihre Kenntnis über die Tatsache der Reinkarnation mit ihrem Glauben in Einklang zu bringen. (Darüber ausführlich im 4. Teil: Das Christentum und die Reinkarnation, S. 262-325).

# Das Judentum

Im Judentum lehrten die Reinkarnation die *Karäer* (hebr. *Karaïm* = Bibelanhänger, Schriftgläubige), die Anhänger einer jüdischen Sekte, nach ihrem Stifter ANAN BEN DAVID (Mitte des 8. Jh.) früher auch *Ananäer* genannt, der über die Seelenwanderung (übrigens arabisch) eigens eine Schrift verfasste, die verloren ging; sodann die Anhänger der *Kabbala* (hebr. Überlieferung), der im Mittelalter erblühten jüdischen Mystik, und schliesslich die *Chassidim* (hebr. Fromme), die Anhänger der von ISRAEL BAAL SCHEM um 1750 gegründeten, in Osteuropa weitverbreiteten jüdisch-religiösen Bewegung mystischen Einschlags.

## Die Kabbala

Die Kabbala kann als eine Fortführung und Differenzierung der neuplatonisch-gnostischen Weltdeutung gelten. Obwohl ihre Niederschrift erst im 12. Jahrhundert begann, als die Juden verfolgt wurden und um die Erhaltung ihrer „Geheimlehren" besorgt sein mussten, kann sie früheren Ursprungs sein. Nach der kabbalistischen Tradition wurde die Lehre seit langem nur mündlich überliefert. So kann es tatsächlich möglich sein, dass sie auf jüdisch-gnostische Lehren und somit auf die ersten nachchristlichen Jahrhunderte zurückzuführen ist.

Die zeitliche wie räumliche Nähe der ersten Kabbalisten zu den Katharern (deren Lehre im 11. und 12. Jahrhundert in Südfrankreich verbreitet war) ist augenfällig. In den Schriften der Kabbala, die vor dieser Zeit verfasst wurde, ist aber kein Einfluss der katharischen Lehre nachweisbar.

Die Lehre der Kabbala ist nicht einheitlich. Sie wurde im Laufe der Jahrhunderte teils bereichert, teils auch ärmer gemacht. Die einzelnen Lehrstücke und ihre Interpretationen stützen sich auf die Bibel und auf die jüdischen Bibelauslegungen, wobei sie in deren charakteristischem Stil durchgeführt werden. Das Weltbild hingegen, dem eine Emanationslehre zugrunde liegt und in welchem – dieser Lehre entsprechend – eine aus Gott herausströmende, in Stufen (hebr. *sefiroth*) entstehende Welt dargestellt wird, ist zweifellos von der neuplatonisch-gnostischen Gedankenwelt inspiriert.

Wie in der Gnosis, spielt in manchen kabbalistischen Schriften der *Messias* und damit die Erlösung eine bedeutende Rolle. In der Kabbala wird allerdings – im Gegensatz zur kirchenchristlichen und gnostischen Auffassung – die jüdische Ansicht vertreten, wonach der Messias noch nicht gekommen sei und erst am Ende der Zeiten erscheinen werde. In der späteren Kabbala findet auch die – schon von ORIGENES formulierte (S. 54) – Idee der *Ápokatástasis* (hebr. *tikkun*), der Wiederherstellung der ursprünglichen Weltharmonie, Vertreter.

In der mittleren Kabbala erfährt der Gedanke über den Messias eine beachtenswerte Erweiterung. Zuerst taucht die Vorstellung auf, wonach der noch kommende Messias bereits zwei, nach anderen drei Inkarnationen auf Erden verbracht habe, sodann der Gedanke, dass der erwartete Messias einst ADAM war, der seine Verfehlung nun wiedergutzumachen habe, indem er – eben als Messias – noch einmal kommen werde, um die Welt zu erlösen.

Für die Bezeichnung der Reinkarnation gebrauchten die früheren Kabbalisten zwei hebräische Ausdrücke unterschiedslos, *Gilgul* und *Ibbur*. In der späteren Kabbala bestand zwischen den beiden ein erheblicher Unterschied. – *Gilgul* bedeutete den Einstieg einer einzigen Seele in den – noch embryonalen – physischen Leib, ihren Verbleib darin bis zum physischen Tode und die mehrmalige Wiederholung des Erdenlebens. – Mit *Ibbur* (hebr. Schwängerung) wurde der Einstieg einer zusätzlichen Seele – oder mehrerer Seelen – in einen physischen Leib bezeichnet, in welchem sich bereits eine „Hauptseele“ befindet. Diese „Hauptseele“ wird „geschwängert“, indem sich mit ihr die zusätzliche Seele vereinigt – oder mehrere Seelen vereinigen –, und zwar nur auf begrenzte Zeit.

*Ibbur* kann zum Zwecke der Bereicherung einer Seele stattfinden, die dadurch zum Bestehen eines besonders schweren Lebens oder zur Durchführung einer besonderen Aufgabe zusätzlich Hilfe erhält. Es kann aber auch aus Gründen der Strafe geschehen, und zwar entweder aus Strafe für die einsteigenden Seelen, die in dem Fall in den physischen Leib eines Menschen, der überaus viel zu leiden hat, versetzt werden, oder aus Strafe für den durch *Gilgul* inkarnierten Menschen, den dann die ihn „schwängernden bösen Geister“ wacker plagen oder sogar „besessen“ machen können.

Die Lehre von *Ibbur* entspricht allerdings nicht der Wirklichkeit, wie dies noch gezeigt wird (vgl. S. 77-82).

## Der Chassidismus

Die Kabbala mündete (im 18. Jh.) in die *chassidische Mystik*, deren Hauptaufgabe ihr Begründer, BAAL SCHEEM, in der praktischen Anwendung des mystischen Wissens sah. Mit Hilfe dieses Wissens soll der

Mensch seine Gesinnung so ausrichten, dass sie ihm die Vereinigung mit Gott ermöglicht und seine Seele zur „Heimstätte der *Schechina*" (hebr.), zur irdischen Wohnstätte Gottes, werden kann.

In den – wahren oder erdichteten – Geschichten, die von den *Chassidim* weitergereicht werden, wird auch der Sinn der Reinkarnation deutlich. Er besteht immer auch darin, dass sie den Menschen Möglichkeit und Gelegenheit bietet, die nötigen Erfahrungen zu machen und dadurch alles zu erlernen, was zur Vollendung des Menschseins nötig ist.

## Der Islam

Im Islam wird die Lehre von der Reinkarnation unter anderem von den *Ismailiten* und den *Kurden* vertreten und gehört auch zur westpersischen Geheimreligion (Tanàsukh).

Die nach dem Tode des Religionsstifters MOHAMMED (632) entstandenen Machtkämpfe um die Nachfolge führten nicht nur zu einer Spaltung in zwei Parteien, *Sunniten* und *Schiiten*, sondern auch zu einer Abspaltung in der Lehre und zu erheblichen Differenzen in den Lehrmeinungen.

Während die Sunniten die orthodoxe Lehre des MOHAMMED (in welcher für die Reinkarnation kein Raum ist) vertraten, waren die Schiiten für die Weiterentwicklung der Glaubenslehre offen. Aus ihren Kreisen entstand die Richtung der *Ismailiten*, die die allgemein-islamischen Dogmen mit einer Geheimlehre ergänzten, die deutlich neuplatonisch-gnostische Züge trägt und auch die Reinkarnation berücksichtigt.

Ihr Weltbild beruht auf einer – etwas kompliziert ausgefallenen – Emanationslehre. In deren Rahmen findet der Gedanke der Seelenwanderung und auch der der Reinkarnation – wie in den neuplatonischen und gnostischen Systemen – mit grosser Selbstverständlichkeit seinen Platz.

Auch bei den Ismailiten treten Spekulationen über wiederkehrende Inkarnationen einzelner *Imame* (arab. geistliche Oberhäupter der Gemeinde), die sich besonders verdient machten, wie auch der Gedanke der Erlösung durch einen noch zu erwartenden Messias auf. Wahrscheinlich nahmen auf ihre Lehre ausser den christlichen auch jüdische Gnostiker Einfluss.

Die Reinkarnationslehre wurde auch von vielen *Sufis*, den Mystikern des Islam, gelehrt (*Sufi* arab. urspr. mit grober Wolle Bekleidete; Asketen).

Und dies dürfte kein Zufall sein. Es ist ja augenfällig, dass gerade diejenigen, die einen Hang zur Mystik haben, für neue Einsichten und für die innere Erfahrung aufgeschlossen sind und so keine Mühe haben, die Lehre von der Seelenwanderung und die Tatsache der Reinkarnation anzunehmen. Es sind ihre eigenen inneren Erfahrungen, die ihnen eine solche Annahme nahelegen. „Rechtgläubige" hingegen, die nur das glauben und nur das für wahr halten, was in ihrer „Offenbarung" – so etwa in der Bibel oder im Koran – ausdrücklich formuliert ist, lehnen – und dies ist geradezu die Regel – jedes Weltbild, das den Horizont ihrer Glaubenslehre und die Grenzen ihres Denkvermögens übersteigt, von vornherein ab und damit natürlich auch die Seelenwanderungs- und die Reinkarnationslehre. Fundamentalismus und Orthodoxie (als innere Haltung) einerseits, Weltoffenheit und Sinn für Mystik andererseits sind allerdings keine Frage des Glaubens, sondern die Frage der Entwicklungshöhe ihrer Vertreter. (Fundamentalismus ist auf den untersten Entwicklungsstufen, die Orthodoxie auf der dritten, Spiritualität und somit der Sinn für Mystik auf den höheren bis höchsten Stufen beheimatet.)

## Die Neuzeit

Zur Zeit der ***Renaissance*** (15. – 16. Jh.) waren es die *Neuplatoniker*, die nach der Wiederentdeckung der Lehre von PLATON und seiner geistigen Nachfolger die Reinkarnationslehre wieder aufgriffen. Der bekannteste unter ihnen war GIORDANO BRUNO, den die Inquisition wegen seiner Ansichten 1600 in Rom auf dem Scheiterhaufen hinrichten liess.

In den Epochen der ***Aufklärung und der Romantik*** (18. Jh. – Anfang d. 19. Jh.) gab es immer mehr Anhänger der Reinkarnationslehre, die – unabhängig vom neuplatonischen Gedankengut – in ihre Überlegungen über den Weltengang auch den Gedanken der Reinkarnation einbezogen, so zum Beispiel VON HELMONT, KANT, LICHTENBERG, LAVATER, der junge HERDER und GOETHE.

Bemerkenswert ist die 1780 veröffentlichte, berühmt gewordene Schrift von GOTTHOLD EPHRAIM LESSING (1729-1781) über *Die Entwicklung des Menschengeschlechts*, in welcher er den Gedanken einer Stufenfolge in der Entwicklung der Menschheit darlegt und dabei erwägt, dass die zur Entwicklung nötige Zeit durch die Reinkarnation gewährleistet werden könnte.

In ***neuester Zeit*** gehören ARTHUR SCHOPENHAUER, die *Theosophen*, RUDOLF STEINER und seine Anhänger, die *Anthroposophen*, zu den Namhaftesten, die die Reinkarnation lehrten bzw. noch lehren.

## Rudolf Steiner

Während SCHOPENHAUER und die Theosophen unter indischem Einfluss standen, machte sich RUDOLF STEINER (1861-1925) von den indischen Vorstellungen über die Reinkarnation frei und versuchte, Verbindungen zur deutschen Wissenschaft, besonders zu Denkern der Aufklärung und der Romantik, in erster Linie zu GOETHE, herzustellen. Er fasste die Reinkarnation als ein organisches Glied in einem umfassenden Weltbild auf, mit dessen Hilfe das Wesen des Menschen wie auch der Sinn des Schicksals erfasst werden können. So untersuchte er auch die Gesetzmässigkeiten im Leben des Menschen, die auf drei Ebenen – auf die physische, die seelische und die geistige – verteilt sind, und versuchte in seinen *Karma-Vorträgen*, die karmatischen Voraussetzungen im Leben historischer Persönlichkeiten aufzuzeigen, um damit die schicksalsmässigen Zusammenhänge in der Menschheitsgeschichte erkennbar zu machen.

Zum Leben des Menschen rechnete er auch die Zeit in den Intervallen zwischen den einzelnen Inkarnationen, was zu seiner Zeit selbst für jene, die für die Frage aufgeschlossen waren, neu war.

Der Mensch gehört nach STEINER sowohl zur sinnlichen als auch zur übersinnlichen Welt. Ursprünglich, bevor er zum ersten Mal die sinnliche Welt betrat, das heisst, sich im physischen Leib inkarnierte, war er in der übersinnlichen Welt beheimatet. Er musste aber in die sinnliche (irdisch-grobstoffliche) Welt treten und muss sich dort immer wieder inkarnieren, damit er als Bindeglied zwischen beiden Welten diesen ermöglicht, ineinander zu wirken. Mit seiner Seele steht der Mensch zwischen Geist und Materie. Als geistiges Wesen wirkt er in der „Körperwelt“ und holt aus dem „Vergänglichen“, dem „Sterblichen“, die Früchte für das „Unvergängliche“. Er „pendelt“ gleichsam zwischen beiden Welten, um das auf Erden Erfahrene ins Geistige und das Geistige ins Irdisch-Materielle zu tragen.

Das Ziel des Menschen ist, sich von den irdischen Bedingungen ganz zu lösen und Herrschaft über sich zu erlangen. Um dieses Ziel zu erreichen, steht ihm hinreichend Zeit (= Jahrtausende) zur Verfügung. Erreicht er sein Ziel, so braucht er sich nicht mehr zu inkarnieren.

In seiner *Christologie*, die ebenfalls kosmische Züge trägt, betrachtet STEINER das „Ereignis von Golgatha" (die Kreuzigung) als „Mittelpunkt alles Erdengeschehens". Von da an begann die auf die Erde zuströmende Kraft, sich mit der Erde zu vereinigen. Der „Logos" (= CHRISTUS) wurde „der Geist der Erde".

STEINER trug mit seinen Schriften und Vorträgen wesentlich dazu bei, dass die Vorstellung der Reinkarnation auch im Westen vielen Menschen vertraut wurde und auch Anspruchsvolle auf sie aufmerksam wurden. Der Dichter CHRISTIAN MORGENSTERN schrieb nach der Begegnung mit STEINER und mit seinen Gedanken (Stufen: Am Tor 1909): „Man versteht den Menschen erst – *sub specie reincarnationis*" (lat. sinngemäss: im Lichte der Wiederverkörperung).

## Naturvölker

Unter den meisten Naturvölkern bildete und bildet heute noch die Reinkarnation einen Bestandteil ihrer Weltvorstellung. Manche unter ihnen ziehen zum Teil weittragende Konsequenzen aus ihrer Kenntnis und richten ihr praktisches Leben danach.

Ein Beispiel: Die *Tlingit-Indianer*, die den grössten Teil des südöstlichen Alaskas bewohnen, glauben, dass sie sich nach ihrem Tode wieder in dieselbe Familie – etwa als ihre eigenen Enkel oder Grossenkel – inkarnieren können. Die Tlingits leben vom Fischfang. Stossen sie auf einen ertragreichen Fischgrund, so zeigen die meisten Väter ihren Söhnen die Stelle nicht. Sie befürchten, diese würden den Fischgrund leer fischen, während sie selber im Jenseits sind, und wollen sich auf diese Weise den Fischfang für das kommende Erdenleben sichern. Sie sind überzeugt, dass sie sich auch noch in ihrer nächsten Inkarnation genau erinnern können, wo der Fischgrund zu finden ist.

Es ist unter den Tlingits nicht ungewöhnlich, dass Kranke oder Arme sich wünschen, getötet zu werden, damit sie jung und gesund auf die Erde zurückkehren können. Sie haben – den Kelten ähnlich (vgl. S. 47-48) – keine Furcht vor dem Tode, was ihre grosse Wildheit und Risikofreudigkeit erklärt. Sie suchen, getötet zu werden, damit sie gestärkt und unter besseren Verhältnissen in die irdische Welt zurückkommen können. (Angaben nach Aufzeichnungen des franz. Anthropologen A. PINART, 1872; mitgeteilt von I. STEVENSON in: Reinkarnation [5]1986, 237)

Unter den heutigen, emanzipierten Tlingits, vor allem unter jenen, die Alaska verlassen haben, scheint das Wissen um die Reinkarnation allmählich verloren zu gehen, oder sie zeigen zumindest kein Interesse für sie.

# Zweiter Teil

## Die Diskussion um die Reinkarnation

# 5.

# Die Alternativ-Hypothesen

Falls jemand die Reinkarnation nicht für eine Tatsache hält oder sie nicht annehmen will, jedoch mit Berichten von Menschen über ihre Erinnerungen an frühere Erdenleben konfrontiert wird, so stellt sich die Frage, was er von diesen Berichten halten soll.

Es gibt für ihn dann zwei Möglichkeiten. Er kann die Echtheit der Erlebnisse, die für Erinnerungen an frühere Inkarnationen gehalten werden, generell in Frage stellen und behaupten, alles Gerede darüber sei Unfug. Er kann dabei sogar die Redlichkeit der Menschen, die über solche Erlebnisse berichten, anzweifeln und ihre Berichte kurzerhand als Lügen oder bestenfalls als Phantasieprodukte abtun.

Zur Zurückhaltung – wenn nicht gar zur Skepsis – „Rückerinnerungen" gegenüber wird man vor allem von jenen gedrängt, die vorgeben, in früheren Inkarnationen einen illustren Namen getragen zu haben. Es gibt jedoch Kriterien, an welchen die Echtheit oder Unechtheit von Rückerinnerungen ablesbar ist (vgl. Kapitel 14, S. 247-267).

Falls jemand keinen Grund und auch nicht die Absicht hat, die Ehrlichkeit oder die Gutgläubigkeit der Berichterstatter anzuzweifeln, so steht ihm immer noch offen, die Erinnerungen für unbeabsichtigte Selbsttäuschungen zu halten.

Ist jemand jedoch an der „Szene der Reinkarnation" nicht bloss Zaungast, pflegt er zum Beispiel Umgang mit Menschen, die selbst Erinnerungen an frühere Inkarnationen haben und von ihrer Echtheit überzeugt sind, respektiert er sogar ihre Überzeugung, war er vielleicht selber schon Zeuge von Rückführungen, so wird er die Frage der Reinkarnation kaum mit einer leichtfertigen Handbewegung abtun.

Lehnt er aber die Reinkarnation dennoch ab, so wird er sich genötigt sehen, selber eine Erklärung für Erlebnisse zu geben, die für Erinnerungen an frühere Inkarnationen gehalten werden.

Es gibt dafür solche Erklärungen. Sie gelten als *Alternativ-Hypothesen* für die Reinkarnationslehre.

Es sollen nun jene vorgestellt werden, welche auch allgemeine Fragen aufwerfen, die zum Umkreis der Reinkarnationslehre gehören.

Diese sind:

Die vermeintlichen Erinnerungen

- kommen
  durch *Hellsichtigkeit*,
  durch *Genwirkung der Ahnen*,
  durch *Einwohnung von Verstorbenen* zustande;
- sind unbewusste Erinnerungen aus dem gegenwärtigen Erdenleben, das heisst, das Resultat von *Kryptomnesie;*
- entstehen durch *Suggestion*;
- bestehen aus selbsthervorgerufenen, sogenannten *katathymen Bildern* der Seele (*Animismus*);
- sind *willkürliche Phantasieprodukte*;
- werden *aus der Kollektivseele geschöpft* und sind keine Erinnerungen an das eigene Leben, sondern Erinnerungen anderer Menschen.

Bei all diesen Hypothesen wird die Echtheit der Erlebnisse für das subjektive Empfinden des Menschen vorausgesetzt. Man versucht jedoch zu zeigen, dass die Annahme, der Betreffende würde tatsächlich Erinnerungen an frühere Leben haben, falsch sei. Nicht das Erlebnis selbst, sondern dessen Dafürhalten als Erinnerung wird also in Frage gestellt.

## Die Hellsichtigkeit

Die Hypothese lautet: „Hellsichtigkeit ist zwar eine besondere Gabe, die nicht jedem Menschen eigen ist, dennoch kommt sie bei manchen vor. Und manche, die über diese Gabe verfügen, können unter Umständen einer Täuschung erliegen. Sie erliegen dann einer Täuschung, wenn sie ihre Gabe dafür benutzen, in ihre eigene Vergangenheit zurückzublicken. Die eigene Vergangenheit: das sind frühere Inkarnationen, von denen sie meinen, in ihnen schon gelebt zu haben. Doch sie täuschen sich. Was sie dabei erleben, sind nicht Ereignisse aus ihren einstigen Erdenleben, denn diese gibt es gar nicht. Es sind Ereignisse, denen jene Menschen ausgesetzt waren, die zur damaligen Zeit lebten. Die Hellsichtigen meinen nur, sie hätten Einblick in ihr eigenes, früher gelebtes Leben gewonnen. Dank ihrer Hellsichtigkeit nehmen sie jedoch nur Szenen aus dem Leben anderer, längst verstorbener Menschen wahr."

Oder wörtlich aus der Feder eines Gegners der Reinkarnationslehre: „Auch eine sogenannte Rückführung in frühere Existenzen, die zu unwahrscheinlichen Beobachtungen führt, beweist nur, dass Erlebnisse und Gedanken früherer Generationen nicht einfach verloren sind, sondern dass sie im meditativen Erleben in einer Art Hellsichtigkeit wieder aufgegriffen werden können. Der Meditierende kann in einer Art Hellsichtigkeit vergangenes und zukünftiges Geschehen erschauen, wobei es ebenso kurzsichtig wäre zu behaupten, dass der, der erschaut, identisch war mit dem, der früher erlebte. Wir behaupten auch nicht, dass der prophetisch, prospektiv zukünftiges Erleben vorwegnimmt, sicher auch im 21. Jahrhundert lebt. Der *Reinkarnationsglaube* ist ein Deutungsmuster für *paranormal* gewonnene Einsichten. Aber andere Deutungsmuster, zum Beispiel Hellsichtigkeit in die Vergangenheit, sind mindestens so naheliegend." (G. SCHMID: Anfang und Ende des Glaubens an Reinkarnation, in: Grenzgebiete der Wissenschaft 1988; Hervorhebungen von SCHMID)

### Rückerinnerung und Hellsichtigkeit

Die Hypothese setzt ein Zweifaches voraus: *erstens*, dass alles, was sich einmal ereignet hat, auf eine bestimmte Weise aufbewahrt und unter Umständen dem Menschen, so dem hellsichtigen, zugänglich sein kann; *zweitens*, dass alle Menschen, die meinen, Rückerinnerungen zu haben, auch hellsichtig sind.

Alles, was auf Erden (und auch im Jenseits) geschieht, wird tatsächlich aufgezeichnet und aufbewahrt, und zwar in der *Kosmischen Chronik* (vgl. dazu ausführlich S. 102-103).

Ob der Zugang zu diesem „Archiv der Ereignisse“ durch Hellsicht oder auf eine andere Weise möglich ist, ist eine zweitrangige Frage. Wichtig ist vorerst abzuklären, ob Hellsichtigkeit vorausgesetzt werden muss, damit Rückerinnerungen – vermeintliche oder tatsächliche – zustande kommen.

Damit ein Mensch Rückerinnerungen an seine früheren Inkarnationen haben kann, muss er tatsächlich begabt, und zwar *medial* begabt sein. Über die besondere Gabe der Hellsichtigkeit muss er allerdings nicht verfügen. Und medial ist jeder Mensch begabt, nur muss er diese anlagemässig vorhandene Gabe – wie jede andere Fähigkeit – erst entfalten und sich in ihren Gebrauch einüben.

*Medialität* besteht in der Fähigkeit, zwischen dem Übersinnlichen und dem Irdisch-Realen zu vermitteln, das sonst nicht Zugängliche in den Bereich des Wachbewusstseins zu holen. Jeder Mensch, der innere (z. B. „katathyme“) Bilder (vgl. S. 91) in sich aufsteigen lassen oder Erinnerungsbilder (aus der gegenwärtigen Kindheit oder aus früheren Inkarnationen) erschauen kann, tut dies aufgrund seiner Medialität.

Medialität ist jedoch mit Hellsichtigkeit nicht gänzlich identisch, denn Hellsichtigkeit ist eine spezifische Erscheinungsweise der Medialität. Hellsichtigkeit ermöglicht, den Seelenzustand eines Menschen, oder aber Naturwesen, Jenseitige, Höhere Wesenheiten (z. B. Engel) unmittelbar wahrzunehmen. Manche Hellsichtigen können auch in die Zukunft blicken, soweit diese schon festgelegt ist.

Auch in der Medialität gibt es selbstverständlich mehrere Qualitäten. Auch Selbsttäuschungen sind durchaus möglich. Deshalb ist es wichtig, kritisch zu bleiben und die einzelnen Aussagen über Rückerinnerungen sachlich zu prüfen, was durchaus möglich ist (vgl. S. 247). In seriös durchgeführten Rückführungen kommen Selbsttäuschungen nur selten vor, und diese wird ein erfahrener und sachkundiger Rückführungsleiter durchschauen können.

Wäre die Hypothese der Hellsichtigkeit zutreffend, so müsste man zur Kenntnis nehmen, dass es heute viele Menschen gibt, die ihrer fähig sind. Denn sehr viele haben Rückerinnerungen an frühere Inkarnationen. Und viele sind auch imstande, in sich solche Erinnerungen gezielt, so mit Hilfe von Rückführungen, aufsteigen zu lassen. Unter ihnen gibt es etliche, deren „innere Augen“ ihnen die Wahrnehmung sonst unsichtbarer Wesenheiten ermöglichen.

Ob die Fähigkeit, Rückerinnerungen zu haben, „Hellsichtigkeit" genannt wird, ist an sich völlig belanglos.

Wer sich seriös mit Rückerinnerungen befasst oder Rückführungen unterzieht, erlebt, dass er nicht bloss in ein „Fremdgebiet" eingedrungen ist und sich dort verirrt hat. Die meisten erkennen mit aller Deutlichkeit, dass das Geschaute sie selber – und nur sie, sogar im buchstäblichen Sinne – betrifft, weil sie vielleicht emotionell, manche sogar gefühlsmässig, die damaligen Ereignisse intensiv nacherleben. Viele sind angesichts des Erfahrenen seelischen Erschütterungen ausgesetzt. Sie berühren beim Erleben ihrer früheren Inkarnationen überdies zahlreiche Fäden, die in ihr gegenwärtiges Erdenleben führen, so dass sie die Verbindung von Vergangenheit zu Gegenwart klar erkennen und dessen gewiss sein können: All das, was sie in der Rückerinnerung erlebten, hatte sich einst in ihrem eigenen frühen Erdenleben ereignet. (Zur Hellsichtigkeit vgl. auch S. 219-221)

## Die Zukunft

Ob nun ein Hellsichtiger auch in die Zukunft blicken kann, ist freilich eine andere Frage. Gewiss gibt es Berichte darüber, welche eine solche Annahme nahelegen. Einblick kann allerdings nur in jene Zukunft gewonnen werden, die bereits festgelegt ist. Dies ist bei grösseren Ereignissen (karmatischen Charakters) meistens der Fall.

Doch ist die Zukunft in einem bestimmten Sinne stets offen. Ihre Gestaltung hängt vom Verhalten der beteiligten Menschen ab. Wie bei der Erörterung von Karma und Karma-Gesetz noch eingehend ausgeführt wird (S. 155-159), kann der Mensch durch Annahme des Schicksalhaften oder Verweigerung der Einsicht sein Los erleichtern oder erschweren. Selbst vorgesehene, sogar vorherbestimmte Ereignisse können abgewendet oder verändert werden, wenn der Mensch bereit ist, in seinem Leben oder in seinem Verhalten etwas zu ändern, also jene innere Umstellung vorzunehmen, wofür das geplante Ereignis Anstoss geben sollte. Tut der Mensch freiwillig, wozu er sonst gezwungen wäre, so wandelt er seine Zukunft, und in seinem Leben tritt eine Wende zum Günstigeren ein. Tut er es nicht, so wendet das Schicksal Zwangsmethoden an, und sein Leben wird zunehmend mit Schwierigkeiten, sogar mit Leiden belastet sein.

Die Zukunft steht offen. Nur ihre groben Züge, die vom Gesamtschicksal grösserer Menschengruppen abhängen, sind mehr oder weniger genau festgelegt. So ist jeder Mensch in einem bestimmten Masse seiner „Zukunft" Schmied.

## Der Blick zurück in das Leben der Ahnen

Die Hypothese behauptet: „Wer meint, Rückerinnerungen an seine eigenen früheren Erdenleben zu haben, kann zwar tatsächlich entsprechende Ereignisse sehen, nur stammen diese nicht aus seinem eigenen früheren Leben, sondern aus dem Leben seiner Ahnen."

Auch hier liegt, laut Hypothese – wie bei Hellsichtigen – eine Selbsttäuschung vor: Der Mensch glaubt in der „Meditation" seine eigene Vergangenheit zu erschauen, dabei gewinnt er nur in das Leben seiner eigenen Ahnen Einblicke. Er sieht im erschauten Leben nicht sich, sondern seine Ahnen agieren.

Und dafür gibt es eine „plausible" Erklärung, die sogar „wissenschaftlich" klingt: Der Mensch übernimmt von seinen Vorfahren so ziemlich alles, was Physiognomie und Charakter anbelangt, weitgehend durch die Gene. Warum soll er von seinen Ahnen mit den Genen nicht ebenfalls auch die Erinnerungen an deren – natürlich nur einziges – Erdenleben übernehmen?

Der Mensch empfängt also von seinen Ahnen dank der Gene nicht bloss äussere Züge und seelisch-geistige Merkmale, sondern auch Erinnerungen an das Erdenleben. Und ist der Mensch für die Dechiffrierung dessen, was in den Genen diesbezüglich enthalten ist (natürlich unbewusst) fähig, so wird er es tun, vor allem dann, wenn er nach (vermeintlichen) Erinnerungen an seine (niemals gelebten) früheren Leben sucht. Er holt dabei die Erinnerungen (der Ahnen) aus seinem genetisch verschlüsselten Erbgut. (Zur Frage der Vererbung vgl. S. 122-124)

Nun ist aber der Mensch in seinen Rückerinnerungen nicht nur Zuschauer, vor dessen Auge sich Ereignisse (wie im Kino oder vor dem Fernseher) abspielen und von denen er sich – je nach Laune – hinreissen lässt oder die ihn auch kalt lassen. Er erlebt nicht nur die Bilderfolge der Ereignisse, sondern – sogar in erster Linie, oft in Ichform – sich selber. Dabei muss er sich nicht etwa in eine fremde Identität einfühlen.

Und selbst dann noch, wenn er eine Weile (die sich über eine Reihe von Rückerinnerungen bzw. Rückführungen erstrecken kann) die dargebotenen Ereignisse nur von aussen her betrachtet, bleibt die Wirkung in ihm, vor allem in den Tiefenschichten seiner Seele, nicht aus. Selbst derjenige, der bei der Rückerinnerung vom Erfahrenen zunächst unberührt bleibt, merkt mit der Zeit, dass in ihm Veränderungen vor sich gehen und er sich entlastet fühlt – von einer Last, deren Schwere er bis dahin vielleicht gar nicht so empfunden hat (vgl. S. 257-259).

Es gibt ausser der (pseudo-)wissenschaftlichen Erklärung vermeintlicher Erinnerungen durch die Genwirkung der Ahnen noch eine zweite, in welcher die Hauptrolle ebenfalls die Ahnen spielen. Nach dieser Variante flössen die Ahnen ihre eigenen Erinnerungen an ihr einziges Erdenleben ihren Nachkommen gleichsam ein, und diese meinen dann, Erinnerungen an ihre eigenen Erdenleben zu haben. Solche vermeintlichen Erinnerungen können allerdings nicht nur durch Ahnen zustande kommen.

Auf eine solche Alternativlösung weist die dritte Hypothese hin.

## Einwohnung von Verstorbenen

Die Hypothese besagt folgendes: „Bilder oder Gefühle, von welchen eine Person meint, sie seien Erinnerungsstücke aus früheren Inkarnationen, können zwar tatsächlich in Erscheinung treten, doch nicht deshalb, weil sie echte Erinnerungen sind, sondern weil sie dem Menschen von Verstorbenen eingegeben werden."

Laut Hypothese erliegen einer solchen Täuschung besonders sensible Menschen, deren seelische Durchlässigkeit so gross ist, dass Verstorbene mit ihrem Erinnerungsgut gleichsam in sie hineinsteigen, ihnen „einwohnen" können. Diese Personen halten dann die ihnen von Verstorbenen eingegebenen Erinnerungen für ihre eigenen.

Die Erinnerungen sind also echt, nur gehören sie nicht dem auf der Erde lebenden Menschen, sondern einem anderen, einem bereits Verstorbenen, unter welchen sich auch seine eigenen Ahnen befinden können.

Es ist dann nicht verwunderlich, dass auch Ereignisse aus zeitlich weit zurückliegenden Epochen wiedererlebt werden können. Denn es ist ja zu erwarten, dass der Mensch, lebt er nur einmal auf der Erde, die Erinnerung an dieses einzige Erdenleben vollauf bewahrt. Und der vielleicht schon längst Verstorbene ist möglicherweise glücklich darüber, wenn er die Erinnerungen an sein weit zurückliegendes Leben auch auf diese Weise auffrischen kann, indem er sie mit einem heute auf Erden lebenden Menschen teilt, wie mitteilsame Menschen am Stammtisch oder beim Kaffeekränzchen froh sind, wenn sie durch Erzählungen von Geschichten aus ihrem Leben andere an diesem teilnehmen lassen können.

Eine solche Einwohnung durch Verstorbene kann – so die Hypothese – auch dramatische Formen annehmen und als Besessenheit zutage treten. Dabei wird ein Mensch, der auf der Erde lebt, von einem Jenseitigen gleichsam ergriffen und in seinen Besitz gebracht, und dieser lässt den Diesseitigen seine eigenen Erinnerungen an sein einziges Erdenleben miterleben.

War das einstige Erdenleben dieses Jenseitigen nicht besonders erfreulich, war es vielleicht voller Destruktivität und Bösartigkeit, so zeigt sich dies bei dem besessenen Menschen, der nun auf diese eingeflössten „Erinnerungen" mit entsprechenden Reaktionen reagiert: mit Angst, mit dem Gefühl, verfolgt zu werden, mit Aggressivität, im allgemeinen emotionell oder affektiv.

Mit Hilfe dieser Hypothese kann man versuchen, auch die Symptome von psychischen Krankheiten und Neurosen zu erklären.

## Der Grenzverkehr zwischen Jenseits und Diesseits

Der kleine Grenzverkehr zwischen Jenseits und Diesseits ist nicht so frei, wie man es in Anbetracht dieser Hypothese annehmen könnte. Für Verstorbene ist es gar nicht so einfach, auf die auf Erden lebenden Menschen einzuwirken. Auch Verstorbene schwirren nicht unkontrolliert herum, selbst wenn dies mitunter den Anschein hat.

Eine klare Grenze zwischen Menschen ist durch den jeweiligen Unterschied der Schwingungshöhe gezogen, welche nach oben unüberschreitbar, nach unten unter Umständen zu übertreten ist. Das heisst aber, dass sich – falls überhaupt – Gleiches nur zu Gleichem, das Niedrigere aber nicht zum Höheren gesellen kann. Und das Höhere wird das Niedrigere ohnehin in Ruhe lassen, es sei denn, es versucht, ihm zu helfen.

Überdies sind alle Menschen, die auf der Erde leben, von oben, durch Höhere Mächte, geschützt, und für Verstorbene ist die Kontaktnahme mit auf Erden Lebenden nur dann möglich, wenn der Kontakt von oben gestattet ist.

Die Kontaktnahme muss begründet sein. Ein Grund dafür ist dann gegeben, wenn ein Jenseitiger, der in seelischer Not ist, um Hilfe, das heisst um Fürbitte ersucht. Er kann sich dann bei einem auf Erden lebenden Menschen, meistens bei einem ihm nahestehenden, melden, indem er diesem zum Beispiel im Traum erscheint. Er kann auch einen – medial begabten – Menschen, der inkarniert ist, ersuchen, ihm bei seiner Konfrontation mit seinen früheren Verschuldungen beizustehen, mit ihm also in seine eigene (des Verstorbenen) Vergangenheit zu schauen. Ein zweiter Grund ergibt sich dann, wenn ein Jenseitiger, der innerlich schon reifer ist, seine Hilfe einem Menschen, der auf der Erde lebt, meistens ebenfalls einem ihm nahestehenden, anbietet.

Eine dritte Möglichkeit für Kontaktnahme besteht dann, wenn Menschen, welche „dieselbe Wellenlänge" haben, sich gegenseitig anziehen, gleichgültig, ob sie auf der Erde inkarniert oder im Jenseits sind. Stösst nun ein Verstorbener in der Seele eines auf Erden lebenden Menschen auf Resonanz, da zwischen ihnen annähernd Schwingungsgleichheit besteht, so kann der Jenseitige auf ihn unter Umständen Einfluss nehmen.

Der Einfluss besteht dann darin, dass durch die Annäherung der Jenseitigen die Seele des Menschen – wie eine Stimmgabel durch den entsprechenden Ton – zum „Klingen" gebracht und damit aus ihr etwas Entsprechendes herausgeholt wird. Doch es kann aus der Seele des Menschen nur das herausgeholt werden, was in ihr ohnehin schon vorhanden ist. Ein Süchtiger wird zum Beispiel zur Befriedigung seiner Sucht angestachelt, ein anderer, der im Begriff steht, etwas Gutes oder Böses zu tun, wird dazu zusätzlich animiert. Jemand hingegen, in dessen Seele beispielsweise nicht die geringste Spur zur Alkoholsucht vorhanden ist, kann von keinem Jenseitigen in einen Trinker verwandelt werden.

Der Jenseitige kann lediglich die Funktion eines Verstärkers übernehmen, wie auch ein Lautsprecher die Tonstärke auf das Vielfache erhöhen kann, selbst jedoch keine Töne erzeugt. So kann auch der Jenseitige nur die im Menschen bereits vorhandene Bereitschaft zu einem bestimmten Verhalten aktivieren oder die Intensität der bereits laufenden Aktivität erhöhen, aber nichts Neues, und schon gar nichts Fremdes in ihm erwecken oder in ihn hineinschmuggeln.

Auch Erinnerungen werden nicht eingegeben, sondern im Menschen selber wachgerufen. Und nur solche Erinnerungen können wachgerufen werden, welche der Betreffende tatsächlich selber hat, weil sie auf seine eigenen Erlebnisse zurückgehen. Die Erinnerungen eines Menschen, ob er auf der Erde oder im Jenseits lebt, kann ein anderer keinesfalls übernehmen und für seine eigenen halten.

Nur in Ausnahmefällen kann sich ein sensibler Mensch in die Seele eines anderen hineinversetzen und mit ihm seine Erinnerungen an frühere Inkarnationen erleben. Dies ist als Hilfeleistung möglich, falls bestimmte Bedingungen erfüllt sind, und kann absichtlich (z. B. durch eine Rückführung „stellvertretend") vorgenommen werden. Doch der Miterlebende weiss stets, dass dies nicht seine eigenen Erinnerungen sind.

## Besessenheit

Die Grenze zwischen „Dein“ und „Mein“ ist auch in der Frage der „Besessenheit“ klar gezogen. Ein Jenseitiger kann einen Menschen nicht einfach „besessen“ machen, indem er ihn in Besitz nimmt und ihn zu Verhaltensweisen zwingt, die diesem fremd sind.

Als „besessen“ gilt jemand üblicherweise, wenn bei ihm bestimmte charakteristische Symptome auftreten. Die Betroffenen haben Gesichter, hören Stimmen, fühlen sich von bösen Geistern („Dämonen“) verfolgt, bedroht oder befallen, durch sie gelähmt und fühlen sich im allgemeinen wehrlos einer Macht ausgeliefert. Manche erleben eine Spaltung ihrer Person. Dies sind Symptome, die in der Psychiatrie als Psychose (Verfolgungswahn, Schizophrenie, Tobsucht, Katatonie, Phobie, Depression u. a.) klassifiziert werden. Früher galten auch Mondsucht und Epilepsie als Zeichen von Besessenheit.

Derartige Symptome entstehen nicht durch „Besessenheit“, sondern als Reaktionen auf die Konfrontation mit eigenen Verschuldungen aus früheren Inkarnationen. Es kann jedoch durchaus sein, dass in manchen Fällen bei der Auslösung der Reaktionen – und damit der Symptome – auch Fremdpersonen beteiligt sind. Ihre Mitwirkung rechtfertigt dann gewissermassen die Annahme, dass es sich dabei um „Besessenheit“ handelt.

Für das Zustandekommen einer solchen Art von „Besessenheit“ gilt dasselbe, was über die Möglichkeit der Kontaktnahme zwischen Diesseitigen und Jenseitigen gesagt wurde. „Besessenheit“ kommt nur dann zustande, wenn in einem Menschen Raum für die Wirkung eines Jenseitigen vorhanden ist. Raum dafür besteht dann, wenn er *erstens* dieselbe „Wellenlänge“ wie der Jenseitige hat, *zweitens* wenn die zur Hervorrufung der Symptome nötige Disposition in ihm schon vorhanden ist.

„Besessen“ machen kann ein Jenseitiger einen Diesseitigen also nur dann, wenn er mit dem Diesseitigen in gewisser Beziehung seelisch verwandt ist. Die Verwandtschaft unter zwei oder mehreren Seelen kann einmal ihre Zugehörigkeit zu derselben Seelenfamilie bedeuten. Sie kann aber auch darin bestehen, dass die fraglichen Seelen auf derselben Entwicklungsstufe stehen und dieselbe Gesinnung – dieselbe Wellenlänge –, überdies dieselben Interessen und Ambitionen haben. Die innere Verwandtschaft kann sich auch in Komplizenschaft – vielleicht während zahlreicher Inkarnationen – zeigen. (Nicht nur jene Mafia-Verbände, die von einer Familie oder Sippe beherrscht werden, sondern auch sonstige „Banden“ – vom simplen Räuber bis zum gesellschaftlich etablierten Ausbeuter – bestehen aus „seelisch Verwandten“, von denen manche bei einem „Unternehmen“ auch aus dem Jenseits mitwirken können.)

Derjenige, der von einem inkarnierten Menschen vom Jenseits aus – scheinbar – Besitz ergreift, ist jedoch nie der eigentliche Urheber der Symptome der Besessenheit. Er schaltet sich aufgrund der bereits bestehenden Disposition des Erdenbürgers bloss ein und kann dessen Reaktionen höchstens aktivieren und die Symptome verschärft hervortreten lassen. Er beeinflusst also den seelischen Zustand des Diesseitigen nur in dem Sinne, dass er zur Verschlechterung seines Zustandes beiträgt. So kann er die bereits vorhandenen Symptome – Depression, Aggressivität, Tobsucht, Gefühlssperre und andere – in ihrer Intensität, eventuell auch in ihrer Wirkung, zusätzlich erhöhen oder dem Schub, der sich ankündigt, zum Ausbruch verhelfen.

Sollte ein Mensch, der als „besessen“ gilt, Visionen, vermeintliche Halluzinationen oder Erlebnisse haben, die als Erinnerungen an frühere Inkarnationen verstanden werden können, so werden ihm diese keinesfalls von einem Jenseitigen, der ihn – wie man meint – in Besitz hält, eingegeben, sondern sie steigen aus seiner eigenen Seele auf und sind seine eigenen, echten Erinnerungen.

„Besessen“ wird ein Mensch ausschliesslich von sich selber, nämlich von seiner eigenen Schattenseite. Eine „Besessenheit“ entsteht ausnahmslos als – unbewusste – Reaktion auf die Konfrontation mit der Vergangenheit und ist daher letztlich die Folge eigener Verschuldungen in früheren Inkarnationen.

In dieser Hinsicht leben in einem Menschen – ob er inkarniert ist oder nicht – immer viele Personen. Es sind jene, die der Mensch in seinen früheren Inkarnationen einst selber war und deren damaliges Verhalten auf ihn heute noch Einfluss ausüben kann, falls der fragliche Abschnitt aus seiner Vergangenheit noch nicht aufgearbeitet wurde. Bei vielen Menschen, die glauben, von aussen her beeinflusst, vom „Teufel“ verführt oder von böswilligen Wesenheiten „besessen“ zu sein, treten lediglich Personen aus der eigenen Schattenseite in den Vordergrund – somit in das innere Sehfeld –, und jede dieser Personen waren sie einmal selber. Neigt jemand zur Verdrängung und zur Abspaltung seiner Schattenseite, so kann er nur zu leicht (und noch so gerne) der Illusion erliegen, dass jene, die ihn bedrängen, ihm Gedanken eingeben oder ihn zu Taten verführen wollen, die er selber nie denken oder tun würde. Solche Ideen sollen also nicht aus seiner eigenen Seele entsprungen sein, sondern von irgendwelchen – ihm an sich fremden – „bösen Geistern“ stammen.

Hält er an seiner irrtümlichen Meinung fest, so braucht er – wie er meint – seine eigene Stimme: die mahnende Stimme aus der Tiefe seiner Seele, nicht wahrzunehmen und kann die ganze Verantwortung für sein gegenwärtiges Verhalten diesen „bösen Geistern" oder dem „Teufel" in die Schuhe schieben.

Befreit werden von seiner „Besessenheit" kann ein Mensch keineswegs durch „Exorzismus", durch „Austreibung des Teufels" oder der „bösen Geister" (wie manche immer noch meinen). Und das ist schon deshalb nicht möglich, weil ihn nicht der „Teufel", keine „bösen Geister", sondern seine eigene Schattenseite „besessen" hält. Es ist sein eigenes schlechtes Gewissen, das in ihm erwacht ist und ihn an Verschuldungen in früheren Inkarnationen erinnert. Die Symptome der „Besessenheit" sind Reaktionsformen auf die Stimme des schlechten Gewissens.

Daher gehört ein solcher „Besessener" in eine umsichtig geführte Psychotherapie und nicht in die Hände eines (womöglich sadistischen) „Teufelsaustreibers".

Hingegen hat schon in manchen Fällen das intensive Gebet hilfeleistender Menschen, die Bitte um Hilfe einer Hohen Lichtgestalt (z. B. von JESUS, MARIA oder eines Heiligen) oder das Kreuzzeichen, wenn auch nur vorübergehend, geholfen. Endgültig ist die Heilung jeder Art psychischer „Krankheit", so auch die der „Besessenheit", nur durch Klärung und Ausräumung der wahren Gründe möglich.

Im idealen Fall, falls der „Besessene" reif und stark genug ist, kann er sich selber Rückführungen aussetzen. Dann aber ist die Wahrscheinlichkeit – wie die Erfahrung zeigt – ziemlich gross, dass sich die Konfrontationen mit seinen in früheren Inkarnationen begangenen Verschuldungen in absehbarer Zeit günstig auswirken, so dass sogar eine „Heilung" eintreten kann und die Symptome der „Besessenheit" verschwinden. Sonst kann man versuchen, für den „Besessenen" die Schuld „stellvertretend" – durch Konfrontationen, die eine Fremdperson an seiner Statt vornimmt – aufzudecken. Auch eine „stellvertretende Konfrontation" führt bei dem „Besessenen" zumindest zu einer seelischen Entspannung und lässt die Symptome – vielleicht sogar endgültig – abflauen. Früher oder später muss jedoch ein jeder seine Verschuldungen selber aufarbeiten.

„Besessen" – so meinen manche zumindest – kann ein Mensch auch in einem anderen Sinne sein.

## „Mehrere Seelen in einem Leib"

Leisten Menschen Ungewöhnliches, sei es im Guten, sei es im Bösen, scheint ihre Leistung die Grenze des Menschenmöglichen zu überschreiten, so stellt sich die Frage, woher sie die zur Leistung nötige Kraft und das erstaunlich grosse Können und Wissen haben.

Die Antwort auf die Frage wird je nach dem ausfallen, ob der Antwortgebende über die menschliche Entwicklung Bescheid weiss oder nicht. Weiss er nicht, dass der Mensch seine Leistungsfähigkeit gegen Ende seiner äonischen Entwicklung geradezu ins Überdimensionale steigern kann, so kann er versuchen, das Phänomen des „Übermenschen" mit Hilfe einer heute in Mode geratenen – in der *Kabbala* bereits vertretenen – Theorie zu erklären. Diese besagt, dass Menschen, die Übermenschliches leisten, es tun können, weil in ihrem physischen Leib gleichzeitig mehrere Seelen inkarniert sind. „Übermenschen" sind also die Inkarnation von mehreren Menschen, die alle denselben physischen Leib haben. In der Kabbala heisst eine solche Inkarnation mehrerer Seelen in einem physischen Leib, in dem bereits eine „Hauptseele wohnt", hebräisch *Ibbur*. Die zusätzlichen Inkarnationen geschehen aber – nach Auffassung der Kabbalisten – nur auf Zeit, dauern also nicht während des ganzen Erdenlebens der „Hauptseele". (Vgl. S. 64)

Ein solcher (von mehreren Seelen aufpolierter) „Übermensch" regiert also nicht allein im Reich seines physischen Leibes, sondern es befindet sich ein Gremium von Menschen in ihm, das durch Zusammenarbeit mit dem (nur dem Anschein nach „einen") Menschen diesen befähigt, eine Spitzenleistung hervorzubringen.

Hinter dieser Theorie steht die Erkenntnis, dass ein Mensch selbst dann, wenn er über die Fähigkeiten, die zur fraglichen Leistung nötig sind, vollauf verfügt, allein – auf sich gestellt – nur in einem sehr beschränkten Rahmen etwas hervorbringen kann. Und selbst dann noch, wenn er auf den höchsten Stufen seiner Entwicklung steht, benötigt er zusätzliche Hilfe. Alles, was der Mensch hervorbringt – und ist sein Werk noch so bescheiden – entsteht durch Gemeinschaftsarbeit, durch „Teamwork". Dies ist – im Guten wie im Bösen – erst recht der Fall, wenn die Leistung gar nicht so „bescheiden" ist. Selbst das Böse ist nicht die alleinige Leistung eines Einzelnen, auch da wirken Helfer mit.

Für die Annahme, dass etwas Besonderes nur entstehen kann, weil im physischen Leib des Betreffenden gleichzeitig mehrere Seelen inkarniert wären, gibt es überhaupt keine belegten Erfahrungen, und es besteht für sie auch keine Notwendigkeit. Der physische Leib ist eine einmalige, persönliche Prägung der Einzelseele und kein Versammlungslokal, in welchem sich Fremdpersonen tummeln oder Parteimitglieder ein- und ausgehen und Sitzungen abhalten könnten.

Es gibt keinen Menschen, in dessen physischem Leib gleichzeitig mehrere Menschen inkarniert wären. Stehen einem Menschen andere bei, so sind sie nicht in seinem physischen Leib inkarniert. Sie umgeben ihn, vermitteln die nötigen Gedanken und Impulse und versorgen ihn mit der zur Leistung erforderlichen Energie, nicht anders, wie dies die Höheren Wesenheiten tun, die den Menschen führen. (Hingegen sind im physischen Leib eines Menschen auch andere, aber nicht-menschliche Seelen mitinkarniert.)

Es gibt keinen Menschen, der nicht von einer Schar von Seelen umgeben wäre, ob er etwas Grosses oder nur Belangloses leistet, ob er etwas Gutes oder Böses tut. Diese Schar besteht einerseits aus seinen Geistigen Führern und „Fachleuten", die über das jeweilige Tätigkeitsfeld des Menschen Bescheid wissen und ihm beistehen können, wie auch aus weiteren Helfern, unter denen sich immer auch im Jenseits weilende Menschen befinden. Je grösser die Aufgabe, umso grösser ist auch die Helferschar eines Menschen und umso höherrangig sind auch die Lichtwesen, die das Unternehmen (wohlgemerkt: sowohl im Guten als auch im Bösen) leiten. Und jeder Mensch, der bereits bewusst lebt, nimmt diese Tatsache nicht einfach nur wahr, sondern wird auch fähig sein, mit seinen Geistigen Führern und Helfern bewusst in Kontakt zu treten und ihre Hilfe in Anspruch zu nehmen.

Die Schar der Helfer wirkt von aussen her auf den Menschen ein, und keiner von ihnen ist in ihm bzw. mit ihm im selben physischen Leib inkarniert. Alle Helfer gehören (natürlich) – annähernd – demselben Schwingungsbereich an und sind vom selben „Fach". Dadurch können sie dem Menschen bei der Durchführung seiner Aufgabe beistehen, ob diese relativ geringfügig oder schwierig und anspruchsvoll ist. Letzten Endes hängt es jedoch vom inkarnierten Menschen selber ab, ob er die ihm angebotene Hilfe auch annimmt. Setzt er sich für die Durchführung seiner Aufgabe voll ein, so bedeutet dies zugleich, dass er die Hilfe vorbehaltlos annimmt. Will er sich selber hervortun, will er „es besser wissen", sind ihm Ruhm und persönliche Vorteile wichtiger als die Aufgabe und die Arbeitsleistung, so verschliesst er sich nach und nach der Hilfe, und die Höhere Führung muss nach einem anderen Menschen Ausschau halten, der für die Aufgabe nicht nur fachkundig, sondern auch menschlich geeignet und somit vollauf tauglich ist. Denn ein jeder muss, für eine Aufgabe auserkoren, innerlich reif und somit bereit sein, seine Person zurückzustellen, um sich für die höhere Leistung voll einsetzen zu können.

## Die multiple Inkarnation

*Multipel* (lat. vielfältig) ist – laut einer heute immer wieder auftauchenden Ansicht – eine Inkarnation, die in mehreren physischen Leibern gleichzeitig stattfindet.

Dieser These nach sollen Teile der Seele eines Menschen an mehreren Orten zur selben Zeit in je einem physischen Leib – also einzeln – auf die Erde kommen. Der Vorteil einer solchen multiplen Inkarnation wäre, dass der Mensch verschiedene Erfahrungen gleichzeitig machen und verschiedenen Aufgaben gleichzeitig nachgehen könnte.

Die Frage, ob einem Menschen, der sich mit sämtlichen Teilen seiner Seele in einem einzigen physischen Leib inkarniert, die Erfahrungen und die Aufgaben, die ihm im Erdenleben gestellt werden, gelegentlich nicht sogar als zuviel erscheinen, so dass er sich überfordert fühlt, soll hier zurückgestellt werden. Die meisten Menschen sind ohnehin schon überaus froh, wenn sie mit ihrer „ungeteilten" Seele auch nur einige nennenswerte Erfahrungen machen und einige wenige Aufgaben lösen können, und nicht viele sind imstande, mehrere Erfahrungen und Aufgaben gleichzeitig wahrzunehmen und zu meistern.

Entscheidend ist, dass die These der „multiplen Inkarnation" von der Realität in keiner Weise belegt ist. Besteht die Möglichkeit der Nachprüfung, so zeigen sämtliche Erfahrungen mit Fällen, bei welchen auch nur ein Schimmer von der Möglichkeit auftaucht, dass eine solche multiple Inkarnation in Frage käme, unmissverständlich und übereinstimmend, dass die fraglichen Inkarnationen nicht gleichzeitig und nicht von einzelnen Seelen"teilen", sondern in einer zeitlichen Abfolge und unter Anwesenheit der ganzen Seele des Menschen stattgefunden haben. Und sie erweisen somit, dass die These unhaltbar ist.

Ein Beispiel: Eine Frau hat Träume und sogar Tagesvisionen, die erkennen lassen, dass sie im Nazideutschland – als Mann – Insasse eines Konzentrationslagers war, zur (anscheinend) selben Zeit jedoch auch in ein (klar erkennbar) anderes Konzentrationslager – nun als jüdisches Mädchen – eingeliefert wurde.

Die Frau konnte die erfahrenen Fakten nicht in Einklang bringen. Da sie aber von der These der „multiplen Inkarnationen" hörte, betrachtete sie diese als des Rätsels Lösung. Die Rückführungen zeigten allerdings ein anderes Bild, so dass sich die Annahme einer solchen Hypothese erübrigte.

Sie lebte zunächst (als Mann) tatsächlich in Deutschland und war ein aktiver Kommunist. Kurz nach der Machtergreifung der Nationalsozialisten (Februar 1933) wurde dieser Mann – da er auf der „roten Liste" stand – verhaftet, in ein Konzentrationslager gebracht (das damals noch etwas anders als die späteren eingerichtet und noch nicht überfüllt war). Er wurde dann kurze Zeit nach seiner Einlieferung bei einem Fluchtversuch erschossen.

Bald danach kam sie, nun als die Tochter jüdischer Eltern, in Berlin wieder auf die Erde, wurde mit den Eltern deportiert und in ein (schon anders ausgestattetes, überfülltes) Konzentrationslager gebracht, wo sie dann ebenfalls ums Leben kam.

In beiden Inkarnationen hat also die Frau mit ihrer ganzen Seele (die übrigens ohnehin unteilbar ist) gelebt und war allen Erlebnissen und Erfahrungen mit ihrem Ich (ebenfalls ungeteilt) ausgesetzt.

Die Behauptung, jemand sei gleichzeitig in zwei oder mehreren physischen Leibern inkarniert, taucht auch in Hypnose auf. Auch im hypnotisierten Zustand kann der Mensch – vielleicht sogar unbewusst – Behauptungen aufstellen, die der Wahrheit nicht entsprechen. Werden solche Geschichten aufgerollt, so tritt so gut wie immer nicht bloss die Wahrheit, sondern auch das Motiv zutage, das den Betreffenden zur Annahme einer zwei- oder mehrfachen Inkarnation bewog.

## Gemeinsame Erinnerungen

Erinnerungen an frühere Inkarnationen, die ein Mensch in seinem Erdenleben hat, können mit Jenseitigen nur dann etwas zu tun haben, wenn die fraglichen Erinnerungen gemeinsam sind.

In jeder Inkarnation hat jeder Mensch mit vielen anderen Menschen zu tun. An jedem Werk, ob gut, böse oder neutral, sind immer mehrere Personen beteiligt. Daher kommt es nicht selten vor, dass an der Aufarbeitung der gemeinsam gelebten Vergangenheit Menschen, die damals mitgewirkt haben, zur Zeit aber im Jenseits leben, ebenfalls teilnehmen.

Ist eine Zusammenarbeit für das Aufarbeiten der gemeinsamen Vergangenheit vorgesehen, so ist es möglich, dass Verstorbene, die an der fraglichen Inkarnation massgeblich beteiligt waren, im Menschen, der gegenwärtig auf der Erde lebt, Erinnerungen an die gemeinsame Inkarnation wachrufen. Oft genügt es, wenn der Jenseitige ihm im Traum erscheint. Denn der blosse Umstand, dass der Jenseitige mit dem ehemaligen Kollegen, dem Diesseitigen, Kontakt aufnehmen darf, kann das Zeichen dafür sein, dass sich die Erinnerung auch im Diesseitigen bereits zu regen angefangen hat.

Die Verstorbenen drängen in solchen Fällen den auf Erden lebenden Menschen keineswegs ihre Erinnerungen auf, sondern es sind Erinnerungen des Betreffenden, die aus gemeinsam gelebten Inkarnationen stammen. Die Erinnerungen werden mit den anderen geteilt, nicht anders als bei Klassenzusammenkünften, wenn ehemalige Schüler ihre gemeinsamen Erinnerungen an die Schulzeit auffrischen.

Und geht es um die Konfrontation mit gemeinsam begangenen Verschuldungen in früheren Inkarnationen, so wird ein jeder unter den Komplizen seine eigene Rolle bei den Ereignissen genau erkennen können und seinen Schuldanteil eigens einsehen müssen.

## Die Kryptomnesie

*Kryptomnesie* (gr. aus: *kryptós* = verborgen; *mnéme* = Gedächtnis, Erinnerung) bedeutet *unbewusste Erinnerung.* Eine solche Erinnerung ist jene „Erinnerung", von welcher der Mensch nicht mehr weiss, dass sie eine Erinnerung ist, und sie für eine neu entstandene Vorstellung oder für eine neue Idee hält.

Eine solche unbewusste Erinnerung kommt zustande, wenn zum Beispiel jemand eine wahre oder erfundene Geschichte vernimmt, hinterher aber sowohl die Geschichte als auch die Tatsache vergisst, dass er sie je gekannt hat. Irgendwann jedoch kommt ihm dieselbe Geschichte in den Sinn. Da er längst vergessen hat, dass er sie irgendwo und irgendwie schon vernommen hat, hält er sie für seine eigene Erinnerung an eine seiner früheren Inkarnationen.

Es kommt mitunter tatsächlich vor, dass jemand etwas aufnimmt und es dann auch vergisst, später aber, in Unkenntnis dessen, dass er es irgendwo aufgegriffen hat, es als sein Eigenes ausgibt. Dies gilt als *unbewusstes Plagiat,* als ungewollter Diebstahl an geistigem Eigentum, bei dem der Delinquent nicht merkt, dass er sich Fremdgut aneignet.

Auch schöpferische Menschen – Schriftsteller, bildende Künstler, Musiker und andere – können auf diese Weise, ohne böse Absicht, Werke anderer oder sogar ihre eigenen Werke plagiieren, aus Werken anderer oder aus eigenen Werken beispielsweise einzelne Stellen oder Stilelemente übernehmen, ohne sich dessen bewusst zu sein, so dass sie diese für Neuschöpfungen halten.

Derjenige, der die Möglichkeit der Kryptomnesie für die Erklärung von Rückerinnerungen ernstlich in Erwägung zieht, wird sich allerdings fragen müssen, wie er die Fülle und den Inhaltsreichtum der Erinnerungen mittels dieser Hypothese erklären kann. Erinnerungen, denen ein Mensch in seiner Rückschau ausgesetzt ist, häufen sich mit der Zeit in solchem Umfang an, dass kaum alle etwa auf Lektüre, Rundfunksendungen oder Filme, aus denen er hätte schöpfen können, zurückgeführt werden können.

Ferner kann der Inhalt zahlloser Erinnerungen nicht Büchern, Rundfunksendungen oder Filmen entnommen sein, weil es Bücher, Sendungen oder Filme mit dem fraglichen Inhalt überhaupt nicht gibt.

Der Mensch lernt im Laufe seiner Rückerinnerungen Ereignisse und Situationen, Riten, Kulte und Gepflogenheiten, Gegenstände, Orte und Gegenden kennen, die bis dahin für ihn in seiner gegenwärtigen Inkarnation nicht bloss völlig unbekannt waren, sondern von welchen es heute überhaupt keine Zeugnisse gibt. Vieles davon ist für die Allgemeinheit längst in Vergessenheit geraten, vieles gehört nicht zum Kulturgut der Völker, die heute die Erdpopulation bilden, und es ist auch nicht in den Schatzkammern der Archäologie zu finden.

Hinzu kommt, dass manche Menschen in der Rückführung eine Sprache verstehen oder sie sogar sprechen können, die sie niemals gelernt, vielleicht von ihr noch niemals gehört haben, und es gibt darunter Sprachen, die längst ausgestorben sind.

Eine Lektüre, eine Rundfunksendung oder ein Film kann hingegen eine Konfrontation mit der eigenen Vergangenheit auslösen und Selbsterlebtes aus der Vergangenheit wieder aufsteigen lassen. Das Ereignis, über das berichtet wird, ist somit nicht die Quelle, sondern der Auslöser der Erinnerungen an Inkarnationen, in welchen sich das fragliche Ereignis in Wirklichkeit zugetragen hat.

Die Erinnerungen sind also nicht vermeintlich, sondern tatsächlich. Nicht selten wird so ein Mensch anlässlich einer Geschichte, eines Rituals, einer Szene, einer kultischen oder religiösen Handlung, die er durch Lektüre, durch den Rundfunk oder auf dem Bildschirm kennenlernt, von mitunter aussergewöhnlicher Erregung ergriffen, die seine Konfrontation mit seiner eigenen Vergangenheit bezeugt.

Es kommt ferner vor, dass Autoren von Erzählungen oder Drehbüchern aus ihren eigenen „unbewussten Erinnerungen" schöpfen. Unbewusst sind diese Erinnerungen freilich in dem Sinne, dass die Autoren nicht wissen, dass der grösste Teil dessen, was sie beschreiben, ihre eigenen Erlebnisse in früheren Inkarnationen wiedergibt. Sie wissen also nicht, dass die geschilderten Ereignisse auf Erfahrungen zurückgehen und dass sie es selber sind, die diese Erlebnisse hatten.

Im übrigen ist es ziemlich leicht festzustellen, ob ein Schriftsteller oder ein Drehbuchautor, der auf vergangene Epochen zurückgreift, aus seinen eigenen Erinnerungen und damit aus echten Erlebnissen schöpft oder sich die Geschichte lediglich ausgeklügelt hat. Beruht sie auf eigener Erfahrung, so hat sie eine Strahlkraft, während alles Ausgeklügelte blass, flach und zumeist überaus konstruiert wirkt.

Ähnlich ist es mit Träumen. Träume, die in Erzählungen und Filmen geschildert werden, verraten selber, ob sie tatsächlich geträumt oder nur ausgedacht wurden. Echte Träume wirken, erfundene sind schal und lassen sogleich erkennen, dass sie nur – vielleicht mit Hilfe von Büchern über „Traumdeutung“ – ausgeklügelt worden sind.

## Die Suggestionstheorie

Dieser Ansicht nach lässt der Therapeut, der die Rückführungen veranstaltet, die fraglichen Bilder und Erlebnisse bei seinem Klienten durch *Suggestion* (lat. aus: *suggerere* = darunterbringen, eingeben) entstehen.

Falls dies zutreffen würde, müsste jeder Therapeut, der Rückführungen vornimmt, nicht nur über eine ansehnliche Suggestionskraft, sondern auch über eine unerschöpfliche Phantasie verfügen, damit er in der Lage wäre, unentwegt neue Ideen für konkrete Lebenssituationen und Ereignisse zu erfinden.

Wer hingegen Erfahrungen mit Rückerinnerungen gemacht hat, wird wissen, dass jede einzelne Erinnerung von jeder anderen völlig verschieden ist, und es daher keine Wiederholung gibt. Ausserdem übertrifft vieles, was bei den Erinnerungen an Erlebtem ausgebreitet wird, nicht selten die kühnsten Vorstellungen, so dass kein Mensch – weder ein Therapeut noch die Person selber – sie von sich aus erfinden könnte.

## Die animistische Theorie

Die sechste Erklärungshypothese, wohl die meist verbreitete, ist die *animistische.*

***Animismus*** (lat. *anima* = Seele) ist im allgemeinen die Bezeichnung für jene philosophische und psychologische Anschauung, in welcher die Seele als das Prinzip des Lebens schlechthin betrachtet wird. Im engeren Sinne bedeutet *Animismus* in der Psychologie jene Richtung, in welcher versucht wird, alle Erscheinungsformen menschlichen Daseins, die durch die Naturwissenschaften nicht erklärt werden können, auf Manifestationen der Seele zurückzuführen.

Die Ausdrucksformen der Seele gelten nach dieser Theorie jedoch nicht allgemein. Sie sind *rein subjektiv* und haben nur für den betreffenden Menschen Gültigkeit.

Als Folge dieser Anschauung ergibt sich die These, dass alles, was naturwissenschaftlich nicht erklärbar ist, nur eine subjektive, nur für die Person selbst geltende Realität hat. Auf eine andere als rein subjektive Weise existiert sie nicht.

Diese Annahme führt in der Folge zur Ansicht, dass alles, was ein Mensch für seine Erinnerungen an frühere Inkarnationen hält, eine subjektive, nur für ihn geltende, aber keine objektive Realität aufweise. Alles, was er bei vermeintlichen Rückerinnerungen erlebe oder wahrnehme, bestehe lediglich aus Bildern, die aus seiner Seele emporstiegen, sie seien jedoch keine echten Erinnerungen, die ihm früher tatsächlich erlebte Ereignisse vor Augen führen würden.

Der Grund dafür, dass der Mensch solche Bilder überhaupt haben kann, liegt nach dieser Theorie in der *Dynamik der Seele.* Manche Menschen führen ein reges Seelenleben, das ihnen ermöglicht, beliebig viele innere Vorstellungen oder sogar visuelle oder auditive Erscheinungen aufsteigen zu lassen.

Da solche Bilder oder sonstige Erscheinungen Manifestationen seiner eigenen Seele sind, erlebt der Mensch sie sehr intensiv und reagiert auf sie emotionell. Dieser Umstand führt ihn dazu, sie für echte Erinnerungen an reale Erlebnisse zu halten. Ist das Seelenleben eines Menschen hingegen weniger dynamisch, so wird seine Seele nur wenig oder überhaupt keine solchen Bilder erzeugen (vielleicht nicht einmal Träume produzieren), und der Mensch hat keine solchen – vermeintlichen – Erinnerungen.

Die Quelle sämtlicher Erlebnisse, die einem Menschen ohne äussere Sinneswahrnehmung zuteil werden können, ist also nach der animistischen Deutung ausschliesslich die Seele des betreffenden Menschen selber. Solche Erlebnisse, die irrtümlich für Erinnerungen an frühere Leben gehalten werden, sind in Wahrheit Reiseberichte aus der Wanderschaft durch Regionen der eigenen Seele.

Der Mensch taucht bei der Versenkung – nicht anders als beim Träumen – in die Tiefen seiner Seele, reist durch die eigenen Seelenlandschaften und begegnet Symbolgestalten und symbolischen Ereignissen, die lediglich Ausformungen seelischer Inhalte – der Regungen, Wünsche, Eindrücke der Tageserlebnisse und anderer seelischer Momente – sind. Sie gehören zu jenen seelischen Erscheinungen, die in der Psychologie als *katathyme Bilder* bezeichnet werden.

***Katathyme Bilder*** sind spontan aufsteigende oder durch Anregungen gezielt ausgelöste innere Bilder. *Katathym* (gr. aus: *katá* <Vorsilbe> = herab-, herunter-; *thymós* = Gemüt, Seele) bedeutet: auf die Seele wirkend; im weiteren Sinne: emotionell, affektbetont. Solche Bilder haben symbolische Bedeutung entweder nur für die Person oder auch allgemeiner Art. Sie gewähren Einblicke in den aktuellen Zustand der Seele eines Menschen oder einer Gemeinschaft.

Es gehört sogar zu einer der bewährten Methoden der tiefenpsychologischen Therapie, mit *katathymen Bildern* zu arbeiten.

Die Methode, die darauf angelegt ist, katathyme Bilder entstehen zu lassen, heisst nach Carl Gustav Jung (1875-1961) *aktive Imagination* (erstmalig erwähnt in: Die Transzendente Funktion 1916). Ihre etwas abgewandelte Form wird nach H. Leuners (seit 1954 erschienen) Aufsätzen, sodann seiner gleichnamigen Veröffentlichung (Lehrbuch des Katathymen Bilderlebens 1970) *katathymes Bilderleben* genannt.

***Imagination*** (lat. aus: *imago* = Bild; *imaginare* = sich vorstellen, einbilden) bedeutet sowohl die Einbildungskraft oder das Vorstellungsvermögen als auch den Vorgang, bei dem innere Vorstellungen auftreten. *Aktiv* ist die Imagination, in welcher Vorstellungen absichtlich hervorgerufen werden.

Der Mensch kann solche Vorstellungen, falls er sich im Entspannungszustand befindet, so intensiv erleben, als wären sie die Wirklichkeit, nicht anders, als im Traum die Traumbilder Wirklichkeit zu sein scheinen.

Dass der Mensch katathyme Bilder erleben kann und dass solche durch die aktive Imagination angeregt werden können, steht ausser Zweifel. Nur schliesst dies die Existenz echter Erinnerungen, die Erlebnisse in früheren Inkarnationen anzeigen, keineswegs aus, und es ist selbstverständlich unstatthaft, sämtliche inneren visuellen Erlebnisse für katathyme Bilder auszugeben.

Katathyme Bilder und Erinnerungsbilder werden aus zwei völlig verschiedenen Kammern der Seele hervorgeholt. Erinnerungsbilder steigen aus jenem Archiv der Seele auf, in welchem die in früheren Inkarnationen gesammelten Erfahrungen aufgestapelt sind; spontan auftretende katathyme Bilder sind bildhafte Ausformungen seelischer Inhalte (Regungen, Reaktionen, Wünsche und ähnliches).

Tritt jemand ohne Voreingenommenheit und gewissenhaft genug an die Phänomene heran und hat bereits hinreichend Umgang mit Rückerinnerungen, so wird er bei jedem Fall den Unterschied zwischen den Situationsbildern, die sich in katathymen Bildern niederschlagen, und Erinnerungsbildern klar erkennen können.

Nun können aber katathyme Bilder und echte Erinnerungen an frühere Erdenleben miteinander vorkommen. In vielen Fällen ergänzen sie sich oder fliessen ineinander.

Dieser Umstand kann für Rückführungen sehr nützlich sein.

*Erstens* kann die aktive Imagination bei Rückführungen als Anregung für Rückerinnerungen dienen. Anfängern, aber auch Fortgeschrittenen erleichtert es den Einstieg in die eigentliche Rückerinnerung, wenn sie in sich zuerst katathyme Bilder aufsteigen lassen. Selbst Routinierte brauchen zu ihrem Einstieg noch ein einleitendes Bild, mit dessen Hilfe sie in die tieferen Schichten ihrer Seele hinabsteigen können (z. B. in eine Waldhütte oder über eine Brücke gehen, sich von einem Delphin im Meer auf eine Insel oder in die Meerestiefe ziehen lassen, in einen alten Ziehbrunnen steigen und sich da hinunterlassen, eine Kellertreppe hinuntergehen).

Mit Hilfe der Bilder wird die Aufmerksamkeit des Menschen nach innen gelenkt und seine Durchlässigkeit dem „Unbewussten" – dem Sitz des inneren Wissens – gegenüber, wo das Erinnerungsgut aufbewahrt ist, erhöht. Laufen katathyme Bilder nach dem Einstieg weiter, so können sie an die angepeilte Rückerinnerung – vielleicht vorerst in Symbole gekleidet – heranführen. Meistens gehen sie aber nahtlos in eine konkrete Rückerinnerung über.

*Zweitens* können katathyme Bilder, falls sie mit echten Rückerinnerungen gemeinsam auftreten, Gehalt und Sinn des Geschehens rascher und leichter erkennen lassen. Da sie Symbole der Seele sind, decken sie – wie übrigens auch Träume – oft die in den fraglichen Inkarnationen vorherrschende Gefühlslage auf, welche für das damalige Verhalten der Person verantwortlich war. Ihr Symbolgehalt zeigt die damalige seelische Situation des Menschen oft mit grosser Präzision auf. Ein Beispiel: Jemand geht in der Rückführung zuerst durch eine winterliche Landschaft (Symbol für Gefühlskälte), kommt dann in eine Stadt, in der sommerliche Wärme herrscht (damalige Realität). Die erlebte Kälte zeigt also seine eigene Gefühlskälte an, die er damals an den Tag legte, als er an jenem Sommertag in die Stadt ging, wo das wichtige Ereignis geschah, an das er sich nun zu erinnern beginnt.

Der Sinn der Rückerinnerungen ist nicht, alte Geschichten wieder aufzuwärmen und Ereignisse aus früheren Inkarnationen – wie Videoaufnahmen aus dem Urlaub – (womöglich zur Unterhaltung) wieder vorzuführen. Der Sinn ist vielmehr stets, jene Gefühle und jene Motive, die den Menschen zu seinem damaligen Verhalten veranlassten, wieder aufleben zu lassen. Er soll sie zur Kenntnis nehmen, damit er sich selber kennenlernt, die – vielleicht – begangene Verschuldung einsieht und aus dieser Erfahrung für die Gegenwart Konsequenzen zieht.

Treten katathyme Bilder mit echten Erinnerungen gemeinsam auf, so kann dies das Zeichen auch dafür sein, dass der Mensch bereits im Begriff steht, all das, was er mit Hilfe der Erinnerungen über sich selber erfährt, in seiner Seele zu ordnen und aufzuarbeiten. Katathyme Bilder zeigen bildhaft, was in der Tiefe der Seele vor sich geht und was sich der Mensch – vorläufig wenigstens – auf andere Weise noch nicht klarmachen kann.

Es ist also für den Gang der Rückführungen belanglos, ob die auftretenden Bilder katathym oder Erinnerungsbilder sind, denn beide haben für den Aufarbeitungsprozess dieselbe Bedeutung.

Da nun sowohl katathyme Bilder als auch echte Erinnerungen Bilder der Seele sind, werden sie von so manchen kurzerhand für Eigenprodukte der Seele gehalten. Und Eigenprodukte der Seele sollen – wie viele meinen – nichts als *Phantasieprodukte* sein.

## Die Phantasie und die Wirklichkeit der Seele

Werden Erinnerungen an frühere Inkarnationen für blosse Phantasieprodukte gehalten, so wird einer *simplifizierten Form des Animismus* das Wort gesprochen.

Da Rückerinnerungen – so die Meinung – nichts als Erzeugnisse der eigenen Phantasie sind, und alles, was die Phantasie hervorbringt, nur Schall und Rauch, aber keine Wirklichkeit sei, sind Rückerinnerungen selbstverständlich nur vermeintlich.

Zu dieser Meinung neigen übrigens nicht nur jene, die über die Rückführung in Unkenntnis sind, sondern sogar jene, die sich Rückführungen bereits unterziehen. So manche unter ihnen hegen – besonders anfänglich – Zweifel daran, dass die Ereignisse, die sich vor ihren – inneren – Augen abspielen, tatsächlich Ausschnitte aus ihren einstigen Erdenleben sind. Ja, sie hoffen insgeheim, diese als eigene Phantasieprodukte betrachten zu können. Sie hoffen es, weil das, was sie bei den Rückerinnerungen über sich erfahren, meistens nicht besonders schmeichelhaft für sie ist.

Beginnt nämlich die eigentliche Konfrontation mit der Vergangenheit, so bedeutet dies, dass der Mensch vornehmlich an Inkarnationen erinnert wird, die er aufarbeiten muss. Diese sind jene, in welchen er durch sein Verhalten Mitmenschen und Mitseelen (Pflanzen und Tieren) Leid verursacht hat.

Wären die Bilder, die in der Konfrontation hochsteigen, nichts als Erzeugnisse der willkürlichen Phantasie, so müsste ein jeder, der sie produziert, auch erklären können, warum ihm seine Phantasie immer auch – oder sogar ausschliesslich – Bilder präsentiert, die ihm über unangenehme Geschichten berichten, anstatt ihm angenehme, schöne Bilder voll romantischer, idyllischer Szenen anzubieten, und warum er nach der Konfrontation niedergeschlagen, von Reue erfasst und sogar traurig über sich selber ist, um dann mit der Zeit doch immer deutlicher zu fühlen, dass er von einer schweren seelischen Last befreit wurde.

Aufgrund dieser Erfahrungen bei Rückführungen werden auch anfängliche Zweifler bald schon eines Besseren belehrt. Sie werden auch einsehen können, dass ihre Hoffnung, alles sei nur Phantasie, auf eitler Illusion beruht. Und bald schon sind sie sogar froh darüber, dass ihre Rückerinnerungen *echt* sind. Denn sie merken, dass ihre Depressionen und andere – auch körperliche – Beschwerden deutlich abflauen, wenn sie sich Konfrontationen mit ihren früheren Verschuldungen aussetzen.

## Die Phantasie

Weiss jemand Bescheid, was Phantasie eigentlich ist, so wird er Erinnerungsbilder nicht zu „blossen Phantasieprodukten“ erklären wollen.

Bilder der Seele sind keine willkürlichen Erzeugnisse der Phantasie. Der Mensch kann keineswegs alles zusammenphantasieren, was er möchte, erst recht nicht in einer Situation, in welcher er mit vollem Ernst an die Reinigung seiner Seele herantritt. Wer sich beim Phantasieren aufmerksam beobachtet, wird merken können, dass er sich in seiner Phantasie nicht alles nach Belieben vorstellen kann. Die Phantasie ist nur für eine kurze Zeit willkürlich beeinflussbar oder lenkbar, bald schon aber nimmt sie dem Menschen die Führung aus der Hand und setzt ihm Gedanken und Vorstellungen vor, die nicht von seinem Willen oder von seinem Wunschdenken, sondern von durchaus aktuellen Regungen und Zuständen seiner Seele heraufbeschworen werden.

Überdies wandeln sich beim Phantasieren Art und Qualität der Bilder oder Gedanken allmählich, so dass manches, was der Mensch sich gestern noch hat vorstellen können, ihm heute nicht mehr in den Sinn kommen will. Und dies, weil sich der Zustand seiner Seele ändert und – in einer längeren Zeitspanne – auch die Seele selbst etwas reifer wird. Die Seele lebt sich im Phantasieren nicht nur aus, sondern lebt so manches, was sie bewegt und in ihr enthalten ist, mit der Zeit auch *ab*. Auf diese Weise kann auch die Phantasie zur Befreiung der Seele vom Ballast und somit zu ihrer Reinigung beitragen.

Herrscht bei der Phantasietätigkeit eines Menschen beispielsweise eine aggressive Haltung vor, phantasiert er vorwiegend Destruktives, so kann es sein, dass ihm nach einiger Zeit immer weniger Aggressives und Zerstörerisches in den Sinn kommt. Ist dies der Fall, so ist es ein Zeichen dafür, dass er durch das Phantasieren vieles von den Spannungen ausgelebt, eventuell auch abgelebt hat, die in seiner Seele die Neigung von Aggressivität und Destruktivität erzeugten.

Bilder der Seele sind Produkte der Seele und keine Produkte der Willkür. Sie schildern den Seelenzustand des Menschen und teilen ihm in ihrer Symbolsprache über sein Seelenleben überaus viel mit. Und alles, was sie ihm mitteilen, ist auf die Situation bezogen, die in der Seele gegenwärtig herrscht.

## Die Wirklichkeit der Seele

Für den Menschen selber ist in einem wesentlichen Sinne nur das wirklich, was er erlebt. Das Erleben ist jene innere Erfahrung, die seine Seele prägt. Was der Mensch erlebt, wird zur *Wirklichkeit* in seiner Seele.

Die Phantasie selbst hat dabei eine zweifache Funktion: Sie ist sowohl Ventil, durch welches seelischer Überdruck abgelassen und somit die Seele entspannt wird, als auch ein wichtiges Mittel für die Bewusstmachung ihrer Inhalte.

Die Bilder vermitteln in diesem Sinne eine konkrete Wirklichkeit, und diese Wirklichkeit ist die *Wirklichkeit der Seele*. Diese ist die einzige Wirklichkeit, die es gibt. Sie ist es, die allen anderen Erscheinungsformen der Wirklichkeit zugrunde liegt.

Die Wirklichkeit der Seele ist zwar die einzig wahre Wirklichkeit, doch diese Tatsache bedeutet nicht, dass sie eine rein subjektive – also nur für den betreffenden Menschen relevante – Gültigkeit hätte.

Auch die seelische Wirklichkeit ist in einem bestimmten Sinne objektiv, nicht anders als die Existenz des Menschen selber. Jeder kann zwar seine eigene Existenz nur selber erleben, aber sie kann auch von den anderen miterlebt werden, nur auf eine andere Weise, als der Mensch sich selber erlebt (vgl. S. 203-204).

Das Erleben der eigenen Wirklichkeit schlägt nämlich zugleich die Brücke zum Erleben der Wirklichkeit eines Mitmenschen und auch zum Erleben der Wirklichkeit einer Mitseele, also eines Tieres, einer Pflanze und sogar eines Minerals.

Denn alles, was ein Mensch in seiner eigenen Seele, in seiner eigenen Wirklichkeit erleben kann, ist in jeder anderen Seele ebenfalls vorhanden, wenn auch individuell gefärbt, und vieles davon existiert (vorläufig noch) nur potentiell. Der Kern jedes Erlebbaren und daher auch der Keim jedes Erlebnisses ist bei allen Menschen identisch, und es ist lediglich eine Frage der inneren Entwicklung, welche Schichten der Seele sich im Menschen für ein bestimmtes Erleben öffnen bzw. schon geöffnet haben.

Was der Mensch selber erlebt, stammt zwar aus seiner eigenen Seele, es ist jedoch Gemeinschaftsgut aller Menschen. Bei jedem echten Erlebnis schöpft der Mensch aus einem Gemeinschaftsgut, und wenn der Mensch innerlich wächst, so öffnen sich nach und nach Bereiche der Seele, die schliesslich für jeden offenstehen werden. So wird jeder Mensch früher oder später dieselben inneren Erfahrungen machen können, wie jeder andere, falls er sie nicht schon längst gemacht hat.

Überdies wurzelt jede Seele in einer Gemeinschaftsseele, und jede ist mit jeder anderen – enger oder lockerer – verbunden. So wirkt sich alles, was ein Mensch rein persönlich erlebt und erfährt, auch auf die anderen Seelen aus, und alles, was er in seiner Seele erlebt und auch erfahren hat und was für ihn somit zur Wirklichkeit geworden ist, schafft in jenen Seelen, die mit ihr in engerer Beziehung stehen, zumindest die Disposition dafür, dass auch sie diese Wirklichkeit auf dieselbe oder ähnliche Weise erfahren können.

Die individuell bedingten Unterschiede in den Erfahrungen sind ohnehin umso geringer, je näher sich die Menschen, die die Erfahrungen machen, seelisch nahestehen, je enger sie also seelisch verwandt sind, und sie nehmen allen Menschen gegenüber in dem Masse ab, je weiter sich ein Mensch innerlich entwickelt.

Bei Menschen innerhalb einer Seelenfamilie sind die individuellen Unterschiede in den Erfahrungen erheblich kleiner als unter Menschen, die sich seelisch fremd sind. Ebenso sind die Unterschiede grösser unter Menschen, die auf verschiedenen Entwicklungsstufen stehen.

Weitet sich dann der Erfahrungshorizont bei einem Menschen auf den höheren und höchsten Entwicklungsstufen aus, so wird er für immer mehr Erlebnisbereiche offen sein, bis sein Erfahrungsgut alle für den Menschen wichtigen Erfahrungen umfasst, so dass er auch die noch individuell gefärbten Wirklichkeitsbereiche anderer Seelen, die noch nicht auf derselben Entwicklungshöhe stehen, erfassen und auch verstehen kann.

Ein Ziel der inneren Entwicklung besteht ja für jeden Menschen gerade darin, dass er sämtliche Erscheinungsformen der seelischen Wirklichkeit, die für den Menschen überhaupt erfahrbar sind, auch tatsächlich erlebt, so dass er schliesslich mit jedem Menschen und auch mit jeder Mitseele vorbehaltlos mitempfinden und mitfühlen kann. Was einer erlebt, wird mit der Zeit auch ein jeder mit- bzw. nacherleben können.

Die Gleichheit der Struktur der Seele in allen Menschen einerseits und die Verbindung der Seelen untereinander andererseits sind also der Garant für die Objektivität der Wirklichkeit der Seele. Wird das Erleben von echter Erfahrung getragen, so garantiert das Erlebnis selbst für seine objektive Gültigkeit.

Dies wird ein jeder erfahren haben, dem wichtige Erlebnisse zuteil wurden. Was der Mensch selber erlebt hat – und sei es „nur innerlich" –, darüber weiss er Bescheid. Bestreitet jemand die Echtheit seiner Erlebnisse, so lässt ihn dies (falls er innerlich reif genug ist) kalt, mögen noch so viele Argumente gegen seine Erfahrung sprechen.

Die objektive Gültigkeit eines Erlebnisses zeigt sich aber in ihrer nachhaltigen Wirkung. Was wahr ist, das wirkt unfehlbar. Demgegenüber hat alles, was ausgeklügelt, willkürlich „phantasiert", das heisst erfunden, oder durch den Verstand ersonnen oder aus fremder Hand übernommen wurde, keine nachhaltige Wirkung. Denn es ist unecht und somit nur in einem sehr beschränkten Sinne „wirklich".

Da sich aber der Mensch stets in innerer Entwicklung befindet und sein Erlebnisfeld wie auch sein Verständnishorizont immerzu wachsen, relativiert sich fortlaufend auch das, was er als Wirklichkeit erlebt. Der Mensch erschliesst sich neue Wirklichkeitsbereiche dadurch, dass er im Laufe seiner inneren Entwicklung für das Erlebnis jeweils neuer, höher liegender Bereiche seiner Seele offen und empfänglich wird.

Für den Menschen, der ausschliesslich das Materielle erfahren kann, hat die übersinnliche Wirklichkeit keine Relevanz, er hält sie vielleicht für nicht existent. Für denjenigen, der schon für das Übersinnliche aufgeschlossen ist, hat dann das Grobstofflich-Materielle nur eine relative Bedeutung und gilt nur im beschränkten Sinne als „wirklich".

Dies bedeutet nicht, dass der Mensch der materiellen Wirklichkeit nicht Rechnung tragen müsste. Die Relativierung der Bedeutung der irdisch-materiellen Realität kann dem Menschen jedoch zur Einsicht verhelfen, dass das Materielle vom Seelisch-Geistigen und nicht das Seelisch-Geistige vom Materiellen abhängt.

Die Objektivität der seelischen Wirklichkeit gründet letzten Endes in der Tatsache, dass die Wirklichkeit jeder Seele in der Wirklichkeit der Seele Gottes wurzelt. Diese ist der tragende Grund der gesamten Wirklichkeit. „Wirklich" ist also alles, was es gibt, ausschliesslich aus dem Grunde, weil alles Existierende an der *Göttlichen Wirklichkeit* teilhat.

## Der Erklärungsversuch mit Hilfe der Kollektivseele

Eine erweiterte Form der animistischen Deutung der für vermeintlich gehaltenen Erinnerungen an frühere Inkarnationen stützt sich auf die Vorstellung der Existenz einer *Kollektivseele*, wofür in der Psychologie eher der Terminus „Kollektivpsyche" gebräuchlich ist (Neubildung aus: lat. *collectivus* = zusammenfassend, gemeinschaftlich).

Der Begriff der Kollektivpsyche geht im Wesentlichen auf C.G. JUNGS Lehre über das *kollektive Unbewusste* zurück. (Den Begriff kannte schon C.G. CARUS, der dafür 1846 den Ausdruck „absolutes Unbewusstes" verwendete.) Jung selbst gebrauchte den Terminus „Kollektivpsyche" nicht, er bezeichnete sie als „objektive Psyche" (vgl. z. B. Briefe I, 487 u. öfters). Auch die hier besprochene animistische Deutung stammt nicht von ihm.

## Das kollektive Unbewusste

Carl Gustav Jung (1875-1961) kam – nach eigener (seit 1921 oft wiederholter) Angabe – auf den Gedanken des kollektiven Unbewussten durch die Beobachtung „gleichbleibender, für alle Menschen gültiger Inhalte bzw. Wirkungsweisen der Seele". Diese sind nicht auf das – von Freud erforschte – „persönliche Unbewusste", sondern auf das „unpersönliche, kollektive Unbewusste" zurückzuführen.

Das persönliche Unbewusste wird in der Psychologie mit einem Teil der Einzelseele gleichgesetzt (vgl. z. B. Freud: „Das Seelische ist an sich unbewusst", Ges. Schr. V, 486 u. öfters). In ähnlicher Weise kann das kollektive Unbewusste als ein Teil der Kollektivpsyche (d. h. der Kollektivseele) verstanden werden.

Demnach gibt es nicht nur individuelle Seelen, die mit dem persönlichen Unbewussten ausgestattet sind, sondern auch eine kollektive, die der Sitz des kollektiven Unbewussten ist und mit welcher jede Individualseele in Verbindung steht.

## Die erweiterte animistische Deutung der Rückerinnerungen

Man kann – in Anlehnung an Jungs Lehre über das kollektive Unbewusste – davon ausgehen, dass zu dessen Inhalten nicht nur Erinnerungsstücke an Ereignisse allgemeiner Art gehören, die aus Urzeiten der Menschheit stammen (wie dies Jung annimmt), sondern auch alle Erlebnisse, denen Menschen im Laufe der Menschheitsgeschichte ausgesetzt waren. So wäre das kollektive Unbewusste und somit die Kollektivpsyche ein Speicher auch für die Lebensgeschichte aller Menschen, die auf der Erde gelebt haben.

Es ist im weiteren anzunehmen, dass die Einzelseele – das persönliche Unbewusste – Inhalte aus der Kollektivpsyche – dem kollektiven Unbewussten – nicht nur passiv übernehmen, sondern durch geeignete Methoden (z. B. beim „katathymen Bilderleben") sich selber aktiv holen kann (wie wenn jemand per Computer Daten aus dem „Internet" abruft).

Derjenige, der in sich katathyme Bilder oder sonstige Vorstellungen erweckt, kann seine „Seelenreise" auch auf Gebiete der Kollektivpsyche ausdehnen und dort – entsprechend der erweiterten animistischen Theorie – auch ihm persönlich Fremdes erschauen.

Es ist demzufolge durchaus möglich, dass ein Mensch willkürlich oder aber unabsichtlich – im Traum etwa oder bei der vermeintlichen Rückführung in einem halbtranceartigen Zustand – mit der Kollektivpsyche in Kontakt kommt und gleichsam aus dem Archiv der allgemeinen Erinnerungen schöpft, das nicht sein eigenes Archiv ist, sondern im kollektiven Unbewussten gelagert ist und der Kollektivpsyche angehört.

Der Mensch also, der – wie er meint – „Rückerinnerungen" hat, erinnert sich nicht an seine eigenen früheren Inkarnationen, denn es gibt diese gar nicht, sondern an das einstige Erdenleben anderer Menschen, die vor ihm, vielleicht in einer viel früheren Epoche, gelebt haben.

## Die Kollektivseele

Zu dieser Hypothese ist zunächst zu sagen, dass ihre grundlegende Voraussetzung, die Annahme der Existenz einer „Kollektivpsyche", das heisst einer *Kollektivseele*, zutreffend ist. Es gibt tatsächlich eine Kollektivseele, und diese Gemeinschaftsseele besteht aus einer genau gegliederten Hierarchie von kleineren und grösseren Seelengruppen.

Für den einzelnen bedeutet die Kollektivseele in erster Linie jene Gruppenseele, zu welcher er gehört. Diese ist seine Seelenfamilie, deren Gemeinschaft diese Gruppenseele bildet. Mehrere Seelenfamilien fügen sich zu einer Seelensippe zusammen, nicht anders, wie dies unter irdischen Familien der Fall ist. Mehrere Seelensippen bilden wiederum eine übergeordnete Gruppenseele, und diese hierarchische Gliederung geht weiter bis zur grössten, die ganze Menschheit umfassenden Gruppenseele hinauf.

Um Missverständnissen vorzubeugen, muss mit allem Nachdruck betont werden, dass es keine Kollektivseele gibt, die die Zugehörigen einer einzigen Rasse oder Volksgruppe oder einer sonstigen nach äusseren, irdischen Merkmalen bestimmten Gruppe umfassen würde. Jeder Mensch wechselt im Laufe seiner Inkarnationen die Rassenzugehörigkeit (wie auch sein Geschlecht) immer wieder. Wenn er sich inkarniert, so muss er – natürlicherweise – zu irgendeiner Rasse gehören, doch kein Mensch inkarniert sich fortdauernd als Zugehöriger derselben Rasse. Es gibt keine durch die Rasse gekennzeichnete homogene Seelengruppe, demzufolge gibt es auch keine „Rassen-Kollektivseele", die sämtliche Zugehörige zu einer einzigen Rasse umfassen würde. Es gibt auch keine „typischen Rassenmerkmale" für Charakter und Mentalität, denn die Menschen einer Rasse stehen auf ungleichen – mitunter weit auseinanderliegenden – Entwicklungsstufen und können ihrem Entwicklungsstand gemäss völlig verschieden sein. Erhebliche Unterschiede können auch Mitglieder einer irdischen Familie in ihrer Mentalität aufweisen, umso mehr, als Mitglieder einer irdischen Familie nicht immer zugleich auch Mitglieder derselben Seelenfamilie sind.

Es ist gleichgültig, ob unter „Kollektivseele" eine kleinere oder grössere Gruppenseele, zum Beispiel die Seelenfamilie einiger Dutzend Menschen oder aber eine wesentlich grössere oder sogar die für die ganze Menschheit geltende Gruppenseele verstanden wird.

Es ist gleichgültig, denn es ändert nichts an der Hypothese, die behauptet, dass ein Mensch, der meint, Erinnerungen an eigene frühere Inkarnationen zu haben, sich in Wahrheit an Inkarnationen erinnert, welche von anderen Mitgliedern der Kollektivseele gelebt wurden.

Lebte der Mensch nur einmal, so wäre diese Erklärung von – vermeintlichen – Rückerinnerungen fraglos die nächstliegende.

Nun haben aber die Rückerinnerungen für den Menschen stets persönlichen Charakter. Dies macht sich einerseits in der emotionellen Reaktion auf die Erinnerungen, andererseits im unmittelbaren Bezug der Erinnerungen zum aktuellen Erdenleben des Menschen bemerkbar.

Einen persönlichen Charakter haben Erinnerungen für den Menschen auch dann, wenn es sich um gemeinsames Erinnerungsgut einer ganzen Gruppe handelt.

Mitglieder einer Seelenfamilie inkarnieren sich ohnehin meistens gleichzeitig und bilden auch auf der Erde nicht selten eine Gemeinschaft, oft sogar eine Familie. In jedem Fall machen sämtliche Mitglieder alle bedeutsamen Abschnitte ihrer inneren Entwicklung gemeinsam durch, wobei sie sich gegenseitig unterstützen. Ihre gegenseitige Unterstützung kann allerdings auch darin bestehen, dass sie einander ermöglichen, bestimmte Erfahrungen zu machen. Diese Erfahrungen können auch rein negativer Natur und mit Verschuldungen belastet sein. Auch sich Liebende können sich gelegentlich gegenseitig umbringen. Für so manche Mörder ist das Motiv ihrer Tat ohnehin die „Liebe" (sprich: Eifersucht).

Bei Rückerinnerungen zeichnet sich unter den Mitgliedern einer Seelenfamilie in früheren Inkarnationen häufig eine Komplizenschaft ab. Manche Verbrechens-Verbände rekrutieren sich auch heute grösstenteils aus Mitgliedern einer irdischen Familie oder Sippe.

Zwischen der Seele des Menschen und der Kollektivseele besteht also tatsächlich eine zum Teil sehr enge Beziehung, und auch das Erfahrungsgut eines Menschen bildet einen Teil des Erfahrungsgutes der Gruppenseele.

## Die Kosmische Chronik

Alles, was in der Welt geschieht, wird festgehalten. Es gibt ein riesengrosses Archiv, in welchem das Erfahrungsgut und somit das innere Wissen jener Seelengruppe, die alle anderen Seelen umfasst, aufbewahrt wird. Es ist dies das *Kosmische Archiv*, das die *Kosmische Chronik* enthält. – Diese Chronik wird auch *Akasha-Chronik* genannt.

Das *Kosmische Archiv* mit der gespeicherten *Kosmischen Chronik* gleicht einem überdimensionierten Film- bzw. Videoarchiv oder einem Computer, in welchem der genaue Ablauf sämtlicher Inkarnationen eines jeden Menschen wie auch die Lebensabschnitte zwischen den Inkarnationen im Jenseits genauestens aufgezeichnet sind. Und das Leben jedes Menschen wird dort selbstverständlich auch heute weiterhin fortlaufend in allen Einzelheiten, sogar in allen Regungen seiner Seele, gespeichert. Dasselbe gilt übrigens für alle Lebewesen. Auch ihr jeweiliges Leben wird mit allen Einzelheiten in die *Kosmische Chronik* aufgenommen. (Man soll dies bedenken, wenn man mit Tieren und der Natur zu tun hat, denn jedem wird einmal vorgelegt, wie er mit seinen Mitseelen umging.)

Die *Kosmische Chronik* enthält auch die Geschichte der Welt in allen Einzelzügen. Und diese Geschichte umfasst nicht bloss die historischen Ereignisse, das Verhalten der Menschheit und dessen Folgen, sondern das ganze *Kosmische Weltgeschehen*.

Aus dieser Chronik wird dem Menschen kurz nach seinem physischen Tode der genaue Ablauf seines soeben beendeten Erdenlebens – sein „Lebenspanorama" – vorgeführt. Hernach wird alles, was er dabei erfährt, für eine Weile aus seinem Gedächtnis gelöscht. Erst dann, wenn er dafür innerlich gewachsen ist und beginnen kann, Probleme seiner Vergangenheit aufzuarbeiten, werden ihm aus der Chronik jeweils bestimmte, ausgewählte Szenen vorgelegt und mit ihm besprochen, damit er daraus lernt. Ähnliches geschieht auch bei Rückerinnerungen. Auch in diesen steigen ausschliesslich jene früheren Ereignisse auf, zu deren Aufarbeitung der Mensch reif geworden ist, so dass er aus ihnen lernen und sein gegenwärtiges Schicksal besser verstehen und annehmen, sodann aus ihnen Konsequenzen für sein künftiges Verhalten ziehen kann.

Die Erinnerungen sind sowohl in der Einzelseele als auch in der Kollektivseele, genauer: in der *Kosmischen Chronik*, aufbewahrt. Wenn der Mensch Erinnerungen an seine früheren Inkarnationen hat, so schöpft er aus seiner eigenen Seele. Die Frage allerdings, ob der „Film" über Selbsterlebtes ein Duplikat des Filmes in der *Kosmischen Chronik* oder mit diesem identisch ist, erübrigt sich in Anbetracht des engen Zusammenhanges des Irdischen mit dem Kosmischen.

Der Mensch nun, der Rückerinnerungen hat, braucht also weder das Archiv einer Gruppenseele noch die Kosmische Chronik anzuzapfen. Denn die Vergangenheit einer Gemeinschaft, zu welcher er gehört, ist auch seine eigene Vergangenheit, und was er in früheren Inkarnationen selber erlebt hat, gliedert sich in die gemeinsamen Erinnerungen ein. Erinnerungen der anderen können zwar seine eigenen Erinnerungen ergänzen, aber nicht ersetzen.

Fremdgut, das an den Menschen von aussen herangetragen wird, krempelt ja sein Leben nicht um, nur das Eigene, das von innen her aufsteigt. Und Erinnerungen an früher Erlebtes haben nur dann einen Sinn, wenn sie das Leben eines Menschen „umkrempeln", das heisst einen Gesinnungswandel bei ihm hervorrufen.

Die Existenz einer Kollektivseele und die Existenz der *Kosmischen Chronik* schliessen die Möglichkeit echter Rückerinnerungen also in keiner Weise aus. Rückerinnerungen beruhen nicht auf Fremdgut, das in der Kollektivseele oder in der *Kosmischen Chronik* aufbewahrt ist, sondern auf Ereignissen, die der Mensch einst persönlich erlebte.

## Die Frage der Haltbarkeit der Hypothesen

Will jemand dennoch alle Fragen, die bei der Rückerinnerung auftauchen, mit Hilfe einer der Alternativ-Hypothesen beantworten, so wird er um eine grobe und unstatthafte Verallgemeinerung seines Standpunktes nicht herumkommen. Die Folge einer solchen Verallgemeinerung wäre, dass wesentliche Aspekte, die bei Rückerinnerungen eine ausschlaggebende Rolle spielen, ausser Acht gelassen oder hinwegerklärt werden müssten.

Die dargebotenen Hypothesen büssen die Wahrscheinlichkeit, dass sie richtig sind, vollends ein, sobald die effektive Bedeutung der Erinnerungen für den Menschen in seinem gegenwärtigen Leben entsprechend berücksichtigt wird.

Überdies gibt es handfeste Kriterien dafür, dass Rückerinnerungen echt sind und auf tatsächliche Erlebnisse zurückgehen, die in früheren Inkarnationen stattgefunden haben (vgl. S. 247-267).

# 6.

# Die Frage der Beweisbarkeit der Reinkarnation

Es ist selbstverständlich, dass Menschen, sobald ihnen die Frage der Reinkarnation nicht mehr gleichgültig ist, wissen möchten, ob es sie tatsächlich gibt.

Ist die Reinkarnation eine Erfahrungstatsache, so stellt sich ihnen die Frage von selbst, wie sie sie erfahren können. Diejenigen, die über sie nachdenken, werden zudem nach Beweisen suchen, damit sie über ihre Existenz oder Nichtexistenz Gewissheit erlangen können.

Wie kann die Existenz der Reinkarnation bewiesen werden?

## Die Beweislage

Sucht jemand nach Beweisen über die Reinkarnation, so stellt sich ihm sogleich die schwierige Frage: Worin soll so ein Beweis bestehen?

Ist eine Sache eine Tatsache, so gibt es sie; ist sie keine offenkundige Tatsache, so besteht sowohl die Möglichkeit, dass es sie gibt, als auch die Möglichkeit, dass es sie nicht gibt. Ob es sie nun gibt oder nicht, wird durch Nachdenken, und sei es noch so scharfsinnig, nicht entschieden werden können.

Ebensowenig ist die Existenz einer Tatsache durch Diskussionen entscheidbar. Ob es in einer Stadt einen Bahnhof gibt oder nicht, wird durch keine Argumentation entschieden. Wer darüber Bescheid wissen möchte, muss einen Ortskundigen fragen oder einen Stadtplan zu Rate ziehen, nicht aber Meinungen darüber anhören oder Argumente für und wider auf ihre logische Schlüssigkeit hin prüfen. Endgültig entscheidet sich die Frage erst, wenn der Fragesteller den eingeholten Auskünften folgend der Sache selber nachgeht.

Ist die fragliche Sache allerdings nicht direkt zugänglich, ist ihre Existenz daher nicht wie die eines sinnlich unmittelbar wahrnehmbaren

Gegenstandes auf eine einfache Weise feststellbar, so müssen andere Wege gesucht werden, um über ihre Existenz oder Nichtexistenz Gewissheit zu erlangen.

In diesem Fall sind nur Hinweise auf bestimmte Tatbestände möglich, aufgrund deren die fragliche Sache eingesehen und die Existenzfrage entschieden werden kann. Wie sie von jedem Einzelnen entschieden wird, hängt nicht nur von der Sache, sondern auch von der Person selber ab.

Als zu Beginn der Neuzeit darüber entschieden wurde, ob die Sonne um die Erde kreise oder sich die Erde um ihre Achse drehe, war die Beweislage ähnlich. Die simple Beobachtung zeigte doch, dass es die Sonne ist, die am Himmel vorbeizieht und verschwindet, um am nächsten Tag wieder aufzugehen. KOPERNIKUS und vor ihm schon im Altertum ARISTARCH fanden jedoch, dass bestimmte, beobachtbare Himmelsphänomene, zum Beispiel die Rückläufigkeit der Planeten, nur erklärbar sind, wenn man annimmt, dass die Erde um ihre Achse rotiere und – mit den anderen Planeten – um die Sonne kreise. Die Richtigkeit dieser Hypothese konnte erst bestätigt werden, als nachfolgende Astronomen zusätzlich hinreichend viele Beobachtungen machen konnten, so dass die wahre Struktur des Planetensystems offenkundig wurde.

Die Richtigkeit des kopernikanischen Sonnensystems können auch heute nicht alle Menschen selber bestätigen. Es gibt ja nur relativ wenige Menschen, die in der Lage sind, Beobachtungen und Berechnungen vorzunehmen, die zur Annahme des heliozentrischen Systems führen. Wenn dieses System dennoch für gültig gehalten wird, so aufgrund des Glaubens an die Stichhaltigkeit dessen, was die Astronomen vorzuweisen haben.

Die Beweislage bezüglich der Reinkarnation ist in manchem zwar etwas anders, im Wesentlichen – da es sich um eine Tatsache handelt – dennoch in vielem ähnlich.

Die Hinweise, die gegeben werden können, um Menschen zur Einsicht in die Existenz der Reinkarnation anzuregen, sind ebenfalls Beobachtungen. Sie wurden und werden von Menschen aufgrund eigener Erfahrungen gemacht. Diese Erfahrungen führten sie zur Gewissheit, dass es die Reinkarnation gibt.

Doch Einsichten und Zeugnisse, selbst wenn sie auf die Erfahrung glaubwürdiger Menschen zurückgehen, stellen nur die eine Seite der Beweisfrage dar. Die andere, die Kehrseite, liegt bei der Person selber, an die die Hinweise ergehen. Da die Zusammenhänge, die bei Kenntnis der Reinkarnation deutlich werden, mathematisch nicht kalkulierbar sind, wie dies bezüglich der Struktur des Sonnensystems der Fall ist, scheinen die Hinweise und die Konsequenzen, die sich aus ihnen ergeben, nicht für jeden zwingend. Deshalb ist – vor allem anfänglich – nicht die logische Schlüssigkeit der Argumente, wie in der Astronomie und in den Naturwissenschaften, sondern in erster Linie die Aufgeschlossenheit eines Menschen der Frage gegenüber und somit seine persönliche Einstellung zur Reinkarnation entscheidend, ob er sie als Tatsache annehmen kann oder nicht.

Die allermeisten Menschen brauchen allerdings nicht einmal diesen Glauben an die Wissenschaft, um die astronomische Darstellung der Weltstruktur für wahr zu halten. Denn sie übernehmen ohnehin ungeprüft nahezu alles, was ihnen ihr Gesellschafts- oder Religionssystem offenbart. Unzählige Menschen glauben auch an die Reinkarnation nur deshalb, weil in ihrem Land oder in ihrer Gemeinschaft alle daran glauben. Sie brauchen daher keine Beweise für die Richtigkeit ihrer Ansicht. Nach Beweisen für die Existenz oder Nichtexistenz der Reinkarnation halten nur jene Ausschau, die in einer Struktur – so zum Beispiel unter Christen oder Mohammedanern – leben, in welcher das Wissen um sie kein Allgemeingut ist oder die Reinkarnation ausdrücklich abgelehnt wird, sie selber jedoch mit ihrer Tatsache auf eine Weise konfrontiert werden.

In diesem Fall aber kann die entwicklungsbedingte innere Veranlagung eines Menschen für die Annahme oder die Ablehnung der Hinweise auf die Erfahrungsmöglichkeiten der Reinkarnation eine grosse, mitunter eine ausschlaggebende Rolle spielen. Und nur zu oft fällt die Stellungnahme eines Menschen, der glaubt, sich mit der Reinkarnation befassen zu müssen, tendenziös aus, indem sie auf einer ungeprüften Vorentscheidung, wenn nicht sogar auf einem vorgefassten Vorurteil beruht.

Während freilich bezüglich des Sonnensystems heute kein einigermassen vernünftiger Mensch mehr theologische oder sonstige Argumente für oder gegen die Annahme der Erdrotation – wie noch vor vierhundert Jahren – ins Spiel bringen würde, pflegen so manche sich bei der Diskussion über die Reinkarnation auf theologische und für logisch gehaltene, in Wahrheit allerdings wirklichkeitsfremde oder gar irrationale Beweisgründe zu stützen.

Dass dabei das streng logische Denken, wie dies auch bei anderen (gelegentlich sogar bei wissenschaftlichen) Diskussionen vorkommt, ein Aschenbrödeldasein fristet, ist die natürliche Folge dessen, dass bei

„Beweisen" und „Gegenbeweisen" nicht die Logik, nicht die eigenen Beobachtungen und Erfahrungen, sondern lediglich Wunschdenken und Emotionen Pate stehen.

Allgemeingültige Beweise, die jeder Mensch unweigerlich akzeptieren müsste, können daher auch in dem Fall nicht aufgestellt werden, wenn es sich um den „Beweis" von Tatsachen handelt. Es ist eine Illusion zu meinen, eine Sache könne so bewiesen werden, dass jeder Mensch sie als Tatsache akzeptieren kann. Falls der Mensch die fraglichen Erfahrungen noch nicht gemacht hat, so weist für ihn jeder noch so stichhaltige Beweis und jeder noch so genaue Hinweis ins Leere.

Wird hingegen das Wissen um eine Tatsache zum Allgemeingut, wie dies bei der Kenntnis der wahren Struktur des Sonnensystems der Fall ist, so bürgt für die Richtigkeit der Thesen über die fragliche Tatsache allein die Möglichkeit schon, dass jeder Mensch, der die nötigen Fachkenntnisse besitzt, die vorgelegten Beobachtungen und Berechnungen nachvollziehen kann.

Gilt allerdings eine Ansicht als allgemeines Wissensgut der Menschheit, so besagt dies noch lange nicht, dass sie auch richtig ist. Auch die Meinung, die Erde stünde im Mittelpunkt der Welt, galt bis in die Neuzeit für alle Menschen als verbindlich.

So ist es auch mit der Frage der Reinkarnation. Es ist gleichgültig, wieviel Menschen sie für eine Tatsache halten oder ablehnen, eine „demokratische Mehrheit" ist weder für die Erkenntnis von Tatsachen noch für Einsicht in die Wahrheit massgebend.

Hingegen ist es nicht gleichgültig, ob jemand bei seiner Stellungnahme zur Frage, die Existenz oder Nichtexistenz der Reinkarnation betreffend, über ausreichende Kompetenz verfügt oder nicht.

## Die Kompetenzfrage

Fühlt sich jemand angesprochen, für oder wider die Reinkarnationslehre Stellung zu beziehen, so ist das seine Sache. Setzt er sich dabei über die Frage hinweg, ob er für das Mitreden in Sachen Reinkarnation überhaupt kompetent ist, so ist das nicht mehr nur seine Sache.

Geht es nämlich bei einer Diskussion um eine wissenschaftliche Frage oder auch nur um eine Sache, die Kenntnisse voraussetzt, so ist es selbstverständlich, dass ein jeder, der zur Frage Stellung bezieht, sachkundig sein und seine Kompetenz unter Beweis stellen muss.

Er muss also zeigen, dass er hinreichend Erfahrung im Umgang mit der Sache aufweisen kann, damit deutlich wird, dass er in das Problem tief genug eingedrungen ist. Es muss auch deutlich sein, dass er seine Meinung nicht nur irgendwoher – aus irgendeiner religiösen Lehre oder einer wissenschaftlichen oder philosophischen Theorie – entlehnt, und dass er seine Stellung zur Frage nicht aufgrund von Autoritätsgläubigkeit bezieht und nicht bloss die Ansichten anderer Personen wiedergibt, ohne dass er in genügendem Masse Kenntnisse über die Sachlage aufweisen kann.

Nicht so bei der Erörterung der Frage zur Reinkarnation. Da wimmelt es von Stellungnahmen, nur die Frage der Kompetenz bleibt völlig ausser acht. Und je heftiger jemand für oder gegen die Reinkarnationslehre polemisiert, umso mehr erweckt er den Eindruck, dass er den Nachweis seiner Zuständigkeit noch nachzuholen hätte.

Dabei verhält er sich in Fragen des alltäglichen Lebens vielleicht ganz anders, durchaus vernünftig. Er wird zum Beispiel, falls er in Fragen der Automechanik nicht sachkundig ist, bei der Reparatur seines Wagens dem Mechaniker in die Arbeit kaum hineinreden, nur weil er sich in diversen geistigen Disziplinen – oder in der Bibel – gut auskennt und deshalb meint, über alles Bescheid wissen zu müssen.

Wie soll nun jemand sein Fachwissen in Fragen der Reinkarnation nachweisen? Kompetenz setzt auch in dieser Sache eine hinreichend grosse, gründliche und vor allem selbstgemachte Erfahrung voraus. Einen anderen Ausweis für seine Kompetenz als die eigene Erfahrung wird demzufolge niemand vorlegen können. Daher müsste sich ein jeder, der zur Frage der Reinkarnation Stellung bezieht, verpflichtet fühlen, hinreichend Erfahrungen zu sammeln und sich vielleicht mit Rückführungen zu konfrontieren.

Argumente, die nicht auf Sachkenntnis und also nicht auf Erfahrung beruhen, sind wie ungedeckte Schecks. Solche Argumente sagen über die Sache wenig, über ihren Urheber hingegen viel.

## Die Argumentation

Es gibt eine Besonderheit bei der Argumentation rund um die Reinkarnationslehre: Die Beweise für die Existenz der Reinkarnation sind logisch ebensowenig schlüssig wie die Gegenbeweise. Und dies liegt nicht an der Denkunfähigkeit ihrer Urheber, sondern hat einen anderen Grund.

## Vorwegnahme des Resultats

Die Argumente sowohl *für* als auch *wider* die Reinkarnationslehre leiden an derselben Schwäche: Sie werden erst aufgestellt, wenn die Sache, und das ist die Existenz oder die Nichtexistenz der Reinkarnation, für den Beweisführer längst entschieden ist. Es soll also etwas „bewiesen" werden, was für den einen oder den anderen, noch bevor sie zur Diskussion gestellt wird, bereits feststeht. Für viele Menschen, die sich zum Wort melden, geht es überhaupt nicht um die Klärung eines Sachverhalts, sondern um den Nachweis der Richtigkeit ihrer Ansichten. Die Argumentation hat dann lediglich den Zweck, die bereits feststehende Ansicht auch anderen schmackhaft zu machen. Es geht also bei der Argumentation nicht so sehr um die sachliche Erörterung von Tatbeständen, als vielmehr um Schachzüge der Überredungskunst.

## Missachtung der Erfahrung

In der Auseinandersetzung mit der Reinkarnationslehre tritt ein weiterer bemerkenswerter Aspekt in Erscheinung: Es wird – absichtlich oder unfreiwillig, aber stets beflissen – übersehen, dass über die Existenz oder die Nicht-Existenz einer Tatsache nur durch Erfahrung Gewissheit erlangt werden kann.

So halten zum Beispiel manche Vertreter des traditionellen Christentums zwar fest, dass die heute schon offenkundige Verbreitung der Reinkarnationslehre unter Christen für die christliche Theologie eine Herausforderung darstelle (vgl. S. 292-297). Im Umgang mit dieser Herausforderung denkt jedoch kaum einer daran, die Möglichkeit auch nur zu erwägen, dass die Frage nach der Existenz der Reinkarnation durch Erfahrung beantwortet werden könnte. (Diskutieren über das Wetter: ja, zum Fenster hinausblicken, um zu erfahren, wie das Wetter ist: nein.) So entsteht der Anschein, als reichte eine rein theoretische – im Beispiel: theologische – Auseinandersetzung mit der Frage aus, um zu ihr endgültig Stellung beziehen zu können.

Meistens besteht das theologische Verfahren zunächst darin, dass in der Heiligen Schrift nachgeschaut wird, ob die Sache dort behandelt wird oder nicht, ob sie nach der Schrift existieren darf oder nicht. Über ihre Existenzberechtigung – oder Nichtexistenz – wird auch dann auf diese Weise entschieden, wenn die Sache eine erfahrbare Tatsache ist. Es dürfte übrigens kein Geheimnis sein, dass der Text einer Heiligen Schrift auch so ausgelegt werden kann, dass daraus das Gewünschte (z. B. die Nichtexistenz der Reinkarnation) gefolgert werden kann (vgl. S. 145-147).

Ignoriert jemand, dass Tatsachen erfahren werden können, so hat er freie Hand und kann die Wahrheit manipulieren. Er kann dann auch Behauptungen aufstellen, mit deren Hilfe er die Nichtexistenz der Reinkarnation „beweisen" und ihre Lehre sogar der Lächerlichkeit preisgeben kann.

## Die Vielzahl der Lehrmeinungen

Es ist beispielsweise mit Leichtigkeit möglich, von der Vielzahl diverser – sich teils sogar widersprechender – Ansichten, die in den verschiedenen, bisher aufgestellten Reinkarnationslehren enthalten sind, auf die Unmöglichkeit der Existenz der Reinkarnation zu schliessen.

Dieser Umstand, dass sich nämlich die verschiedenen Reinkarnationslehren vielfach widersprechen, trug ihren Vertretern schon im Altertum Spott ein. So schreibt der Apologet (Verteidiger des Christentums) HERMIAS (2.-3. Jh): „Bald bin ich unsterblich und freue mich, bald bin ich sterblich und jammere", (...) „bald bin ich ein Mensch, ein Hund, ein Wolf, ein Vogel, eine Schlange oder gar eine Pflanze." (...) „Und jeder gibt die Zahl der Reinkarnationen und die Zeit bis zur Wiederholung" (die Länge des Intervalls zwischen zwei Inkarnationen) „anders an". (Irrisio gentiliam philosophorum 2; lat. Verspottung der heidnischen Philosophen; PG. 6, 1170)

Es trifft zu, dass in den Reinkarnationslehren verschiedenster Herkunft im Laufe der letzten Jahrtausende auch Meinungen vertreten und Behauptungen aufgestellt wurden, die aus Unkenntnis der – für die Urheber noch nicht im vollen Umfang zugänglichen – Wirklichkeit entstanden und fraglos unhaltbar sind. Erst heute sind wir in der Lage, die Umrisse einer Reinkarnationslehre zu erkennen, deren wesentliche Züge der Wirklichkeit tatsächlich entsprechen. – Wird nun der Umstand, dass diverse Meinungen in den verschiedenen Reinkarnationslehren nicht übereinstimmen, angeprangert und als „Beweis" gegen die Existenz der Reinkarnation angeführt, so erbringt man lediglich den Nachweis der eigenen Ignoranz, wenn nicht gerade der Scheinheiligkeit. Denn dann tut man so, als ob es irgendwo auch nur eine einzige Idee, geschweige Weltsicht oder Religion gäbe, die nicht in vielfältiger Gestalt und in weit auseinandergehenden Lehrmeinungen in Erscheinung treten würde. Es werden schliesslich auch innerhalb der christlichen Glaubenslehre – so auch von den Kirchen – unzählige „Wahrheiten" angeboten, die völlig auseinandergehen oder sich sogar widersprechen (weswegen „Christ" gegen „Christ" nur zu oft auch das Schwert erhob).

Sollte aber jemand auch noch die Lehrmeinungen christlicher Sekten hinzuzählen, so geht die Zahl der Varianten des Christentums ins Uferlose. Würde nun diese Tatsache ausreichen, um die Existenzberechtigung des Christentums in Frage zu stellen?

## Zerrbild der Lehre

Eine andere Variante, die Unmöglichkeit der Reinkarnation „nachzuweisen" und sie womöglich läppisch erscheinen lassen, besteht darin, die Sache unter der eigenen, verstellenden Optik zu betrachten und ein Zerrbild für die Wahrheit auszugeben. Auch diese Möglichkeit stellt in der Auseinandersetzung mit der Reinkarnation für so manche Bestreiter der Lehre eine erhebliche Versuchung dar.

Das beliebteste Argument solcher Art ist die Behauptung, die menschliche Seele könne sich auch im Tierleib wieder inkarnieren. Diese Ansicht wurde zwar in verschiedenen Reinkarnationslehren (z. B. im Hinduismus, Buddhismus, Platonismus) vertreten, dennoch trifft sie in keiner Weise zu (vgl. S. 173-181).

Erliegt jemand dieser Versuchung, so wird er von der Unhaltbarkeit von bestimmten Vorstellungen, die in einer Reinkarnationslehre enthalten sind, auf die Unhaltbarkeit der Reinkarnationslehre schlechthin und somit auf die Nichtexistenz der Reinkarnation schliessen (wie wenn jemand angesichts eines Torsos oder eines Missgebildeten die Existenz jeglichen gesunden Leibes in Frage stellen würde). Es ist nur zu leicht, aus den bisherigen Lehren Vorstellungen herauszugreifen, deren Unhaltbarkeit mühelos durchschaubar ist, oder auf Behauptungen hinzuweisen, welche zwar mit der grössten Leichtigkeit „widerlegt" werden können, jedoch den Schönheitsfehler aufweisen, dass sie etwas behaupten, woran kein tatsächlicher Kenner der Reinkarnation auch nur denken würde.

## Das „gute Haar"

Immerhin gibt es auch unter den Gegnern der Reinkarnationslehren einige, die an der Lehre da und dort doch „ein gutes Haar" lassen. So gesteht einer der grössten Verächter der heidnischen Philosophie und Bekämpfer der Reinkarnationslehre an den Anfängen des Christentums, der in Karthago (um 150) geborene, in Rom wirkende redegewandte, berühmt gewordene Jurist TERTULLIAN (gest. um 255) in seiner Schrift über die *Auferstehung des Fleisches* (De resurrectione carnis 1; PL 2, 795), der Reinkarnationslehre zu, dass sie doch „einige Wahrheiten enthält". Er nennt als Beispiel dafür die Unsterblichkeit der Seele und die Einsicht, dass das Verhalten des Menschen im irdischen Leben Folgen für seine Zukunft hat. Und er meint (wohl zum Trost für jene, die an die Reinkarnation glauben), dass „auch die Heiden zur Wahrheit gelangen können, selbst wenn sie“ (noch?) „nicht fähig sind, die ganze Wahrheit zu erkennen.“ – TERTULLIAN war übrigens unter den Kirchenvätern derjenige, der sich mit der Frage der Reinkarnation am gründlichsten auseinandersetzte.

## Die Argumente

Die Argumente sowohl zum Beweis als auch zur Widerlegung der Reinkarnationslehre weisen ein gemeinsames Schema auf. Prüft man die Beweise oder Gegenbeweise auf ihre logische Schlüssigkeit, so muss man zunächst feststellen, dass beide denselben logischen Aufbau haben. Es werden in ihnen Voraussetzungen gemacht oder Behauptung neben Behauptung gestellt, aus welchen aufgrund einer logischen Folgerung auf die Existenz oder Nichtexistenz der Reinkarnation geschlossen wird.

### Die Prüfung der Argumente

Die Voraussetzungen und Behauptungen können rein theoretischer – philosophischer oder theologischer – Art sein oder auf Beobachtungen und Erfahrungen zurückgehen. Bei der Prüfung der Argumente muss daher zwischen den Prämissen, die vorausgesetzt werden, und der logischen Folgerung unterschieden werden. Die Beweisführung muss also einmal im Hinblick auf ihren Gehalt, zum anderen rein formal, im Hinblick auf ihre logische Schlüssigkeit, geprüft werden.

Prüft man die Argumente auf ihren Gehalt, so muss vorerst untersucht werden, ob die in den Prämissen aufgestellten Behauptungen der Wahrheit entsprechen oder nicht. Die Entscheidung über den Wahrheitsgehalt setzt selbstverständlich Erfahrung über den Sachverhalt voraus.

Wenn zum Beispiel Gegner der Reinkarnationslehre gestehen, sie hätten Mühe, sich vorzustellen, dass die Seele ohne den physischen Leib existieren könne, und daraus folgern (vgl. S. 135-136 u. 158-159), die Seele könne ohne den physischen Leib nicht existieren, so dass auch ihre wiederholte Wiederkehr in neue physische Leiber unmöglich sei, so muss auf die Erfahrbarkeit der Tatsachen hingewiesen werden, vor allem darauf, dass Jenseitige auch ohne den physischen Leib (in ihrem Astralleib) weiterleben können.

Doch selbst dann, wenn die eingangs des Beweises aufgestellten Behauptungen haltbar sind, ist es noch keineswegs gesagt, dass aus ihnen auf die gefolgerten Thesen tatsächlich in einem streng logischen Sinne zu schliessen ist. Auch diese Folgerungen können lediglich Behauptungen sein, die in keinem ursächlichen Verhältnis zu den Prämissen stehen und deren Richtigkeit ebenfalls noch überprüft werden muss.

Die logische Auseinandersetzung mit den Argumenten läuft daher letztlich auf die Erkenntnis hinaus, dass keine These die Voraussetzung für die Existenz der anderen bildet. Die Existenz oder Nichtexistenz der Reinkarnation „folgt" also aus keinen Voraussetzungen, und sie kann auch von keiner Voraussetzung her „widerlegt" werden.

## Gründe der Auseinandersetzung mit den Argumenten

Obwohl Argumente die Reinkarnation weder beweisen noch widerlegen können, lohnt es sich dennoch, die erbrachten „Beweise" etwas genauer anzuschauen.

Die Argumente werfen immer auch Fragen auf, deren Erörterung nicht bloss das Verständnis für diverse Aspekte der Reinkarnation erleichtert, sondern zugleich ermöglicht, auch andere, vor allem anthropologische und theologische Thesen, auf ihre Haltbarkeit hin zu prüfen und grundlegende Probleme, welche den Menschen selber und seine Gottesvorstellung betreffen, aufzudecken.

Und dies hat weittragende Konsequenzen sowohl für die allgemeine Weltvorstellung als auch für die traditionelle Glaubenslehre des Christentums. Eine gründliche Erörterung verschiedener Fragen der Reinkarnationslehre führt unweigerlich zu einer Auseinandersetzung mit revisionsbedürftigen Vorstellungen im christlichen Weltbild, aber auch mit der christlich-orthodoxen Glaubenslehre.

Die Prüfung der „Beweise" bietet überdies wichtige Anhaltspunkte vor allem für Zögernde und Unschlüssige, wie auch eine Einführung in Einzelfragen für jene, die erst beginnen, sich mit der Reinkarnation ohne Vorurteile zu beschäftigen.

Dies sind die wichtigsten Gründe dafür, warum – trotz Fragwürdigkeit der „Beweise" – die wichtigsten und am häufigsten auftretenden Argumente für oder gegen die Existenz der Reinkarnation ausführlich besprochen werden.

## Die Einteilung der Argumente

Die angeführten Argumente werden wie folgt eingeteilt:

- Argumente für den Beweis der Reinkarnation (Kap. 7)

*Die Gegenargumente:*

- Philosophisch-anthropologische Gegenargumente (Kap. 8)
- Theologische Gegenargumente (Kap. 9)
- Gegenargumente allgemeiner Art (Kap. 10)

# 7.

# Argumente für den Beweis der Reinkarnation

Die wichtigsten Argumente für den Beweis der Existenz der Reinkarnation sind:

- das Prinzip der Unzerstörbarkeit der Seele;
- das Vorhandensein von nicht geerbten Anlagen im Menschen;
- der Finalitätsgrund: die restlose Entfaltbarkeit aller Fähigkeiten;
- die Gerechtigkeit Gottes.

## Das Prinzip der Unzerstörbarkeit der Seele

Im Argument wird als Prinzip vorausgesetzt: „Die Seele ist unzerstörbar". Ein *Prinzip* (lat. *principium* = urspr. Anfang; Grund, Grundsatz) ist eine nicht weiter begründbare Aussage, die – wie angenommen wird – jedem einleuchten müsse. (Es ist allerdings lediglich eine von Menschen aufgestellte Behauptung, deren Richtigkeit an der Wirklichkeit erst noch nachgeprüft werden muss.)

Aus diesem Grundsatz werden zwei Thesen gefolgert: 1. „Was unzerstörbar ist, ist auch ungeboren." – 2. „Was unzerstörbar ist, kann nicht aufhören zu existieren." – Die letzte These behauptet also die Unsterblichkeit der Seele.

Zusammengefasst ergeben beide Thesen den Schluss: „Da die Seele unzerstörbar ist, muss sie von je her existieren und für immer fortbestehen."

Daraus wird im weiteren gefolgert, dass „sich die Seele immer wieder auf der Erde inkarnieren muss".

## Der historische Hintergrund

Der Glaube an die Unsterblichkeit der Seele geht im westlichen Kulturkreis auf die Lehre griechischer Philosophen, namentlich auf PYTHAGORAS, EMPEDOKLES und PLATON zurück.

Bekanntlich war vor allem PLATON bemüht, in verschiedenen Dialogen Beweise für die Unsterblichkeit der Seele vorzulegen (Phaidon 70 c – 106 d; Politeia 608 c – 611 a; Phaidros 245 c – 246 a).

Wie schon für die Pythagoreer, galt die Seele auch für ihn als unzerstörbar, was er ebenfalls zu beweisen suchte (Phaidon 80 b – 81 a, 105 b – 106 d).

Die Seele soll PLATONs Ansicht nach weder entstanden sein noch vergehen. So galt die Unzerstörbarkeit der Seele als Voraussetzung für ihre Unsterblichkeit, und die Lehre über die Unsterblichkeit bzw. Unzerstörbarkeit der Seele schloss auch die Annahme in sich, die Seele existiere seit Ewigkeit her.

„Beweise" sind seine (in den Dialogen vom – fiktiven – SOKRATES vorgelegten) Argumente im strengen Sinne freilich nicht. Sie sind eher geistvolle Früchte der platonischen, an SOKRATES mahnenden Art der Rhetorik, der Überredungskunst. Diese gebietet, die Frage von verschiedenen Seiten her zu beleuchten, das Für und Wider zu erwägen, um dadurch den Gesprächspartner zur Annahme der These zu bewegen. Die Erörterungen können den Hörer bzw. den Leser allerdings über das Thema höchstens nachdenklich stimmen. PLATON hingegen gaben sie Gelegenheit, seine philosophischen Ansichten über diverse Fragen darzulegen. Und nur für denjenigen sind sie „schlüssig", der von der Unsterblichkeit der Seele ohnehin schon überzeugt ist, und nur für denjenigen erwägenswert, der zumindest bereit ist, die Argumente als Hinweise auf die Möglichkeit seiner eigenen Unsterblichkeit ernst zu nehmen. Er wird es dann tun, wenn er irgendwie schon das Gefühl hat, dass er nie vernichtet wird und dass er bei seinem Tod nur seinen physischen Leib ablegt, er selber jedoch überlebt. Und in der Tat sind sich unzählige Menschen gewiss, dass sie nach dem physischen Tod weiterleben, und viele Menschen sind auch von der Existenz der Reinkarnation überzeugt, ohne nach „Beweisen" Ausschau zu halten.

PLATONs Schüler ARISTOTELES (384-329 v.Chr.) hingegen ging von der Annahme aus, dass die Seele nicht als ganze, sondern nur in einem geringen, und zwar nicht-individuellen Teil, unsterblich sei. Die Individualität der Lebewesen und der Menschen soll seiner Ansicht nach durch den physischen Leib bewirkt werden. Das *Principium individua-*

*tionis* (lat), der bewirkende Grund für die Individualität der Seele, ist die Materie. Die Seele verdankt also ausschliesslich dem materiellen Leib, mit dem sie verbunden ist, dass sie als Einzelseele in Erscheinung treten kann. Auch die menschliche Seele existiert ohne den materiellen Leib nicht, nur ein nicht-individueller Teil überlebt den physischen Tod (vgl. S. 136). Damit verwarf ARISTOTELES indirekt auch den Gedanken der Reinkarnation.

Im Gegensatz zu ARISTOTELES schrieben PYTHAGORAS und PLATON nicht dem Leib, sondern der Seele Individualität zu. Es ist also die Seele, die das Wesen des Menschen, die Person, ausmacht, und der Leib ist – so betont vor allem PLATON – der Seele in manchem sogar entgegengesetzt und für sie daher eine Belastung (vgl. S. 44-45).

Die These, die Seele sei unsterblich, schloss die Annahme der Seelenwanderung stillschweigend in sich, wie dies auch in der Altertumsforschung festgehalten wird: „Die Unsterblichkeitsvorstellungen der Griechen sind von der Seelenwanderung gar nicht zu trennen; sie sind vielmehr in ihr beschlossen" (H. DÖRRIE: Kontroversen um die Seelenwanderung im kaiserlichen Platonismus; in: *Hermes* 83, 1955, 414).

Der „Beweis" aufgrund des Prinzips der Unzerstörbarkeit der Seele geht also auf diese altgriechische Vorstellung zurück, deren Richtigkeit in der aufkommenden christlichen Ära bereits in den ersten Jahrhunderten in Frage gestellt wurde.

## Die Prüfung der Haltbarkeit der Thesen

Die Thesen über die ewige Existenz der Seele sind, genau besehen, keine Schlussfolgerungen, sondern Behauptungen, ebenso wie der Grundsatz über die Unzerstörbarkeit der Seele.

Die Tatsache allerdings, dass alle drei Thesen Behauptungen sind, schliesst nicht aus, dass sie dennoch richtig sein können.

Ist der Grundsatz, wonach die Seele unzerstörbar ist, haltbar?

Die Antwort freilich kann nicht auf den Sachverhalt gründen, denn dieser ist für uns Menschen schlechthin unüberprüfbar. Sie wird sich vielmehr nach den Ansichten, vor allem aber nach den Erfahrungen jener Person richten, die zu dieser Frage Stellung bezieht.

Aufgrund von konkreten Erfahrungen, die in der Gegenwart laufend gemacht werden, lässt sich dazu folgendes sagen: Für viele gilt als Tatsache, dass der Mensch bei seinem physischen Tode nicht „ausgelöscht" wird. Und dies ist keine blosse Annahme oder gar eine leere Illusion. Denn die Tatsache, dass die Seele unsterblich ist und also den physischen

Tod „überlebt", glauben nicht bloss einige, sondern wissen aufgrund innerer Erfahrungen – sogar mit Gewissheit – recht viele Menschen.

Ist die Seele unzerstörbar, so ist sie auch unvergänglich.

Aus ihrer Unzerstörbarkeit folgt hingegen nicht, dass sie auch „ungeboren" wäre und daher keinen Anfang hätte.

Jede – und nicht nur die menschliche – Seele, die sich immer wieder auf der Erde inkarniert, wurde einmal in einem gewissen Sinne erschaffen. Den Prozess der Erschaffung der Seele kann man sich etwa wie folgt vorstellen: Die Einzelseele trat „am Anfang" mit ihrer Gruppenseele aus der Seele Gottes heraus, sodann sonderte sie sich im Laufe ihrer Entfaltung nach und nach auch von der Gruppenseele ab. Während sie sich individualisierte, wurde sie Schicht für Schicht aufgebaut. In diesem Sinne hat die Seele einen zeitlichen Anfang und besteht als Einzelseele nicht von Ewigkeit her. (Die Materie – der physische Leib – ist also für die Seele keineswegs das einzige „Prinzip der Individuation".)

Einmal entstanden, ist auch die Einzelseele unvergänglich. Sie ist allerdings nicht etwa aufgrund des Prinzips ihrer Unzerstörbarkeit unvergänglich, sondern weil sie in ihrem Kern göttlich ist. Sie ist ausschliesslich Kraft des Göttlichen unvergänglich, das in ihr seit ihrer Entstehung vorhanden ist und ihre Existenz überhaupt erst ermöglicht.

Dass die These über die Weiterexistenz der Seele der Wahrheit entspricht, wird deshalb keiner bezweifeln, der überzeugt ist, die Seele sei Göttlichen Ursprungs und enthalte einen Göttlichen Kern.

Das Göttliche ist ja unzerstörbar.

## Die Unzerstörbarkeit der Seele und die Reinkarnation

Aus der Unvergänglichkeit der Seele folgt die Existenz der Reinkarnation freilich nicht von selbst. Wird als Tatsache angesehen, dass die Seele unsterblich ist, so können nur Erfahrungen die Annahme nahelegen oder die Gewissheit verschaffen, dass sie durch verschiedene irdische Zustände hindurchgehen muss. Und nur in diesem Fall erscheint auch die Seelenwanderung als gegeben.

„Seelenwanderung" muss jedoch nicht von vornherein die öfters zu erfolgende Wiederholung des Erdenlebens bedeuten (vgl. S. 55-56).

Existiert die Seele von ihrer Entstehung an ewig weiter, so wäre nämlich immer noch denkbar, dass sie ihre Existenz nach einigen Inkarnationen oder nach einem einzigen Erdenleben im Jenseits oder in anderen Regionen des Kosmos (z. B. auf anderen Planeten) weiterführte. Denn die Tatsache, dass sich jede menschliche Seele und die Seele jedes Lebewesens auf der Erde inkarniert und sogar inkarnieren muss, ist keineswegs die logische Folge der fortdauernden Existenz der Seele. Sie hat andere Gründe. Der wichtigste Grund dafür ist, dass die Entwicklung der Seele im Wesentlichen nur im Erdendasein erfolgen kann und dass die Entwicklung der Seele die *Vergeistigung der Erdsphäre* ermöglicht. Die Seele muss sich auf der Erde inkarnieren, damit sie auch das Materielle, in das sie in ihrer Inkarnation gestellt wird, durchdringen, in sich aufnehmen und verwandeln, das heisst: *vergeistigen* kann.

Aus dem „Prinzip der Unzerstörbarkeit der Seele" hingegen kann durch keine logische Schlussfolgerung ein Beweis für die Existenz der Reinkarnation abgeleitet werden.

## Die nicht ererbten Anlagen

Das Argument beruht auf der nicht selten feststellbaren Tatsache, dass es Menschen gibt, die mit Anlagen auf die Welt kommen, welche bei ihren Eltern und Vorfahren weitgehend oder vollständig fehlen. Da die Herkunft dieser Anlagen durch keine Erbfaktoren erklärbar ist, müssen sie zum Eigengut der Person selber gehören. Unter Voraussetzung der Kenntnis der Tatsache der Reinkarnation wird nun angenommen, dass solche Anlagen im Laufe der vorangegangenen Inkarnationen durch die Person selbst erworben wurden.

### Die logische Schlüssigkeit

Im Hinblick auf ihren logischen Aufbau ist die Argumentation anfechtbar. Die Voraussetzung – die Prämisse – geht auf eine allgemein beobachtbare Tatsache zurück: „Es gibt Menschen, die Fähigkeiten haben, über welche ihre Eltern und Vorfahren nicht verfügen bzw. verfügt haben."

Aus dieser Tatsache folgt nun logisch nichts. Da sie unerklärbar ist, wird nach Hypothesen Ausschau gehalten, die die Tatsache erklären sollen. Materialistisch denkende Menschen werden auf Genmutationen verweisen, jene, die um die Tatsache der Reinkarnation wissen, auf die Reinkarnation.

Zieht man zur Erklärung nicht geerbter Anlagen die Reinkarnation heran, so ergibt sich tatsächlich eine plausible Erklärung dafür, allerdings nur für diejenigen, die von der Existenz der Reinkarnation ohnehin schon überzeugt sind. Skeptiker hingegen bleiben nach wie vor skeptisch. Denn aus der Tatsache, dass ein beobachtbares Phänomen nicht erklärbar ist, folgt keineswegs mit logischer Notwendigkeit, dass jene Hypothese, die man für seine Erklärung anbietet, die richtige ist.

## Die Sicht in der Reinkarnationslehre

Für die meisten von jenen, die um die Tatsache der Reinkarnation wissen, wird indes der Gedanke nicht fremd sein, dass jeder Mensch seine Anlagen, die er in ein neues Erdenleben mit sich bringt, selber „im Schweisse seines Angesichts“ erworben hat. Jede grosse Leistung, die in einer einzigen Inkarnation erbracht wird, ist die Frucht von Bemühungen während einer langen Reihe von Inkarnationen.

Ob ein Wunderkind und Genie wie MOZART, ob ein echter Heiliger wie FRANZISKUS VON ASSISI – keiner „fällt vom Himmel“, und kein Mensch erlangt über Nacht die Fähigkeit, eine besondere Leistung zu vollbringen. Jeder Mensch wird auf eine grössere und wichtige Aufgabe von langer Hand – mitunter während Zyklen von Inkarnationen – vorbereitet und für die Erlangung der dafür nötigen Fähigkeiten in einer teilweise sehr harten Schulung gleichsam „aufgebaut“. Jeder, der sich durch grosse Leistung auszeichnet, erntet also immer auch die Früchte seiner eigenen Bemühungen.

## Vererbung und die Gene

Wissenschaftlich wird das Auftreten neuer Anlagen, die bei Eltern und Vorfahren nicht vorhanden sind, durch Genmutationen erklärt.

Die durch die Gene bewirkte Vererbung stellt allerdings nur die materielle Grundlage für die physische, seelische und geistige Ausgangslage des neu beginnenden Lebens auf der Erde dar. Selbst dann, wenn Anlagen scheinbar von Eltern oder Vorfahren geerbt sind, bedeutet es noch nicht, dass die Anlagen allein durch die Gene weitergereicht wurden. Gene geben nur jene Anlagen dem Kind weiter, welche bei ihm schon in früheren Inkarnationen herangebildet wurden, und diese nur in dem Masse, wie sie bereits zur Entfaltung gelangt sind. Anlagen, auf die der Mensch nicht vorbereitet ist, übernimmt er von den Eltern auch dann nicht, wenn sie bei ihnen vorhanden sind. Nicht selten ist bei Kindern eines besonders begabten Elternteiles sogar ein „Niveausturz“ in der Familie zu beobachten.

Gleichen sich Eltern und Kinder, so ist dafür nicht die Vererbung der primäre Grund, sondern die seelische Verwandtschaft, die in solchen Fällen zwischen Eltern und Kindern besteht. Mitglieder einer irdischen

Familie sind sich dann ähnlich, wenn sie Mitglieder derselben Seelenfamilie sind. Dieser Umstand ist der entscheidende Grund ihrer physischen, seelischen und geistigen Ähnlichkeit. Sind Menschen innerlich verwandt, so sind sie auch gleich veranlagt, und die Anlagen können – scheinbar – weitergegeben werden. Menschen, die mit ihren leiblichen Eltern und Vorfahren keine innere, seelische Verwandtschaft haben, „tanzen" aus der Reihe der Ahnen.

Die „Vererbung" besteht genau genommen darin, dass im Menschen, der im Begriff ist, sich zu inkarnieren, zur Entfaltung entsprechende Anlagen bereitgestellt werden. Von den Eltern wird durch die Gene nur die materielle Basis erstellt, und diese auch nur bedingt. Denn die Genbedingtheit ist eine Frage der inneren Entwicklungshöhe der Person. Auf den unteren Entwicklungsstufen scheinen Gene weitgehend bestimmend zu sein, weil das Kind alle Anlagen mit sich bringt, die auf der fraglichen Entwicklungsstufe in der ganzen Seelenfamilie, vielleicht auch in der Seelensippe, Gemeingut sind. Die „Genwirkung" nimmt dann bei jedem Entwicklungsschritt zur erreichten Entwicklungshöhe proportional ab.

Genbedingtheit und Abhängigkeit von der Seelenfamilie sind die beiden Seiten desselben Sachverhaltes. Die seelische Disposition eines Menschen, so auch seine Abhängigkeit vom Sippengeist, ist primär, und diese bestimmt, welche Gene der Eltern beim Kind auf der physischen Ebene zur Wirkung gelangen.

Die Abhängigkeit oder Unabhängigkeit von Erbfaktoren, so auch von den Genen, ist eine Frage des erreichten Grades an Individualisierung. Die Seele des Menschen löst sich im Laufe der Entwicklung aus der Gemeinschaftsseele immer mehr heraus und befreit sich zunehmend aus der Abhängigkeit von seiner Seelenfamilie. Ist seine Individualität nur geringfügig entfaltet, so wirken auch die Gene stärker, und er übernimmt aus dem Gemeinschaftsgut der Seelengemeinschaft, somit von den Eltern, mehr Erbfaktoren.

Profiliert er seine Individualität zunehmend, so wird auch die Wirkung der Gene entsprechend zurückgedrängt.

Je weiter ein Mensch innerlich entwickelt ist, umso weniger Erbfaktoren wird er also von seinen Vorfahren und Eltern übernehmen. Hat ein Mensch seine Individualität, sogar schon seine Persönlichkeit weitgehend entfaltet, so wird er auch seinen eigenen, von den Eltern unabhängigen Weg gehen können und die Unterstützung durch das Erbgut immer weniger benötigen.

Letzten Endes „beerbt“ jeder Mensch nur sich selber. Jeder ist sein eigener Ahne. Und jeder Mensch kann in einem Erdenleben nur das sein, was er bereits und längst schon begonnen hat zu werden.

## Der Finalitätsgrund

*Finalität* (lat. aus: *final* = am Ende; zweckbestimmend) bedeutet, dass etwas von einem Ziel her von vornherein festgelegt, bestimmt wird. Dieses Ziel ist im angeführten Argument die vollständige Entfaltung aller Anlagen und Fähigkeiten des Menschen.

### Die Problemlage

Es ist doch wunderbar, Fähigkeiten, vor allem besondere Fähigkeiten, erst recht eine hervorstechende Begabung zu haben. Was nutzen sie jedoch einem Menschen, wenn er sie nicht oder nicht vollständig entfalten und wirksam einsetzen kann? Denn zur Entfaltung von so mancher Anlage (wie dies von vielen Menschen immer wieder mit Bedauern festgestellt wird) reicht die Zeitspanne in einem einzigen Erdenleben nur in Ausnahmefällen aus.

Aber nicht nur bei der Entfaltung ihrer besonderen Anlagen bleiben die meisten Menschen auf halbem Wege stecken. Jede Anlage, die dem Menschen eigen ist, sei es die Sensibilität, das rationale Denkvermögen, die Willenskraft oder irgendeine andere lebenswichtige Eigenschaft, braucht zu ihrer vollen Entfaltung wesentlich mehr Zeit, als sie in einem einzigen Erdenleben zur Verfügung steht.

Und die Frage, warum Menschen, die jung oder sogar im Säuglings- oder Kleinkindalter sterben und somit keine Chance zur Entfaltung ihrer angelegten Fähigkeiten erhalten, kann niemand beantworten, der um die Hintergründe eines solchen Schicksals nicht Bescheid weiss.

Der Mensch, dem nur die kurze Zeitspanne eines einzigen Erdenlebens zur Verfügung steht, bleibt innerlich, im Hinblick auf seine nur halb oder gar nicht entfalteten Fähigkeiten, ein halbfertiges Wesen. Und so manche Begabte fühlen sich vom Leben betrogen, wenn sie nicht genügend Zeit haben, ihre wertvollen Anlagen, allen Anstrengungen zum Trotz, zu entfalten, geschweige zu vollenden.

## Die Beweisführung

Es gibt nun Vertreter der Reinkarnationslehre, die diesen Umstand zum Anlass nehmen, einen Beweis für die Existenz der Reinkarnation vorzulegen.

Der Gedankengang in der Beweisführung ist der folgende: „Alles, was vorhanden ist, ist nicht umsonst vorhanden. Alles, was im Menschen anlagemässig vorhanden ist, muss daher sinnvoll sein. Sinnvoll kann eine Anlage nur sein, wenn sie voll entfaltet werden kann. Sämtliche Anlagen, die ein Mensch hat, besitzt er nicht bloss ansatzmässig, ohne sie je entfalten zu können, sondern es wird ihm auch die Zeitspanne zur Verfügung gestellt, die nötig ist, um sie vollzählig und vollständig zu entfalten. Und die dazu nötige Zeit wird ihm tatsächlich – und zwar reichlich – gewährt, indem er wiederholt und so oft wie erforderlich in das Erdenleben treten kann."

Aufgrund der Annahme, die Entfaltung sämtlicher Anlagen des Menschen müsse notwendigerweise erfolgen, wird also auf die Existenz der Reinkarnation geschlossen.

Aus logischer Sicht ist auch diese Argumentation unhaltbar. Aus der Voraussetzung, dass die Entfaltung aller Talente notwendig wäre, kann nicht auf die Erfüllung dieser Forderung geschlossen werden. Es gibt vieles, was manche für notwendig halten, dennoch tritt es nicht ein.

Der logische Schluss der Argumentation ist also nicht zwingend. Doch seine logische Anfechtbarkeit muss nicht dazu führen, auch die aufgestellte Voraussetzung als unzutreffend zu verwerfen.

## Der Finalitätsgrund und der Sinn der Reinkarnation

Die Ansicht trifft nämlich zu, wonach der Mensch Gelegenheit hat, sämtliche in ihm angelegten Fähigkeiten vollständig zu entfalten. Daraus folgt allerdings nicht die Existenz der Reinkarnation, sondern ergibt lediglich einen wichtigen Hinweis auf den *Sinn* der Reinkarnation.

Der Sinn der Tatsache, dass der Mensch wiederholt auf die Erde kommen muss, liegt in seiner Entwicklung. Es gibt die Reinkarnation, damit dem Menschen ermöglicht wird, alles, was in seiner Seele potentiell – im Keim – angelegt ist, zu aktualisieren. Er kann also tatsächlich sämtliche Fähigkeiten entfalten und sie auch gebrauchen.

Das Ziel der Entwicklung des Menschen ist seine seelisch-geistige *Vervollkommnung*. Dazu aber würde ein einziges Erdenleben in keiner Weise ausreichen.

Gerade in dieser Tatsache liegt der tiefere Sinn der Reinkarnation. Sie stellt dem Menschen für seine seelisch-geistige Entwicklung den formalen – zeitlichen – Rahmen zur Verfügung und steht somit im Dienste seiner Vervollkommnung.

## Karl Rahners Stellungnahme zur Frage

Die Frage, wieso die vollständige Entfaltung der Anlagen und damit die Vollendung des Menschen durch Abbruch des – als einmalig vorgestellten – Erdenlebens vereitelt werden kann, beunruhigte auch Theologen. Bemerkenswert ist die Stellungnahme des katholischen Dogmatikers Karl Rahner (1904-1984) zum Problem.

Beunruhigt war Rahner besonders deswegen, weil „im Extremfall viele Menschen in einem einzigen Erdenleben keine Freiheit erlangen können". Zu diesen gehören ungeborene Kinder, Frühverstorbene oder jene, die „nicht zum Gebrauch der Vernunft gelangen". Rahner dachte offenbar an geistig Zurückgebliebene oder Debile. (Das Sterben vom Tod her gesehen, in: *Mysterium Salutis*, Grundriss heilsgeschichtlicher Dogmatik, hg. J. Feiner u. M. Löhrer, 1965ff V, 481)

Er stellte nun die Frage für jene Fälle, „in denen eine personale Freiheitsentscheidung nicht gegeben ist": „Ob und wie das doch noch geschehen könne, was in einem bestimmten" (in einem einzigen) „Leben nicht möglich war."

Sollte Gott eingreifen, so dass auch diese Menschen ohne ihr Zutun und ohne eigene Entscheidung zur Vollendung gelangen würden, so „wären sie Menschen, die in alle Ewigkeit Gott nie frei geliebt haben, deren ewige Liebe nie durch das Tor ihrer Freiheit in Endgültigkeit eingezogen wäre". Und Rahner fügte hinzu: „Ich finde eine solche Vorstellung schrecklich." (Schriften zur Theologie 1980, XIV, 448 u. 447)

Auch Rahner sah keine andere Möglichkeit, als die Lösung in einer „gemässigten Reinkarnationslehre" zu suchen. Wie eine solche „gemässigte Reinkarnationslehre" beschaffen sein sollte, sagte er nicht. Er distanzierte sich lediglich von jenem Verständnis der Reinkarnation, wonach diese „eine immer endlich bleibende Vermehrung des geschichtlichen Materials" vermittelt, das heisst, aus einem monotonen und planlosen Auf und Ab von Zufällen zusammengesetzt ist und nicht als eine fortlaufende Entwicklung des Menschen gedacht ist. (Die Eschatologie, in: Rahner: Grundkurs des Glaubens $^{2}$1976, 481)

Im Hinblick auf eine solche rückständige Reinkarnationslehre sagte er: „Ich habe wahrhaftig nichts übrig für Seelenwanderung und ähnliche Vorstellungen." (RAHNER unterschied zwischen „Seelenwanderung" und „Reinkarnation" offensichtlich nicht.) Er räumte jedoch ein, „dass wir schrecklich wenig Genaues in der Eschatologie" (in der Lehre von den letzten Dingen) „wissen." (Schriften zur Theologie 1980, XIV, 447 u. 449) Und seinen Glaubensgenossen gab er zu bedenken: „Wenn man die ungeheure Verbreitung dieser Vorstellung" (der Reinkarnationslehre) „in Raum und Zeit erwägt, die heute keinem engeren Kulturkreis allein angehört, wenn man unser abendländisches Empfinden nicht gar zu schnell und selbstverständlich als das allein Richtige einschätzt, dann kann man sich fragen, ob an dieser Lehre von der Seelenwanderung nicht doch etwas Richtiges sein könnte." Und er stellte die Frage, ob nicht innerhalb der christlichen Dogmatik ein Platz für eine „gemässigte Reinkarnationslehre" frei wäre. (Grundkurs des Glaubens ²1976, 425 u. Schriften zur Theologie 1980, XIV, 448-449)

## Die Gerechtigkeit Gottes

Die Argumentation geht wie folgt vor sich: „Es ist eine mühelos feststellbare, ja, ins Auge springende Tatsache, dass es auf der Erde grosse Ungleichheiten und viel Ungerechtigkeit gibt. Nun ist aber Gott gerecht. Mit seiner Güte sind Ungleichheit und Ungerechtigkeit nicht vereinbar. Gott gleicht indes – so ist es anzunehmen – alle Ungleichheit und Ungerechtigkeit auf Erden aus. Um Ausgleich zu schaffen, muss er den Menschen öfters auf die Erde kommen lassen. Es muss also die Reinkarnation geben."

Aufgrund der Annahme, dass Gott für eine ausgleichende Gerechtigkeit sorgen wird, folgt die These über die Existenz der Reinkarnation.

Wie beim vorangehenden Argument, ist auch bei diesem die Schlussfolgerung logisch nicht haltbar. Die Reinkarnationslehre bietet zwar eine plausible Erklärung sowohl für die Ungleichheit und die Ungerechtigkeit auf der Erde als auch für die Möglichkeit ihres Ausgleichs. Dennoch ist die Annahme, die These sei richtig, weil mit ihrer Hilfe sonst nicht erklärbare Sachverhalte erklärt werden können, logisch keineswegs zwingend. Auch bei diesem Argument wird die Existenz der Reinkarnation nicht bewiesen, sondern vorausgesetzt.

## Das moralische Weltgesetz und der Göttliche Zorn

Dieser Umstand, dass aus der Forderung einer ausgleichenden Gerechtigkeit die Reinkarnation nicht abgeleitet werden kann, für die Erklärung ihrer Existenz vielmehr vorausgesetzt wird, gibt Gegnern der Reinkarnationslehre Anlass, ein Argument zur ihrer Widerlegung aufzustellen.

Der katholische Theologe PAUL ALTHAUS (1888-1966) schreibt zum Beispiel: Die Reinkarnationslehre „spricht nicht eine Erfahrung aus, sondern ist Spekulation aus bestimmten Motiven, wesentlich aus moralischem Denken geboren. Eine wahrhaft moralische Weltordnung scheint die Lehre zu fordern. Die immer wieder als ungerecht empfundene Verschiedenheit der individuellen Schicksale wird befriedigend erklärt." (...) „Die moralische Erklärung der Schicksale bleibt jedoch unter der Höhe des Neuen Testamentes (Jo 9,1-3)." Die Stelle des Johannesevangeliums, die noch besprochen wird (S. 148), berichtet über einen Blindgeborenen, dem JESUS das Augenlicht schenkte.

Auch diese Argumentation weist die übliche logische Struktur auf. Es wird unbesehen vorausgesetzt, dass „die Reinkarnation nicht erfahrbar ist. Ist sie nicht erfahrbar, so muss sie aus Spekulation entsprungen sein. Für diese Spekulation gibt es auch ein Motiv, und dieses ist der Wunsch, die Frage nach der Ungerechtigkeit der Welt befriedigend zu beantworten." Der Grund dafür, dass die Reinkarnation erfunden wird, ist also die Absicht, dem Anspruch auf „Weltmoralität" genüge zu tun. Zieht jemand zur Erklärung der Ungerechtigkeit auf der Welt die Reinkarnation heran, so kann er sogar Gott vom Verdacht der Ungerechtigkeit freisprechen.

Dass bei dieser Argumentation Grund und Folge vertauscht werden, dürfte offensichtlich sein. Doch es geht hier nicht um die Auseinandersetzung mit einer solchen Beweisführung. Es geht vielmehr um folgendes:

Lässt sich jemand auf die Frage der Ungerechtigkeit auf der Welt ein, nimmt er jedoch die Tatsache der Reinkarnation nicht zur Kenntnis, so muss er selber zeigen, was der Grund der Ungerechtigkeit ist.

ALTHAUS, mutig, wie er offenbar ist, wagt sich tatsächlich an die Frage heran. Er fährt nämlich fort: „Gewiss wirken in der Verteilung der Schicksale auch Gesetze des göttlichen Zornes." (...) „ ‚Unschuldige' werden von dem Verhängnis der Schuldigen mitgetroffen. Darüber hinaus bleibt die Verteilung der Leiden ein Geheimnis der Freiheit Gottes und ist nicht moralisch aufzurechnen. Gott ist grösser, reicher und wunderbarer als ein moralisches Weltgesetz". (Artikel in: Die Religion in Geschichte und Gegenwart VI, 1639-40; ähnlich, teilweise wörtlich in: ALTHAUS: Die letzten Dinge [3]1961 Anhang)

Dem letzten Satz wird wohl jeder Gottgläubige bedenkenlos beipflichten, freilich ohne Gottes Grösse gegen ein „moralisches Weltgesetz" auszuspielen.

Die Berufung auf den „göttlichen Zorn" ist eine Anleihe bei PAULUS. PAULUS war der Ansicht: „Gott wollte seinen Zorn erweisen und seine Macht kundtun", (...) „so dass er Gefässe des Zorns" erschaffen hat, „die für das Verderben hergestellt waren", (...) „um den Reichtum seiner Herrlichkeit an Gefässen des Erbarmens kundzutun, die er zur Herrlichkeit vorbereitet hat" (Röm 9, 22-23; vgl. auch S. 306).

Während für ALTHAUS die „Unschuldigen", die „vom Verhängnis der Schuldigen ‚unschuldig' mitgetroffen" werden, gleichsam Abfallprodukte des vom „Zorn Gottes" gelenkten Weltgeschehens sind, dienen die „für das Verderben hergestellte" Menschen – wie der Schatten für das Licht – als Kontraste für den Glanz der Auserwählten. – Wohl also dem, der zu den „Gefässen der Ehre", das heisst zu den Auserwählten gehört und – vorläufig wenigstens – vom „Leiden der Unschuldigen" nicht betroffen ist.

Es lohnt sich, genauer anzuschauen, wohin eine so unsinnige Behauptung führen kann, die von einem Mann wie PAULUS aufgestellt wurde, der für Christen immerhin als eine der höchsten Autoritäten in Glaubensfragen gilt.

## Die doppelte Prädestination

Es bedarf nur eines ganz kleinen Schrittes, um von da an zur Lehre der *doppelten Prädestination* zu gelangen. Und diesen kleinen Schritt vollzog zuvor schon PAULUS selber. Die Vertreter der doppelten Prädestination berufen sich also mit Recht auf ihn.

*Prädestination* (lat.) bedeutet Vorausbestimmung. Die Lehre besagt: Für jeden Menschen würde bei seiner Erschaffung (= seiner physischen Empfängnis) von Gott von vornherein bestimmt, das ewige Heil zu erlangen oder verdammt zu werden.

PAULUS behauptete in bezug auf die Zwillinge von ISAAK und REBEKKA, ESAU und JAKOB, die durch ihren Handel mit dem Erstgeburtsrecht Berühmtheit erlangten (ESAU verkaufte es dem einige Minuten jüngeren Bruder für ein Linsengericht; Gen 25, 24-34): „Als sie" (die Zwillinge) *„noch nicht geboren waren* und noch *nichts Gutes oder Böses getan* hatten – damit die nach freier Auswahl *zuvor* getroffene Entscheidung Gottes bestehen bliebe, *nicht abhängig von Werken*, sondern nur von den Berufenden – wurde ihr“ (REBEKKA; Gen 25, 23) „gesagt: ‚Der Ältere wird dem Jüngeren dienstbar sein‘, wie denn geschrieben steht (Mal 1, 2-3): ‚Den JAKOB habe ich geliebt, den ESAU aber habe ich gehasst‘“ (Röm 9, 11-13; Hervorhebungen vom Verfasser).

Zur Rechtfertigung dieser Ansicht beruft sich PAULUS in seinen darauf folgenden – oben teilweise zitierten – Ausführungen auf den „Zorn Gottes“.

Das von PAULUS gegebene Beispiel von der Verstossung ESAUS und der Auserwählung JAKOBS wurde bereits von ihm, dann von seinen späteren Gesinnungsgenossen verallgemeinert und auf alle Menschen angewandt.

Der Grundsatz der doppelten Prädestination lautet demnach: Noch bevor der Mensch überhaupt existiert, entscheidet Gott das Schicksal des Menschen für alle Ewigkeit. *Doppelt* ist diese Prädestination, weil es nur diese zwei Möglichkeiten gibt: durch „Gnadenwahl“ zur ewigen Seligkeit oder durch *Reprobation* (lat. Zurückweisung, als Gegenstück zur Erwählung: Verwerfung) zur ewigen Verdammnis zu gelangen. Wohlgemerkt: Das Verhalten des Menschen in seinem einzigen Erdenleben beeinflusst Gott in seiner ein für allemal gefällten Entscheidung in keiner Weise. Der Mensch kann in seinem einmaligen irdischen Leben tun, was er will: Die ewige Seligkeit oder die ewige Verdammung ist ihm unabhängig von seinem Verhalten von vornherein gewiss. Vertreter der Lehre, so übrigens auch PAULUS, meinen, der von vornherein Verdammte würde sich im Leben ohnehin so benehmen, dass seine Verdammnis – wenn auch nachträglich – gerechtfertigt wird.

Die berühmtesten Vertreter dieser Lehre waren ausser PAULUS der Kirchenvater AUGUSTIN (De civitate Dei, lat. Vom Gottesstaat XV, 1; entstanden 413-426) und der Reformator JOHANNES CALVIN (JEAN CAULVIN) (Christianae religionis Institutio, lat. Unterweisung in der christlichen Religion 1536, öfters, zuletzt 1559 überarbeitet).

Die katholische Kirche lehnt zwar die Lehre von der doppelten Prädestination mit der Begründung ab, Gott wolle die Sünde nicht, auch wenn er im voraus weiss, dass der Mensch sündigen wird. Die Sünde ist also nicht die Folge von Gottes vorherbestimmendem Ratschluss. (Ench. Symb. 300, 316, 322) Für Menschen hingegen, die tatsächlich selig werden, gibt es eine Vorausbestimmung, also eine „einfache Prädestination“ (Ench. Symb. 805, 825, 827).

Auch die Lutheraner lehnten CALVINS Lehre bald schon nach ihrer

Veröffentlichung ab (Konkordienformel 1577, Art. 11), mit der zutreffenden Begründung, dass sie dem göttlichen Heilswillen, der ja allen Menschen gilt, widerspricht. Auch freier denkende Calvinisten beanstandeten die Lehre und bekämpften sie. Nach fünfzehnjährigem Streit wurde jedoch auf der Dordrechter Synode (1619) am „schroffen Calvinismus", so auch an der Prädestinationslehre, festgehalten.

Ist nun jemand vom „unschuldigen Leiden" vieler Menschen und von der Ungerechtigkeit der Welt betroffen, so wird er andere Töne anschlagen. Und die Ehrfurcht vor dem Leiden wird ihn zur Frage drängen, warum Gott auf der Welt die Ungerechtigkeit duldet, die schon zu allen Zeiten „zum Himmel schrie".

## Das Problem der Theodizee

Stellt nun jemand die Frage: „Wieso Gott, der ja gütig und allmächtig sein soll, das Böse und das Übel zulässt", so ist er dabei, „das dunkelste Kapitel der Theologie und der Verkündigung" aufzuschlagen. Er stösst damit auf ein Problem, das „mit dem Verstand allein nicht zu lösen ist". (H. SAUER: Hat Gott Licht ringsherum? In: Christ in der Gegenwart 34/1982, 269). Der protestantische Theologe PAUL TILLICH (1886-1965) hielt das Problem sogar für „das grösste und vielleicht quälendste Rätsel des Lebens" (Religiöse Reden 3. Folge 1964, 31).

Es ist das Problem der *Theodizee*, das Problem der Rechtfertigung Gottes angesichts des Bösen und des Übels in der Welt: „Wieso duldet Gott all das ‚ungerechte' Leiden und dass soviel Böses geschieht, obwohl er allmächtig sein dürfte und es in seiner Liebe und Güte verhindern müsste."

Das geduldete Übel besteht aber nicht nur im Leiden. Ein Teilaspekt des Problems ist das „Rätsel der Ungleichheit". TILLICH wirft die Frage auf, „was der Sinn entstellter Lebensformen ist – Formen, die wegen physikalischer, biologischer, psychologischer oder soziologischer Umstände nicht einmal eine teilweise Erfüllung ihres wesenhaften *telos*" (gr. Ziel) „erreichen können, wie in Fällen vorzeitiger Zerstörung, dem Sterben kleiner Kinder, physischer und psychischer Krankheit und moralisch und geistig verderblicher Umgebung" (Systematische Theologie III, 1966, 32). Warum wird einer durch seine Geburt in unglücklichere Umstände gestellt als ein anderer? Warum gibt es „die Ungleichheit der körperlichen und geistigen Fähigkeiten", warum „die

Ungleichheit, die durch Freiheit und Schicksal erzeugt wird“? (Religiöse Reden 3. Folge 1964, 35-36)

Es handelt sich bei der Ungleichheit also nicht bloss um die ungleiche Verteilung materieller Güter, sondern auch um die ebenfalls augenfällige Ungleichheit von äusseren und inneren Lebensmöglichkeiten, wie auch von seelischen und geistigen Fähigkeiten der Menschen.

Heute hält kein Mensch, der auch nur einen Deut von Menschenkenntnis besitzt, jeden Menschen innerlich für gleich. Es ist zudem keine Frage, dass nicht jeder Mensch dieselben Lebenschancen hat und über dieselben seelischen und geistigen Möglichkeiten und Fähigkeiten verfügt. Für manche Menschen ist es ein Ärgernis, dass es nicht nur „himmelschreiende“ Ungleichheiten auf der Erde gibt, die von Menschen verursacht werden (z. B. Reichtum und Armut als Folge der Ausbeutung), sondern auch solche, für welche nur Gott verantwortlich gemacht werden kann (z. B. Naturkatastrophen, Epidemien oder schicksalhafte Ereignisse wie Krankheit, Unfall, frühzeitiger Tod). Die Ungerechtigkeit auf Erden ist aber mit seiner Allgüte und seiner Gerechtigkeit in keiner Weise vereinbar.

Für TILLICH und für alle Menschen, die nicht bereit sind, die Tatsache der Reinkarnation zur Kenntnis zu nehmen, bleibt das Problem der Theodizee, der Rechtfertigung Gottes, ein unlösbares „Rätsel“, und die Frage nach der Ungerechtigkeit und Ungleichheit in der Welt somit unbeantwortbar.

## Die Auflösung des Rätsels

Das Rätsel der Ungerechtigkeit ist, falls die Reinkarnation berücksichtigt wird, gar nicht so schwer zu knacken. Es gibt in der Welt in der Tat eine ausgleichende Gerechtigkeit. Dafür dient vor allem das Karma-Gesetz, das bewirkt, dass das Verhalten des Menschen hinterher, oft in einer nachfolgenden Inkarnation, entsprechende Folgen nach sich zieht (vgl. S. 155-159).

Gott kann also die Ungerechtigkeit in der Welt aufgrund des Karma-Gesetzes ausgleichen und mit seiner Gnade viel Ungerechtigkeit wiedergutmachen. Damit ist aber die Frage noch nicht beantwortet, warum es in der Welt überhaupt das Übel und das Böse gibt, ja, warum der Mensch das Böse nicht nur tut, sondern – wie es scheint – sogar tun *muss*.

Und auch diese Frage ist ein Aspekt des Theodizee-Problems.

Ein so komplexes Problem kann natürlich nicht mit einigen Sätzen abgehandelt werden. Anhaltspunkte für eine Erklärung bietet nur eine differenzierte Reinkarnationslehre, wonach es die Reinkarnation nur aus dem Grunde gibt, damit der Mensch hinreichend Gelegenheit hat, sich innerlich zu entwickeln. Das Böse entsteht durch den Umstand, dass die innere Entwicklung des Menschen auf einer ganz niedrigen Stufe beginnt, auf welcher der natürliche Drang des Menschen nach Aktivität sich in Rohform – als Aggressivität und Destruktivität – meldet und auf welcher der Mensch auch keine Hemmungen hat, diese ohne Bedenken auszuleben. Da er innerlich noch nicht reif ist, verhält er sich also in der ersten Hälfte seiner inneren Entwicklung seinem Egoismus entsprechend rücksichtslos, lebt seine noch rohen Triebe und Affekte hemmungslos aus und verursacht damit viel Leid und Zerstörung.

Begreift jemand, dass zur inneren Entwicklung des Menschen auch das Ausleben seiner Schattenseite gehört, so hat er es nicht nötig, andere Gründe heranzuziehen, um das Übel und das Böse in der Welt zu erklären. Er muss also Gott keinen „Zorn" andichten oder einen „Widersacher" (= Satan) bemühen, der Gott ins Handwerk pfuscht, dabei die Verwirklichung seiner guten Absichten durchkreuzt und nebenher auch Gottes Allmacht in Frage stellt. Er wird dann wissen, dass auf der Welt nichts geschieht, was nicht nach Gottes Willen ist. Somit ist Gott für alles, so auch für das Übel und das Böse, in einem gewissen Sinne verantwortlich. Es geschieht doch nichts auf der Welt ohne sein Wissen und ohne seine Zustimmung.

Es gehört wesentlich zu Gottes Schöpfungsplan, den Menschen in seiner inneren Entwicklung durch die dunkelsten Tiefen des irdischen Daseins hindurchgehen zu lassen. Nur so kann der Mensch in seiner Seele die Finsternis erhellen, dadurch auch das Materielle vergeistigen und schliesslich jene Höhe erreichen, die für jeden Menschen nicht nur das ersehnte Ziel seiner inneren Entwicklung ist, sondern auch Vollendung bedeutet, und welche jede Seele – ohne Ausnahme – einmal tatsächlich erreichen wird (vgl. S. 313 u. 324).

# 8.

# Philosophisch-anthropologische Gegenargumente

Die philosophisch-anthropologischen Argumente sind:
- Das Prinzip der Einheit von Leib und Seele;
- die Einschränkung der menschlichen Freiheit durch die Reinkarnation.

## Das Prinzip der Einheit von Leib und Seele

Das Argument ist sehr einfach. Es lautet: „Die Reinkarnationslehre widerspricht dem Prinzip der Einheit von Leib und Seele." (Zum Prinzip vgl. S. 117)

Im Argument wird nun das Prinzip der Einheit von Leib und Seele als unantastbar vorausgesetzt. Vorausgesetzt wird ferner, allerdings stillschweigend, dass der fragliche Leib der physisch-irdische Leib des Menschen ist.

Sind nun Leib und Seele untrennbar, so ist es leicht einzusehen, dass die Seele nach dem Tode des Leibes keine selbständige Existenz führen und sich schon gar nicht in immer neuen Leibern auf der Erde inkarnieren kann.

### Die Geschichte des Prinzips

Für die Orphiker, die Pythagoreer und Platon, die um die Tatsache der Reinkarnation wussten, war es selbstverständlich, dass die Seele vom physischen Leib abtrennbar ist. Der Leib ist in ihrer Sicht lediglich das „Grab" oder der „Kerker" der Seele, aus dem sie sich zu befreien hat (vgl. S. 44).

Das Prinzip der Einheit von Leib und Seele hat in der griechischen Philosophie bei Aristoteles seinen Ursprung. Er betrachtete Leib und Seele als unzertrennlich (vgl. S. 118-119).

Das Prinzip ist also kein Grundsatz oder gar Glaubenssatz der christlichen Theologie, sondern ein Überbleibsel der aristotelischen Philosophie. Von der scholastischen Theologie wurde mit der aristotelischen Lehre auch dieses Prinzip übernommen.

WILHELM VON AUXERRE brachte das Prinzip am Anfang des 13. Jahrhunderts auf die klassische Formel: *Anima forma corporis* (lat. die Seele ist die Form des Leibes).

Die Formulierung beruht auf der Lehre des ARISTOTELES über Form und Stoff. Beide können nur in ihrer Verbindung existieren. Die Form verwirklicht sich, indem sie den Stoff prägt, der Stoff ist nur wirklich, wenn er geformt wird. (Metaphysik VII 3, 1029 a; IX 7,1049 a; XII 7,1072 b; Physik I 9, 192 a; II 7, 198 a)

Stofflich ist der Leib, formgebend die Seele. Sie „formt" den Leib, indem sie ihm innewohnt. Beide existieren nur, wenn sie vereinigt sind. Leib und Seele sind demnach untrennbar. (De anima 412 a-b)

Das Prinzip wurde in der obigen Formulierung auch von THOMAS VON AQUINO übernommen. Er brachte es zur Geltung, das Prinzip wurde dann auf dem Konzil zu Vienne (1313) zum Glaubenssatz erklärt (Ench. Symb. 902; Urk. Lvk. 329).

Die katholische Kirche lehrt das Prinzip heute noch und lehnt den sogenannten „Dualismus von Leib und Seele" aufgrund dieses Glaubenssatzes offiziell ab, da die dualistische Auffassung nach ihrer Meinung dem Wesen des Menschen widerspricht.

In einer heutigen Formulierung lautet die These: „Es gibt aus der Sicht des christlichen Glaubens nur den einen und konkreten Menschen, der *ganz* Leib und *ganz* Seele ist. Der Mensch zerfällt gemäss dem biblischen Menschenbild nicht gleichsam in zwei Bestandteile, die man voneinander trennen könne. Vielmehr ist der Leib des Menschen beseelter Leib und die Seele des Menschen verleiblichte Seele. Entsprechend kann die Vollendung des Menschen nur in der Verklärung der unaufhebbaren Seele-Leib-Einheit des ganzen Menschen bestehen, wie sie im christlichen Glaubensbekenntnis zur Auferweckung des Leibes zum Ausdruck kommt. Was nichts anderes besagt, als dass der ganze und eine Mensch zur Vollendung kommt und von dieser Vollendung nichts, schon gar nicht seine Leiblichkeit ausgeschlossen bleibt". (K. KOCH: Seelenwanderung und christliche Auferstehungshoffnung, in: *Wendekreis* 3/90,17; Hervorhebungen von ihm)

## Das nachtodliche Leben und die Auferweckung der Toten

Die Lehre über die Einheit von Leib und Seele hört sich zwar recht schön an, nur führt sie in der Praxis zu einer erheblichen Schwierigkeit. Nach katholischer Auffassung soll die Seele nach dem leiblichen Tod des Menschen weiterleben. Es gibt in der katholischen Glaubenslehre, wie dies auch im neu bearbeiteten *Katechismus* (München 1991) klar zum Ausdruck kommt, sogar genaue Vorstellungen darüber, was mit einer Seele geschieht, die ihren physischen Leib verlassen hat.

Nach der Dogmatischen Konstitution *Benedictus Deus*, die vom Papst BENEDIKT XII. im Jahre 1336 erlassen wurde, kommt die Seele nach dem Tode je nach Verdienst sofort in den Himmel, in das Fegefeuer oder in die Hölle (Ench. Symb. 1000-1002; Urk. Lvk. 901-905).

Auf welche Weise soll sie aber in ihrem nachtodlichen Zustand weiterleben, wenn sie von ihrem doch offensichtlich verweslichen Leib nicht getrennt werden kann? Oder wird mit der Lehre über Himmel, Fegefeuer und Hölle letztlich nicht doch die Trennung von Leib und Seele gelehrt?

Eine Lösung für dieses Dilemma bot bereits im selben (14.) Jahrhundert der aus Lyon stammende Papst JOHANNES XXII an. Seine Vorstellung wird auch heute noch – vor allem von vielen nicht-katholischen Theologen – vertreten, damit diese Klippe der Inkonsequenz umschifft werden kann. Wie schon der Papst, nehmen auch sie an, dass der Mensch nach dem physischen Tod nicht sogleich in Himmel, Fegefeuer oder Hölle gelangt, die es nach Ansicht mancher Theologen gar nicht gibt, sondern er müsse sich vorerst etwas gedulden, und zwar bis zur „allgemeinen Totenerweckung", die bekanntlich auf den *Jüngsten Tag* angesetzt ist. Bis dahin verharrt der Mensch im Tiefschlaf oder in einem der Ohnmacht ähnlichen Zustand, aus welchem er erst am Ende aller Zeiten, am *Jüngsten Gericht* – unsanft genug: mit „Posaunenschall" (1. Kor 15, 52) – erweckt werde. Er erhält dann bei seiner „Auferweckung" mit seiner Eintrittskarte in einen der drei jenseitigen Aufenthaltsorte für alle Ewigkeit zugleich seinen abgelegten physischen Leib wieder, welcher allerdings in einen „Auferstehungsleib" verwandelt wird. Und erst dieser und nur dieser Leib wird unsterblich sein.

Teilt jemand diese Ansicht, so wird er an der unzertrennlichen Einheit von Leib und Seele festhalten können, ohne in einen logischen Widerspruch verwickelt zu werden.

Gemäss dieser Lehre, die auf einer allzu wörtlichen Auslegung einer Briefstelle des PAULUS beruht (1. Kor 15, 42-53) und eine Variante des sogenannten „Auferstehungsglaubens" darstellt, würde der Mensch am Tag des *Jüngsten Gerichts* mit Leib und Seele auferstehen. In der Zwischenzeit, zwischen seinem Tod und seiner „Auferweckung" am Ende aller Zeiten, existiert er nicht ohne seinen einzigen – physischen – Leib, denn er existiert in dieser Zeitspanne im Grunde überhaupt nicht, ist er doch – wie in einer Tiefkühltruhe – bis zum *Jüngsten Tag* lediglich „aufbewahrt".

Lässt jemand diese Vorstellung gelten, so kann er auch die These mühelos annehmen, Leib und Seele seien – einmal für ein einziges Erdenleben erschaffen – miteinander für ewig verbunden.

## Die Erfahrung im Jenseits

Was allerdings jene unzähligen Seelen von solchen Behauptungen halten sollen, die im Jenseits nach ihrem physischen Tode – dieser Lehre zum Spott – auch ohne den physischen Leib weiterexistieren, ist eine andere Frage. Die meisten Menschen versinken nach ihrem irdischen Tod ja nicht in Tiefschlaf oder in Ohnmacht, sondern befinden sich in einem überaus wachen Zustand und erfreuen sich ihres Lebens auch im Jenseits wacker weiter.

Jeder, der Kontakt mit Jenseitigen hat oder vielleicht sogar selber schon eine nachtodliche Erfahrung machte, wird wissen, dass die oben wiedergegebenen Ansichten auf völliger Unkenntnis von Tatsachen beruhen. Es wäre nicht uninteressant mitanzusehen, wenn Menschen, die solche leere Behauptungen allen Ernstes aufstellen, im Jenseits angekommen, feststellen müssen, dass sie – trotz Trennung von ihrem physischen Leib – auch dort noch quicklebendig sind.

Heute häufen sich sogar Berichte, wonach Jenseitige, sobald sie – vielleicht erst nach langer Zeit endlich – merken, dass sie gestorben sind, wütend auf ihre Pfarrer oder Religionslehrer werden. Die christliche Lehre machte sie ja glauben, dass sie entweder in den Himmel oder in die Hölle kommen oder zumindest in ein Fegefeuer, und nichts davon fanden sie vor. Sie konnten daher zunächst überhaupt nicht glauben, dass sie bereits „tot" sind.

Das Prinzip der unzertrennlichen Einheit von Leib und Seele geht selbstverständlich nicht auf Erfahrung zurück, sondern auf philosophische Spekulationen und zeugt von einer erstaunlich gründlichen Ahnungslosigkeit Tatsachen gegenüber.

Einige Menschen, darunter Theologen, machen aus ihrer Hilflosigkeit der Frage gegenüber keinen Hehl. So gesteht zum Beispiel der bereits zitierte protestantische Theologe PAUL TILLICH, dass er Mühe hat, sich die Seele ohne den physischen Leib vorzustellen. TILLICHS Ansicht nach ist die Identität des Menschen mit seiner „einmaligen Leiblichkeit“ verbunden (Systematische Theologie III, 1966, 466 u. 471). – Und ein protestantischer Pfarrer schreibt: „Eine Seele ohne Leib wäre eine sehr gespenstische und beklagenswerte – auf jeden Fall: eine unmenschliche – Erscheinung!“ (F. JEHLE: Wie viele Male leben wir? 1996, 91).

Es wäre vielleicht doch nicht so unnütz zu bedenken, ob ein von Menschen erfundenes „Prinzip“ oder der Umstand, dass sich jemand etwas nicht vorstellen kann, über die Beschaffenheit der Realität entscheiden und somit über die Existenz oder Nichtexistenz von Tatsachen befinden könne. Und sollen Gläubige an etwas Unsinniges (wie die Auferstehungstheorie) glauben, nur weil sich manche Theologen nicht vorstellen können, dass es in Gottes Welt nicht nur das Irdisch-Grobstoffliche gibt?

## Der feinstoffliche Leib

Der Schlüssel zur Lösung des Problems liegt gerade in der Korrektur der unzutreffenden Annahme, der Leib des Menschen sei mit dem physischen Leib schlechthin gleichzusetzen.

Jeder, der Einblick in die wahren Verhältnisse hat, wird wissen, dass diese Gleichsetzung nicht sachgerecht ist. Der Mensch hat nicht bloss einen grobstofflich-physischen Leib, sondern auch einen feinstofflichen, und diesen besitzt er auch in seinem irdischen Leben. Dieser ist der feinstoffliche Leib, auch *Astralleib* genannt, nach dessen Vorbild der physische Leib geformt und geprägt wird. (Zum Astralleib vgl. Fremdbegriffe)

Wenn nun der Mensch bei seinem physischen Tod seinen grobstofflichen irdischen Leib verlässt, so lebt er in seinem feinstofflichen weiter. Dieser – sein feinstofflicher Leib – gleicht seinem physischen Leib eine Weile noch nach dem Tode. In der Konsistenz sind die beiden Leibarten freilich ungleich, der physische Leib ist grobstofflich und stösst daher in der grobstofflich materiellen Welt auf Widerstand, der feinstoffliche Leib ist durch die grobstoffliche Materie nicht behindert, er selber ist ebenfalls durchdringbar.

Die augenfällige Ähnlichkeit der Erscheinung beider Leibarten wie auch die Tatsache, dass der Hinübergang ins Jenseits, das Sterben, überaus sanft vor sich geht, verführt viele Verstorbene zur Annahme, sie seien noch im irdischen Leben. Sie finden sich scheinbar im „selben“ Leib vor.

Es trifft ja zu, dass sie nach wie vor am Leben sind, nur befinden sie sich nicht mehr auf der Erde, sondern im Jenseits, und ihr Leib ist bloss feinstofflich. Da viele Verstorbene aus eben diesem Grunde vorerst nicht wissen, dass sie gestorben sind, müssen sie darüber aufgeklärt werden. Ihre Aufklärung ist im übrigen umso mühsamer, je mehr sie davon überzeugt waren, dass es nach dem Tod kein Leben gibt oder dass sie gleich nach ihrem Tod mit einer persönlichen Audienz bei Gott rechnen können.

Die Ansicht über die Einheit von Leib und Seele ist unter einer Voraussetzung also nicht falsch. Sie trifft in dem Fall zu, wenn unter „Leib“ nicht der physische Leib, in welchem sich der Mensch während seiner Inkarnation auf der Erde befindet, sondern der *feinstoffliche Leib* verstanden wird.

Es besteht folglich eine unzertrennliche Einheit zwischen Seele und Leib, nur ist der fragliche Leib, mit dem die Seele eine Einheit bildet, nicht der physische, sondern der feinstoffliche.

Der Mensch kann auch dann, wenn er auf Erden inkarniert ist, immer wieder aus seinem physischen Leib heraustreten, so zum Beispiel während des Schlafes. Doch auch dann büsst er seine „Leiblichkeit“ nicht ein, er befindet sich auch dann im Leib: im feinstofflichen.

Im übrigen besitzt der Mensch auch noch andere Leibarten, deren Stofflichkeit noch feiner ist als die des Astralleibes. Die grundlegende Leibart ist der *Lichtleib*. Dieser ist beim Menschen nur in einem geringen Masse herangebildet, bei Höheren Wesenheiten hingegen ist er voll entfaltet und stellt ihren wahren Leib, in welchem sie sich stets befinden, dar.

Auch JESU „Auferstehungsleib“ war bzw. ist sein Lichtleib (vgl. S. 311). In diesem erschien er bereits den drei auserwählten Jüngern bei seiner Verklärung (Mt 17, 1-2; Mk 9, 2-3; Lk 9, 28-29).

## Die Freiheit des Menschen

Das Argument setzt voraus, dass die Reinkarnation ein mechanisch abrollendes Geschehen ist. Die Beweisführung geht wie folgt vor sich: „Der Mechanismus der Reinkarnation hat seine eigenen, unwandelbaren Gesetze. Zu diesen gehört in erster Linie das Karma-Gesetz. Das Karma-Gesetz schränkt jedoch den Spielraum für die menschliche Freiheit sehr stark, wenn nicht sogar vollständig ein. Der Mensch muss indes völlig frei sein, er muss vor allem seine Entscheidungen völlig frei fällen können. Da nun die Reinkarnationslehre die Existenz eines rein mechanischen Gesetzes voraussetzt, das die Entscheidungsfreiheit des Menschen beeinträchtigt, ist sie abzulehnen."

Im Grunde geht es bei dieser Argumentation überhaupt nicht um eine Beweisführung, sondern um die Proklamation zweier Ansichten. Die eine betrifft den Sinn der menschlichen Existenz, die andere die im Wesen des Menschen verankerte Freiheit.

## Die Einmaligkeit der Entscheidung

Für den Menschen besteht der Sinn seiner Existenz nach dieser Ansicht darin, auf Erden eine Entscheidung zu fällen. Seine Entscheidung, zu welcher er in seinem irdischen Dasein angehalten wird, ist zum einen eine ethische, zum anderen eine religiöse.

Der Mensch lebt dieser Ansicht nach in erster Linie aus dem Grunde auf der Erde, damit er sich für oder gegen die Mitmenschen, also ethisch, und für oder gegen Gott, also religiös, entscheide. Die Entscheidung für oder gegen Gott soll spätestens im Augenblick seines Todes erfolgen. Da nun der Mensch – nach Ansicht der christlichen Theologen – nur ein einziges Mal auf der Erde lebt, ist dieser sein Entscheid endgültig und nicht widerrufbar. Seine einmal gefällte Entscheidung legt daher seinen künftigen Zustand für alle Ewigkeit fest.

Der Gedanke der Reinkarnation hingegen könnte „die Ernsthaftigkeit der religiösen und ethischen Entscheidung untergraben", meint Paul Tillich (Systematische Theologie III, 1966, 470).

Mit anderen Worten: Der Mensch soll bedenken, dass er seine Prüfung, welcher er in seinem einzigen irdischen Dasein unterzogen wird, nicht wiederholen kann.

Es lohnt sich, einen Augenblick bei diesem Gedanken zu verweilen.

Hat ein Mensch im irdischen Leben eine Prüfung abzulegen, so kann er wissen, dass er die Prüfung, falls sie ihm beim ersten Anlauf misslingt, mindestens einmal wiederholen kann. Und falls er dabei öfters durchfällt, so wird er erwarten können, dass er beraten wird, wie er nun, ohne die Prüfung abgelegt zu haben, auf eine andere Weise weiterkommen kann.

Die Menschen räumen den Mitmenschen die Möglichkeit der Wiederholung ein. Nicht so der Gott der christlichen Theologen.

Bei diesem Gott ist keine Wiederholung der Prüfung möglich. Dabei geht es bei der Prüfung nicht um das Erlangen irgendeines Diploms, eines Fahrausweises oder was immer, sondern es geht ganz schlicht um die Existenz in einer Zukunft, die die volle Ewigkeit umfasst.

Es soll hier einem jeden, der da nachdenklich wird, überlassen werden, was er von einem solchen „Gott“ zu halten hat.

Dieser „Gott“ fordert also vom Menschen eine einmalige, für alle Zeiten gültige Entscheidung. Mit dieser Ansicht wird offenbar stillschweigend vorausgesetzt, dass ein Mensch, der meint, er lebe nur ein einziges Mal auf der Erde, sein Leben ernst oder wesentlich ernster nimmt, als derjenige, der glaubt, es stünden ihm künftig noch viele Inkarnationen zur Verfügung und müsse sich daher mit seiner Entscheidung nicht übereilen.

Dass diese Annahme keineswegs zutrifft, dass Ernst, Gleichgültigkeit oder Leichtsinn, womit ein Mensch dem Leben begegnet, von seiner allgemeinen Einstellung zum Leben schlechthin und von seiner inneren Reife – oder Unreife –, nicht aber von seiner Kenntnis oder Unkenntnis der Reinkarnation abhängt, wird jeder wissen, der auch nur ein wenig Erfahrung im Umgang mit Menschen hat (vgl. S. 182-184).

## Freiheit und Entscheidungsfähigkeit

Die zweite Ansicht setzt voraus, dass alle Menschen in ihrem Wesen gleich sind und dass demzufolge alle Menschen gleichermassen frei sind. Jeder Mensch wird nach dem selben Leisten geschustert und nach allgemeinem Mass in seinem Wesen festgelegt. Und da er gleichsam „fixfertig“ aus der Hand seines Schöpfers hervorgeht, kommt er, nachdem er biologisch erwachsen ist, in Vollbesitz seiner Freiheit und wird dementsprechend entscheidungsfähig.

Nun, es genügt ein flüchtiger Blick auf die Menschen, um sogleich festzustellen, welch grosser Unterschied zwischen Mensch und Mensch besteht, und dass nicht jeder Mensch im selben Masse – falls überhaupt – frei und entscheidungsfähig ist.

Der Mensch entwickelt sich ja, und seine Entwicklung geschieht nicht in einem einzigen Erdenleben. Berücksichtigt jemand also die innere Wirklichkeit des Menschen, so wird er einsehen können, dass auch die Entscheidungsfähigkeit erst entfaltet werden muss, und dass auch die Fähigkeit zur Freiheit dem Menschen nicht von vornherein in den Schoss gelegt wird. Wie alles, was für den Menschen von grundlegender Bedeutung ist, so muss auch die Freiheit erst errungen, und zwar im Laufe seiner inneren Entwicklung von ihm selber errungen werden.

Der menschliche Freiheitsraum ist ja nicht von Anfang an so gross wie gegen Ende der Entwicklung. Ein Kind besitzt noch lange nicht dieselbe innere und äussere Freiheit wie ein Halbwüchsiger, und dieser nicht wie ein Erwachsener. So hat auch der Mensch, der noch auf den unteren Stufen seiner inneren Entwicklung steht, nicht dieselbe innere Freiheit wie jener, der in seiner inneren Entwicklung bereits fortgeschritten ist. Der Raum der Freiheit wächst für den Menschen mit dem Wachstum seiner Seele und mit der Entfaltung seines Geistes, genauer: mit der Zunahme seiner Geistigkeit.

Freiheit im wahren Sinne ist ausschliesslich die *innere Freiheit.* Die innere Freiheit erlangt der Mensch erst, wenn er sich von allem befreit, was ihn in seiner Seele einschränkt oder behindert.

Behindert wird er von allem, was ihn zu einem bestimmten Verhalten zwingt. Der Mensch steht in seiner inneren Entwicklung während einer sehr langen Zeit unter der Herrschaft der Triebe und der Macht der Begierden. Er ist Zwängen, aber auch Bedürfnissen, Bindungen, Vorstellungen, Vorurteilen und Illusionen ausgeliefert, und er kann sich von ihnen erst im Laufe seiner inneren Entwicklung, und zwar nur schrittweise und entsprechend langsam befreien. Seine innere Entwicklung ist in dieser Hinsicht ein einziger, gross angelegter Befreiungsprozess.

Der Mensch ist in seinem Wesen also nicht frei, er *wird* erst frei. Und er wird in dem Masse frei, wie sich seine Gesinnung und mit ihr sein Wesen wandeln. Gerade die Reinkarnation, also die Tatsache, dass der Mensch überaus häufig Gelegenheit hat, auf die Erde zu kommen und dabei innerlich zu reifen, ermöglicht ihm die fortlaufende Erweiterung seines Freiheitsraumes, bis er schliesslich, gegen Ende seiner äonischen Entwicklung, zur vollständigen inneren Freiheit gelangt.

Die Reinkarnation, die den zeitlichen Rahmen für die Entwicklung des Menschen darstellt und die innere Entwicklung des Menschen überhaupt erst ermöglicht, verläuft aber keineswegs rein mechanisch. Sie ereignet sich vielmehr als ein einheitlicher, organisch vollzogener, seelisch-geistiger Wachstumsprozess.

Wäre die Abfolge der Inkarnationen ausschliesslich nach mechanischen Gesetzen festgelegt, so könnte keine wahrhaftige Entwicklung stattfinden.

Eine genaue Kenntnis dessen, was Karma überhaupt ist und was das sogenannte Karma-Gesetz eigentlich besagt, straft die Behauptung ohnehin Lüge, der Ablauf der Inkarnationen sei mechanisch (vgl. S. 155-159). Kennt also jemand die wahre Struktur der Entwicklung, so wird er sogleich einsehen, dass durch die Reinkarnation weder die menschliche Freiheit noch die Freiheit Gottes – wie dies ebenfalls behauptet wird (vgl. S. 152-155) – auch nur im geringsten eingeschränkt werden.

# 9.

# Theologische Gegenargumente

Die theologischen Gegenargumente stellen zum einen Voraussetzungen auf, aufgrund deren die Reinkarnationslehre abgelehnt werden muss, zum anderen führen sie Thesen an, die sich – wie behauptet wird – aus der Reinkarnationslehre ergeben und zur christlichen Glaubenslehre im Widerspruch stehen.

Die Argumente sind:

- die Reinkarnation ist unbiblisch und widerspricht JESU Verkündigung;
- sie schränkt Gottes Freiheit ein;
- das Karma-Gesetz schliesst die Möglichkeit von Gottes Eingriff in das Schicksal des Menschen, somit auch seine Barmherzigkeit und die Gnade aus;
- die Reinkarnationslehre lehrt die Selbsterlösung des Menschen, steht also zur christlichen Erlösungslehre im Widerspruch;
- sie rüttelt an der Rätselhaftigkeit Gottes und begeht dadurch ein Sakrileg, einen Verstoss gegen Gottes Würde.

## Die Reinkarnationslehre ist unbiblisch

Es ist eine allgemeine Gepflogenheit bei Vertretern einer Religion, dass sie ihre Stellungnahme zu irgendeiner Frage, die ihrer Meinung nach den Glauben berührt, davon abhängig machen, ob die Sache in ihrer Heiligen Schrift behandelt wird oder nicht. Und falls davon darin die Rede ist, gelten die Aussagen der Schrift für sie als verbindlich.

Die meisten machen dabei allerdings keinen Unterschied, ob der Inhalt der Aussage tatsächlich im Text der Heiligen Schrift steht oder auf ihre eigene Interpretation der einschlägigen Stelle zurückzuführen ist.

So gilt auch für die christliche Glaubenslehre alles, was nicht ausdrücklich in der Bibel steht, als unbiblisch. Was unbiblisch ist, daran muss ein Christ nicht glauben.

Nun gibt es aber Lehrsätze, die nicht in der Bibel stehen und dennoch den Rang einer Glaubensaussage haben. Sie wurden oder werden von angesehenen Vertretern einer Konfession aufgestellt. Respektiert ein Christ, wie dies seine Kirche von ihm verlangt, die Tradition, so wird er auch diesen Lehrsätzen dieselbe Bedeutung beimessen, welche den Aussagen der Bibel zukommt, und er wird sie für seinen Glauben ebenfalls als massgebend betrachten.

Der Glaube an die Tradition und damit an die Lehrsätze einer Kirche setzt immer auch Autoritätsglauben voraus. Die Autorität ist in einem Fall die „Schrift", im anderen die „Tradition", genauer jene Menschen, die Urheber der Lehrsätze oder Hüter der Überlieferung sind.

Ist ein Glaubenssatz in der Tradition verankert oder wurde er von einer Autoritätsperson aufgestellt, so wird das Kriterium „biblisch" oder „nicht biblisch" auf ihn nicht angewandt. Das Kriterium wird den Thesen vorbehalten, die als Bastarden des Glaubens – als „Irrlehren" – gelten.

Widerfährt überdies einer Lehre, die durch keine Textstelle in der Bibel oder aus Schriften von Autoritätspersonen zu belegen ist, das Ungemach, zur offiziellen christlichen Auffassung im Widerspruch zu stehen, so kann sie zurückgewiesen, ja, sie soll unter Umständen sogar mit einem Bann belegt werden.

Ein solches Schicksal widerfuhr auch der Reinkarnationslehre. Sie steht, so wird behauptet, nicht in der Bibel. Dafür steht sie im Widerspruch zur Tradition.

## Was nicht in der Bibel steht

In der Bibel steht allerdings ausserordentlich vieles nicht, was es dennoch gibt. So steht weder von der Geozentrik noch von der Heliozentrik der Welt auch nur ein Wort in der Bibel. Dies hinderte die Verteidiger der „Reinheit des Glaubens" nicht, zur Frage der Raumstruktur des Kosmos auch vom theologischen Standpunkt aus Stellung zu beziehen. Sie hielten das geozentrische Weltbild für zutreffend und versuchten, ihre Annahme auch mit theologischen Argumenten zu rechtfertigen. Dabei schreckten sie auch davon nicht zurück, die „Widerspenstigen" zu verurteilen, sie unter Androhung von Folter zum Widerruf ihrer Erkenntnisse zu zwingen (GALILEI) oder sie sogar mit dem Tod zu bestrafen (GIORDANO BRUNO).

Ebensowenig findet sich in der Bibel die Tatsache, dass es eine Evolution der Lebewesen gibt, die bis zu dem Menschen hinaufführt. Sie scheint sogar dem biblischen Schöpfungsbericht (Gen Kap 1), falls man diesen buchstabengetreu auslegt, zu widersprechen. Die katholische Kirche untersagte den Gläubigen lange Zeit sogar jegliche Auseinandersetzung mit der Evolutionstheorie, und erst in neuerer Zeit, rund hundert Jahre nach der Veröffentlichung von DARWINS *Ursprung der Arten* (1859), gestattete sie lediglich, über die Entstehung des menschlichen Leibes zu diskutieren. Über die Entstehung der Seele hingegen lehnte sie jegliche Auseinandersetzung ab. – Ein weiteres Zugeständnis an die Evolutionstheorie seitens der Kirche erfolgte erst kürzlich (1996). (Dazu und zur Auseinandersetzung der Christen mit dem Entwicklungsgedanken vgl. S. 284-292)

Dennoch wird heute kein vernünftiger Theologe mehr die Tatsache der Evolution ernstlich in Abrede stellen.

Auch die Reinkarnation ist eine Tatsache, auch sie besteht unabhängig davon, ob von ihr in der Bibel die Rede ist oder nicht, ob sie von Autoritätspersonen einer Konfession anerkannt oder abgelehnt wird.

Aber ist die Sache mit der Reinkarnation tatsächlich „unbiblisch“?

## Das Evangelium und die Reinkarnation

Von der Reinkarnation ist im *Alten Testament* und in den Texten im *Neuen Testament*, die den *Evangelien* beigefügt wurden (Apostelgeschichte, Apostolische Briefe und Geheime Offenbarung), tatsächlich keine Rede.

Die *Evangelien* selbst hingegen enthalten über die Reinkarnation klare Aussagen. Wie bereits im historischen Überblick erwähnt wurde, war damals das Volk mit dem Gedanken der Reinkarnation vertraut (S. 51). Es besteht ferner kein Zweifel darüber, dass auch JESUS und seine Jünger um die Tatsache der Reinkarnation wussten. Dies bezeugen einschlägige Textstellen.

Als JESUS seine Jünger fragte, für wen die Menschen ihn hielten, antworteten sie ihm, das Volk halte ihn für einen der Propheten, von dem die Leute annahmen, dass er in JESU Gestalt wieder auf die Erde gekommen sei (Mt 16, 13-14; Mk 8, 27-28; Lk 9, 18-19).

Von JOHANNES DEM TÄUFER sagt JESUS selbst: „Er ist ELIA, der kommen soll“. Und an anderer Stelle: „ELIA ist schon gekommen und sie haben ihn nicht erkannt.“ (...) „Da verstanden die Jünger, dass er zu ihnen von JOHANNES DEM TÄUFER redete.“ (Mt 11, 14; 17, 12-13) – JESUS wusste also, dass sich in der Gestalt des JOHANNES DES TÄUFERS der Prophet ELIA reinkarniert hat.

Eine weitere Stelle, die den Glauben der Jünger an die Reinkarnation deutlich macht, berichtet von der Heilung eines Blindgeborenen (Jo 9,1-3). Die Jünger fragen JESUS, wer gesündigt habe, der Blinde oder seine Eltern, dass er blind geboren wurde. Ein Neugeborener kann aber nur dann gesündigt haben, wenn er vor dem Eintritt in das gegenwärtige Leben bereits gelebt hatte.

Eigentlich fragten sie JESUS, ob das „Karma“, dessen Folge – wohl als „Strafe“ gedacht – die Blindheit war, von dem Blinden oder seinen Eltern verursacht worden sei. Es ist also offensichtlich, dass die Jünger auch den damals gültigen Sinn der Reinkarnation: die ausgleichende Gerechtigkeit, kannten.

Von *Wiedergeburt* (gr. *Palingenesis*) ist in den Evangelien an zwei Stellen die Rede: in JESU nächtlichem Gespräch mit NIKODEMUS (Jo 3, 1-21) und als JESUS den Aposteln versprach, sie würden „in der Wiedergeburt“, nämlich bei seiner Wiederkunft in der Endzeit, das Richtersrecht über Israel erhalten (Mt 19, 28).

Mit „Wiedergeburt“ ist jedoch an beiden Stellen nicht die Reinkarnation gemeint. Bei dem an zweiter Stelle zitierten Text dürfte dies offensichtlich sein. NIKODEMUS gegenüber verstand JESUS unter „Wiedergeburt“ eine geistige Erneuerung, die „Wiedergeburt im Geiste“. Diese kann sich allerdings – wie wir heute wissen – nicht in einem einzigen Erdenleben ereignen, zu ihrem Vollzug benötigt der Mensch eine lange Reihe von Inkarnationen. Die „geistige Wiedergeburt“ wird jeder Mensch in seiner inneren Entwicklung früher oder später tatsächlich vollziehen.

Es gibt ferner einzelne Aussprüche von JESUS, die seine Kenntnis der Reinkarnation bezeugen. Ihr Sinn erfährt in der Sicht der Reinkarnationslehre eine überaus grosse Vertiefung. (Sie sind aufgelistet auf S. 157.)

Doch nicht nur das Verständnis dieser Aussprüche JESU setzt die Kenntnis der Reinkarnation voraus. Die ganze Bergpredigt, seine sonstigen Aussprüche und Belehrungen, wie auch sämtliche Gleichnisse werden erst dann vollauf verständlich, wenn sie vor dem Hintergrund der Reinkarnation gedeutet werden.

## Der Umgang mit den Textstellen

Wie die obigen Textstellen aus den Evangelien zeigen, wusste JESUS um die Reinkarnation, doch er lehrte sie nicht ausdrücklich. Ebensowenig lehnte er sie allerdings ab.

Wie nun jemand diesen Umstand bewertet und wie er mit diesen Evangelienstellen umgeht, ist eine persönliche Frage. Seine Antwort darauf hängt nicht von der „Beweiskraft“ der Texte, sondern ausschliesslich von seiner Einstellung zur Reinkarnation ab.

Deshalb können diese Evangelienstellen weder zum „Beweis“ noch zur „Widerlegung“ der Reinkarnation angeführt werden. Jeder wird sie dementsprechend auslegen, wie er über die Reinkarnation denkt und ob er bereit ist, ihre Existenz zur Kenntnis zu nehmen oder nicht.

Ist jemand nicht bereit, die Reinkarnation als Tatsache zu akzeptieren, so wird er Wege suchen, um jede fragliche Stelle, in der auf die Reinkarnation angespielt wird, im gegenteiligen Sinn auslegen und den wahren Wortsinn damit hinwegerklären zu können.

Zum Beispiel: Nach der Frage JESU, für wen ihn die Menschen halten, fragt er die Jünger, für wen diese ihn halten. PETRUS antwortet ihm mit dem berühmt gewordenen Bekenntnis: „Du bist CHRISTUS, der Sohn des lebendigen Gottes“. Man kann selbstverständlich auch behaupten, wie dies von christlich-orthodoxer Seite in der Regel getan wird, dass mit der Antwort des PETRUS auch der Reinkarnationslehre eine Absage erteilt wurde.

Die Äusserung des PETRUS lässt indes nichts anderes erkennen, als dass JESUS für die Jünger „mehr“ als ein Prophet war, nämlich der *Messias*. Das Bekenntnis des PETRUS wie auch JESU Entgegnung darauf, in der er die Annahme von PETRUS bestätigt, er sei der „Gesalbte Gottes“, CHRISTUS, berühren das Thema der Reinkarnation überhaupt nicht. (Mt 16, 13-17 u. 20; Mk 8, 29; Lk 9, 20).

Es gibt allerdings Versuche, wenn auch spärliche, die nicht bloss mit leeren Worten behaupten, sondern mit Hilfe von Argumenten zeigen wollen, dass aus den fraglichen Textstellen die Annahme der Existenz der Reinkarnation nicht zwingend folgt.

So setzte sich beispielsweise TERTULLIAN mit dem Bericht im Evangelium auseinander, in welchem JESUS die Wiederkunft des Propheten ELIA in der Gestalt von JOHANNES DEM TÄUFER „behaupten soll“. Er bringt den Einwand, ELIA hätte es gar nicht nötig gehabt, sich wieder zu inkarnieren, ist er doch in seinem Leib – „auf einem feurigen Wagen“ – in den Himmel geführt worden (2. Kön. 2,11). Und wer sogar seinen physischen Leib in den Himmel mitnehmen kann, der braucht wohl keinen neuen, so auch keine neue Inkarnation. Wenn JESUS also JOHANNES DEN TÄUFER den „wiedergeborenen ELIA“ nennt, so um anzudeuten, dass der Täufer „im Geiste ELIAS“ wirkte und – wie ehedem ELIA die göttliche Botschaft – auch er das Kommen des Messias zu verkünden hatte. (De anima 35; PL 2, 711)

Weiss jemand um die Tatsache der Reinkarnation, so wird er natürlich keine Mühe haben, gelten zu lassen, dass das eine das andere nicht ausschliesst. ELIA hat sich als JOHANNES DER TÄUFER wieder inkarniert, und dieser wirkte in der Tat „im Geiste ELIA".

In der Gegenwart griff der Theologe PAUL ALTHAUS den Bericht im Johannesevangelium über die Heilung eines Blindgeborenen auf, um die Behauptung zu entkräften, JESUS hätte die Reinkarnationslehre gebilligt. Auf die Frage der Jünger, ob der Blinde oder seine Eltern gesündigt hätten, dass er mit Blindheit geschlagen wurde, „antwortete JESUS: Weder dieser hat gesündigt noch seine Eltern, sondern die Werke Gottes sollen an ihm offenbar werden." (Jo 9, 1-3)

ALTHAUS deutet diese Worte als eine „Zurückweisung der Reinkarnation durch JESUS". Damit soll JESUS auch gezeigt haben, dass „die moralische Erklärung der Schicksale unter der Höhe des Neuen Testaments bleibt". (Artikel in: Die Religion in Geschichte und Gegenwart $^{3}$1986 VI, 1639-40) – Die „moralische Erklärung der Schicksale" ist die Deutung vom Sinn des Leidens mit Hilfe des Karma-Gesetzes. (Vgl. auch S. 128-129)

Es ist richtig, dass JESUS in seiner Antwort auf die Frage der Jünger nicht über Verschuldung sprach. Er wies beide Möglichkeiten, die Schuld des Blindgeborenen und die Schuld der Eltern als Grund zur Strafe mit dem Hinweis zurück, dass eine Inkarnation in einem fehlerhaften Leib auch einen anderen Grund und einen anderen Sinn als „Strafe" haben kann, so dass sich die Diskussion darüber, wessen „Karma" die Blindheit zuzuschreiben sei, erübrigt. Mehr sagte er nicht. Es ist also keineswegs gerechtfertigt, aufgrund seiner Stellungnahme zu behaupten, er habe die Reinkarnation grundsätzlich abgelehnt.

In ähnlicher Weise sind JESU Aussprüche, in welchen er auf das Karma-Gesetz anspielt (S. 157), auch auf die Ein-Leben-Lehre anwendbar. Und manche Verfechter dieser Lehre meinen: Folgt dem Verbrechen die Strafe nicht auf den Fuss, so kann dem Sünder die Verbüssung der Missetaten auch im Jenseits verhängt werden, wofür da – im Fegefeuer oder in der Hölle – bekanntlich reichlich Platz zur Verfügung steht.

Derjenige allerdings, der die Gesetze der Reinkarnation nicht nur vom Hören-Sagen, sondern aus eigener Erfahrung (z. B. in Rückführungen) genau kennt, der wird auch wissen, dass sich die „ausgleichende Gerechtigkeit" meistens in den nachfolgenden Inkarnationen auswirkt. In diesem Sinne wird er auch JESU einschlägige Aussprüche verstehen. Und um „Beweise" für oder gegen die Existenz der Reinkarnation wird er sich dann kaum noch kümmern.

## Warum Jesus die Reinkarnation nicht lehrte

Selbst derjenige, der die Existenz der Reinkarnation nicht als Tatsache anerkennt, muss sich also klar machen, dass JESUS über die Tatsache der Reinkarnation Bescheid wusste. Es trifft jedoch – wie gesagt – zu, dass er sie nicht ausdrücklich gelehrt hat. Ebenso trifft es zu, dass er sie nicht grundsätzlich abgelehnt hat.

Daraus ergibt sich folgerichtig die Frage: „Warum sprach JESUS nicht über die Reinkarnation, wenn er doch um sie wusste?"

Es gibt dafür zwei Gründe: Der eine ist in der Ermangelung von Kenntnissen zu seiner Zeit, vor allem im Fehlen des Entwicklungsbegriffes, der andere, der entscheidende, ist in der klaren Umgrenzung seines Auftrages zu suchen.

*Erstens:* Für das Erfassen der Bedeutung der Reinkarnation, nicht anders als für die Kenntnisnahme der wahren Struktur des Sonnensystems, war die Menschheit zu JESU Lebzeiten noch nicht reif. Über die Reinkarnation zu reden, hat nur dann einen Sinn, wenn es den Menschen klar gemacht werden kann, *warum* sie immer wieder auf die Erde kommen müssen. Und damit dies klar werde, muss man über den Sinn der Reinkarnation, und das ist die innere Entwicklung des Menschen, hinreichend Bescheid wissen.

Dafür aber ist die Zeit erst heute gekommen. Denn der Begriff der Entwicklung in dem Sinne, wie dies in der Gegenwart erkannt wurde, war zu seiner Zeit noch nicht fassbar. Eine Reinkarnationslehre, die in der Abfolge der Inkarnationen lediglich das Drehen vom „Rad der Wiedergeburten" – nur ein Auf- und Ab im Verlauf des Schicksals – sehen kann, jedoch kein wahres Ziel und keinen sinnvollen Aufbau erkennen lässt, ist für das religiöse Leben des Menschen ohne nennenswerte Bedeutung.

Erst heute sind wir in der Lage einzusehen, wie bedeutsam die innere Entwicklung des Menschen auch für seine Religiosität im allgemeinen und für seine persönliche Annäherung an Gott und damit auch für den Vollzug seines von JESUS bewirkten und geführten Erlösungsprozesses im besonderen ist.

*Zweitens:* JESUS ist nicht gekommen, um die Menschen über alles zu belehren. Es war nicht seine Aufgabe, über die zeitliche Struktur des Erdenlebens Auskunft zu erteilen. Auch über die räumliche Struktur der Welt, nämlich darüber, dass nicht die Erde, sondern die Sonne im Mittelpunkt des Planetensystems steht, sprach er nicht. Es ist auch belanglos, ob er darüber Bescheid wusste oder nicht. Es war auch nicht seine Absicht, die Menschen über das Sonnensystem zu unterrichten oder über die Reinkarnation zu sprechen.

JESUS hatte eine ganz andere Aufgabe. Seine Aufgabe war, die Menschen Gott näher zu bringen, sie aus der Enge einer orthodoxen, auf das Äusserliche und das Formale bedachten Gläubigkeit herauszuführen und ihnen damit zu ermöglichen, die Stufe eines rein formalen, auf Gebote und Verbote aufgebauten Glaubens zu überwinden.

Gerade dies ist ein Aspekt seines Erlösungswerkes: den Menschen den Weg zu weisen, auf welchem sie unmittelbar zu Gott gelangen.

Ein anderer Aspekt der Erlösung ist die Erlösung von falschen Vorstellungen über Gott. JESUS kam, um den Menschen Gott in seinem wahren Wesen erkennen zu lassen, das heisst: ihn als einen alle gleichermassen liebenden Vater nahezubringen.

Seine Aufgabe war, den Göttlichen Samen im Herzen eines jeden Menschen aufkeimen zu lassen.

Würde er heute auf der Erde leben, so würde er in seiner Lehre zweifellos auch auf die Tatsache der Reinkarnation hinweisen.

Ob nun die Reinkarnation als „biblisch" oder „nicht-biblisch" gilt, ist im Grunde gleichgültig. Denn Bescheid wissen über ihre Existenz kann ein jeder letztlich nur aufgrund seiner eigenen Erfahrung und nicht durch Studium der Bibel.

Eine solche Erfahrung wird allerdings jeder Mensch früher oder später, doch unfehlbar machen, selbst wenn er sich heute noch dagegen wehrt und sich dabei – zu seiner Rechtfertigung – auf die Bibel beruft.

## Die Freiheit Gottes

Das Argument geht – wie das vorangehende über die Einschränkung der Freiheit des Menschen – ebenfalls von der Voraussetzung aus, dass der Ablauf der Inkarnationen rein mechanisch vor sich geht. Die Argumentation lautet: „Stellt die Abfolge der Inkarnationen ein rein mechanisches Geschehen dar, so ist es gleichgültig, ob es einen Gott gibt oder nicht. Denn selbst dann, wenn es einen Gott gibt, kann dieser Gott in das Weltgeschehen nicht nach seinem Gutdünken eingreifen. – Die Christen glauben aber an einen Gott, der in seiner Freiheit von keinem mechanischen Geschehen in der Welt und von keinem Gesetz eingeschränkt werden kann. Es kann also ein solches Gesetz, das er nicht nach seinem Willen beherrschen könnte, gar nicht geben. Die Reinkarnationslehre, in der ein solches Gesetz, das Gesetz der ausgleichenden Gerechtigkeit (= das Karma-Gesetz) vertreten wird, ist mit der christlichen Lehre von Gott nicht in Einklang zu bringen. Sie muss daher zurückgewiesen werden". (Zum Karma-Gesetz vgl. S. 155-159)

Nun gibt es in der Reinkarnationslehre tatsächlich Varianten, in welchen das Karma-Gesetz als ein oberstes, rein mechanisch eintretendes Gesetz verstanden wird, dessen Wirkung von keiner Instanz eingeschränkt werden kann, so zum Beispiel in BUDDHAS Lehre (S. 41-42). Dreht sich das „Rad der Wiedergeburten" ewig von selber, so ist Gott aus dem Weltgeschehen ausgeschlossen.

Für manche Theologen schränkt bereits die Frage nach den Gründen der (mühelos feststellbaren) Ungerechtigkeiten auf der Welt die Freiheit Gottes ein. „Gerade die Unbegreiflichkeit der ungleichen Verteilung der Schicksale" soll „als Ausdruck und Zeichen der Freiheit des wunderbaren Gottes begriffen werden", schreibt beispielsweise der schon öfters zitierte katholische Theologe PAUL ALTHAUS (Die letzten Dinge [6]1956, 167; vgl. auch S. 167-168).

## Der Konflikt

Ein Konflikt zwischen Reinkarnationslehre und Gottesglaube ergibt sich allerdings nur dann, wenn man von einer Entweder-oder-Position ausgeht. Entweder ist Gott frei, so kann es kein Gesetz geben, das ihn in seiner Freiheit einschränken würde. Oder es gibt ein solches Gesetz, so hat Gott nicht jene Freiheit, die einem wahrhaftigen Gott zukommen müsste.

Die Wahrheit liegt, wie in den meisten Fällen, in einer Sowohl-als-auch-Position. Es zeigt sich dabei, dass Gottes Freiheit mit der Reinkarnationslehre sogar mühelos vereinbar ist.

Es gibt ja Naturgesetze, die – zumindest nach menschlichem Ermessen – autonom sind und rein mechanisch ablaufen. Dennoch kommt heute kein vernünftiger Mensch auf den Gedanken, dass ein Naturgesetz Gottes Freiheit einschränken würde. Früher wurde dies von christlicher Seite im Kampf gegen die Naturwissenschaft und gegen das rein mechanische Weltbild des Rationalismus allerdings immer wieder behauptet.

Dass ein Gesetz, sei es ein Naturgesetz, sei es das Karma-Gesetz, Gottes Freiheit einschränken könne, verursacht nur jenem Kopfschmerzen, der *erstens* Gottes Freiheit mit Willkür verwechselt und *zweitens* übersieht, dass Gott der Urheber der Gesetze ist.

## Freiheit und Willkür

Verwechselt werden Freiheit und Willkür an manchen Stellen auch im Alten Testament. Der Verfasser des einen der fraglichen Texte legt zum Beispiel Gott in den Mund: „Wem ich gnädig bin, dem bin ich gnädig, und wessen ich mich erbarme, dessen erbarme ich mich“ (Ex 33, 19). Damit will Gott – dieser Auffassung nach – sagen, er schulde über sein Tun und Lassen niemandem Rechenschaft. Auch PAULUS warnt den Menschen davor, von Gott eine Begründung seines Verhaltens zu erwarten (Röm 9, 14-24; vgl. S. 170).

Eine Freiheit aber, die in dem Sinne absolut ist, dass alles getan oder unterlassen werden kann, was einem beliebt, ist orientierungslos. Denn dann hängt das Verhalten ausschliesslich von unkontrollierten Impulsen, von Lust und Laune ab, und eine solche Freiheit ist keine echte Freiheit, sie heisst: *Willkür*.

Eine solche Vorstellung über die Freiheit Gottes hegen jene, die noch keine Ahnung haben, was Freiheit tatsächlich bedeutet. Viele Menschen meinen, sie seien dann frei, wenn sie tun und lassen können, was ihnen beliebt. Sie halten die uneingeschränkte Möglichkeit, sich hemmungslos auszuleben und ihre Bedürfnisse und Wünsche uneingeschränkt zu befriedigen, für Freiheit. Sie merken noch nicht, dass gerade sie diejenigen sind, die unfrei sind. Sie sind unfrei, weil sie noch unter der Knute ihrer inneren Zwänge stehen und ein Spielball ihrer Launen oder ihrer Triebe und Affekte sind.

Gibt sich jemand einer solchen Illusion über die Freiheit hin, so wird er sich auch Gottes Freiheit nach demselben Muster vorstellen und diese darin sehen, dass Gott tun und lassen kann, wozu er sich in seiner Laune oder in seinem Ärger oder Zorn (z. B. wegen des Ungehorsams „seines Volkes“) hinreissen lässt.

Ein solcher Gott, dessen Bild – wie die oben angeführte Textstelle zeigt – neben anderen Gottesbildern auch im Alten Testament aufscheint und noch in die christliche Ära Einlass fand, hat mit dem wahren Gott, den JESUS verkündet hat, freilich nur dem Namen nach etwas gemeinsam.

Ist Gott in seinem Ratschluss wohl fraglos völlig frei, so bedeutet dies nicht, dass er in das Weltgeschehen willkürlich, je nach Stimmung, eingreifen würde.

Bedenkt man andererseits, dass das Karma-Gesetz kein automatisches Gesetz ist, dessen Folgen ohne Rücksicht auf die innere Situation des Menschen rein mechanisch eintreten würden, so ist es leicht einzusehen, dass die Reinkarnation Gottes Freiheit nicht im geringsten beschneidet.

### Gesetz und Freiheit

Auch das Karma-Gesetz wurde, wie alles in der Welt, von Gott selbst und daher sinnvoll eingerichtet. Und es steht Gott selbstverständlich zu, das Karma-Gesetz nach seinem Ermessen zu handhaben.

Das tut er auch. Nur greift er nicht willkürlich ein. Gottes Freiheit ist ja nicht orientierungslos, sie ist nicht willkürlich, sie ist auf die *Liebe* hin ausgerichtet.

Richtet sich Gott nach seiner Liebe, so richtet er sich danach, was für den Menschen stets das Beste ist. Und was das Beste für den Menschen ist, ist stets das, was ihn in seiner inneren Entwicklung fördert und zu Gott näher bringt.

Aus diesem Grunde, und nur aus diesem einzigen Grunde, weil Gott den Menschen wahrhaftig liebt und für ihn nur das Beste will, gibt er ihm auch die Möglichkeit, sich immer wieder zu inkarnieren. Gott bietet in der Tat jedem Menschen ohne Ausnahme die Möglichkeit, seinen Weg zu ihm zu finden, und er sorgt auch dafür, dass diese Möglichkeit jeder Mensch auch wahrnimmt. So wird auf diesem Weg, auf dem Weg der Vervollkommnung, sein Ziel ohne Ausnahme ein jeder erreichen und zu Gott gelangen.

Gottes Freiheit und Gottes Liebe sind untrennbar, sie sind zwei Aspekte seines Wesens, die sich gegenseitig bedingen.

Im übrigen verfügte auch JESUS über die Fähigkeit, die Wirkung sowohl der Naturgesetze als auch des Karma-Gesetzes aufzuheben. Er stand zum Beispiel über dem Naturgesetz, als er auf dem See wandelte (Mt 14,25-27; Mk 6,47-51; Jo 6,19-21), Wasser in Wein verwandelte (Jo 2,1-11) oder das Brot und Fische „vermehrte", das heisst sie aus der Kosmischen Energie materialisierte (Mt 14, 15-21; 15, 32-38; Mk 6, 35-44; 8, 1-9; Lk 9, 12-17; Jo 6, 5-13). Und er nahm das negative Karma von Menschen weg, als er sie von ihren Gebrechen heilte.

Auch er war bei seinen „Wundertaten" und bei allen seiner Heilungen ausschliesslich von seiner Liebe zu den Menschen motiviert.

## Das Karma-Gesetz und die Gnade

Ist Gottes Freiheit, wie dies das vorangehende Argument behauptet, durch ein rein mechanisches Gesetz beschränkt, so ergibt sich die weitere Frage, ob dann für Gottes Gnade noch ein Wirkungsraum besteht.

Theologen des Christentums, die die Reinkarnationslehre ablehnen, verneinen dies und behaupten, das Karma-Gesetz sei mit der Gnade Gottes unvereinbar.

Steht nämlich die Folge der Inkarnationen unter einem autonomen Gesetz, erfolgt auf das Verhalten des Menschen Belohnung und Strafe von selbst, dreht also das berühmte „Rad der Wiedergeburten" unaufhörlich, ohne Rücksicht, ob es dem Menschen wirklich nützt oder nur schadet, so hat die Barmherzigkeit Gottes im Leben und Schicksal des Menschen keinen Wirkungsraum. Somit verliert auch die Gnade Gottes jegliche Bedeutung. Es ist dann völlig belanglos, ob es die Gnade noch überhaupt gibt, denn selbst wenn es sie gibt, kann sie den Menschen nicht erreichen. Und gibt es keine wirksame Gnade, was soll dann Gott noch im Weltgeschehen für eine Rolle spielen? Dann kann es für den Menschen sogar gleichgültig sein, ob es einen Gott gibt oder nicht.

Der Schluss, der aus den Voraussetzungen gezogen wird, lautet: „Da für die christliche Glaubenslehre die Gnade Gottes eine fundamentale Bedeutung hat, ist mit ihr die Reinkarnationslehre, die die Möglichkeit der Gnade in Frage stellt, unverträglich und daher abzulehnen."

Hat jemand indessen genaue Kenntnisse über Struktur und Verlauf der menschlichen Entwicklung und damit über den Aufbau der Reinkarnation, so wird er auch wissen, dass die Entwicklung des Menschen keineswegs mechanisch und keineswegs ohne Göttliche Hilfe vor sich geht. Die Reinkarnationslehre schliesst also die Gnade Gottes in keiner Weise aus. Im Gegenteil: Erst vor dem Hintergrund der Reinkarnation wird begreifbar, was Gnade überhaupt ist und was es heisst, wenn Gott dem Menschen seine Gnade erweist.

Gnade hat ihre Quelle in der Güte und der Weisheit Gottes. Gott richtet alles weise ein, und das hat zur Folge, dass alles, was es gibt, sinnvoll ist.

Auch das Karma-Gesetz stammt von Gott. Und da es nicht von selbst, nicht irgendwie mechanisch, sondern aufgrund von Gottes weisem Ratschluss entstanden ist, ist auch das Karma-Gesetz sinnvoll.

Sinnvoll kann etwas nur sein, wenn es nicht mechanisch ist. Denn alles, was mechanisch ist, kann auf die konkreten Verhältnisse, so etwa auf die jeweilige innere Situation des Menschen, keine Rücksicht nehmen. Das Rad einer Wassermühle, wenn der radtreibende Wasserstrom nicht umgeleitet wird, die Flügel einer Windmühle, die nicht verstellt werden, drehen auch dann weiter, wenn in der Mühle kein Korn gemahlen wird, ebenso eine mit Maschinen betriebene Mühle, falls sie nicht abgestellt wird. Sie können jedoch abgestellt werden, falls nichts zu mahlen ist. In diesem Fall müssen sie jedoch überwacht werden. Und das tut auch Gott mit dem Karma-Gesetz. Er überwacht es.

So wirkt auch das Karma-Gesetz nur dann, wenn es notwendig ist. Darüber aber, wann es notwendig ist, entscheidet seine Nützlichkeit für den Menschen. Nützlich ist es, wenn es die innere Entwicklung des Menschen fördert.

Droht seine Wirkung dem Menschen zu schaden, droht es also, für den Menschen sinnlos zu werden, so verliert es augenblicklich seine Wirkung. Um dies zu verstehen, muss zuerst verstanden werden, was Karma eigentlich ist.

***Karma*** (sans.) bedeutet einfach *Tat*. Im weiteren Sinne bedeutet es auch das Schicksalhafte im Leben eines Menschen, dem er – nicht selten ohnmächtig – ausgeliefert ist. – *Karmatisch* bedingt ist all das, was einem Menschen im Leben an Gutem oder Bösem widerfährt und seinen Grund – dies ist entscheidend – in seinem Verhalten in seiner Vergangenheit, häufig in einer früheren Inkarnation, hat.

***Das Gesetz des Karma*** besagt, dass jede Tat, die ein Mensch begeht, entsprechende Folgen hat. Jeder Mensch wird von allem, was er in einem Erdenleben an Gutem oder Bösem anderen tut oder antut, früher oder später, meistens in einem der nachfolgenden Erdenleben, selber die Folgen tragen. Denn jeder Mensch muss genau das erfahren, was er anderen getan oder zugemutet hat, sei es gut oder böse. (Vgl. S. 236-243)

Dazu JESUS: „Alles, was ihr wollt, dass es euch die Menschen tun, das sollt auch ihr ihnen tun“ (Mt 7, 12; Lk 6, 31), „denn darin besteht das Gesetz und die Propheten“ (Mt 7, 12). Unter „Gesetz und Propheten“ versteht JESUS einmal die Schriften des Alten Testamentes, zum anderen – wie im zitierten Ausspruch – alle darin enthaltenen Gesetze und Vorschriften, so auch die zehn mosaischen Gebote. – „Richtet nicht, damit ihr nicht gerichtet werdet! Denn mit welchem Gericht ihr richtet, mit dem werdet ihr gerichtet werden.“ (Mt 7, 1-2; Lk 6, 37). – „Verurteilt nicht, so werdet ihr nicht verurteilt werden; sprechet frei, so werdet ihr freigesprochen werden! Gebet, so wird euch gegeben werden!“ Und JESUS verheisst: „Ein gutes, vollgedrücktes, gerütteltes, überfliessendes Mass wird man in euren Schoss geben.“ (Lk 6, 37-38) „Denn mit welchem Mass ihr messt, mit dem wird euch gemessen werden“ (Mt 7, 2; Mk 4, 24; Lk 6,38). – „Alle, die zum Schwert greifen, werden durch das Schwert umkommen“ (Mt 26, 52).

## Der Sinn des Karma-Gesetzes

Das Karma-Gesetz wird oft als ein „Lohn- und Strafgesetz" betrachtet. Dies ist eine irrtümliche Ansicht. Das Karma-Gesetz gibt es in erster Linie nicht aus dem Grunde, damit für ausgleichende Gerechtigkeit gesorgt wird. Dieser Gesichtspunkt ist nur ein Nebenaspekt des Karma-Gesetzes.

Die vorrangige Aufgabe des Karma-Gesetzes besteht in der Schulung des Menschen. Der Mensch muss begreifen, welche Folgen sein Verhalten nach sich zieht, und er kann es nur begreifen, wenn er die Folgen selber erfährt und aus seinen Erfahrungen lernt.

Erst dann, wenn er erfahren hat, welche Folgen sein Verhalten bei den Mitmenschen oder bei Pflanze und Tier hat, erst dann, wenn er nun selber weiss, wie es einem zumute ist, dem dies oder jenes angetan wird, kann er auch lernen, Rücksicht auf andere zu nehmen, also sein eigenes Verhalten immer aufmerksamer zu überwachen. Trägt der Mensch von seinem negativen Karma etwas ab, widerfährt ihm also dasselbe, was er einst an Bösem anderen zugemutet hat, so bedeutet dies, dass ihm eine Lektion vorgelegt wird, die er nun lernen muss.

Und diese Lektion ist keine Strafarbeit, sondern eine Förderung – in Form einer Erfahrung. Denn eine solche Erfahrung kann durchaus fördernd sein. Sie bereichert nicht nur das Erfahrungsgut des Menschen, sondern, sobald er innerlich reif genug geworden ist, seine Erfahrungen auszuwerten, bereichert auch sein inneres Wissen. Er wird also nicht nur versuchen, auf Verstand und Willen gestützt, anderen gegenüber rücksichtsvoller zu sein, sondern auch seine innere Einstellung, seine Gesinnung, wird sich mit der Zeit so ändern, dass für ihn Rücksichtnahme, das Streben nach Verhinderung des Leidens anderer und Erbarmen selbstverständlich werden. So wird ihm eine solche Erfahrung, und sei sie noch so unangenehm, noch so schmerzhaft, in seiner inneren Entwicklung letztlich nur weiterhelfen.

Hat der Mensch alles, was aus diesen Lektionen, aus den Folgen seiner Taten, zu lernen ist, tatsächlich gelernt, so ist der Sinn seines Karmas erfüllt und es hört auf zu existieren. Es wäre doch völlig sinnlos, wenn ein Mensch, der zum Beispiel unzählige Menschen umkommen oder umbringen liess, immer wieder solange einen gewaltsamen Tod erleiden müsste, bis er auch für den letzten Mord gebüsst hat. Wäre keine Rücksicht darauf genommen, dass er seine Tat vielleicht längst schon bereut hat und bereit wäre, sie auf andere Weise wieder gutzumachen, so würde ihn eine solche rein mechanische Vergeltung in seiner inneren Entwicklung nur hemmen, letztlich völlig lahmlegen, aber in keiner Weise fördern. Und so mancher ehemalige Tyrann oder Grossverbrecher wäre mit dem Abtragen seines Karmas immer noch nicht zu Ende, während „die Welt schon längst untergegangen ist".

Das Karma-Gesetz ist also nicht nach dem Schema „Aug' um Auge, Zahn um Zahn" (Ex 21,24-25; Lev 24,20) eingerichtet. Nicht der Mensch ist für die Mühle des Karma-Gesetzes da, sondern das Karma-Gesetz für ihn. Alles Mechanische, autonom Funktionierende kann zur Widersinnigkeit führen. Daher gibt es in Gottes sinnvoll eingerichteter Welt nichts, was mechanisch vor sich ginge und von Gott selbst nicht bis ins Einzelne gehend überwacht wäre.

Auch das Karma-Gesetz wird von ihm flexibel gehandhabt, und dies ist der Grund, weshalb es in keiner Weise im Widerspruch zu seiner Gnade steht und die Gnade überhaupt nicht ausschliesst oder unwirksam macht.

Wer übrigens das Karma und das Karma-Gesetz nicht nur vom Hörensagen kennt, der wird auch wissen, dass in der Wirkung des Karma-Gesetzes Gottes Gnade waltet und bereits die Tatsache seiner Einrichtung ein Gnadenakt war.

Auch das Karma-Gesetz besteht letztlich nur aus dem Grunde, damit der Mensch seinen höheren Auftrag: die Vergeistigung der Erdsphäre, durchführen kann. Die Wirkung des Karma-Gesetzes ermöglicht ihm die innere Reinigung, die Umwandlung des Negativen, das in seiner Seele ebenso wie in der irdischen Welt vorhanden ist, ins Positive. Diese Umwandlung stellt aber einen Grundzug des Vergeistigungsprozesses dar. Arbeitet er an diesem Vergeistigungsprozess mit, trägt er zur Vollendung der Schöpfung bei.

## Gnade und Werk

Die Tatsache, dass Gott jeglicher Gesetzlichkeit, so auch dem Karma-Gesetz gegenüber frei ist, stellt nur den einen Aspekt der Frage nach der Verträglichkeit der Gnade mit dem Karma-Gesetz dar. Der andere Aspekt betrifft die Rolle, die dem Menschen in der Heilsgeschichte zugedacht ist.

Es stellen sich dabei zwei Fragen, die eng zusammengehören: 1. "Wird dem Menschen Gnade ohne seine Verdienste erteilt oder muss er sich darum bemühen?" – 2. "Wird der Mensch durch Gott bzw. durch Chri-

STUS ohne Gegenleistung erlöst oder muss er zu seiner Erlösung selber einen Beitrag leisten?"

Die erste Frage betrifft also die Frage nach Gnade und Werk, die zweite die nach Erlösung und Selbsterlösung.

## Gnade und die Aufgabe des Menschen

Die Gnade wird von vielen Menschen ebenso in einem falschen Licht gesehen wie das Karma-Gesetz.

Werden die christliche Gnadenlehre und die Reinkarnationslehre im Sinne einer sich ausschliessenden Alternative gegenübergestellt, so liegt dieser Alternative nur zu oft die Vorstellung zugrunde, Gnade und Verdienst – oder Gnade und Werk – würden sich gegenseitig ausschliessen.

Werden Gnade und Verdienst solcherart als Gegensätze verstanden, gibt es nur zwei Möglichkeiten: Entweder gibt es nur die Gnade, und der Mensch kann ausser, dass er an Gott glaubt, sich keine Verdienste vor Gott erwerben. Oder aber es gibt nur das Verdienst, und der Mensch muss seine Eintrittskarte in den Himmel aus eigener Kraft erwerben, so dass er auf Gnade nicht angewiesen ist. Die erste Ansicht vertrat LUTHER mit Nachdruck in seiner *Rechtfertigungslehre*, die sich bekanntlich an die Lehre des PAULUS über Gesetz und Glaube anlehnt, die PAULUS vor allem im Römerbrief darlegte (vgl. vor allem Kap. 3 u. 11).

Nach dieser Grundlehre der Reformation vermag der Mensch von sich aus, trotz Bemühungen um gute Werke und Verdienste, nichts, um das durch die Sünde (namentlich durch die Erbsünde) gestörte Verhältnis zu Gott wiederherzustellen. Eine Änderung tritt nur dadurch ein, dass Gott aus Gnade sich dem Menschen wieder zuwendet, das heisst: ihn rechtfertigt.

Die katholische Kirche lehnte diese radikale Form der Rechtfertigungslehre während rund 500 Jahren ab, der Streit um die Rechtfertigungslehre war einer der Hauptgründe für die Spaltung der Kirche gewesen. Sie schliesst jedoch am 31. Oktober 1999 mit dem Lutherischen Weltbund Frieden, indem eine gemeinsame Erklärung zur Lehre in Augsburg unterschrieben werden soll. Im Anhang wird festgehalten: Für beide Kirchen gilt, dass ein Mensch von Gott allein aus Gnade und nicht auch aufgrund von Verdiensten angenommen wird.

Dennoch wird wohl heute, selbst unter Lutheranern, kein aufgeschlossener Theologe mehr der Meinung sein, Glaube und Gnade würden die Anstrengung des Menschen – sein Werk – überflüssig machen und für die Erlangung der Seligkeit allein ausreichen.

Bereits JAKOBUS, der Bruder von JESUS (Mt 13, 55; Mk 6, 3; Gal 1, 19), dem LUTHER sich – begreiflicherweise – nicht gerade verpflichtet fühlte, betont in seinem Brief nachdrücklich, dass der „Glaube ohne Werke tot" sei (2, 14-26).

Ohne Gnade kann der Mensch nicht existieren. Aber aus Gnade allein kann er ebenfalls nicht existieren. Gnade ist eine Hilfestellung Gottes. Und mit der Hilfe hat es so seine Bewandtnis. Nur jenem Menschen kann geholfen werden, der zwei Voraussetzungen erfüllt: Er muss bereit sein, sich helfen zu lassen, und er muss bereit sein, zu seiner Hilfe selber einen Beitrag zu leisten.

Ist er soweit, sich helfen zu lassen, so wird er um die Hilfe auch bitten. Damit bekundet er, dass er im Klaren darüber ist, dass er allein nicht zurecht kommt, aus eigener Kraft zum Beispiel nicht gesund werden kann. Und er bekundet mit der Bitte um Hilfe, dass er sich geöffnet hat und bereit ist, die Hilfe tatsächlich zu empfangen.

So ist es auch mit der Gnade. Der Mensch soll darum nicht bloss bitten und dafür emsig beten, er muss sich für den Empfang der Gnade auch öffnen. Und wenn er sich öffnet, wird er merken, dass er sich nicht wie ein Säugling verhalten kann, der nichts anderes tun kann als erwarten, dass die Mutter ihm hilft. Es genügt nicht, wenn der Mensch Gott lediglich „gnädig" erlaubt, ihm zu helfen. Die Gnade besteht immer auch darin, dass Gott den Menschen erkennen lässt, was er tun muss, damit Gott in sein Leben hineinwirken und helfen kann.

Die Gnade kann nur wirken, wenn der Mensch in der Lage ist, sie überhaupt zu empfangen und sie in seinem Leben fruchtbar zu machen. Auch schon zum Empfang der Gnade und erst recht zu ihrer Auswirkung in seinem Leben muss der Mensch – nicht selten unter erheblichen Anstrengungen – selber etliches beitragen.

Wer nicht willens ist, zu seiner eigenen Förderung selber einen Beitrag zu leisten, bei dem bleibt die Gnade wirkungslos und die Hilfe erweist sich als eitel. Sie erreicht, selbst wenn sie in Überfülle angeboten wird, den Menschen nicht.

## Gott und seine Gnade

Solange der Mensch innerlich noch unreif ist, wiegt er sich zu gerne in der Illusion, Gott könne, da er allmächtig sei und als „Gott" alles vermöge, auch mit ihm machen, was er wolle. So könne er ihn beispielsweise, da er gnädig sei, nach einem einzigen Erdenleben schnurstracks in den Himmel befördern. Ist Gott tatsächlich gnädig und huldreich, so braucht der Mensch – so meint so mancher – nicht immer wieder auf die Erde zu kommen, ist doch Gott imstande, den Menschen in einem einzigen Augenblick ganz rein und damit tadellos salonfähig für das Paradies zu machen.

Gott kann tatsächlich alles, er „vermag dem ABRAHAM" zweifellos auch „aus Steinen Kinder zu erwecken" (Mt 3, 9; Lk 3, 8). Nur tut er es nicht.

Warum nicht? Weil er nichts tut, was sinnlos wäre, und er tut erst recht nichts, womit er dem Menschen schaden würde. Er nimmt dem Menschen nicht genau das weg, wozu er ihn erschaffen und auf die Erde geschickt hat – und das ist die Möglichkeit, zu lernen, das ist die Chance, sich zu entwickeln.

Gott ist nicht der unbesonnene Vater, der seinem Kind die Hausaufgaben erledigt und das Kind, das ja dann nichts lernt, somit leer ausgehen lässt. Gott ist ein liebender und kein törichter Vater. Er will den Menschen nicht des Wertvollsten im irdischen Leben berauben. Und das Wertvollste für den Menschen ist die Freude, an Gottes Schöpfung mitarbeiten zu dürfen und selber dazu beizutragen, dass er auf seinem Entwicklungsweg vorwärts kommen und in Gottes Nähe gelangen kann.

Nur das, was sich der Mensch „im Schweisse seines Angesichts" (Gen 3, 19) erarbeitet, lernt er auch zu schätzen.

Und Gott hilft dabei dem Menschen. Er hilft ihm, indem er ihm zeigt, wie er seine Hausaufgaben erledigen kann. Gnade und Menschenwerk sind nicht konträr, sondern komplementär. Sie schliessen sich nicht aus, sie ergänzen sich.

Und dasselbe gilt für die Erlösung.

## Erlösung und Selbsterlösung

Das Gegensatzpaar „Gnade und Menschenwerk" umfasst ebenfalls die Alternative von „Erlösung und Selbsterlösung". Die Diskussion über „Karma-Gesetz und Gnade", über „Glaube und Werk" führt immer auch zur Erörterung der Frage, ob der Mensch fähig sei, sich selber zu erlösen, oder aber seine Erlösung nur durch einen besonderen Göttlichen Eingriff, für Christen: durch das Erlösungswerk JESU, geschehen könne.

Nun soll die Reinkarnationslehre behaupten, der Mensch könne sich selber erlösen und bedürfe daher zu seiner Erlösung keiner Göttlichen Hilfe, so auch der Erlösung durch JESUS nicht. Aus dieser Voraussetzung ergibt sich von selbst der logische Schluss: „Da die christliche Erlösungslehre die Selbsterlösung durch den Menschen ausschliesst, ist die Reinkarnationslehre abzulehnen."

Wie weit ist nun diese Behauptung gerechtfertigt?

## Der historische Hintergrund

Gemäss älteren hinduistischen Reinkarnationslehren und BUDDHAS ursprünglicher Lehre gibt es für den Menschen keine andere Möglichkeit, sich aus dem „sich ewig drehenden Rad der Wiedergeburten" herauszulösen, als dass er sich anstrengt, um sich vom Zwang der Reinkarnation zu befreien, das heisst, sich zu „erlösen".

Spätere – hinduistische wie buddhistische – Lehren wiesen dann darauf hin, dass der Mensch nicht fähig ist, sich aus dem ewigen Kreislauf der Wiedergeburten zu befreien, und daher auf Göttliche Hilfe angewiesen ist. Er erhält nach der späteren buddhistischen Lehre die nötige Hilfe durch bereits „Erleuchtete" (sans. *Bodhisattva*; vgl. S. 42).

In der vorchristlichen Ära war es auch im Westen für diejenigen, die um die Tatsache der Reinkarnation Bescheid wussten, selbstverständlich, dass sich der Mensch aus dem Zwang der Reinkarnation selber befreien muss. Erst die Erlösungslehre des Christentums brachte den Gedanken auf, dass die Erlösung des Menschen durch Gott, und zwar durch CHRISTUS, vollzogen wird.

Es waren die Gnostiker, die ja Christen waren, die als erste versuchten, in die Reinkarnationslehre den christlichen Erlösungsgedanken einzubeziehen, und eine entsprechende Christologie aufstellten.

„Erlösung" bedeutete in gnostischer Sicht die „Rückkehr zu Gott". Nach gnostischer Lehre fielen die Seelen, die sich zu Urzeiten in der Nähe Gottes ungetrübter Seligkeit erfreuten, wegen ihres Ungehorsams Gott gegenüber in Ungnade. Sie wurden aus dem Himmel gestossen und müssen sich nun bis zu ihrer vollständigen Reinigung immer wieder auf der Erde inkarnieren. Werden die Seelen ganz rein, so sind sie auch vom Zwang der Reinkarnation befreit. (Vgl. S. 52-54)

Ihre Reinheit erlangten die Seelen ohne Beistand CHRISTI, also aus eigener Kraft, jedoch nicht.

*Gnosis* (gr.) heisst zwar Erkenntnis, doch die Gnostiker waren keineswegs der Meinung, der Mensch könne durch die blosse Erkenntnis, namentlich durch die Erkenntnis Gottes, zur Befreiung aus der Kette der Reinkarnation gelangen. Sie verkoppelten also die Lehre über die Reinkarnation, obwohl dies ihnen nachgesagt wurde, nicht schlechtweg mit der Selbsterlösungslehre. Sie betonten die entscheidende Rolle, die Glaube und Gnade für die Erlösung spielen. In ihrer Sicht bedeutete „Erlösung“ die Rückführung der Seelen zu Gott, die ohne JESU Erlösungswerk nicht möglich wäre. – Andererseits erkannten die Gnostiker, dass CHRISTI Erlösungstat für den Menschen nur dann wirksam sein kann, wenn zu seiner Erlösung auch der Mensch selber einen angemessenen Beitrag leistet.

Auch in der heute als gültig geltenden Reinkarnationslehre wird keineswegs behauptet, die Reinkarnation schliesse die These von der Selbsterlösung gleichsam fraglos in sich. Kein Vertreter der Reinkarnationslehre, dessen Kenntnisse auf Erfahrung und auf hinreichendem Wissen beruhen, würde die Selbsterlösung durch den Menschen lehren.

Hingegen wird ein jeder, der Gott wirklich kennt und über die traditionelle Erlösungslehre des Christentums nachdenkt, sich von dieser distanzieren. Und zwar nicht aus dem Grunde, weil sie nicht mit der Reinkarnationslehre, sondern weil sie mit dem Wesen Gottes nicht zu vereinbaren ist.

In der traditionell-christlichen Sicht wird für die Erlösung die „Erbsünde“: der „Sündenfall“ von ADAM und EVA, vorausgesetzt. Nach Dafürhalten einiger christlicher Konfessionen, so auch nach katholischer Version, wurde Gott wegen des Sündenfalls über die Menschen erzürnt, und er konnte nur durch den Opfertod seines eigenen und einzigen Sohnes, JESUS CHRISTUS, mit der Menschheit wieder versöhnt werden.

Nach LUTHERS Auffassung, welcher auch andere Theologen folgten, wurde durch den Sündenfall die menschliche Natur so verdorben, dass die Rettung der Menschen, das Wiedererlangen ihres Seelenheils, nur durch einen Göttlichen Eingriff: durch die Erlösungstat JESU, möglich war.

In der ersten Variante der christlichen Erlösungslehre wird also die Versöhnung Gottes mit der Menschheit als Grund angegeben. In der zweiten gilt die Erlösung: JESU Kreuzestod, Auferstehung und „Erhöhung“ durch Gott (Himmelfahrt), als „Heilsereignis“, das dem Menschen Befreiung von seiner hoffnungslos verdorbenen Natur und somit Seelenheil verspricht.

Nach der ersten Version spielte sich die Erlösung zwischen Gott und seinem Sohn ab. Und obwohl die Erlösung um der Menschheit Willen geschah, waren die Menschen weder an der Erbsünde noch am Erlösungswerk auf irgendeine Weise beteiligt. Sie vernahmen bloss vom Hörensagen, dass sie in Urzeiten bei Gott in Ungnade fielen, sodann durch CHRISTUS mit Gott wieder ausgesöhnt wurden, ohne dass sie vom Verstoss gegen Gott noch von der Wiederversöhnung mit ihm auch nur das Geringste gespürt hätten.

In der zweiten, hauptsächlich von Lutheranern vertretenen Version gibt es für die Beteiligung des Menschen an seiner Erlösung ebenfalls keinen Spielraum. „Die Erlösung ist allein Gottes Werk und jeglichem Zugriff des Menschen entzogen. Er hat über sie keine Verfügungsgewalt. Ihre Aneignung ist deshalb nur im Glauben möglich." (R. STÄHLIN, Artikel in: Christliche Religion, hg. O. SIMMEL u. R. STÄHLIN 1961, 73) Und LUTHER meint: „Durch den Glauben kriegen wir ein ander, neu, rein Herz" (Schmalkaldische Artikel 1537, CALWER LUTHER-Ausgabe/ Siebenstern-Taschenbuch 1964, I, 215).

## Der Christ und seine Erlösung

Der Mensch kann nach der christlichen Glaubenslehre zu seiner Erlösung – streng genommen – selber überhaupt nichts beitragen. Es ist ihm lediglich anheim gestellt, an seiner bereits vollzogenen Erlösung durch JESUS CHRISTUS zu glauben. Nicht der Mensch erlöst sich, JESUS erlöst ihn, oder genauer: er hat ihn schon erlöst.

Doch auch dann, wenn der Mensch wissen kann, er sei erlöst, ist es noch nicht gesagt, dass er auch faktisch erlöst ist. Die Erlösung wird ihm nur angeboten, und es hängt allein von ihm ab, ob er das Göttliche Angebot seiner Erlösung wahrnimmt und akzeptiert oder ignoriert und sogar ablehnt.

Einen anderen Beitrag zu seiner Erlösung als den Glauben daran kann er nach LUTHERS Auffassung ohnehin nicht leisten. Andere Konfessionen, unter ihnen die katholische Kirche, fordern von ihm zusätzlich noch ein entsprechendes, christenwürdiges Verhalten.

Glaubt der Mensch und leistet er den Bedingungen der christlichen Lehre Folge, so kann er darauf hoffen, in den Genuss der Erlösung zu kommen. Hat er keinen Glauben, führt er ein unchristliches Leben, stirbt er sogar in „Todsünde", so ist die Erlösung für ihn für immer verwirkt.

Der Mensch also, der durch JESUS bereits erlöst ist, hat überhaupt keine Vorteile von seiner Erlösung, falls er sich nicht anstrengt, sich in seinem einzigen Erdenleben so zu verhalten, dass sich die durch JESUS bereits vollzogene Erlösung auch für ihn auswirken kann.

Es ist eine paradoxe Situation, in der sich demnach der Christ befindet.

Er ist erlöst und doch nicht erlöst. Er kann zu seiner Erlösung nichts beitragen und er muss zu seiner Erlösung dennoch etwas beitragen. Sonst ist er trotz des Göttlichen Erlösungswerkes nicht erlöst.

Es drängen sich angesichts der christlichen Erlösungslehre von selbst Fragen auf, zum Beispiel die Frage, wie es mit der Erlösung jener Menschen steht, die *vor* JESU Erscheinen auf der Erde gelebt haben, oder die Frage, ob all die unzähligen Menschen, die nicht Christen oder früh oder ungetauft verstorben sind, nun erlöst oder nicht erlöst sind, oder die Frage, ob für die Erlangung der Erlösung der Glaube allein genüge, wie LUTHER annimmt, oder dazu auch das Werk des Menschen nötig sei, wie dies im Brief von JAKOBUS steht und wie es von den meisten Konfessionen gelehrt wird.

Diese Fragen können jedoch zurückgestellt werden, da sie ihre Antwort von selbst finden, sobald klar gestellt ist, was „Erlösung" tatsächlich bedeutet (vgl. S. 309-313).

Vorerst ist jedoch wichtig, den Anteil des Menschen bei seiner Erlösung deutlich zu machen.

## Erlösung und der Beitrag des Menschen

Im Hinblick auf die innere Entwicklung des Menschen, in welcher er immer auch gereinigt – vom Bösen befreit – wird, fallen Gottes Gnade und die Folge der Erlösung durch JESUS zusammen. Gott steht mit seiner Gnade, JESUS mit seiner wirksamen Hilfe dem Menschen in seinem Vorwärtskommen ohne Unterlass bei.

Der Mensch geht aber auf zwei Beinen, und er wandert auf zwei Beinen auch auf seinem Weg der Erlösung, auf seinem Entwicklungsweg zu Gott. Zuerst hilft ihm Gott, beide Beine zu bewegen. Dann, wenn der Mensch gehen gelernt hat, bewegt er ihm nur das eine Bein, das Bein, das sich auf die Gnade stützt. Das andere Bein muss der Mensch selber bewegen. Doch je sicherer der Mensch auf seinen Beinen steht, je besser er laufen kann, umso weniger braucht Gott einzugreifen, denn umso mehr kann der Mensch zu seinem Vorwärtskommen selber beitragen.

Gott ist mit seiner Gnade und JESUS mit seiner Hilfe freilich immer bei der Hand. Helfen sie dem Menschen anfänglich noch, beide Beine zu bewegen, so besteht später Gnade und Hilfe gerade darin, dass sie dem Menschen immer mehr Gelegenheit bieten, selber zu zeigen, was er kann, was er schon gelernt hat. Sie geben ihm die Kraft, allein auf eigenen Beinen zu stehen und mit Hilfe dieser von Gott erhaltenen

Kraft selber Fortschritte zu machen. Und jeder Mensch kann sich darauf verlassen, dass Gott und dass JESUS ihn nie im Stich lassen.

Zögert aber der Mensch, den nächsten, fällig gewordenen Schritt in seiner Entwicklung zu vollziehen, so zögern sie nie, ihm den nötigen Impuls, wenn es sein muss, sogar einen kräftigen Stups zu geben. Aber sie zeigen ihm gleichzeitig, wie er diesen Schritt vollziehen kann. Und sie versehen ihn dazu mit der nötigen Kraft.

So kann ein jeder wissen, dass er nie, selbst in der grössten Not nicht, über seine Kräfte gefordert wird. Und er kann wissen, dass ihm Gott und JESUS auch dann beistehen, wenn er meint, er wäre von allen verlassen.

Und er kann sicher sein, dass er dank Gottes Gnade und JESU Hilfe einst auch selber zu Gott gelangen wird.

## Die Rätselhaftigkeit Gottes

„Nein", sagen so manche, „nach Gottes Weisheit soll der Mensch nicht bohren." Sie sind der Ansicht: „Dem Menschen stünde überhaupt nicht zu, in die Rätselhaftigkeit der Welt einzudringen und Gottes Geheimnisse lüften zu wollen."

Dieselben Ansichten vertrat schon TERTULLIAN. Er war nicht nur Kirchenlehrer, sondern – im Gegensatz zu den meisten Kirchenvätern – auch ein grosser Gegner der heidnischen Philosophie und der wissenschaftlichen Forschung. In seiner um das Jahr 197 entstandenen Schrift *De praescriptione haereticorum* (lat. Von der Zurückweisung der Irrlehren, 7; PL 2, 20-21) steht folgendes: „Wer an CHRISTUS glaubt, braucht keine wissenschaftliche oder philosophische Lehre mehr. Den Herrn soll man in Herzenseinfalt suchen. Uns ist seit CHRISTUS keine Neugier mehr nötig, noch eine Forschung seit dem Evangelium. Wir wollen nicht über CHRISTI Lehre hinaus noch suchen. Der Christ darf nicht mehr erforschen, als zu finden erlaubt ist."

Das Argument wird heute noch aufgegriffen. Wer an Gottes Geheimnissen rüttelt, der tastet sogar „Gottes Freiheit" an. So schreibt PAUL ALTHAUS: „Die Besonderheit eines Schicksals kann und soll gerade nicht erklärt, sondern in ihrer Unbegreiflichkeit als Ausdruck und Zeichen der Freiheit des wunderbaren Gottes begriffen werden. Das gilt für unser persönliches Sosein überhaupt." (...) „Das Wissen um Gottes Freiheit lässt die Warum-Frage verstummen. Es ist Gottes unbegreifliche

Freiheit, gerade jenen Menschen blind geboren werden zu lassen." (Die letzten Dinge [2]1952, 167; Anspielung an den Bericht im Johannesevangelium über die Heilung eines Blindgeborenen Jo 9, 1-3; vgl. S. 147-148)

Aus diesen Voraussetzungen folgt: „Was Gottes ist, soll der Mensch Gott belassen. Er braucht an den Geheimnissen der Welt nicht herumzurätseln, er soll vielmehr alle Rätsel der Welt Rätsel sein lassen. Und wenn er dennoch glaubt, in die Karten Gottes einen Blick werfen zu können, so begeht er schlechtweg Blasphemie."

„Gott tut, was er will, er schuldet keinem seiner Geschöpfe Rechenschaft. Es ist der naturgegebene Status des Geschöpfes, dass es über die Absichten und Gründe seiner Schöpfung nichts erfährt."

„Und sollte er in Gottes geheimnisvolle Küche doch einen Blick werfen können, so widerfährt ihm lediglich das übliche Geschick aller Kreaturen: Was er dort sieht, sieht er nur mit menschlichen Augen, und die sind bekanntlich trüb. Er meint dann, alle entscheidenden Lebensfragen beantworten zu können. Und siehe da: Seine Antworten sind so einfach, dass sie nur falsch sein können."

Die Argumentation läuft auf den Schluss hinaus: „Selbst dann, wenn es die Reinkarnation gäbe, dürfe der Mensch sie nicht zur Kenntnis nehmen. Denn: Beginnt sich der Mensch mit ihr zu beschäftigen und lässt er sich von der Verlockung verführen, Geheimnisse Gottes zu lüften, so versündigt er sich gegen Gott."

## Die Schutzfunktion der Ignoranz

„Was ich nicht weiss, macht mich nicht heiss", lautet ein wohlbekanntes Sprichwort. Und dieses Sprichwort dürfte auch Motiv für das Argument über die Unantastbarkeit der Rätselhaftigkeit Gottes sein.

Die Unwissenheit ist ein Schutz. Sie schützt die Seele vor Überbelastung (vgl. S. 191-195) und den Menschen (so meint er zumindest) vor der Verantwortlichkeit.

Das „Nicht-alles-wissen-Wollen" ist eine Gepflogenheit von Kindern, die Fragen stellen. Selbst dann, wenn das Kind behauptet, es möchte alles wissen, will es auf seine Frage keine erschöpfende Antwort erhalten. Eltern und Erzieher, die die Kinder wirklich kennen, wissen, dass ein Kind von jener Antwort befriedigt ist, welche seinem Verständnishorizont entspricht. Und eine solche Antwort ist in der Regel keine erschöpfende Antwort. Was die Vorstellungs- oder die Denkkapazität eines Kindes übersteigt, darüber will es nichts hören.

Auf diese Weise schützt sich das Kind. Und nicht selten schützt es nicht nur seine Vorstellungs- oder Gedankenwelt, die von einem Zuviel an Informationen nur zu leicht in ein Chaos verwandelt werden kann, sondern es schützt auch seine Gefühlswelt. Gerade die Beschränktheit seiner Vorstellungen über die Realität kann dazu beitragen, dass sich das Kind in seiner Vorstellungswelt geborgen fühlt (welche gegen die Märchenwelt allerdings grenzenlos ausgedehnt sein kann). Alles, was das Kind aus dieser Geborgenheit herausreissen könnte, bedroht auch seine Gefühlswelt. Bekanntlich nehmen etliche Kinder vieles gar nicht wahr, was für sie unangenehm oder leidvoll sein könnte. So ignorieren zum Beispiel etliche die Zerwürfnisse oder Streitigkeiten ihrer Eltern. Sie schützen sich damit unbewusst.

Nicht anders ist es bei so manchen (biologisch) Erwachsenen. Auch sie haben das Gefühl, dass ihnen Erkenntnisse, vor allem jene, die sie aus ihrer gewohnten Vorstellungswelt herausreissen und ihre kindliche Geborgenheit gefährden könnten, zuviel zumuten würden. Darum empfinden sie solche Erkenntnisse, vor allem, wenn diese für ihr Leben Konsequenzen mit sich bringen und ihnen Verantwortung aufbürden würden, als überaus lästig und versuchen sie abzuwehren oder zu verdrängen.

Welchen Erschütterungen wird doch der Mensch ausgesetzt, der eines Tages entdeckt (oder notgedrungen erfahren muss), dass die Welt ganz anders beschaffen ist, als er es sich bis anhin vorgestellt hatte! Und wie soll sich ein Christ verhalten, wenn ihm auf einmal die Augen aufgehen und er erkennen muss, dass alles, was er bisher – und zwar nicht bloss im gegenwärtigen Erdenleben, sondern schon in vielen früheren Inkarnationen – als „Wahrheit" vertreten, als „Wahrheit" gelehrt und wofür er sich mit – geistigen oder eisernen – Waffen eingesetzt und für die er sogar (vielleicht nicht nur einmal) gestorben war, mit der – vielzitierten – „reinen Wahrheit" doch nicht viel gemeinsam hat. Wie ergeht es ihm, wenn er einsieht, dass die Wahrheit völlig anders beschaffen ist, als dies ihm seine Gewährsleute (Apostel, Kirchenlehrer, Reformatoren) und sonstige Autoritätspersonen seiner Religion dargelegt haben?

Und wenn dann das Leben nicht aus einem einzigen Erdenleben besteht und es die Reinkarnation tatsächlich gibt, so muss – oder müsste – die ganze christliche Glaubenslehre, wenn nicht auf den Kopf gestellt, so zumindest gründlichst revidiert werden.

Ist es da nicht naheliegend, den Kopf in den Sand zu stecken und geduldig zu warten, bis der Sturm vorbeigeht, so dass man weiterhin in der Kinderstube der traditionellen Weltvorstellung verharren kann?

Die Welt soll lieber rätselhaft bleiben, Gott soll seine Geheimnisse für sich behalten, als dass sich der Mensch beunruhigen und aus dem Paradies seiner naiven Vorstellungen vertreiben liesse. Bewahrt Gott seine Geheimnisse für sich, so gehen sie den Menschen nichts an, und er kann ruhig weiterdösen.

Dem Menschen, der sich im Nebel der Rätselhaftigkeit der Welt wohlfühlt, genügt es vollauf, lediglich zu glauben, dass es irgendwo einen Gott gibt. Denn dieser Gott wird schon wissen, warum er die Welt so eingerichtet hat, dass sie dem Menschen wie ein rätselhaftes Geflecht von Geheimnissen erscheint.

Wagt aber jemand dennoch, an Gott mit bohrenden Fragen heranzutreten, ja, ist er so vermessen, Gott zum Beispiel wegen der Ungerechtigkeit in der Welt zur Rede zu stellen, so wird er von PAULUS gehörig angeherrscht: „O Mensch, jawohl, wer bist du, dass du mit Gott rechten willst? Wird etwa das Gebilde zum Bildner sagen: Warum hast du mich so gemacht? Oder hat der Töpfer nicht Macht über den Ton, aus der nämlichen Masse das eine Gefäss zur Ehre, das andere zur Unehre zu machen?“ (Röm 9, 20-21)

Was PAULUS damit sagt, dürfte klar sein. Letztlich läuft ja jedes Verbot, Gottes Geheimnisse zu lüften, nicht anders als die Empörung des PAULUS wegen „unlauterer“ Fragen an Gott, auf das Eingeständnis der eigenen Unwissenheit hinaus: „Ich weiss es nicht, also brauchst auch du es nicht zu wissen.“ Denn: „Was ich nicht erklären kann, das soll mir niemand erklären wollen!“ Und damit vom „Mehr-wissen-Wollen“ ein jeder gründlich abgeschreckt wird, beruft sich ein jeder in den Fussstapfen des PAULUS auf Gott, dessen „Rätselhaftigkeit“ nicht angetastet werden darf.

## Die Offenheit Gottes

Doch die Zeit, da der Mensch – trotz seiner angestrengten Weigerung, die Wahrheit anzunehmen – weder an den Storch noch an den Weihnachtsmann mehr glauben kann, kommt für jeden einmal. Und eines Tages beginnt ein jeder zu entdecken, dass Gott doch nicht so ein missmutiger Geheimniskrämer ist, wie er es sich vorgestellt, wie er es sogar gehofft hat. Er entdeckt, dass Gott bei dem Gedanken, jemand käme beim Aufknacken eines Welträtsels auf seine Schliche, nicht nur nicht nervös und schon gar nicht erbost wird, sondern im Gegenteil, sich sogar freut. Er verschliesst ja vor dem Menschen – wie vor feindlichen Agenten – keine Tresorschränke, in denen die genauen Pläne seiner Weltordnung aufbewahrt sind. Er breitet vielmehr vor den Augen des Menschen bereitwillig die Hintergründe seiner Weltordnung offen aus, damit der Mensch alles erkenne, was er überhaupt fähig ist zu erkennen.

Er beauftragt den Menschen sogar, den Horizont seiner Erkenntnisse unermüdlich zu erweitern. Es gehört daher zu den vornehmsten Aufgaben des Menschen, das Ordnungsgefüge der Welt kennenzulernen und den Sinn von allem zu erfassen.

Gott versteckt vor dem Menschen nichts. Das Buch des Lebens liegt vor jedem offen da. Der Mensch muss lediglich darin lesen. Nur muss er darin freilich lesen *können*.

Er muss also lesen *lernen*.

Und dazu verhilft ihm Gott. Er fördert ihn tatkräftig und sorgt dafür, dass er nicht nur sein Herz für ihn – Gott – öffnet, sondern auch seine Augen auftut: vor seiner wunderbar und sinnvoll eingerichteten Welt. Und er lernt somit, im Buch des Lebens zu lesen. Dann aber erfährt er den Sinn von immer mehr Dingen, von immer mehr Ereignissen.

Warum aber soll der Mensch den Sinn von allem erfahren? Weil Gott ihn an der Vollendung seiner Schöpfung teilnehmen lässt.

Der Mensch aber kann an der Vollendung der Schöpfung nur dann mitarbeiten, wenn er auch deren Grundzüge kennt.

Die Grundzüge der Schöpfung zeichnen sich aber durch äusserste Einfachheit aus. Kompliziert erscheinen sie nur demjenigen, der noch nicht hinter die Kulissen des Lebens blicken kann. Je weiter jemand in das wahre Wesen von allem, was es gibt, eindringt, je genauer er die Hintergründe des Lebens und des Schicksals erfasst, umso mehr staunt er, wie sinnvoll und wie einfach die Welt aufgebaut ist und wie sinnvoll und wie einfach doch das Leben selbst ist.

Wird die Welt für den Menschen durchsichtig, so erkennt er ihre Schönheit und er erkennt in ihr auch Gott. Er erkennt, wie Gott in Wahrheit ist. Er erkennt, dass Gott nicht bloss nominell gütig und allmächtig ist, er erkennt, dass er nie launisch, geschweige denn zornig ist und nie willkürlich handelt. Und er erkennt, dass Gott der Ungerechtigkeit in der Welt nicht nur nicht ohnmächtig gegenübersteht, sondern dass alles, was dem Menschen auf Erden jemals „ungerecht“ erscheint, alles andere als ungerecht ist.

Denn es ist auf der Welt alles so eingerichtet, dass es – auch wenn der Mensch es nicht sogleich bemerkt – nur zu seinem Besten dient.

Und je tiefer er in das Sinngefüge der Welt eindringt, umso mehr wird er Gottes Weisheit bewundern und umso mehr weiss er sich in Gott geborgen.

Denn er erfährt, dass hinter allem, was sich in der Welt ereignet, nichts anderes als Gottes weise Liebe steht.

# 10.

# Gegenargumente allgemeiner Art

Die Gegenargumente allgemeiner Art stützen sich auf Thesen, die in den Reinkarnationslehren aufgestellt wurden oder aus ihnen als Konsequenzen hervorgehen, jedoch unhaltbar sind; oder aber sie verweisen auf Tatsachen, die die Reinkarnation in Frage stellen.

Die ausgeführten Thesen und Tatsachen sind:
- die Rückkehr der menschlichen Seele in den Tierleib;
- die Planlosigkeit im Ablauf der Reinkarnation;
- die Abwertung des irdischen Lebens;
- die Unkenntnis der Reinkarnation unter zahllosen Menschen;
- die Überbevölkerung der Erde;
- die Reinkarnationslehre könne alle existentiellen Fragen zu leicht beantworten, sie sei also zu einfach, als dass sie wahr sein könnte.

## Rückkehr der menschlichen Seele in den Tierleib

Der „Stein des Anstosses" in der Reinkarnationslehre war für Christen wie auch für etliche Heiden die Behauptung, wonach sich die menschliche Seele unter Umständen auch im Tierleib inkarnieren könne.

### Geschichtliche Schwerpunkte

Kein Kirchenlehrer versäumte, auf dieses Argument gegen die Reinkarnationslehre, oft mit Spott, hinzuweisen. TERTULLIAN fand die Behauptung dermassen „infam", dass selbst die Gnostiker – in seinen Augen: „Häretiker" –, die zwar die Reinkarnation lehrten, die These nicht einmal verteidigten (De anima 33; PL 2, 705). Und MINUCIUS FELIX, wie TERTULLIAN ebenfalls Anwalt in Rom, hielt sie in so hohem Masse für unwürdig, „dass ein Philosoph darüber nur lächeln und sie dem Spott der Schausteller" (den damaligen Kabarettisten in Rom) „überlassen könne" (Dialog *Octavius* 26; PL 3, 346).

Die Gnostiker, ferner der Kirchenvater JUSTIN DER MÄRTYRER, ORIGENES und der Bischof von Emesa (Phönizien) NEMESIOS, lehrten zwar die Seelenwanderung, die These über die Rückkehr der menschlichen Seele in Tierleiber jedoch lehnten sie ausdrücklich ab. Bei ORIGENES gibt es allerdings eine Stelle, die darauf hinweist, dass er – wohl unter PLATONS Einfluss – die These zeitweilig aufgriff. Er verwarf sie später aber ausdrücklich. (Vgl. S. 56)

Die These wird in manchen Religionen, die die Reinkarnation voraussetzen, heute noch vertreten, so bekanntlich im Hinduismus und im Buddhismus.

Im Westen gehörte diese Vorstellung zur Zeit der Antike ebenfalls zur Reinkarnationslehre. Die Seele galt als „das Belebende", „das Lebenspendende" (erst bei ARISTOTELES als die „Form" des materiellen Leibes, vgl. S. 136) und wurde mit „Leben" gleichgesetzt. Was lebte, hatte auch eine Seele. Der Einstieg der menschlichen Seele in den Tierleib, wie auch der Weg in umgekehrter Richtung: die Menschwerdung der animalischen Seele, war also philosophisch denkbar.

PYTHAGORAS und EMPEDOKLES vertraten ausdrücklich diese Ansicht, und PLATON zeigte in seinen Dialogen auch den Grund auf, warum eine menschliche Seele sich im Tierleib inkarnieren muss. Einem Menschen, der mit Leidenschaften behaftet ist, droht, in einen Tierleib hinabzusinken. Zum Beispiel gehen zornige und habgierige Seelen in Wolfs- oder Löwenkörper ein, auf Unmässige wartet ein Eselsleib. (Phaidon 81 e – 82 b; Philebos 21 c; Politeia 620 a – d; Phaidros 249 b)

Während PLOTIN keine Schwierigkeiten sah, die These anzunehmen, distanzierten sich zur selben Zeit (3.-4. Jh) die Neuplatoniker JAMBLICHOS und PORPHYR von der These nachdrücklich, weswegen dann im Hause der Neuplatoniker ein Familienstreit ausbrach. Dafür erntete PORPHYR ein Lob vom Kirchenlehrer AUGUSTIN, der ebenfalls ein Gegner der Reinkarnationslehre war (De civitate Dei, lat. Vom Gottesstaat X, 30).

## Die Begründung der Ablehnung

Für die Ablehnung der These gab es zwei Gründe, einen philosophischen und einen christlich-theologischen. Der letztere war für die Kirchenlehrer und ist für heutige Christen (selbstverständlich) ausschlaggebend.

In der philosophischen Diskussion stand die Frage im Mittelpunkt, ob das Tier vernunftbegabt wie der Mensch oder bar jeglicher Vernunft sei. Besitzt das Tier eine Art von Vernunft, wie dies die Pythagoreer und die Platoniker annahmen, so birgt diese die menschliche Vernunft schon in sich, vorerst aber nur *potentiell*, im Keim. Wandert die Seele vom Tierleib in den Menschenleib, so entfaltet sich die im Tier potentiell angelegte Vernunft und wird zur menschlichen Vernunft. Muss die Seele wieder in den Tierleib zurück, so sinkt die Vernunft auf die Tierstufe zurück und „schrumpft" gleichsam zusammen.

Nun lehnten aber die Kirchenväter die Annahme, das Tier verfüge ebenfalls über Vernunft, aufgrund des biblischen Schöpfungsberichtes entschieden ab. – Heute hingegen weiss man genau, dass auch Tiere „vernünftig" sind. Die Verhaltensforschung hat uns mit Beweisen dafür, die auf genauen Beobachtungen beruhen, geradezu überhäuft. Überdies wissen wir, dass die Tierseele eine Schicht der menschlichen Seele – und zwar die zweite der drei untersten Schichten – bildet. (Vgl. dazu: *Anatomie der Seele*, S. 187-188)

Der zweite, für Christen entscheidende Grund der Ablehnung der These ist der grundsätzliche Unterschied, der zwischen Menschen und anderen Geschöpfen besteht und der auch für die Zurückweisung der Annahme, auch das Tier könnte vernunftbegabt sein, ausschlaggebend ist. – Nach dem Schöpfungsbericht der Bibel erhält nur der Mensch eine Seele, indem Gott „ihm Lebensodem in die Nase hauchte" (Gen 2, 7). Und was entscheidend ist: Er „schuf den Menschen nach seinem Bilde", was durch Wiederholung nachdrücklich betont wird: „nach dem Bilde Gottes schuf er ihn" (Gen 1,27). Die anderen Kreaturen hingegen wurden lediglich durch sein Machtwort hervorgebracht (Gen 1, 24-25). Und seitdem wird die Seele eines jeden Menschen – so die christliche Lehre – bei seiner leiblichen Empfängnis von Gott eigens erschaffen. Ob der Mensch dem Leibe nach vom Tier abstammt, lässt auch die katholische Glaubenslehre offen, „bezüglich der Seele gebietet" sie jedoch „daran festzuhalten, dass sie unmittelbar von Gott" (bei der Empfängnis) „geschaffen ist" (Enzyklika *Humani generis*, lat. Ench. Symb. 3896; dt. Urk. Lvk. 332; vgl. S. 289-290).

Das Hauptargument gegen die These ist also die *Ebenbildlichkeit* des Menschen mit Gott. In Anbetracht der Ebenbildlichkeit erscheint die These dermassen absurd, dass sie sich selber als unhaltbar erweist.

## Die Kluft zwischen Mensch und Tier

Aus dem Schöpfungsbericht ergeht ferner, dass eine unüberbrückbare Kluft zwischen der menschlichen und der animalischen Seele herrscht. Es ist sogar fraglich, ob dem Tier überhaupt eine Seele zuzubilligen sei.

Im Mittelalter allerdings, zur Zeit der Scholastik, haben Theologen sogar die Frage ernstlich zur Diskussion gestellt, ob ein „Weib" (das Wesen, das nach ihrer Vorstellung zwischen Tier und Mensch steht) überhaupt eine Seele haben könne. – Und in unserer Gegenwart? Weiss jemand, mit welcher unbarmherziger Brutalität mitunter (vom Staat geförderte) Tierversuche durchgeführt werden, kennt er aus der Nähe jene Art von Tierzucht, die einer Tierquälerei gleichkommt, so wird er kaum daran zweifeln, dass die Ansicht heute noch weit verbreitet ist, das Tier habe keine Seele.

Wird hingegen jemand das Tier – oder auch die Pflanze – „mit Augen des Herzens" anschauen können, so wird er sogleich einsehen, wie unhaltbar die Ansicht ist, Lebewesen hätten keine Seele.

Und nicht nur das Tier, nicht nur die Pflanze, auch das Mineral hat eine Seele.

Aus der Tatsache, dass auch das Tier eine Seele hat, folgt allerdings nicht, die menschliche Seele könne in einen Tierleib zurückkehren. Die These ist selbstverständlich *unzutreffend.*

Der Grund dafür ergibt sich aus den *Gesetzen des Wachstums.* Die Reinkarnation ist der zeitliche Rahmen für die innere Entwicklung des Menschen. Die innere Entwicklung des Menschen verläuft nach Gesetzen des *organischen Wachstums*, und das organische Wachstum ist *unumkehrbar.* Es ist also ausgeschlossen, dass die menschliche Seele in einen Tierleib zurückkehren könnte.

## Die Menschwerdung des Tieres

Hingegen kann eine Tierseele zur Menschenseele werden. Und dies ist nicht bloss möglich, es geschieht auch fortlaufend. Immer wieder werden Tiere zu Menschen. Nur ist dieser Weg, die Menschwerdung des Tieres, eine „Einbahnstrasse". Auf ihr gibt es keine Rückkehr.

Einst war jede menschliche Seele – auf eine bestimmte Weise – eine Tierseele. Diese, während unzähliger Reinkarnationen im Tierleib entfaltete Seele, bildet – freilich bereits überhöht – eine Schicht der menschlichen Seele, ihre *Animalschicht.*

Nun besteht aber die menschliche Seele nicht nur aus dieser Schicht. Damit eine Seele zur menschlichen Seele werden kann, muss sie weitere Seelenschichten heranbilden. Diese Schichten gehören dann wesensmässig zum Menschen. Sie können daher nicht wieder abgelegt werden. Sie können auch nicht verloren gehen oder sich zurückentwickeln. Die menschliche Seele kann also von den inzwischen entfalteten neuen Seelenschichten keineswegs entblösst werden, so dass sie auf das Niveau der Tierseele zurücksinken könnte.

Ist nun die Vorstellung darüber, wie sie in der fernöstlichen und der platonischen Reinkarnationslehre eine Rolle spielt, aus der Luft gegriffen?

## Die Quelle der Vorstellung

So tief verankerte Vorstellungen haben ebenfalls ihre Gründe. Und auch die Vorstellung, die Menschenseele könne sich wieder im Tierleib inkarnieren, hat einen Grund. (Auch in alten Zeiten gab es immer wieder Menschen, die die Fähigkeit hatten, hinter die Fassade der materiellen Welt einen Blick zu werfen, so dass die These letztlich auf eine auf Erfahrung beruhende, aber falsch interpretierte Erkenntnis zurückgeführt werden könnte.)

Freilich ist es nicht die Seele des Menschen, die unter Umständen wieder zur Tierseele werden kann, sondern die seines Vital-Ich.

Was oder wer ist dieses *Vital-Ich*?

In der Evolution der Lebewesen entwickelt sich jede Seele und inkarniert sich im Leib einer immer höheren Art. An entscheidenden Stellen der Evolution ereignet sich ein grösserer Wechsel, und aus der Pflanze wird Tier, und auch aus dem Tier wird einmal ein Mensch. Doch das Tier wird dann nicht einfach durch einen „Sprung" zum Menschen. Es wird zuerst ein „Zwischenwesen", das nicht mehr Tier und noch nicht Mensch ist. Und „dieses Zwischenwesen" hat keinen eigenen physischen Leib (weswegen seine Existenz kaum bekannt ist). Dieses „Zwischenwesen" ist die *Niedere Wesenheit*. Das Reich der Niederen Wesenheiten bildet eine Zwischenstufe, die das Reich der Tiere mit dem Reich des Menschen verbindet. Es ist also *the missing link*, das in der Evolution fehlende Glied in der Kette der Lebewesen.

Bevor die Niederen Wesenheiten die Menschwerdung antreten, müssen sie die nötigen Erfahrungen gemacht und alles, was es für sie zu lernen gibt, gelernt haben. Erst dann können sie ihre ersten Schritte im Menschenleib versuchen. Es gibt für sie zwei Möglichkeiten: in Gruppen anzutreten oder den individuellen Weg einzuschlagen.

Jene Niederen Wesenheiten, die einst zu denjenigen Tierarten gehörten, welche fern von den Menschen in Gruppen lebten, kommen in Gruppen (gebildet aus ihrer Seelensippe) auf die Erde und werden von Höheren Wesenheiten – ihren Geistigen Führern – betreut. Zu diesen gehören die „Urmenschen“: behaarte, den Herrenaffen ähnliche Menschen (z. B. die berühmten Neandertaler).

Jene hingegen, die schon als Tiere in der Nähe der Menschen leben (als Nutz- oder Haustiere), gehen den Weg des „Einzelgängers“. In dem Fall inkarnieren sie sich mit der Seele des Menschen zusammen in demselben physischen Leib und bilden das *Vital-Ich* des Menschen.

Unser physischer Leib ist ja kein seelenloser Apparat, sondern ein Organismus, dessen sämtliche Funktionen von unzähligen Einzelseelen betrieben und reguliert werden. Unter diesen Seelen ist das Vital-Ich das höchste. Es steht in der Seelenhierarchie des Leibes unmittelbar unter dem Menschen und leistet ihm grosse Dienste. (Im übrigen gibt es auch in Apparaten und Maschinen „Geister“ <= Wesenheiten>, welche deren Funktion regulieren und überwachen.)

Alles Physische, was der Mensch unternimmt, führt er mit Hilfe seines Vital-Ich aus. Tut er viel Destruktives, ja Böses, so kann es sein, dass auch sein Vital-Ich von Zerstörungswut ergriffen und bestialisch wird, beispielsweise dem Blutrausch erliegt, und dabei an Brutalität und Grausamkeit seinen Herrn und Meister sogar übertrifft.

In dem Fall wird dem Vital-Ich nach dem Tod des Menschen, der auch den Tod des Vital-Ich bedeutet, die Möglichkeit geboten, seine „Animalität“ (bzw. Bestialität) auszuleben, und dies kann es nur in einem Tierleib tun. Der Mensch hingegen, der sich ebenfalls Destruktivität zu Schulden kommen lässt, wird seine Verfehlung im Menschenleib ausgleichen und somit sein Karma *als Mensch* abtragen müssen. Für Abtragen von Schuld gibt es ja auch in der Menschenwelt mehr als genug Gelegenheit, er muss also nicht in einen Tierleib verbannt werden.

Für die Vorstellung, die Seele, die im Menschen ist, könne sich, falls sie sich „tierisch“ benimmt, wieder im Tierleib inkarnieren, gibt es also in der Wirklichkeit eine solide Basis. Nur muss man sich klar machen, dass die Seele, die in den Tierleib zurückkehren kann, die Seele des *Vital-Ich* und nicht die des Menschen ist. Das aber konnten Vertreter der Lehre zu Platons Zeiten natürlich noch nicht wissen.

Die vor allem in Indien da und dort auftauchende Meinung, wonach für jede menschliche Seele gleichsam freisteht, in irgendeinen Tierleib nach eigenem Gutdünken zurückzukehren, entbehrt hingegen in der Wirklichkeit jeglicher Grundlage.

## Die Ebenbildlichkeit

Betrachtet man die These von der Gottesebenbildlichkeit des Menschen aus der Sicht der heutigen Reinkarnationslehre, in deren Vordergrund die innere Entwicklung des Menschen steht, so zeigt sich, dass diese These nur bedingt gültig ist. Selbst wenn jemand überzeugt ist, Gott hätte den Menschen eigenhändig „nach seinem Bilde erschaffen", so muss das nicht bedeuten, dass der Mensch so, wie er heute ist, Gott tatsächlich ebenbildlich ist. (Ein Blick auf einen beliebigen Menschen dürfte darüber zumindest einige Zweifel aufkommen lassen.)

Soll die These von der Gottesebenbildlichkeit Gültigkeit haben, so muss man sie relativieren und vor allem die dynamische Struktur der menschlichen Seele berücksichtigen. Man muss sich also vor Augen halten, dass der Mensch in Entwicklung begriffen ist und dass er sein volles „Menschsein": seine wahrhaftige Menschlichkeit, erst noch zu entfalten hat.

Entwicklung bedeutet seelisches Wachstum. Und jedes Wachstum geschieht auf eine Weise, dass etwas Potentielles, im Keim Vorhandenes, aktualisiert und immer mehr, schliesslich voll entfaltet wird. Das Künftige: das, was aus dem Samen oder aus dem Ei werden soll, ist also schon von Anfang an vorhanden. Dieses ist das *Vorbild*, das für jede Art von Lebewesen vorgegeben ist und in das jede Pflanze, jedes Tier im Laufe des biologischen Wachstums – falls der Wachstumsprozess nicht frühzeitig abgebrochen wird – gleichsam hineinwächst.

Die Seele jedes Lebewesens ist aber auch der inneren Entwicklung unterzogen. Sie entwickelt sich im Laufe der Inkarnationen immer weiter, zu höheren Arten, und das Vorbild, in welches das Lebewesen in einer Inkarnation biologisch jeweils hineinwächst, wechselt ebenfalls. Es steht dann auf einem immer höheren Niveau.

Bei jedem Artenwechsel werden Qualität und Niveau des Vorbildes höher, und je höher das Vorbild steht, desto mehr gleicht es sich dem „Bilde Gottes" an.

Auch der Mensch ist dem inneren Wachstum ausgesetzt. Biologisch bleibt sich das Vorbild im Laufe der Inkarnationen, mit geringfügigen Varianten, immer gleich, und auch das Vorbild, in das die Seele des Menschen hineinwachsen soll, ändert sich überhaupt nicht. Mit diesem deckt sich allerdings jenes Vorbild, in das der Mensch im Laufe seiner *ganzen äonischen Entwicklung* hineinwachsen soll, nur annähernd. Denn er soll einst ein *Lichtwesen* werden und seelisch in eine solche Lichtgestalt hineinwachsen.

Doch auch dieses Vorbild, obwohl es sehr hoch ist, ist nur eine Annäherung an das Bild Gottes. Die Vervollkommnung des Menschen geht ja auch nach Abschluss der irdischen Entwicklung weiter und wird in verschiedenen Kosmischen Regionen fortgesetzt.

Erst auf dieser letzten – nachirdischen – Etappe der Seelenreise beginnt die menschliche Seele mit Gott nun tatsächlich Ebenbildlichkeit zu erlangen. *Ebenbildlichkeit mit Gott* bedeutet, dass die Seele des Menschen fähig wird, jenen Platz in der Göttlichen Hierarchie einzunehmen, der für sie schon vor Anfang der Zeiten zugedacht war. Der Mensch kann diesen Platz dann einnehmen, wenn er makellos rein und somit zu einer Hohen Lichtgestalt geworden ist und mit Gott vollständig eins werden kann. Er steht dann vorbehaltlos im Dienste Gottes und ist fähig, Gottes Strahlkraft durch sich selber uneingeschränkt wirken zu lassen und weiterzugeben.

Jenes Vorbild jedoch, in das die Seele im Laufe dieses immensen Entwicklungsprozesses jeweils als Lebewesen, sodann als Mensch hineinwächst, stellt nur einen Teilaspekt der Ebenbildlichkeit Gottes dar.

Jedes Lebewesen, so auch der Mensch, lebt in seiner Existenz nur das aus, was als Anlage in seiner Seele vorhanden ist. Und jede Anlage der Einzelseele stellt einen – wenn auch winzigen – Teilaspekt der Seele Gottes dar.

Jedes Vorbild bildet also ein Teilchen von Gottes Seele ab. Diesem entsprechend ist jedes Lebewesen, jeder Mensch, so wie es bzw. er ist, in diesem beschränkten Sinne ein „Ebenbild Gottes“. Zugleich nähert sich jedes Lebewesen und jeder Mensch mit jedem Schritt in seiner inneren Entwicklung immer mehr der Gottesebenbildlichkeit.

Die Gottesebenbildlichkeit ist also, solange die Seele nicht vollkommen geworden ist, kein aktueller Zustand. Der Mensch ist nicht jetzt und nicht hier auf Erden Gott ähnlich, sondern er ist erst im Begriff, mit Gott Ähnlichkeit – wenn auch nur in manchem – zu erlangen. Er befindet sich in einem Prozess, im Laufe dessen er an das Bild Gottes immer mehr angeglichen wird.

Jede Seele weist in jeder ihrer Entwicklungsphasen bereits „Ebenbildlichkeit“ mit Gott auf, aber nur in einem beschränkten Sinne. So ist auch schon die Seele des Tieres und die Seele der Pflanze in einigen Zügen Gottes Bild ähnlich. Nicht der Mensch, sondern die Seele, als deren Erscheinungsform auch der Mensch zu gelten hat und die ihn trägt, ist aus Gott hervorgegangen und kehrt zu ihm zurück. Und diese Tatsache sichert der Seele, ob sie als Mensch oder Engel, ob sie als Tier, Pflanze oder Mineral in Erscheinung tritt, Gottesebenbildlichkeit zu.

Der Unterschied zwischen der Seele des Menschen und der Seele des Tieres der höheren Art ist überdies ohnehin geringer, als dies zur Zeit des Neuplatonismus und der Patristik angenommen wurde. Er ist kaum grösser als der Unterschied, der zwischen der Seele eines Menschen auf der unteren Stufe der Entwicklung und der Seele desjenigen, der die höchsten Stufen erreichte, besteht.

Nicht also die Gottesebenbildlichkeit des Menschen, sondern die *Unumkehrbarkeit des Wachstums der Seele* ist der einzige Grund dafür, warum die Seele des Menschen sich nicht im Tierleib inkarnieren kann.

## Die Planlosigkeit

Ein weiteres Argument geht davon aus, dass die Kette der Inkarnationen aus einer planlos verlaufenden Wechselhaftigkeit im Leben und aus Zufälligkeiten von Schicksalen bestehe und daher sinnlos sei. Das Argument kann wie folgt formuliert werden:

„Das Rad der Wiedergeburten dreht, wie das Riesenrad im Wiener Prater, und die Gondel hieven die Menschen einmal nach oben, dann lassen sie sie wieder nach unten gleiten. Denn der Mensch verhält sich einmal gut, einmal böse, und das Karma-Gesetz sorgt dafür, dass sein nachfolgendes Schicksal seinem Verhalten entsprechend einmal günstig, einmal mühe- oder leidvoll wird. Im übrigen aber besteht keine sichtbare Planmässigkeit im Wellengang der Schicksale, und ein Grund, weshalb die Annahme mehrerer Erdenleben als die eines einzigen sinnvoller wäre, besteht daher nicht. – Dagegen weist die christliche Lehre von der Einmaligkeit des Erdenlebens, in welchem der Mensch angehalten wird, zu Gott Stellung zu beziehen, einen grundlegenden Sinn auf. Mehrere Erdenleben könnten dem Menschen ohnehin nicht mehr bieten, als ihm ein einziges bietet. Daher ist die Annahme, der Mensch würde öfters auf der Erde leben, überflüssig und demzufolge zurückzuweisen."

Auch der katholische Theologe Karl Rahner, der die Möglichkeit einer „gemässigten Reinkarnationslehre" ernstlich erwog, lehnte jene Vorstellung von der Reinkarnation ab, wonach diese bloss „eine immer endlich bleibende Vermehrung des geschichtlichen Materials vermittelt" (Grundkurs des Glaubens ²1976, 481; vgl. S. 126-127) und somit keinen Weg kennt, der den Menschen aus dem Irdischen hinaus- und zu Gott führen würde.

In den indischen wie in den griechischen Reinkarnationslehren herrscht tatsächlich die Meinung vor, dass das „Rad der Wiedergeburten“ wie ein nicht abstellbares Wasserrad zweck- und ziellos weiterdreht, bis sich der Mensch aufrafft und sich besonders anstrengt, um aus dem Kreislauf des ewigen Auf und Ab zu entrinnen.

Kennt hingegen jemand den Verlauf der Inkarnationen wirklich, weiss er also, dass es kein „Rad der Wiedergeburten“ gibt, das sich ohne Rücksicht auf den Menschen monoton weiterdrehen würde, so wird er auch wissen, dass die Behauptung der Planlosigkeit unzutreffend ist. Die Reihe der Inkarnationen ist in keiner Weise zufällig, sie dient vielmehr der Entfaltung der Anlagen und Fähigkeiten der Seele und ist ausschliesslich im Interesse der Entwicklung des Menschen und damit *sinnvoll* angelegt.

Die Reinkarnation gibt es aus dem einzigen Grunde, damit die Entwicklung des Menschen stattfinden kann.

Wie sinnvoll die menschliche Entwicklung aufgebaut ist und wie umsichtig sie durch die Höhere Führung gelenkt wird, wird jeder einsehen können, der eine hinreichend grosse Übersicht über die Folge der Inkarnationen erlangt hat. Lernt jemand die Zusammenhänge nach und nach kennen, die hinter Schicksal und Lebensverlauf des Menschen stehen, so wird er auch die Planmässigkeit in Aufbau und Struktur der Entwicklung und die Sinnhaftigkeit der Reinkarnation immer deutlicher erkennen können.

## Die Abwertung des irdischen Lebens

Bei diesem Argument (das auch als „Kommerz-Argument“ bezeichnet werden könnte) wird folgender Gedanke vorausgesetzt: „Was der Mensch nur in einem einzigen Exemplar besitzt, ist für ihn kostbar. Was ihm aber reichlich, ja im Übermass zur Verfügung steht, das hat für ihn einen wesentlich geringeren, vielleicht gar keinen Wert. – So ist es auch mit dem Erdenleben. Hat der Mensch nur ein einziges Leben auf der Erde, so wird dieses eine, einmalige Leben für ihn über alle Massen kostbar sein. Lebt er jedoch öfters, ja unzählige Male auf der Erde, so entwertet sich für ihn das jeweilige Erdenleben von selbst. Die Reinkarnationslehre führt also zu einer Entwertung des irdischen Lebens. Die Auffassung hingegen, der Mensch lebe nur einmal auf Erden, unterstreicht den hohen Wert des Lebens in seiner Einmaligkeit.“

Das klingt auf dem Papier sehr schön, nur die Wirklichkeit sieht völlig anders aus. Wenn nämlich die obige Argumentation Recht hätte, so müsste jeder Mensch, der von der Einmaligkeit seines Erdenlebens überzeugt ist, dieses sein einziges Leben überaus hochschätzen.

Ein Seitenblick auf den Alltag dürfte ausreichen, um zu erkennen, dass dies nicht der Fall ist. Sehr viele Menschen, die an die Einmaligkeit des Erdenlebens glauben, schätzen ihr irdisches Dasein recht gering und viele werfen dieses eine Leben mutwillig von sich, indem sie es durch irgendeine Sucht ruinieren, sich unnötig Gefahren aussetzen oder Selbstmord begehen.

Die Menschen, die ihr Leben zerstören oder auslöschen, rekrutieren sich in der Mehrzahl nicht aus den Reihen jener, die Kenntnis von der Reinkarnation haben. Es gibt Selbstmörder zweifellos auch unter jenen, die an die Reinkarnation glauben. Sie realisieren in diesem Fall die Folgen nicht, die sich aus ihrem Wissen um die Reinkarnation ergeben. Nimmt ein Mensch jedoch sein Wissen um die Reinkarnation ernst, so wird er sein Leben kaum vergeuden, geschweige zerstören oder ihm freiwillig ein Ende setzen.

Der Mensch muss die Tatsache der Reinkarnation nicht bloss zur Kenntnis nehmen, sondern daraus auch Konsequenzen für das Leben ziehen. Jene aber, die zwar Kenntnis von der Reinkarnation haben, ihr Leben dennoch zerstören oder Selbstmord begehen, gehören beinahe ausnahmslos zu jenen, die unter der Last ihres schlechten Gewissens wegen Verschuldungen in früheren Inkarnationen zusammenbrechen. Sie haben noch nicht die innere Reife, vor allem die seelische Tragfähigkeit, um ihre schuldhafte Vergangenheit geistig (z. B. mit Hilfe von Rückführungen) aufzuarbeiten. Sie rekrutieren sich aus jenen, die unter Depressionen, psychischen Störungen oder Krankheiten leiden oder (vor allem alkohol- oder drogen-) süchtig sind. Die meisten von ihnen wären durch die Rückführungstherapie noch nicht therapierbar.

Je tiefer ein Mensch jedoch den Sinn der Reinkarnation und damit den Sinn seines Schicksals begreift, umso höher wird er auch das irdische Dasein, in dem er heute steht, bewerten.

Es wird doch kein einigermassen vernünftiger Mensch, dem ein Sack voll Edelsteine geschenkt wird, aus dem einzigen Grunde, weil es viele sind, die Steine verschleudern wollen. Das tun höchstens kleine Kinder.

Weiss ein Mensch um die Tatsache der Reinkarnation und ist er reif genug, um zu erkennen, welche Chance ihm diese Tatsache bietet, so wird er sein Erdenleben nicht gering achten, nur weil er ohnehin wieder auf die Erde kommen muss. Im Gegenteil, je mehr er von der Reinkarnation weiss, umso höher wird er den Wert jedes einzelnen Erdenlebens einschätzen. Er wird dann einsehen, dass das irdische Leben kein Müssen, sondern ein Dürfen ist, und er wird immer sorgfältiger darauf achten, dass er keine Zeit, schon gar nicht eine ganze Inkarnation, vergeudet.

Etliche Selbstmordkandidaten wurden schon beim blossen Gedanken an die Reinkarnation von ihrem Vorhaben abgehalten, da sie erkannten, dass sie Lebensprobleme durch Flucht in den Suizid nicht lösen können und durch Ausscheiden aus dem irdischen Leben die Lösung ihrer Probleme nur auf unbestimmte Zeit hinauszögern würden.

Die Bewertung des irdischen Lebens hängt niemals von der Kenntnis der Reinkarnation, von ihrer Annahme oder Ablehnung, sondern ausschliesslich von der Einstellung eines Menschen zum Leben selbst ab.

Über die Einstellung zum Leben aber, über dessen Hochschätzung oder Missachtung, entscheidet nicht der Glaube an die Einmaligkeit oder an die Mehrmaligkeit des Lebens auf der Erde, sondern die seelische und die geistige Reife eines Menschen.

Ein innerlich reifer Mensch, der um die Tatsache der Reinkarnation weiss, wird unfehlbar einsehen, dass jede Inkarnation, scheint sie noch so bedeutungslos zu sein, immer sinnvoll und somit wertvoll ist. Jede Inkarnation stellt ein Glied in der Kette der Erfahrungen dar, und es kommt einmal die Zeit, zu welcher die Erfahrung in jeder noch so unscheinbaren Inkarnation für den Menschen in seiner Bedeutung erkannt und von grossem Nutzen sein wird.

## Die Unkenntnis der Reinkarnation

Es ist eine eigenartige Sache mit der Reinkarnation. Sie ist eine Erfahrungstatsache. Dennoch gibt es unzählige Menschen, die keine Kenntnis von ihr haben. Und es gibt sehr viele, die zwar von ihr gehört haben, sie aber nicht für wahr, nicht für eine Realität halten oder glauben, sie ignorieren oder ablehnen zu können.

Merkwürdig ist dieser Umstand aus dem Grunde, weil die Reinkarnation, falls es sie tatsächlich gibt, von jedem Menschen – und nicht nur einmal – erfahren und in Erinnerung behalten werden müsste. Jeder müsste daher über ein immenses Erfahrungsgut bezüglich der Reinkarnation verfügen.

Es wäre auch sonderbar, wenn ein Mensch, der in seinem Leben schon öfters nach einem fernen Erdteil gereist war, sich nicht mehr daran erinnerte. Und falls dies doch vorkommt, so ist es naheliegend, nach Ursachen seiner Gedächtnisschwäche zu fragen.

Ähnlich paradox ist es mit dem Wissen um das Weiterleben nach dem physischen Tod. Falls es die Reinkarnation gibt, so wird jeder Mensch nicht nur unzählige Male gestorben sein, sondern auch erlebt haben, dass sein Leben auch nach dem Tod weitergeht. Und dennoch scheint für viele, hinter dem Tod gähne ihnen ein schwarzes Loch – das grosse „Nichts" – entgegen. Denn obwohl sie schon unzählige Male gestorben sind, haben sie keine Erinnerung an ihr Weiterleben, und viele glauben nicht einmal daran.

Tatsachen sollten aber von jedem erfahrbar sein.

## Unbekannte Tatsachen

Es gibt allerdings Tatsachen, die es immer schon gegeben hat, von welchen jedoch sehr lange Zeit kaum ein Mensch Kenntnis hatte. Zu diesen gehört die Tatsache, dass nicht die Erde im Mittelpunkt der Welt steht oder dass die Lebewesen und schliesslich auch der Mensch durch eine sehr lange Evolution entstanden sind.

Freilich, die Sache lag in beiden Fällen ganz anders als bei der Tatsache der Reinkarnation. Die einfache Beobachtung genügte, um die Annahme zu bestätigen, die Erde bewege sich – zumindest dem Schein nach – nicht. (Man sieht doch täglich deutlich, dass es die Gestirne sind, die am Himmel vorbeiziehen.) Die wahre Struktur des Sonnensystems und später des ganzen Kosmos konnte ohnehin kein Mensch durch eigene Erlebnisse in Erfahrung bringen. Ebensowenig ist die Tatsache der Evolution der Lebewesen ohne Vorkenntnisse erkennbar. Zu beiden Entdeckungen bedurfte es besonderer geistiger Fähigkeiten, überdurchschnittlicher Beobachtungsgabe und ausgezeichneter Kenntnisse in Astronomie und Mathematik oder dann in vergleichender Morphologie und Biologie. Und falls sich jemand mit Astronomie oder Botanik und Zoologie eingehend beschäftigte, so wurde er dazu nicht aufgrund seiner alltäglichen, sondern von besonderen Erfahrungen oder durch eine persönliche Motivation veranlasst.

## Die Unkenntnis als Argument

Die Erfahrung über das nachtodliche Leben oder die Erfahrung der Reinkarnation hingegen, so würde man meinen, setzen keine besonderen Vorkenntnisse oder Fähigkeiten voraus, werden sie doch von jedem ausserordentlich häufig gemacht. Dennoch gilt die Reinkarnation für sehr viele nicht als Erfahrungstatsache, und selbst unter denjenigen, die aufgrund ihres religiösen – etwa hinduistischen oder buddhistischen – Glaubens Kenntnis von ihr haben, gibt es sehr viele Menschen, die sich über die Reinkarnation nur vage, falsche oder gar keine Vorstellungen machen.

Aus der Unkenntnis der Reinkarnation ziehen nun die Gegner der Reinkarnationslehre zur Widerlegung der Lehre den Schluss: „Ist die Reinkarnation nicht für jeden erfahrbar, so gehört sie nicht zu den Tatsachen. Und diejenigen, die glauben, sie zu erfahren, erliegen lediglich einer Illusion."

## Der Einwand des Irenäus

Das Argument ist nicht neu. Bereits der Kirchenvater und Bischof von Lyon, IRENÄUS (gest. um 202), führt das Argument in seiner Schrift *Widerlegung und Enthüllung der fälschlich sogenannten Erkenntnis* (= Gnosis) an (II, 32-34; PG 7, 826-827), ebenso TERTULLIAN (De anima 28 u. 31; PL 2, 697 u. 701).

Es lohnt sich, die Einwände des IRENÄUS anzuschauen, da er auf beachtlich kluge Weise argumentiert:

„Wenn die Seele von Leib zu Leib wechseln würde, so müsste sie ja in allen Einzelheiten wissen, was sie früher schon erlebt und getan hat, sonst liefe sie Gefahr, unablässig zu wiederholen, was sie in früheren Erdenleben schon erfüllt hat. Wenn der Mensch sich sogar an Träume erinnern kann, selbst wenn der Schlaf ganz kurz war, wieso soll er sich nicht daran erinnern können, was er während der langen Zeit seines früheren Lebens getan hat? Es ist zwar wahr, dass PLATON versuchte, das Vergessen zu erklären, indem er annahm, dass vor Eintritt in das neue Leben *Lethe*" (nach IRENÄUS ein Dämon) „dem Menschen ein Getränk zum Trinken gibt, damit er sein früheres Dasein vergesse. Wenn aber der Mensch alles vergisst, woher soll er das wissen, dass ihm dieses Getränk des Vergessens gereicht wurde? Weiss man es nicht, so muss die Geschichte mit *Lethe* und seinem Getränk für eine Erfindung gehalten werden." – TERTULLIANS Argumentation lautet ähnlich.

## Gründe der Unkenntnis

Wie kommt es, dass von der Reinkarnation nicht ein jeder Kenntnis hat? Auch die verbreitete Unkenntnis irgendeiner Tatsache muss begründet sein und einen Sinn haben. Für die Unkenntnis der Reinkarnation gibt es sogar zwei Gründe: Der eine liegt in dem – dem Menschen auferlegten – *Vergessen*, der andere im *Wesen der Erfahrung*. Und der Sinn der Unkenntnis der Reinkarnation ist darin zu suchen, dass die Unkenntnis für den Menschen eine *Schutzfunktion* ausübt.

## Das Vergessen

Kommt der Mensch auf die Erde, so vergisst er alles – oder beinahe alles –, was er vor dem Antritt seiner Inkarnation noch gewusst hat.

Er vergisst, wer und was er schon früher war, vergisst seine früheren Inkarnationen und somit auch, welche Verdienste er sich erworben und was er alles verschuldet hat. Er vergisst, zu wem er eine Beziehung hatte und wie diese Beziehung war, und er vergisst alles, was er seit dem Ende seiner vorangehenden Inkarnation während seines Aufenthalts im Jenseits gesehen, erfahren und gelernt hat.

In der Antike führte man das Vergessen darauf zurück, dass vor Antritt einer neuen Inkarnation jede Seele aus dem Wasser der *Lethe* trinken musste. Das Wasser bewirkte das Vergessen. *Lethe* (gr. Vergessen) lag im Jenseits und war der Name einer Quelle (Orphiker), nach Ansicht anderer eines Flusses (VERGIL) oder einer Ebene mit einem hindurchfliessenden Fluss (ARISTOPHANES, PLATON).

In Wahrheit ist es der Schutzengel des Menschen, dem das Vergessen zu verdanken ist. Er berührt seinen Schützling im Augenblick der Geburt und leitet damit den Vorgang des Vergessens ein. Das Vergessen tritt nicht abrupt ein, manche Kinder erinnern sich noch im Schulalter an gewisse Einzelheiten aus ihrem früheren Erdenleben oder aus ihrem Leben im Jenseits.

In der *Kabbala* wird die Ansicht vertreten, dass der Engel den Menschen bei der Geburt an der Oberlippe berührt, wodurch dann die Kerbe an der Oberlippe des Menschen entstehen soll.

Dies ist eine hübsche Vorstellung, nur entspricht sie der Wahrheit nicht. Manche meinen, der Engel würde durch einen Kuss die Erinnerungen auslöschen. Auch dieser zarte Gedanke verfehlt die Wirklichkeit.

Die Erfahrung bei Rückführungen, in welchen ein Mensch die eigene Geburt nacherlebt, zeigt übereinstimmend, dass der Engel seinen Schützling lediglich irgendwo am Leib – meistens an der Hüfte – berührt, womit der Prozess des Vergessens seinen Anfang nimmt.

Der Engel erweist damit seinem Schützling eine Gunst. Er entlastet ihn von den Erinnerungen. Jeder Mensch soll nicht nur ein neues Kleid

– einen frischen physischen Leib – für die neue Erdenrunde haben, sondern auch seelisch und geistig buchstäblich „wie neugeboren“ – unbelastet von seinen Erinnerungen an das Vergangene – auf die Erde treten.

Ausnahmen gibt es indessen. Nicht jeder Neugeborene wird von allen Erinnerungen, und nicht jeder von ihnen gänzlich befreit. Viele Neuankömmlinge auf der Erde erkennen in Eltern, Geschwistern oder sonstigen Personen alte Freunde, eventuell „Feinde“, mit denen sie in früheren Inkarnationen schon zusammen waren, und etliche leiden bereits von Geburt an unter den Folgen ihres unguten Verhaltens in früheren Erdenleben. Sie kommen bereits mit einem schlechten Gewissen wieder auf die Welt, das sie an ihre früheren Missetaten mahnt und sie in Ängste versetzt. In dem Fall steht es im Schicksalsplan des Menschen, dass er gleich beim Antritt der neuen Inkarnation in die Konfrontation mit seiner Vergangenheit gestellt wird.

Bei den meisten Neugeborenen werden die Erinnerungen jedoch sehr weitgehend, bei vielen sogar radikal gelöscht. Denn nicht ein jeder wäre in der neu angetretenen Inkarnation dem Wissen um seine Vergangenheit schon gewachsen.

Das Wissen, über das der Mensch bis zum Eintritt in das neue irdische Leben verfügte, geht ihm – nebst den bis anhin gemachten Erfahrungen – nicht verloren. Alles, was ihm davon im Laufe seines Erdenlebens dienlich sein kann, wird – wenn die Zeit dazu reif ist – nach und nach aus dem Archiv der Seele hervorgeholt, so dass der Mensch über das Nötige wieder verfügen kann.

Die „Erinnerungspause“ nach der Geburt ist jedoch nicht nur aus Gründen des biologischen und des seelisch-geistigen Wachstums des Kindes wichtig. Sie ist nötig, weil der Mensch auch sein mitgebrachtes Können und Wissen den neuen Bedingungen entsprechend, die er in seiner angetretenen Inkarnation auf der Erde vorfindet, einsetzen und diesen Bedingungen angepasst aktualisieren muss. Und dafür muss er vorerst die neuen Bedingungen kennenlernen und in sie seelisch und geistig hineinwachsen.

In einem gewissen Sinne gilt dies auch für das Wissen um die Tatsache der Reinkarnation.

## Das Wissen um die Reinkarnation und seine Realisierung

Die Kenntnisnahme einer Tatsache ist eine Sache, die Realisierung des Wissens um sie eine gänzlich andere. Und es gibt Tatsachen, deren Existenz für den Menschen erst von da an eine Bedeutung hat, wenn er anfängt, sich in seinem eigenen, alltäglichen Leben nach ihnen zu orientieren.

Dies gilt auch für das Wissen um die Tatsache der Reinkarnation. Weiss der Mensch bloss um die Reinkarnation, ohne aus seiner Kenntnis Konsequenzen für sein Leben zu ziehen, so ist es belanglos, ob er darum weiss oder nicht.

Unzählige Menschen wissen um die Reinkarnation, ohne dass sie sich in ihrer Lebenshaltung davon beeinflussen lassen würden. In Kulturkreisen, in welchen die Kenntnis der Reinkarnation allgemein verbreitet ist, leben die meisten Menschen nicht anders als Menschen in jenen Kulturbereichen, in welchen die Reinkarnation nicht zum allgemeinen Wissensgut gehört. Sie verhalten sich so, als hätten sie von der Reinkarnation nie gehört und wüssten nicht, welche Folgen ihre Handlungen nach sich ziehen würden. Verbrecher und Bösewichte gibt es in allen Ländern, unabhängig davon, ob dort die Reinkarnation allgemein bekannt ist oder nicht.

Auch in Ländern, die in den Augen mancher als besonders „spirituell" gelten, zum Beispiel in Indien, wird neben zweifellos echter Spiritualität so manches praktiziert, was die Unbekümmertheit von Menschen um die Folgen ihrer Taten nur zu deutlich zeigt.

Aufstände und ihre blutige Niederwerfung waren (und sind) auch dort mindestens so häufig wie in Ländern, in welchen die Reinkarnation kein generelles Thema ist. Es wurden bekanntlich auch in Indien – wie im „zivilisierten" Westen – unterirdische Atomversuche unternommen, und auch im Privatbereich verhalten sich dort die Menschen nicht anders als anderswo, wobei mancherorts besonders bedenkliche „Sitten" eingerissen sind. So kommt es immer noch – und leider nicht selten – vor, dass weibliche Neugeborene nach der Geburt kurzerhand umgebracht werden, damit die Familie bei ihrer Heirat die horrende Mitgift, deren Höhe sogar zehn Jahreseinkommen betragen kann, nicht aufbringen muss. Viele beugen der Kindstötung vor, indem sie abtreiben. (In einer Klinik in Bombay betrug das Verhältnis von abgetriebenen Mädchen und Buben 8000:1.) Infolge der Einstellung vieler Inder zu ihren Töchtern ist die Mädchensterblichkeit ohnehin sehr gross. (Vgl. die Mitteilungen der *Unicef* <United Nations Childern's Fund> vom April 1997)

Die Kenntnis der Reinkarnation schliesst auch das Wissen um die Tatsache ein, dass jeder Mensch immer wieder sowohl als Mann als auch als Frau auf die Erde kommt. Es ist jedoch offensichtlich, dass sich Menschen, obwohl sie darum wissen müssten, in ihrem Verhalten Mädchen gegenüber nicht beeinflussen lassen.

Eine andere Gepflogenheit, die in Indien seit Jahrtausenden bestand (und in einer Form auch auf anderen Erdteilen und Ländern – z. B. im westlichen Feudalsystem – florierte bzw. noch heute teils offen, teils verhüllt besteht), ist das Kastensystem. Im *Kastensystem* wie auch in jeder diesem System verwandten Gesellschaftsordnung wurde die Zugehörigkeit eines Menschen zu einer bestimmten Schicht in einer Gemeinschaft, in welcher eine streng geteilte Rangordnung mit entsprechenden Privilegien der höheren Schichten bzw. Kasten herrscht, durch Geburt sichergestellt.

Im Hinblick auf die Reinkarnation erscheint das Kasten- und jedes verwandte System geradezu lächerlich. Trennende Schranken einer Gesellschafts"ordnung", die lediglich durch Abstammung bedingt sind, gelten für die Menschen nur für eine einzige Inkarnation. Trennende Schranken werden im Laufe des Gesamtlebens unablässig umgeworfen, da sich die Menschen immer wieder in anderen Kasten oder Schichten inkarnieren und in dieselbe Kaste bzw. Schicht höchstens nur in einigen wenigen Inkarnationen geboren werden. Etliche Kinder in Indien, die sich noch an ihre vorangehende Inkarnation erinnern, in welcher sie einer höheren Kaste angehörten, kostet es mitunter grosse Mühe, sich in der neuen Inkarnation in eine tieferstehende Kaste hineinzugewöhnen, zumal sie sich Privilegien beraubt sehen, die sie in der höheren Kaste genossen. Dass durch den „Kastensturz" für sie in Wahrheit nur ein Lernprozess eingeleitet wurde, dürfte ausser Frage stehen.

Es ist auch charakteristisch für das Unverständnis den stillschweigenden Forderungen der Reinkarnation gegenüber, dass die Lockerung oder die Abschaffung eines solchen erbbedingten Systems in Ländern wie in Indien, wo die Kenntnis der Tatsache der Reinkarnation Allgemeingut ist, nicht als Konsequenz der Reinkarnationslehre, sondern aufgrund der vom Westen importierten Demokratisierung (offiziell 1950 durch die Verfassung) erfolgte. (Auch die meisten Christen ziehen aus ihrer Religion der Nächstenliebe kaum Konsequenzen, wie dies die bedrückende Armut der unteren Schichten in verschiedenen „christlichen" Ländern zeigt.)

Die blosse Kenntnis der Reinkarnation (wie auch die Zugehörigkeit zu einer menschenfreundlichen Religion) ist solange ohne jegliche Bedeutung, bis der Mensch bereit ist, sowohl seine innere Einstellung zum Leben als auch sein Leben selbst diesem Wissen gemäss – falls nötig: radikal – zu ändern. Erst dann, wenn das Wissen um die Reinkarnation eine Lebensgrundlage und zur Richtlinie der Gesinnung wird, beginnt sie tatsächlich belangvoll für den Menschen zu werden.

Dafür freilich muss der Mensch innerlich reif geworden sein. Daher ist nicht für jeden Menschen, der gegenwärtig auf der Erde lebt, die Zeit da, sich mit der Reinkarnation eingehend zu befassen.

Denn das Wissen um die Reinkarnation kann auch belastend sein.

## Die Unkenntnis der Reinkarnation als Schutz

Ist ein Mensch innerlich noch nicht hinreichend reif und seelisch noch nicht tragfähig genug, würde er aber die Bedeutung der Reinkarnation ermessen können, so wäre er vielleicht überfordert.

Die Unkenntnis hat nicht selten eine *Schutzfunktion.* So kann auch das Ignorieren der Reinkarnation vor einer Überforderung schützen.

Auch Kinder werden nicht selten gerade dadurch geschützt, dass sie mental gleichsam abgeschirmt werden und vieles davon nicht wahrnehmen oder nicht zur Kenntnis nehmen, was für sie unangenehm oder belastend sein könnte. (Sie müssen dabei selbstverständlich geistig nicht zurückgeblieben sein.) Ebenso werden Erwachsene von so manchen Unannehmlichkeiten durch Unkenntnis geschützt.

In diesem Umstand liegt auch der Grund, warum viele Menschen die Tatsache der Reinkarnation nicht kennen oder sie nicht zur Kenntnis nehmen. Die Unkenntnis schützt vor Überbeanspruchung des Gemüts, vor seelischer Überlastung.

Der Mensch muss, soweit dies möglich ist, in seiner Inkarnation innerlich unbeschwert sein, damit er sein Leben meistern kann. Er muss sowohl in den Kinderjahren seiner gegenwärtigen Inkarnation als auch auf den unteren Stufen seiner inneren Entwicklung – in den Kinderjahren seines inneren Alters – hinlänglich frei und also von unnötigen seelischen Bürden unbelastet bleiben. Er soll nicht von vornherein mit einem Wissen, das ihn nur verwirren oder ihm Schwierigkeiten bereiten würde, sein neues Erdenleben antreten.

Was ist es aber, wovor der Mensch geschützt wird, wenn er von der Reinkarnation nichts weiss oder nichts wissen will?

Es sind zwei Aspekte, die dabei ausschlaggebend sind. Der eine betrifft sein gegenwärtiges Erdenleben, der andere seine frühere Vergangenheit.

## Das Wissen als Belastung

Gesetzt den Fall, um die Tatsache der Reinkarnation würde ein jeder Mensch wissen. Und jeder würde um sie nicht nur einfach wissen, sondern auch über eine genaue Kenntnis seiner früheren Inkarnationen verfügen.

Aufgrund dieser Kenntnis würde er also darüber im Bilde sein, in welcher Relation er zu seinen gegenwärtigen Eltern, seinem Lebenspartner, seinen Kindern, Verwandten, Freunden, Berufskollegen in früheren Inkarnationen stand, und überdies noch in Erinnerung haben, wie die jeweilige Beziehung – gut, schlecht oder nichtssagend – war. Jeder Mensch würde sich sogar daran erinnern, ob ihm diese oder jene Person Gutes oder Böses, Angenehmes oder Unangenehmes getan und angetan hat, und zudem auch wissen müssen, was er selber dieser oder jener Person an Gutem oder an Bösem zukommen liess.

Ein Mensch hätte zum Beispiel genaue Kenntnisse darüber, dass sein gegenwärtiger Vater in einer der Inkarnationen sein Sohn, in einer anderen seine Ehefrau oder auch mal sein „Erzfeind" war; die Mutter einmal die Schwester, ein andermal die Geliebte oder dann jemand, der seinetwegen viel zu leiden hatte; der Ehepartner einst sein Vater oder seine Mutter oder jener Mensch, der ihm früher nichts als Schwierigkeiten bereitete. Er lebte also in einer Kaskade von Informationen über Vergangenes, deren Reihe rückwärts beliebig fortsetzbar wäre. Selbst wenn der Mensch angesichts der Fülle des Erfahrenen bald schon abgestumpft wäre, hätte der Reichtum an Erinnerungen eine bestimmte Wirkung auf ihn. Überdies würde sich deren Kenntnis auf sein gegenwärtiges Leben, vor allem auf die zwischenmenschlichen Beziehungen wie auf das ganze Familien- und Gesellschaftsleben, vielleicht auch auf seine Berufstätigkeit, in den allermeisten Fällen nur störend auswirken.

Es gibt nun Kinder, die sich an ihre früheren Inkarnationen, die meisten an ihre letzte, noch erinnern und sogar über die Familie, welcher sie da angehörten, genaue Angaben machen können. Doch wird dies von vielen Familien in Ländern, in welchen das Wissen um die Reinkarnation Allgemeingut ist, nur ungern zur Kenntnis genommen, und viele Eltern verbieten ihren Kindern ausdrücklich, über ihr früheres Erdenleben Mitteilungen zu machen, oder nehmen solche Mitteilungen nicht zur Kenntnis.

Verwunderlich ist ihre Besorgnis ja nicht. Das Gefühl der Zugehörigkeit zur gegenwärtigen Familie und sogar das Gefühl der eigenen Identität können beim Kind und vielleicht sogar bei Familienangehörigen erschüttert werden. Für das Kind, das genau weiss, in welcher Familie es sein vorangegangenes Erdenleben verbrachte, kann sich die Frage stellen, zu welcher Familie es nun eigentlich gehöre, und es kommt gar nicht so selten vor, dass sich so manches Kind in seine frühere Familie zurücksehnt.

Die Unsicherheit im Gefühl der Zugehörigkeit ist vor allem dann gross, wenn das Kind im vorangegangenen Leben früh gestorben war. Und bei relativ kurzfristig aufeinanderfolgenden Inkarnationen kann das Wissen darüber, zu welcher Familie früher die heutigen Familienmitglieder gehörten, sogar zu erheblichen seelischen und zwischenmenschlichen Konflikten führen (wofür z. B. IAN STEVENSON in seinen mit wissenschaftlicher Akribie durchgeführten Untersuchungen über Reinkarnationsfälle eindrückliche Beispiele gibt, in: Die Reinkarnation[5] 1986; vgl. auch S. 218-221).

Solche Fälle, in welchen Kinder genaue Auskunft über ihre frühere Familie geben können, dienen zugleich als Belege für die Echtheit der Rückerinnerung, für viele Menschen sogar als Beweis für die Existenz der Reinkarnation.

Es wäre jedoch keineswegs nur vorteilhaft, wenn jeder Mensch heute schon über seine Vergangenheit, vor allem über seine früheren zwischenmenschlichen Beziehungen Bescheid wüsste.

## Die Last der Vergangenheit

Der zweite Aspekt betrifft das Verhalten des Menschen in seinen früheren Inkarnationen.

Der Mensch kommt in seiner inneren Entwicklung gleichsam von „unten“. Lange Strecken seines Entwicklungsweges führen durch Niederungen der Seele. Der Mensch ist auf den unteren Entwicklungsstufen noch unbewusst, in seinen Gefühlen dumpf und muss seine Bewusstheit und seine Gefühlsfähigkeit erst entwickeln.

Ist er in seinem Gefühl noch dumpf, ist sein Bewusstsein noch nicht hinreichend entfaltet, so denkt er nur an sich, nur an seinen Vorteil. Er nimmt also keine oder nicht genügend Rücksicht auf andere und lebt seine Triebe und Begierden hemmungslos aus. Die Folge ist, dass der Weg seiner inneren Entwicklung hinter ihm mit Spuren übersät ist, die bezeugen, dass er seinen unguten Neigungen bedenkenlos erlegen war.

Der Mensch, und zwar jeder Mensch, hat ja nicht nur eine schöne, sondern auch eine böse Vergangenheit, eine Vergangenheit voller Verschuldungen. Seine Vergangenheit begleitet ihn auf seinem Entwicklungsweg so lange, bis er seine Schuld aufgelöst hat. (Vgl. S. 232-235)

Das Wissen um die eigene Verschuldung sitzt tief in der Seele eines jeden Menschen, nur ist es den meisten vorerst nicht zugänglich. Viele wissen ja nicht einmal, dass sie vor Antritt der gegenwärtigen Inkarnation bereits eine Vergangenheit hatten, und falls sie dies wissen, so kümmert es die meisten herzlich wenig.

Regt sich aber dieses Wissen im Menschen, so löst es in vielen eine unerklärbare Angst aus, die Angst nämlich, erfahren zu müssen, was sie in früheren Inkarnationen an Bösem und Leidvollem angerichtet haben. Und diese Angst, die eigene Schuld aus früheren Inkarnationen erkennen zu müssen, kann mit ein Grund dafür sein, dass jemand die Reinkarnation nicht zur Kenntnis nehmen will oder der Lehre sogar feindlich gesinnt ist.

Viele Menschen sind schon unangenehm berührt, wenn sie bei Personen, die ihnen nahestehen, unerfreuliche Eigenschaften entdecken müssen. Und sie sind regelrecht schockiert, wenn ihnen der Schleier von den Augen gerissen wird und sie ihre Mitmenschen – vor allem ihre Angehörigen – so sehen müssen, wie sie in Wirklichkeit sind. Sie müssen nicht selten sogar zur Kenntnis nehmen, dass die Wahrheit im krassen Widerspruch zu jenem Bild steht, das sie sich von ihnen gemacht haben.

Erst recht sind sie schockiert, wenn sie die Wahrheit über sich selber erfahren und erkennen müssen, wie viel Schuld sie in ihrer Vergangenheit auf sich geladen haben.

Würde nun in der gegenwärtigen Inkarnation ein jeder alles wissen oder erfahren müssen, was er in früheren Inkarnationen getan hat, was er an Ungutem, ja an Bösem, angerichtet, wie viel Leid und Not er anderen, unter ihnen auch Menschen, die er heute aufrichtig liebt, früher selber verursacht hat, so wären die allermeisten Menschen völlig überfordert und etliche würden unter der Schuldenlast seelisch sogar zerbrechen.

Wie ist es nun, erfährt nicht ein jeder Mensch, dass er früher schon gelebt und was für Rollen er im Laufe seiner Inkarnationen gespielt hat? Muss nicht ein jeder zur Kenntnis nehmen, welche Beziehungen er zu den Mitmenschen und Mitseelen hatte und was er ihnen an Gutem und Bösem angetan hat?

Selbstverständlich erhält jeder Mensch einmal Bescheid über die Tatsache der Reinkarnation, und selbstverständlich erfährt jeder Mensch alles, was seine Vergangenheit betrifft, doch erst dann, wenn die Zeit dafür gekommen ist. Jeder muss die Tatsache der Reinkarnation einmal nicht nur zur Kenntnis nehmen, sondern aus ihrer Kenntnis auch Folgen für sein Leben und für seine Gesinnung ziehen. Und jeder muss auch seine Vergangenheit mit all seinen Verschuldungen eines Tages aufarbeiten. Aber er kann sich seiner Vergangenheit nur dann zuwenden und sie nur dann aufarbeiten, wenn er dazu tatsächlich tauglich, nämlich innerlich reif, bewusst genug und seelisch tragfähig geworden ist.

Steht der Mensch jedoch noch nicht auf der erforderlichen Entwicklungshöhe, so braucht ihn die Reinkarnation auch nicht zu kümmern.

Es ist dann gleichgültig, ob er die Tatsache der Reinkarnation zur Kenntnis nimmt oder nicht. Und falls er doch um die Reinkarnation weiss, so ist es für ihn nur vorteilhaft, wenn er keine ins Einzelne gehenden Informationen über seine früheren Erdenleben erhält. Es ist besser, wenn er von der Kenntnis der Wahrheit über sich und über die Menschen, die ihm nahe stehen, vorerst verschont wird.

## Die Überbevölkerung

Das Argument lautet: „Es gibt verschiedene Tatsachen, die erst bei der Annahme der Reinkarnation erklärt werden können. Nun gibt es aber Tatsachen, welche die Reinkarnationslehre nicht erklären kann. Und da solche Tatsachen nicht hinwegdiskutiert werden können, ist es klar, dass die These von der Reinkarnation unhaltbar ist. Ein schlagendes Beispiel dafür ist die heutige Überbevölkerung der Erde."

Bereits der schon öfters zitierte Kirchenvater TERTULLIAN brachte dieses Argument als Einwand gegen die Reinkarnationslehre vor (De anima 30; PL 2, 699). Er fand, die Erde sei schon damals (im dritten Jahrhundert!) dermassen übervölkert, dass nicht einmal Hunger, Epidemien oder Kriege die Anzahl der Menschen verringern können. Sein Argument lautet nun: „Wieso ist dieser Zuwachs der Erdbevölkerung möglich, wenn laut Reinkarnationslehre keine neu erschaffenen, sondern immer wieder dieselben Seelen, deren Anzahl begrenzt sein müsste, auf die Erde kommen?"

Es ist eine Tatsache, dass die Anzahl der Menschen auf der Erde im gegenwärtigen Jahrhundert sprunghaft angestiegen ist. Die Zunahme der Erdbevölkerung ist sogar so angestiegen, dass früher geschätzte Quoten heute weit übertroffen werden. Nimmt aber die Erdbevölkerung unentwegt zu, so setzt dies voraus, dass auch die Anzahl der menschlichen Seelen im selben sprunghaften Masse vermehrt worden ist.

Lebt allerdings jeder Mensch nur ein einziges Mal auf der Erde, so stellen lediglich die Folgen der Überbevölkerung ein recht schwieriges, sogar unlösbar scheinendes Problem dar, nicht aber die Frage, woher die zusätzlichen Seelen kommen. Wer der Meinung ist, Gott würde die menschliche Seele bei der irdischen Empfängnis erschaffen, der wird keine Mühe haben anzunehmen, Gott könne so viel Seelen erschaffen, wie es ihm beliebt. Wer aber nicht an Gott glaubt, der kann sich auf den „Zufall" oder auf mathematische Gesetze beim quantitativen Wachstum berufen, dessen Verlauf keine arithmetische, gradlinig aufsteigende, sondern eine geometrische, immer steiler steigende Linie darstellt.

Gibt es jedoch die Reinkarnation, so müsste, laut Annahme, so auch nach TERTULLIAN, „die Anzahl der Menschen auf der Erde annähernd gleich bleiben. Da sie aber im gegenwärtigen Jahrhundert auf das Vielfache angestiegen ist, ergibt sich eine Reihe von Fragen: Woher kommen die zusätzlichen Seelen? Waren sie schon immer da? Warum haben sie sich dann früher nicht in derselben Anzahl inkarniert? – Sind sie jedoch zusätzlich neu erschaffen, so ist das mit der Reinkarnationslehre – so scheint es zumindest – nicht vereinbar. Die Überbevölkerung ist also eine Tatsache, aufgrund deren der Reinkarnationslehre der reelle Boden entzogen wird."

Diese Fragen werden freilich als Fangfragen gestellt. Und Fangfragen sind Fragen, auf welche es, so meint zumindest der Fragesteller, keine plausible Antwort gibt.

Es gibt aber auf alle diese Fragen auch von der Reinkarnationslehre her eine Antwort.

## Erhöhte Chance zur Weiterentwicklung

Zu „ruhigen" Zeiten, wenn die Entwicklung der Menschheit im regelmässigen, etwas gemächlichen Tempo voranschreitet, ist die Anzahl inkarnationsfähiger Seelen im Grossen und Ganzen gleichbleibend, ungeachtet dessen, wie viele von ihnen zur gleichen Zeit auf der Erde leben. Zu solchen Zeiten sind einmal etwas weniger, einmal etwas mehr Menschen auf der Erde inkarniert, während sich ein grösserer Prozentsatz der Seelen im Jenseits oder auf anderen (nicht zum Sonnensystem gehörenden) Planeten aufhält.

Nun gibt es aber Zeiten, zu welchen der Verlauf der Entwicklung beschleunigt wird. Es sind dies Zeiten grosser Umwandlungen, des inneren Umbruchs, in welchen eine Erhöhung des Bewusstseinsniveaus der Menschheit stattfindet. In einer solchen intensiven Zeit befindet sich die Menschheit auch heute.

Zu einer solchen „beschleunigten“ Phase, in welcher die Zeit „rascher läuft“, wird einer viel grösseren Anzahl von Seelen Gelegenheit geboten, auf die Erde zu kommen. (Die Zeit scheint „rascher zu laufen“, weil in einer Zeiteinheit mehr Ereignisse als früher vorkommen.) Der Mensch hat dann besonders grosse Chancen, in seiner inneren Entwicklung grössere Fortschritte zu machen und sie sogar zügiger zu vollziehen als zu anderen, „ruhigeren“ Zeiten. Er ist dann mehr Schwierigkeiten und Hindernissen ausgesetzt, welche er meistern muss, um tatsächlich rascher weiterzukommen.

Viele Menschen spüren dies heute, sie merken auch, dass sie intensiver leben als sonst. Und diese Menschen sind in der Regel auch jene, die die Chance, welche die „hektischen Zeiten“ ihnen bieten, auch ergreifen.

## Zuzug von anderen Planeten

Diese Chance wird aber nicht bloss jenen Seelen geboten, die sich immer schon auf der Erde inkarniert haben oder sich seit sehr langer Zeit dort inkarnieren. Diese Chance wird sämtlichen Seelen, die in der *Erdsphäre* leben, zuteil. Und die Erdsphäre ist kein geographischer oder astronomischer „Ort“, sondern ein *Schwingungsbereich.*

Dieser Schwingungsbereich erstreckt sich auf alle astronomischen Stellen, so auch auf Planeten ausserhalb des Sonnensystems, auf welchen die Schwingung – im grossen und ganzen – dieselbe Durchschnittshöhe hat wie auf der Erde. (Planeten unseres Sonnensystems weisen eine andere – höhere – Schwingung auf und gehören daher nicht zur Erdsphäre.)

Aufgrund der – annähernden – Gleichheit der Schwingungshöhe ist aber ein Planetenwechsel für die jeweilige Inkarnation für all jene Seelen möglich, deren Entwicklung auf der fraglichen Schwingungshöhe stattfindet.

Wie nun im gewöhnlichen Leben zu besonderen Anlässen, die an einer bestimmten Stelle veranstaltet werden, nicht nur Ortsansässige (die „Anrainer“) teilnehmen, sondern dazu auch ganze Gruppen von Menschen, teils von weit entlegenen Gegenden hinzureisen, so sind auch in der Gegenwart von Planeten, die im oben angeführten Sinne zur Erdsphäre gehören, Seelen in grossen Scharen hinzugekommen. Die Höhere Führung will ja allen Seelen, die daraus Nutzen ziehen können, ermöglichen, die auf Erden dargebotene Gelegenheit wahrzunehmen und in ihrer inneren Entwicklung tüchtig voranzukommen.

Und da sie auf derselben Schwingungshöhe und damit auf denselben Entwicklungsstufen stehen wie die „alteingesessenen" Seelen auf der Erde, gelten auch sie als „menschliche Seelen". Es ist daher nur selbstverständlich, dass auch sie sich dann als Menschen inkarnieren können. Überdies gibt es zahlreiche Seelen von höherer Schwingung, die als „Helfer-Seelen" bereit sind, auf eine niedere Schwingungshöhe hinabzusteigen und sich auf der Erde zu inkarnieren, damit sie der Menschheit in ihrem Vorwärtskommen behilflich sein können.

Möglichst vielen Menschen möglichst viel Gelegenheit zur Entwicklung zu geben – dies ist der eine entscheidende Grund dafür, dass heute so viele Seelen gleichzeitig auf der Erde leben.

## Vermehrter Nachwuchs

Eine andere Quelle, aus welcher Seelen auf die Erde sprudeln, ist der „Nachwuchs". Auch dem „Nachwuchs" wird Gelegenheit geboten, von den Chancen der beschleunigten Weiterentwicklung Nutzen zu ziehen.

Der „Nachwuchs" besteht aus Seelen bzw. aus Seelengruppen, die sich noch vor nicht allzu langer Zeit in Tierleibern höherer Art inkarniert haben, dann ihre Entwicklung im Reich der *Niederen Wesenheiten* (vgl. S. 177) fortgesetzt und dabei das Nötige erlernt haben. Nun erscheinen sie in menschlichem Leib gruppenweise auf der Erde, um ihre ersten Versuche im menschlichen Dasein zu unternehmen.

Eine Seele bzw. eine Seelengruppe lässt die Inkarnationen in einer bestimmten Art dann hinter sich, wenn alle ihre Anlagen, welche sie als Zugehörige zu einer bestimmten Art aktualisieren sollen, und die Fähigkeiten, die sie dabei zu entfalten haben, ihrem Entwicklungsniveau entsprechend voll herangebildet und nicht bloss ausgelebt, sondern auch *ab*gelebt haben. Ist dies der Fall, so „verlassen" die Seelengemeinschaften die Art und inkarnieren sich in einer höheren.

Jede Seele führt die Heranbildung von Anlagen und die Entfaltung von Fähigkeiten weiter, zunächst auf der Stufe einer nun höheren Pflanzen- bzw. Tierart, schliesslich auf der menschlichen Stufe. Jeder Mensch muss auf den unteren Entwicklungsstufen sämtliche Anlagen und Fähigkeiten, die seine Seele schon auf der vormenschlichen Stufe der Gesamtentwicklung auf – niveauspezifische – Weise herangebildet und entfaltet hat, auf der menschlichen Stufe auf *menschenwürdige Weise* weiter aktualisieren und ausleben und somit die Anlagen *humanisieren*.

Auch jene Seelen also, die ihren Gang durch die Evolution der Lebewesen und durch das Reich der Niederen Wesenheiten – mehr oder weniger – zu Ende geführt haben, erhalten in unserer Gegenwart eine erhöhte Chance, sich in menschlicher Gestalt auf der Erde weiterzuentwickeln und tragen damit bei, die Zahl der Erdbevölkerung zu erhöhen.

## Prüfung

Nun gibt es einen weiteren, wichtigen Grund dafür, warum so viele Seelen die Chance haben, sich gleichzeitig auf der Erde zu inkarnieren.

Die Zeiten des Umbruchs, in welchen das allgemeine Bewusstseinsniveau erhöht wird, sind auch die Zeiten der *Prüfung*. Jede Seele wird geprüft, um festzustellen, wohin – auf welches Niveau – sie in Wirklichkeit gehört. Und das kann nur entschieden werden, wenn die Seele sich auf Erden inkarniert und durch ihr Verhalten zeigt, auf welcher Stufe der inneren Entwicklung sie tatsächlich steht.

Diese Art von Prüfung wird selbstverständlich nicht – wie bei den von Menschen abgehaltenen Prüfungen – veranstaltet, damit die Mitglieder der Prüfungskommission und die Experten erfahren, ob der Kandidat reif für das Diplom ist. Die „Prüfungskommission", die aus den Geistigen Führern besteht, weiss ja ohnehin, wie reif innerlich ihr Schützling ist. Es ist jedoch für den Menschen überaus wichtig, selber zu erfahren, wo er in Wahrheit steht. Er muss selber erkennen, ob er sich tatsächlich auf jenem Entwicklungsniveau befindet, auf welchem er glaubt zu stehen, und er muss selber spüren, ob er der Schwingungshöhe, die ihm auf dem fraglichen Niveau zugemutet werden muss, schon gewachsen ist.

In diesen Zeiten des Umbruchs wird also jeder auf jenen Platz gestellt, der ihm tatsächlich zusteht. Das Schwingungsniveau der Erde kann sich nur dann erhöhen, wenn sich das Gros der Menschheit von den untersten Stufen gegen die Mitte der Entwicklung hin verlagert. Dies geschah in der letzten Zeit (besonders etwa seit einem halben Jahrhundert) und geschieht heute noch. Dabei wird die Menschheit gleichsam „durchgesiebt": Jeder gelangt auf jenen Platz, auf den er tatsächlich gehört. Dabei werden auch die unteren Schichten durchgekämmt, damit sie durch ihr noch-nicht-menschliches Verhalten die übrige Menschheit nicht belasten und die allgemeine Entwicklung nicht verzögern. Die Ausgeschiedenen erhalten dann – selbstverständlich – anderswo die Möglichkeit, sich weiterzuentwickeln.

In diesen Zeiten vermehrt auftretende Naturkatastrophen, Epidemien (heute z. B. Aids), Hungersnöte und ähnliches sind Zeichen dafür, dass vielen Menschen Gelegenheit geboten wird, ihr negatives Karma abzutragen und dadurch innerlich zu reifen. Die meisten von denjenigen, die dabei sterben, werden aus den schlimmen Folgen solcher Ereignisse herausgehalten. Denn nicht allen Menschen erscheint ihre – eventuell plötzliche – Entfernung aus dem irdischen Leben als schlimm, sondern nur denjenigen, die durch den Tod negatives Karma abtragen müssen. In diesem Fall fühlen sie sich aus ihren zwischenmenschlichen und sonstigen Beziehungen brutal herausgerissen und empfinden den jähen Abbruch ihres Erdenlebens als schmerzhafte Minderung ihrer Existenz. Sonst sind von den Folgen in erster Linie die Überlebenden betroffen.

Geht die beschleunigte Zeit dann zu Ende, ist die generelle Umstrukturierung auf der Erde vollzogen, so werden viele Seelengruppen, die noch auf den untersten Stufen stehen, von der Erde auf andere Planeten umgesiedelt, deren Schwingungsniveau dem Niveau der Gruppe entspricht. Die Anzahl der Erdbewohner nimmt damit nach und nach ab.

Solche besonderen Zeiten mit erhöhten Chancen für die Seelen hat es auf der Erde immer wieder gegeben. Es gibt archäologische und paläontologische Funde, die darauf hindeuten, dass einzelne Regionen der Erde schon öfters überbevölkert waren. So gibt es in Sibirien und in der Sahara Spuren, die dafür sprechen, dass diese Gebiete einst äusserst dicht bevölkert waren, und es scheint, dass weite Gebiete, so heutige Wüstengegenden zwischen Kleinasien und Indien, früher eine überdurchschnittliche Bevölkerungsdichte aufgewiesen haben.

## Zu einfach

Es gibt Fragen, wie beispielsweise die nach den sogenannten „letzten Dingen“, nach dem Sinn von Leben und Tod, oder die Frage, wie die offenkundige Ungerechtigkeit in der Welt mit der Güte Gottes zu vereinbaren sei, und viele andere, auf welche weder die christliche Glaubenslehre noch eine nicht-christliche Religion, weder ein philosophisches System noch eine wissenschaftliche Theorie, eine auch geistig anspruchsvollen Menschen einleuchtende Antwort geben können, falls sie die Reinkarnation ausser Betracht lassen.

In der Sicht der Reinkarnationslehre hingegen fällt dem Menschen auf solche Fragen die Antwort gleichsam von selbst in den Schoss. Und die Antworten sind einfach.

Die meisten Menschen freuen sich, wenn sie plötzlich erfahren, dass Probleme, an denen sie vielleicht ein Leben lang herumstudiert haben, eine umwerfend einfache Lösung finden.

Offenbar geht es nicht allen Menschen so. Denn es gibt Menschen, die meinen, was einfach ist, das könne nicht wahr sein. Dazu gehören die Antworten der Reinkarnationslehre. Sie sind einfach, ja, sie sind zu einfach, als dass sie wahr sein könnten. Sind sie aber nicht wahr, so ist die ganze Lehre nicht wahr. Woraus sich der Schluss von selbst ergibt, dass es die Reinkarnation nicht geben könne.

Falls dem aber so ist, falls in der Sicht der Reinkarnation alle wichtigen Fragen, die Welt und die Existenz des Menschen betreffend, tatsächlich ihre einfache Lösung finden, so stellt sich umso dringender auch die Frage, warum die Antworten so einfach sind.

Auch auf diese Frage ist die Antwort ebenso einfach. Alle grundlegenden existentiellen Fragen sind einfach zu beantworten, weil die Welt, die menschliche Welt und die Kosmische Welt, äusserst einfach eingerichtet ist. Die Erdsphäre und der Kosmos sind durchsichtig und spiegeln die grosse Einfachheit, mit welcher Gottes Weisheit die Welt eingerichtet hat. Alles ist einfach, weil alles sinnvoll eingerichtet ist.

Es gibt eine Wissenschaft, die sich mit dem abstrakten Ordnungssystem befasst, welches der materiellen Welt zugrunde liegt: die Mathematik. Und jeder Mathematiker weiss, dass die Einfachheit sogar ein wichtiges Kriterium dafür ist, ob die mutmassliche Lösung eines mathematischen Problems richtig und endgültig sein kann oder nicht. Ist eine mathematische Formel zu kompliziert, so erweckt sie den Verdacht, dass sie nicht richtig ist oder zumindest noch nicht die letztmögliche Lösung darstellt.

Einfachheit als Kriterium für die Richtigkeit spielt vor allem auch in der angewandten Mathematik eine ausschlaggebende Rolle. Die meisten mathematischen Formeln in der theoretischen Physik, die als gültig angesehen werden, sind überraschend einfach, zum Beispiel EINSTEINS Formel für das sogenannte Äquivalenzgesetz von Masse und Energie: $E = mc^2$ (der Energievorrat eines physischen Körpers ist gleich seiner trägen Masse multipliziert mit der Quadratur der Lichtgeschwindigkeit).

Nun kann jemand – mit Recht – einwenden, Lebensfragen seien keine mathematischen Probleme und die Antworten auf sie seien daher nicht kalkulierbar. Sie sind folglich nicht auf die einfachste Formel zu bringen.

Sie sind nicht kalkulierbar, dafür aber erfahrbar. Je weiter ein Mensch in den Aufbau der inneren Entwicklung und in das Gewebe der Zusammenhänge eindringt, das hinter den Kulissen von Leben und Schicksal geflochten ist, umso mehr kann er darüber staunen, wie einfach, klar und durchsichtig alles gestaltet ist.

Die Weisheit eines Menschen wird auch nicht daran gemessen, wie verschlungen sein Denken, wie schwer verständlich seine Sprache ist, wie kompliziert es ist, was er macht. Im Gegenteil. Gerade seine Einfachheit im Denken und Sprechen, Tun und Verhalten bezeugt, dass er tatsächlich weiss, was er sagt und was er tut. Einfachheit führt zur Klarheit. Was jemand wirklich weiss, was er wirklich kann, das kann er auch einfach und klar sagen oder tun.

An seiner Einfachheit aber kann die Echtheit seines Wissens – seine „Weisheit“ – abgelesen werden. Und soll sich ausgerechnet Gottes Weisheit nicht gerade in der erstaunlich grossen Einfachheit, mit der er die Welt eingerichtet hat, bekunden?

# 11.

# Die Unbeweisbarkeit der Existenz der Reinkarnation

Die Argumente erbringen, wie ihre Analyse zeigt, keine Beweise für oder gegen die Existenz der Reinkarnation. Und dies gilt nicht bloss im Hinblick auf ihre logische Schlüssigkeit. Die Existenz der Reinkarnation ist schlechtweg unbeweisbar.

Und warum kann die Existenz der Reinkarnation weder bewiesen noch widerlegt werden?

Weil sie eine Tatsache ist. Und Tatsachen kann man nur erfahren, nicht aber beweisen. Es ist sogar für die Situation des Menschen auf der Erde charakteristisch, dass sich alles, was für ihn entscheidend ist, der Beweisbarkeit entzieht.

Es gibt namentlich vier Tatsachen, deren Existenz im streng logischen Sinne – oder „wissenschaftlich" – nicht bewiesen werden kann. Es sind dies einerseits die Existenz des Menschen und die Existenz Gottes, andererseits die Tatsache des Weiterlebens nach dem physischen Tod, die auch die Tatsache der Unsterblichkeit der Seele in sich schliesst, und die Existenz der Reinkarnation.

## Die Existenz des Menschen

Der Mensch kann sich seine eigene Existenz nur „beweisen", indem er sich selber erlebt. Der auf knappste Form gebrachte, berühmt gewordene rationale „Existenzbeweis" des französischen Philosophen RENÉ DESCARTES lautet zum Beispiel: *Cogito ergo sum* (lat. Ich denke, also bin ich; Meditationes de prima philosophia 1641, II, 8). Der „Beweis" setzt aber das Existenzerlebnis in der Art der Selbstbeobachtung bereits voraus. Der Mensch, der die Erfahrung macht, dass er denkt, lebt bereits in der Erfahrung seiner Existenz und schliesst nicht erst auf sie, selbst dann nicht, wenn er meint, auf sie geschlossen zu haben.

Ebensowenig ist die Existenz eines anderen Menschen logisch beweisbar, auch sie ist ausschliesslich erfahrbar. Die Erfahrung der Existenz eines anderen Menschen besteht im allgemeinen in der sinnlichen Wahrnehmung seines Leibes, dessen Gegenwart und Nähe visuell oder – bei mangelnder Sicht – akustisch oder durch den Geruchs- oder Tastsinn wahrgenommen wird.

Die Existenz eines Menschen kann von einem anderen aber auch aufgrund einer nicht-sinnlichen Wahrnehmung erfahren werden. Eine solche Wahrnehmung kann die innere Wahrnehmung sein, die auf Gefühl beruht und das Erfühlen der seelischen Gegenwart eines anderen ermöglicht. Eine solche Wahrnehmung kann über jede räumliche Distanz hinweg erfolgen. So kann auch die Existenz, ja die Nähe von Menschen, die im Jenseits sind, auf die gleiche Weise: im *Erfühlen*, erfahren werden.

Ein Mensch *erlebt* also die Tatsache, dass der andere existiert, wobei die Skala der Möglichkeiten eines solchen Erlebnisses von der einfachsten sinnlichen Wahrnehmung bis zum über alle räumlichen Entfernungen hinausreichenden Erfühlen der Person reicht.

Dass dabei Denken und Logik nichts zu suchen haben, dürfte jedem, der weiss, wovon die Rede ist, mühelos einleuchten. Es ist daher auch nicht möglich (und übrigens auch nicht nötig), mit Hilfe der Ratio die Existenz des Menschen zu beweisen.

## Die Existenz Gottes und der Glaube

Ebensowenig wie die Existenz des Menschen ist die Existenz Gottes beweisbar. Gottesbeweise, die logische Gründe anführen, sind nur für denjenigen schlüssig, der an Gottes Existenz ohnehin schon glaubt, einen Atheisten können sie nicht überzeugen. Durch rationale Beweise wurde noch nie ein Mensch zum Glauben an Gott geführt. Zum Glauben kann einen Nichtgläubigen von aussen her nur der echte Glaube eines tiefgläubigen, mit Gott verbundenen Menschen, vor allem aber sein Lebenszeugnis, veranlassen.

Die Existenz Gottes kann letztlich nur erfahren, nicht aber bewiesen werden. Der einzig stichhaltige Gottesbeweis besteht daher im eigenen Gotteserlebnis.

## Die Glaubensfrage

Nun sind viele Menschen der Meinung, Gottes Existenz sei weder eine Beweisfrage noch eine Erfahrungsfrage, sondern eine Frage des Glaubens.

Das ist in einem gewissen Sinne richtig. Auch wenn seine Existenz nicht beweisbar ist und der Mensch Gott noch nicht erfahren hat, kann er an Gott glauben. Und das tun unzählige Menschen. Für viele ist die Existenz Gottes eine Gewissheit.

Von aussen her betrachtet scheint der Glaube immer auch von der Gemeinschaft abzuhängen, in welche ein Mensch durch Geburt gestellt wird. Ist diese Gemeinschaft religiös, so übernimmt der Mensch – meistens von Kindheit an – den Glauben dieser Gemeinschaft. Er glaubt an Gott, weil die anderen es auch tun. So dient ihm der Glaube jener Menschen, die für ihn als Autorität gelten, als Ansporn für den eigenen Glauben.

Ist er innerlich noch nicht reif genug, um sich von der Gemeinschaft und ihren Satzungen zu lösen, so behält er, ob er von innen her tatsächlich gläubig ist oder nicht, auch im (biologischen) Erwachsenenalter seinen Glauben, den er von seiner Gemeinschaft unbesehen übernommen hat. Ebenso ungeprüft übernimmt er alles von ihr, was zum Sippengeist seiner Gemeinschaft gehört (z. B. Mentalität, Gepflogenheiten, Sitten u. a., aber auch die Weltvorstellung und sogar das Lebensgefühl).

Ist er in seiner inneren Entwicklung schon etwas fortgeschritten, so ist es möglich, dass er sich vom Glauben – und auch von der Gesinnung – seiner Gemeinschaft allmählich ablöst. Er kann dann beispielsweise einer anderen Religion anhängen oder, falls er im Herzen ungläubig ist, sich vom Gottesglauben generell lossagen.

Glaube oder Unglaube eines Menschen hängt also immer auch von seinem inneren Entwicklungsstand ab. Daher ist es für den Glauben (oder Unglauben) nicht ausschlaggebend, *wie* der Glaube in einer Gemeinschaft begründet wird. Der Glaube an eine „Offenbarung", an die Verkündigung eines Religionsstifters oder an irgendeine religiöse Lehre setzt den Glauben an Gott bereits voraus. Ob jemand die Begründung akzeptiert und den Glauben annimmt oder nicht, hängt daher davon ab, ob er bereits Gottesglauben in sich hat (bzw. glaubt in sich zu haben) oder nicht.

## Die Gotteserfahrung

Der Mensch, der den Glauben von seiner Gemeinschaft übernimmt, ist bzw. wird nur dann im echten Sinne gläubig, wenn der Glaube – der wahre Glaube – in ihm erwacht ist. Und auch der echte Glaube kann im Menschen im Laufe seiner inneren Entwicklung – wie auch innerhalb einer einzigen Inkarnation – zeitweise erwachen, dann wieder einschlafen.

Bis aber der echte Glaube im Menschen endgültig erwacht, ist der übernommene Glaube nur der Vorläufer, in gewisser Hinsicht der Ersatz für die eigene persönliche Erfahrung Gottes. Auch jener Mensch, der noch nicht in der Lage ist, Gott persönlich zu erfahren, kann im Glauben den Zugang zu Gott finden. Denn ist der Mensch, der seinen Glauben von einer Gemeinschaft übernimmt, auch selber wirklich religiös (und glaubt er nicht bloss, dass er an Gott glaubt), so bedeutet für ihn seine Gläubigkeit den ersten Schritt in Richtung eines echten, eines persönlichen Glaubens. Ist er – noch – nicht im wahren Sinne religiös, so erlischt seine Gläubigkeit bald, wenn nicht in der gegenwärtigen, so in einer künftigen Inkarnation.

Der Mensch entwickelt sich aber, und Entwicklung bedeutet auch, für die Erfahrung der inneren Wirklichkeit zunehmend offen zu werden. Der Mensch wird somit auch für das Göttliche, das in ihm ist, mit der Zeit immer offener und wird das Göttliche in sich immer deutlicher verspüren können.

*Glauben* bedeutet lediglich die Bereitschaft, sich Gott gegenüber zu öffnen. Damit der Mensch sich aber öffnen kann, muss er viele Erfahrungen (darunter auch leidvolle) gemacht haben, und er muss daran arbeiten, sich sogar anstrengen, damit er sich Gott wahrhaftig öffnen kann. Die Erfahrung – wie auch jede intensive seelisch-geistige Arbeit – braucht freilich sehr viel Zeit, und auch die „Glaubensarbeit“ des Menschen verläuft, wie alles, was wesentlich zu seiner inneren Entwicklung gehört, wellenförmig. Der Mensch öffnet sich periodenweise mehr für den Glauben, dann flaut sein Eifer allmählich ab, und er kümmert sich eine Weile nicht um den Glauben, vielleicht auch nicht um Gott. Er erlebt immer wieder Inkarnationen, in welchen er gläubig, vielleicht sogar im „heroischen Ausmass“ religiös ist, dann ebbt seine Religiosität wieder ab, und er zeigt für religiöse Fragen eine Zeit lang kein Interesse. Er kann dann zeitweise ein Agnostiker oder Atheist sein, bis er wieder Impulse zum echten Glauben empfängt.

Doch jeder Schritt auch in der a-religiösen Phase bereitet jenen inneren Zustand vor, in welchem der Mensch offen genug ist, um die Wirklichkeit Gottes immer deutlicher auch unmittelbar – persönlich – zu erfahren.

Und erst dann erlangt er Gewissheit über die Existenz Gottes.

## Das Wissen um Gott

Die Existenz Gottes ist keine Frage des Glaubens. Die Existenz Gottes ist eine Tatsache, und an eine Tatsache muss der Mensch nicht glauben, er muss um sie *wissen*.

Der Mensch aber weiss um eine Tatsache erst dann mit Gewissheit, wenn er sie erfährt. Und alle Tatsachen, die für den Menschen von existentieller Bedeutung sind, erfährt er früher oder später unfehlbar selber, wenn auch nicht unbedingt in der gegenwärtigen Inkarnation.

Die Grundlage des Glaubens an Gott ist aber die Präsenz des Göttlichen im Menschen. Sie ist die Quelle jeglicher Gotteserfahrung. Wenn der Mensch Gott erfährt, so erfährt er in erster Linie das Göttliche, das in ihm ist, und dadurch Gott selber.

In dieser Erfahrung, in der Erfahrung des im Menschen wirkenden Göttlichen, besteht der „Existenzbeweis" Gottes. Das Göttliche ist im Menschen, und das bedeutet, dass Gott im Menschen ist, was freilich in keiner Weise besagt, dass der Mensch „göttlich" oder gar „Gott" wäre.

Erlebt der Mensch das Göttliche in sich, so muss dies keineswegs auf eine Selbsttäuschung hindeuten, etwa in dem Sinne: Der Mensch meint zwar, ein Gotteserlebnis zu haben, in Wirklichkeit jedoch erlebt er nur sich selber, sein Höheres Selbst, sein eigenes „Christusbewusstsein" oder wie man es auch immer nennt.

Erlebt der Mensch das Göttliche in sich, so bedeutet dies, dass er sich Gott gegenüber geöffnet hat. Öffnet sich der Mensch dem Göttlichen nach innen, so öffnet er sich zugleich nach oben, Gott gegenüber. Er öffnet also in seinem Herzen ein Tor, durch welches er in den „Himmel": zur Erfahrung Gottes gelangen kann.

Der Mensch befindet sich beim Gotteserlebnis also in einer paradoxen Situation: Er erlebt in sich Gott, der zugleich ausserhalb von ihm, über ihm steht. Doch – wie die meisten Paradoxien – löst sich auch diese in einer Sowohl-als-auch-Position auf. Öffnet sich der Mensch nach innen, so öffnet er sich zugleich nach oben. Dann kann er aber die Gegenwart Gottes in sich selber erfahren. Erfährt er Gott in sich, so erfährt er sich selber als einen Teil Gottes.

Denn je deutlicher er Gott erlebt, umso klarer erkennt er, dass nicht Gott in ihm, sondern er *in Gott* ist. Und er wird Gott vielleicht sogar „persönlich“ erleben können, ihn als eine „Person“, die ihm „gegenüber“ steht, erfahren dürfen.

Dafür, dass dies möglich ist, gibt es Zeugnisse hohen und höchsten Ranges, zum Beispiel von FRANZISKUS VON ASSISI (1181/82-1226), von MECHTHILD VON MAGDEBURG (um 1212 – um 1280) oder von THERESA VON AVILA (1515-1582), um nur einige zu nennen.

Und für denjenigen, der erst auf die Suche nach Gott geht, gelten die Worte, die der französische Mathematiker und religiöse Denker BLAISE PASCAL (1623-1662) vernahm: „Sei getrost, du würdest mich nicht suchen, wenn du mich nicht schon gefunden hättest“ (Das Mysterium Jesu, in: *Pensées* <fr. Gedanken>, Frg. 553).

Der Mensch „beweist“ seine eigene Existenz dadurch, dass er sie lebt und erlebt. Und er gewinnt Gewissheit über Gottes Existenz, indem er den Kern seines Wesens, den Göttlichen Funken, in sich erlebt. Dadurch wird er für die Erfahrung der Gegenwart Gottes, der ihn gleichsam „umhüllt“, bereit, sodann auch fähig. Wird aber das Erlebnis der Gegenwart Gottes in ihm zu einem Dauerzustand, so scheint dies ihm, als würde er in einem gewissen Sinne an Gottes Existenz permanent teilnehmen.

Gott lebt im Menschen, und dies ist gleichbedeutend damit, dass der Mensch in Gott lebt. Öffnet er sich im Laufe seiner inneren Entwicklung nach und nach der Gegenwart Gottes, so nimmt er immer bewusster Anteil an Gottes Leben. Und in dem Masse, wie er sich entwickelt, wird ihm die Existenz Gottes in seiner Seele und die Teilhabe seiner Seele an Gott immer deutlicher erfahrbar.

## Das Leben nach dem Tod und die Reinkarnation

Ähnlich wie mit dem Beweis der eigenen Existenz und der Existenz Gottes steht es mit den beiden anderen Existenzfragen: Weder das Weiterleben nach dem physischen Tode noch die Reinkarnation kann „wissenschaftlich“ bewiesen werden.

Wenn die Unsterblichkeit der Seele nicht bewiesen werden kann, warum sind dennoch unzählige Menschen so gewiss, dass sie nach dem physischen Tod weiterleben? Und warum sind so viele Menschen von der Existenz der Reinkarnation überzeugt? Ist es eine Frage des Glaubens?

Auch dies ist keine Frage des Glaubens, sondern eine Frage der persönlichen Erfahrung. Beide Fragen, sowohl die Frage nach dem Leben nach dem physischen Tode als auch die nach der Reinkarnation sind existentielle Fragen.

## Die logische Ordnung der Welt

Es geht auch bei der Erörterung der Reinkarnation letztlich immer darum, Einblicke in die logische Ordnung der Welt zu gewinnen. Denn sinnvoll ist die Frage nach der Reinkarnation überhaupt erst dann, wenn nach dem Sinn jener umfassenden Weltordnung gefragt wird, in welcher die Reinkarnation eine Schlüsselstellung einnimmt.

Die logische Ordnung der Welt ist aber mit der menschlichen Denklogik nicht zu erfassen. Nicht das rationale Denken führt zur Einsicht in die Weltordnung, sondern die innere Erfahrung. Das rationale Denken erschliesst die Wirklichkeit nicht, es sichtet und ordnet lediglich nur das, was dem Menschen durch die innere Erfahrung ohnehin bereits zugänglich und einsehbar geworden ist.

Daher sind Tatsachen nicht beweisbar. Denn sie gehören nicht zur Ordnung der Ratio und damit des rational Begreifbaren, sondern zur Wirklichkeit, somit zum Leben selbst. Folglich sind sie nicht von aussen her, mit dem Verstand, sondern ausschliesslich von innen her, durch das persönliche Erleben erfassbar.

Die Stellungnahme zu beiden Fragen geschieht deshalb niemals aus logischen Gründen. Sie beruht aber auch nicht auf einem Willensentschluss, aufgrund dessen sich der Mensch entscheiden könnte, ob er an das Weiterleben nach dem Tod oder an die Reinkarnation glauben soll oder nicht.

Sie setzt persönliche Erfahrung voraus, und zu dieser Erfahrung muss der Mensch tauglich geworden sein.

Dies gilt übrigens auch für wissenschaftliche Erkenntnisse. Auch diese setzen Intuition voraus. Der Wissenschaftler – wie auch der Denker – muss mit Hilfe seiner Intuition in die logische Ordnung seines Wissensgebietes vorerst eindringen, diese somit erfahren, und erst dann kann er das Erfasste in eine bereits vorgegebene bzw. erarbeitete rationale Ordnung – nun mit Hilfe seines Verstandes – einordnen.

## Die persönliche Erfahrung

Für einen einseitig rational eingestellten Menschen ist allerdings die Berufung auf das innere Erleben ein „Beweis" dafür, dass die Annahme der Existenz des Lebens nach dem Tode oder der Existenz der Reinkarnation – nicht anders als der Glaube an Gott – auf rein subjektivem Glauben beruht, ohne dass dieser Glaube Anspruch auf Allgemeingültigkeit erheben könnte.

Diese Ansicht ist in einem bestimmten Sinne richtig. Die Erfahrung, dass der Mensch bzw. seine Seele unsterblich ist oder dass er sich des öfteren inkarniert, wie auch die Gotteserfahrung, können sich nur in der persönlichen Sphäre abspielen. Gerade aus diesem Grunde kann das nachtodliche Leben oder die Reinkarnation wie auch die Existenz Gottes nur durch persönliche Erfahrung zur Gewissheit werden, und aus demselben Grunde kann ihre Existenz mit logischer Argumentation weder bewiesen noch widerlegt werden. Denn nur dessen, was der Mensch selber erlebt, ist er gewiss.

Wird nun jemand durch die Auseinandersetzung mit der Frage oder durch den Glauben dazu angeregt, die fragliche Tatsache zur Kenntnis zu nehmen oder an Gott zu glauben, so dies, weil dabei das Wissen um die Existenz der jeweiligen Tatsache oder um die Existenz Gottes aus seinem eigenen verborgenen Wissensgut herausgeholt wurde. Und dieses Wissensgut wird bzw. wurde durch eigene innere Erfahrungen erworben.

Es braucht allerdings Zeit, bis der Mensch zu seinem Wissensgut Zugang findet, denn er muss dafür innerlich reif werden. Er muss im echten Sinne *Erfahrung* machen können.

## Das Wissen um die Reinkarnation

Eine Erfahrung machen bedeutet noch nicht, dass diese Erfahrung dem Menschen sogleich zur Verfügung steht. Er muss eine Erfahrung vorerst überhaupt beachten, und erst dann kann er sie bewusst auswerten und aus ihr Konsequenzen ziehen. Das Wissen um Erfahrungen, die in früheren Inkarnationen oder im Jenseits gemacht wurden, stellt sich in einer Inkarnation auf der Erde nicht von selbst ein.

Ein Ereignis, das dem Menschen lediglich widerfährt, ohne dass er dessen Bedeutung erkennt, ist keine eigentliche Erfahrung für ihn. Der Mensch aber ist einer Überfülle von Ereignissen ausgesetzt, ohne dass diese bei ihm sichtbare Spuren hinterlassen. Dies ist der Grund dafür, warum der Mensch – auf den unteren Entwicklungsstufen zumal – unfähig ist (wie dies so oft beklagt wird), aus der Geschichte zu lernen.

Eine „Erfahrung“ wird erst dann zu einer Erfahrung im wahren Sinne, wenn der Mensch in der Lage ist, aus ihr Konsequenzen für sein praktisches Leben zu ziehen.

Dennoch geht auch ein Ereignis, das für den Menschen noch keine echte Erfahrung bedeutet, an ihm nicht ganz spurlos vorbei, selbst dann nicht, wenn er es nicht beachtet oder nach kurzer Zeit vergisst oder verdrängt. Alles, was der Mensch erlebt, alles, was ihm widerfährt, fällt gleichsam wie ein Same in seine Seele und wird dort, im „Erdreich“ der Seele – im Archiv seines inneren Wissens – aufbewahrt.

Ist der Mensch für die Kenntnisnahme und die Aufarbeitung seiner jeweiligen Erlebnisse innerlich reif geworden, so keimt der Same auf, und der Mensch beginnt, sich an das bislang unbewusst gebliebene oder unbeachtete Ereignis zu erinnern. Dieses wird dann zu einer – für ihn immer deutlicher wahrnehmbaren – echten Erfahrung.

Dass es zu einer echten Erfahrung geworden ist, zeigt sich nicht nur darin, dass der Mensch es überhaupt beachtet, sondern in erster Linie darin, dass er beginnt, es bewusst auszuwerten und aus ihm die Folgen zu ziehen.

Jeder Mensch besitzt zwar das Wissen um die Existenz Gottes wie auch um die Unsterblichkeit seiner Seele und um seine wiederholte Rückkehr auf die Erde, nur ist ihm dieses Wissen verborgen. Es ist ihm, so paradox dies auch klingen mag, unbewusst, denn es ist seinem Wachbewusstsein bzw. seinem Verstand nicht oder nur teilweise zugänglich. Dieses Wissen beinhaltet übrigens nicht nur das Wissen um die Unsterblichkeit seiner Seele oder das Wissen um die Reinkarnation, sondern auch sämtliche Ereignisse, denen der Mensch je ausgesetzt war, und sämtliche Erfahrungen, die er im Laufe seiner Entwicklung in den unzähligen Inkarnationen bereits gemacht hat.

Das innere Wissen ist allerdings kein Verstandeswissen. Die Ratio kann in dieses Wissen nicht nach Belieben eindringen, um aus ihm mit ihren eigenen – rationalen – Mitteln zu schöpfen. Das rationale Wissen deckt sich mit dem inneren Wissen in vieler Hinsicht überhaupt nicht. Die Ratio ist in erster Linie auf die Kenntnisnahme der irdisch-materiellen Realität und deren Tatsachen, auf das Erfassen des Formalen, so auch der von Menschen erstellten diversen „Ordnungen“, nicht aber auf das Erfassen der seelischen und der übersinnlichen Wirklichkeit gerichtet. Es ist dem Gefühl vorbehalten, dem Menschen Zugang zu seinem inneren Wissen zu finden und aus diesem Wissensgut einiges an die Oberfläche – ins Wachbewusstsein – zu holen.

Und erst dann, wenn dies schon gelingt, wenn der Mensch fähig ist, mit Hilfe von Gefühl oder Intuition die Erfahrungen aus dem Archiv seines inneren Wissens ins Wachbewusstsein treten zu lassen, kann er daran gehen, das auf diese Weise Erfasste auch rational einzuordnen.

Begibt sich der Mensch in eine neue Inkarnation, so wird sein Bewusstseinshorizont – das zur Verfügung stehende Wissen – zunehmend eingeengt, teilweise auch abgeschirmt, so dass ihm sein inneres Wissensgut auf der Erde – falls überhaupt – bis zum Schulalter noch einigermassen, von da an nur bruchstückhaft oder überhaupt nicht mehr zugänglich ist (vgl. S. 219).

Nur jener Teil seines inneren Wissens, der für ihn in der fraglichen Inkarnation wichtig wird, steigt jeweils aus der Tiefe seiner Seele an die Oberfläche und wird bewusstseinsfähig. In diesem Fall muss sich der Mensch für den fraglichen Teil seines inneren Wissens öffnen und bereit sein, ihn sich bewusst zu machen, dieses Wissen seelisch auch auszutragen und zu verwerten. Beides kann er jedoch nur dann tun, wenn er für eine solche Erkenntnis innerlich reif geworden ist.

Es wird dem Menschen dann – vielleicht mit einem Schlag, vielleicht erst allmählich – klar, dass er nicht stirbt, wenn er physisch tot ist, und es wird ihm auch das klar, dass er nicht nur einmal, sondern immer wieder auf die Erde kommt.

Und er hat dann vielleicht das Gefühl, er hätte dies alles schon längst, ja schon immer gewusst.

# Dritter Teil

# Die Erfahrung der Reinkarnation

# 12.

# Die Erinnerung an frühere Inkarnationen

Erinnerungen spielen im Leben jedes Menschen – und seit Freud auch in der Psychologie – eine wichtige Rolle. Es sind die Erinnerungen an die Kindheit, denen in der Psychotherapie eine erhebliche Bedeutung – und dies zu Recht – beigemessen wird.

In der traditionellen Psychologie herrscht noch heute die Meinung vor, Erinnerungen könnten nur bis ins Säuglingsalter oder – falls auch die ersten neun Monate des Erdenlebens in Betracht gezogen werden – bis zur Empfängnis zurückreichen. Dass diese Meinung unhaltbar ist, sieht ein jeder sogleich ein, der um die Tatsache der Reinkarnation weiss.

Eine überaus reiche Erfahrung im Umgang mit der Reinkarnation hat ja inzwischen erwiesen, dass es im Gesamtleben eines Menschen eine Vergangenheit gibt, die weit über die letzte Kindheit hinausreicht und für den Menschen sogar wichtiger als die Kindheitserlebnisse ist. Denn auch diese „längst vergangene" Vergangenheit ist grösstenteils noch nicht „vergangen" und kann für das gegenwärtige Erdenleben eine beträchtliche, nicht selten sogar eine ausschlaggebende Bedeutung haben.

Erinnerungen können zeitlich sehr weit zurückreichen. Dieser Umstand ist nicht überraschend, wenn man weiss, dass die Anzahl der bereits gelebten Inkarnationen unübersehbar gross ist.

Um beide Arten von Erinnerungen voneinander abzugrenzen, ist es vorteilhaft, den Unterschied auch terminologisch festzuhalten. Erinnerungen allgemeiner Art und Erinnerungen an die Kindheit im gegenwärtigen Leben sollen einfach „Erinnerungen" heissen, während Erinnerungen, die Ereignisse in früheren Inkarnationen zum Inhalt haben, als „Rückerinnerungen" bezeichnet werden sollen.

*Rückerinnerungen* sind gleichsam Kronzeugen dafür, dass die Reinkarnation eine Tatsache ist. Manche Menschen bedürfen allerdings keiner Rückerinnerungen, um über die Tatsache der Reinkarnation Bescheid zu wissen. Es gibt ja Menschen, die – vielleicht schon seit ihrer frühen

Kindheit – einfach wissen, dass sie nicht das erste Mal auf die Erde gekommen sind, und manche von ihnen, so auch viele Kinder, haben sogar konkrete Erinnerungen an das vorangegangene oder an einige ihrer einstigen Erdenleben.

Rückerinnerungen können auf verschiedene Weise zustande kommen. Sie können beispielsweise durch Begegnung mit einer Person, einer Stätte oder einem Gegenstand wachgerufen werden, aber auch spontan, ohne ersichtlichen Grund auftreten.

Zahllose Träume erzählen von früheren Inkarnationen. Meistens weiss allerdings der Träumende nicht, dass sich all das, was er im Traum erlebt hat, einmal tatsächlich ereignet hat oder, falls das Traumgeschehen in Symbole gekleidet ist, dass der Traum auf wahre Ereignisse in früheren Inkarnationen hinweist.

Rückerinnerungen können auch in Form von Tagträumen oder Tagesvisionen in Erscheinung treten. Sie steigen im allgemeinen dann im Menschen auf, wenn er entspannt ist oder seiner Phantasie freien Lauf lässt. So können sie auch unabsichtlich angeregt werden, wie dies etwa bei Meditationsübungen oder in einer leibbezogenen Therapie während der Behandlung, wenn der Mensch auch seelisch „weich" wird, nicht selten der Fall ist.

Sie können aber auch absichtlich herbeigeführt werden. Dies kann unter anderen durch verschiedene Methoden, meditative Übungen und auch durch Hypnose geschehen.

Die direkte Methode, Rückerinnerungen aufsteigen zu lassen, ist die *Rückführung*. Sie wird bei vollem Bewusstsein vorgenommen, auf ihr liegt das Hauptgewicht in der *Rückführungstherapie*.

Über seine vormaligen Inkarnationen kann der Mensch aber auch aus zweiter Hand erfahren, indem er beispielsweise Auskunft über seine frühere Vergangenheit durch ein Medium erhält.

## Rückerinnerungen von Kindern

Es gibt Kinder, die sich an ihre früheren Erdenleben, oft an das unmittelbar vorangegangene, noch gut erinnern können. Und von solchen Kindern gibt es wesentlich mehr, als dies im allgemeinen angenommen wird.

Der folgende Bericht erzählt die Geschichte einer solchen Rückerinnerung.

## Die Geschichte des Schraubenschlüssels

Ein Junge behauptet, seitdem er sprechen kann, er sei sein eigener Grossvater gewesen. Dieser Grossvater von Vaters Seite starb acht Jahre vor der Geburt des Enkels.

Die Eltern sind dieser Behauptung ihres Kindes gegenüber ratlos, umso mehr, als sie ihren Sohn nicht für einen Phantasten oder Lügner halten, die Reinkarnation jedoch nur vom Hörensagen kennen. Der „Zufall" will nun, dass sie eines Tages jemandem begegnen, der sich mit der Reinkarnation eingehender beschäftigt. Sie bitten ihn um Rat, und den Rat, den sie nach Abklärung einzelner Fragen erhalten, befolgen sie.

Es geht darum, zu prüfen, ob der nun Fünfjährige das Haus, das dem Grossvater gehörte und in welchem dieser bis zu seinem Tode wohnte, wiedererkennen könne. Das Haus wurde nach seinem Tode verkauft, und der Enkel hatte das Haus noch nie zuvor betreten oder auch nur von aussen gesehen.

Mit Einverständnis der neuen Eigentümer statten nun Vater, Mutter und Sohn den neuen Bewohnern in diesem Haus einen Besuch ab.

Die Eltern informieren ihren Sohn dem Rat entsprechend in keiner Weise.

Der Sohn scheint das Haus überhaupt nicht zu erkennen, wie dies von jemandem erwartet werden könnte, der den grössten Teil seines Lebens darin verbracht hat. Den früheren Eingang verdeckt allerdings ein Vorbau, den die neuen Besitzer anbringen liessen.

Auch in den Innenräumen scheint der Sohn fremd zu sein. Während die Besucher in einem Zimmer bewirtet werden, wird er in die Küche geschickt, um von dort etwas zu holen. Nun findet er den Weg in die Küche, ohne danach gefragt zu haben. Er bittet sodann um Erlaubnis, in den Keller hinuntersteigen zu dürfen.

Es wird ihm gestattet, doch niemand zeigt ihm den Weg, der in den Keller führt. Die Kellertreppe ist von der Küche aus erreichbar. Aus der Küche öffnen sich ungewöhnlicherweise vier Türen, darunter die Kellertür. Der Junge geht ohne zu zögern zu dieser Tür, dreht ohne im Halbdunkel suchen zu müssen, den Lichtschalter an, der sich an der Innenseite des Türrahmens befindet, steigt die Treppe hinunter, und nachdem er eine Weile verschwunden war, kehrt er zurück, und zwar mit einem alten, rostigen „Engländer", einem Schraubenschlüssel mit verstellbarer Maulweite.

Der Vater, der seine Jugend im Haus verbracht hat, erkennt den Schlüssel sofort. Mit diesem pflegte sein Vater die Heizung einzustellen oder zu reparieren. Da die Kinder gelegentlich im Keller spielten und den Schlüssel von seinem Platz immer wieder wegnahmen, musste ihn ihr Vater, der spätere Grossvater, nicht selten suchen, bis er ihn schliesslich so gut versteckte, dass der Schlüssel selbst bei der nach dem Hausverkauf erfolgten Renovierung nicht gefunden wurde.

Der Vater fragt nun den Sohn, wo er den Schlüssel gefunden habe. Der Junge antwortet: „Dort, wo ich ihn versteckt habe." Er zeigt dann dem Vater das Versteck, das sich hinter einer Heizungsröhre befunden hat.

Der Junge, der inzwischen zu einem jungen Mann herangewachsen ist, dachte bald schon nicht mehr daran, dass er einst sein eigener Grossvater gewesen war, als wäre für ihn die Angelegenheit erledigt.

Der Fall aber, die Geschichte des Schraubenschlüssels, regte die Eltern und noch andere an, sich mit der Frage der Reinkarnation ernstlich zu beschäftigen.

## Die Unbeirrbarkeit der Kinder

Es kommt auch sonst nicht selten vor, dass Kinder mit grosser Bestimmtheit behaupten, sie seien in ihrer letzten oder in einer noch naheliegenden Inkarnation eine bestimmte Person gewesen, und manche machen über ihr früheres Erdenleben sogar genaue Angaben.

Die meisten von ihnen können nicht einmal verunsichert, geschweige von ihrer Behauptung abgebracht werden, und dies nicht wegen ihrer Starrköpfigkeit, sondern weil sie sich der Sache sicher sind. Und viele Kinder, die von ihrer Behauptung frühzeitig Abstand nehmen, tun dies nur der Umgebung – zum Beispiel verständnislosen Eltern – zuliebe oder aus Angst, ausgelacht, beschimpft oder des Lügens bezichtigt zu werden.

Die Richtigkeit der Behauptungen von Kindern über ihre vergangenen Inkarnationen kann in manchen Fällen durch die Rückführung der Beteiligten – eines Elternteiles oder des Kindes selbst, mitunter erst, wenn es erwachsen ist – nachgeprüft werden.

Auf diese Weise erwies sich die Behauptung eines vierjährigen Jungen, er sei mit seiner Mutter „unlängst" verheiratet gewesen, als zutreffend. Der Sohn versicherte zudem der Mutter, er würde sie diesmal nicht heiraten, er hätte, wie er wörtlich sagte, „die Nase voll von ihr", worauf dann die – zunächst etwas verdatterte – Mutter bei ihrer Rückführung auch die Gründe für den erhaltenen Korb erfuhr. Das Verhältnis zwischen Mutter und Sohn war in der gegenwärtigen Inkarnation übrigens wesentlich besser als in der letzten. Lediglich die Vorrangstellung des Sohnes (des einstigen Mannes) der Mutter (seiner früheren Frau) gegenüber blieb in der Gefühlswelt nicht nur des Sohnes, sondern auch der Mutter noch eine Weile erhalten. Sie fühlte sich dem Sohn gegenüber unterlegen.

Auch im Kind lebt ja von der Empfängnis an ein innerlich mehr oder weniger erwachsener Mensch, der in seine neu angetretene Inkarnation aus seinem inneren Wissen, aber auch aus seinem früheren Verhalten, mitunter recht vieles mitbringen kann.

## Hellsichtigkeit

Das erhöhte Erinnerungsvermögen mancher Kinder liegt daran, dass ihre Sensibilität eine Weile noch grösser ist, als später im Jugendalter. Sie kann sich auch in Hellsichtigkeit äussern, und diese kann ihnen, je nachdem, welcher Art sie ist, auch verschiedene, sonst unsichtbare Bereiche erschliessen. Manche hellsichtigen Kinder können zum Beispiel auch Wesenheiten wahrnehmen, welche für die meisten Erwachsenen unsichtbar sind, wie Naturwesen, Jenseitige oder Schutz- und andere Engel (vgl. S. 74).

Da manche Kinder dem Übersinnlichen gegenüber offen sind, brauchen sie Jahre, bis sie in die irdische Realität vollends hineinwachsen. Je weitergehend sich ein Kind in die irdische Realität hineingewöhnt, umso mehr wird auch seine Sensibilität und die darauf beruhende eventuelle Hellsichtigkeit zurückgedrängt. Sie machen gleichsam Platz für die Heranbildung des irdischen Realitätssinnes, ohne den der Mensch hier nicht zurecht kommt.

Daher beginnen die meisten hellsichtigen Kinder diese Fähigkeit im Schulalter einzubüssen. Verdrängt der wachsende Realitätssinn ihre Hellsichtigkeit, so wird das Kind entlastet. Es muss sich nicht „in zwei Welten" zurechtfinden. Später kann sie sich wieder stärker bemerkbar machen. Doch nur relativ wenig Heranwachsende verfügen noch über die Gabe der Hellsichtigkeit.

Kinder, die ihre Hellsichtigkeit oder ihr Wissen um vergangene Inkarnationen bis in das Schulalter oder noch darüber hinaus bewahren und darüber Mitteilungen machen, können sich sogar Schwierigkeiten einhandeln.

In Ländern, in welchen die Kenntnis der Reinkarnation noch nicht verbreitet ist, wissen viele Erwachsene nichts von der Reinkarnation oder wollen sie nicht annehmen. Andere wiederum glauben nicht, dass es Naturwesen oder Engel gibt oder dass unter den auf Erden lebenden

Menschen – für die meisten unsichtbar – auch Jenseitige anwesend sein können. So stossen diesbezügliche Mitteilungen hellsichtiger Kinder nicht selten auf Befremden, Unverständnis oder offene Ablehnung. Dadurch können Kinder, die Naturwesen oder Verstorbene sehen, wie auch jene, die sich noch an ihre früheren Inkarnationen erinnern, in eine Konfliktsituation, ja in seelische Bedrängnis geraten.

Schenken Eltern solchen Mitteilungen ihrer Kinder keine Beachtung oder überhaupt keinen Glauben, so isolieren sie ihr Kind innerlich. Und so manches Kind, das in seinen Mitteilungen nichts als die Wahrheit sagte, wurde schon als Phantast oder sogar als Lügner hingestellt und etliche bisweilen in psychiatrische Behandlung gegeben.

Einen solchen Fall aus dem viktorianischen England, der auch die Schattenseite der Hellsichtigkeit eines jungen Menschen aufzeigt, schilderte dieser selbst in seinem Tagebuch aus den Jahren 1885-87, das erst postum veröffentlicht wurde. Der Verfasser dieser Selbstbiographie gab übrigens seinen Namen nicht preis. (The boy who saw true, hg. Cyrill Scott 1952; dt. Der Junge mit den lichten Augen [3]1990)

Ob nun ein Kind, das sich missverstanden und verunsichert fühlt, da es vielleicht sogar der Lüge bezichtigt und eingeschüchtert wurde, von seiner Überzeugung, selbst wenn es dies behauptet, tatsächlich abgebracht werden kann, ist freilich eine andere Frage. Was der Mensch – ob Kind, ob Erwachsener – weiss, das weiss er, unabhängig davon, ob andere es auch wissen oder glauben. Und das Wissen um eine Tatsache kann mit Überredung oder Drohung nicht verflüchtigt werden, höchstens der Mensch selber kann zum Schweigen gebracht werden. Die meisten Kinder, die solche Erinnerungen haben, vergessen diese, wenn sie heranwachsen, ohnehin von selber.

Auch in Ländern, in welchen das Wissen um die Tatsache der Reinkarnation zum allgemeinen Wissensgut gehört, können Erinnerungen von Kindern an ihre früheren Inkarnationen unwillkommen sein und mitunter Verwirrung stiften. Dieserorts wird in vielen Familien daher nicht gern gesehen, wenn ein Kind über sein früheres Erdenleben genaue Angaben macht (vgl. S. 192-193 u. 218-221).

Kinder können aber nicht nur angenehme oder harmlose Erinnerungen an ihre früheren Inkarnationen haben. Auch sie – manche sogar schon im Säuglingsalter – werden Konfrontationen mit der negativen Seite ihrer Vergangenheit ausgesetzt. Ein Grund, warum manche Kinder unruhig sind, die Nächte durchweinen oder Ängste haben, liegt häufig darin, dass in ihnen Erinnerungen an ihre früheren Verschuldungen aufsteigen. Auch ein Kind kann innerlich erwachsen und somit reif für eine Konfrontation mit seiner herausfordernden Vergangenheit sein.

## Das Déjà-vu-Erlebnis

Es gibt Menschen, die das Gefühl haben, Personen, Gegenstände oder Orte wiederzuerkennen, als wären sie ihnen längst bekannt, ohne dass sie ihnen im gegenwärtigen Leben je begegnet wären. Manche haben das Gefühl, vor Situationen gestellt zu sein, von denen sie meinen, sie bereits erlebt zu haben.

Ein solches Erlebnis ist oft von emotionellen Reaktionen begleitet, und so mancher wurde dabei von Erregung ergriffen oder regelrecht durchgerüttelt und fühlte, dass in seiner Seele dabei etwas ins Rollen gebracht wurde.

Wie kommt es zu einem solchen Erlebnis?

Der Mensch begegnet zum Beispiel einer Person, die er vorher noch nie gesehen hat, und hat dennoch das Gefühl, diesem schon einmal begegnet zu sein oder ihn sogar sehr gut zu kennen; er bekommt einen bisher unbekannten Gegenstand in die Hand und glaubt, ihn wiederzuerkennen; er kommt an einen Ort, an dem er noch nie war, und hat dennoch das Gefühl, er sei einmal oder sogar öfters schon dort gewesen, er hätte bereits den Ort gesehen.

*Schon gesehen* – das ist es, was der französische Ausdruck genau besagt: *déjà-vu.* Es ist das *Déjà-vu-Erlebnis,* das Gefühl, es schon gesehen, es schon erlebt zu haben. Und dieses Erlebnis kann unabhängig davon auftreten, ob jemand die Tatsache der Reinkarnation kennt oder nicht, ob er sie annimmt oder sie nicht wahrhaben will.

Die Begegnung mit einer Person, einem Gegenstand, einer Stätte, die in einer der früheren Inkarnationen für den Menschen eine bestimmte, meistens wichtige Rolle gespielt hat, löst aus dem Archiv der Seele eine Rückerinnerung aus, die dann an die Oberfläche, und das heisst, in das Wachbewusstsein gelangt.

Die Rückerinnerung muss nicht konkret sein, der Mensch muss sich daran nicht genau erinnern können, wo und wann und unter welchen Umständen er der Person oder dem Gegenstand begegnete oder sich am Ort aufhielt. Sie enthält lediglich das Wissen, dass es ein *Wieder*sehen, eine *Wieder*begegnung ist. Dessen ist sich indes der Mensch – vielleicht sogar absolut – gewiss.

Die Begegnung kann angenehm, nichtssagend oder unangenehm sein, je nachdem, was der Mensch in der Inkarnation mit der Person, mit dem Gegenstand oder an der fraglichen Stätte erlebt hat, je nachdem also, welche Gefühle an der Rückerinnerung haften.

Beinahe jedem Menschen widerfährt es mindestens einmal im Leben, dass er eine Person zwar das erste Mal sieht, doch kommt sie ihm irgendwie bekannt vor. In vielen Menschen steigt auch das Gefühl von Sympathie oder Antipathie spontan auf, ohne dass sie wüssten, weshalb. Nun, der Grund für die Zu- oder Abneigung, die sich im Augenblick der ersten Begegnung von selbst einstellt, liegt in früheren Inkarnationen, in welchen sie miteinander zu tun hatten. Setzt sich eine der Personen Rückführungen aus, so kann – so gut wie immer – auch der Grund für die fragliche Sympathie oder Antipathie ermittelt werden.

Auch das Wiedersehen mit Gegenständen oder Ortschaften kann je nach den Ereignissen in einer früheren Inkarnation eine freudige Erregung, Glücksgefühl oder auch Missmut, Angst oder Trauer auslösen und sich sogar traumatisch (schockartig) auswirken. An manchen Stätten atmet der Mensch auf, er fühlt, dass er endlich wieder „zu Hause" ist, an manchen kann er sich beengt, beängstigt fühlen und möchte die Stätte möglichst schleunigst verlassen. Und war der wiedererkannte Ort einst ein „Tatort", gespickt mit Erinnerungen an das eigene ungute, ja böse Verhalten von damals, so kann die Begegnung mit der Stätte einem Alptraum gleichkommen. Im Menschen wird dann das Gewissen geweckt, und das schlechte Gewissen wegen einstiger Untaten kann ihn – auch wenn es unbewusst wirkt – in panische Angst oder sogar in langwährende Depressionen versetzen.

So hielt beispielsweise ein älteres Ehepaar den Aufenthalt an seinem Urlaubsort, an dem es drei Wochen bleiben wollte, nach zwei Tagen nicht mehr aus, da beide – nach eigener Erzählung – ein „unheimliches Gefühl" und nachts Alpträume hatten, so dass sie von Panik ergriffen den Urlaub abbrachen und nach Hause fuhren.

Da sie allerdings als kirchentreue Christen an die Reinkarnation nicht glauben durften, erklärten sie die missliche Angelegenheit mit ihren „überreizten Nerven", obwohl beide sogar recht deutliche Visionen von den einstigen Ereignissen hatten, bei denen sie, wie sie dies zur Kenntnis nehmen mussten, erhebliche Schuld auf sich geladen hatten.

Das *Déjà-vu-Erlebnis* muss nicht unbedingt durch die Begegnung mit einer Person, einem Gegenstand oder einer Stätte in der Tagesrealität stattfinden. Ein Wiedersehen kann sich auch im Traum oder in einer Art von Vision oder Tagtraum ereignen, es kann sogar unvermutet in den gewöhnlichen Alltag, in das Tagesbewusstsein, hereinbrechen. Der Mensch sieht dann plötzlich ein Bild vor sich, das sich (wie Tagesvisionen im allgemeinen) vor das Wahrnehmungsfeld der Alltagsrealität schiebt und diese – meistens für kurze Augenblicke – überdeckt.

Vor allem im Traum ereignet sich ein solches Wiedersehen mit Personen, Gegenständen oder Stätten bei allen Menschen recht häufig, nur wissen die allermeisten nicht, woher es kommt und was es bedeutet. Manche begegnen solchen Personen, Gegenständen oder Stätten, von welchen sie geträumt haben, später in der Realität, also im Wachzustand, und viele erinnern sich dann auch an den fraglichen Traum.

Sehr viele Menschen kommen im Traum immer wieder mit Personen zusammen, die sie im gegenwärtigen Erdenleben zwar nicht kennen, die ihnen dennoch bekannt oder sogar vertraut vorkommen.

Diese Personen können alte Bekannte oder Freunde sein, mit welchen der Mensch in früheren Inkarnationen zusammen war, sie können auch Mitglieder seiner Seelenfamilie sein. Dass er ihnen im Traum und nicht in der Tagesrealität begegnet, liegt entweder daran, dass diese zur Zeit nicht inkarniert und also im Jenseits sind, oder aber daran, dass sie sich zwar inkarniert haben, doch mit dem Menschen aus irgendwelchen Gründen nicht – oder noch nicht – zusammengekommen sind. Die Begegnung findet also in beiden Fällen statt, wenn die Inkarnierten schlafen und ihren physischen Leib verlassen können.

Auch Gegenstände wie Schatullen, Truhen, Schmuck- und Bekleidungsstücke, Möbel, Häuser, Verzierungen oder bestimmte Tiere, Pflanzen oder Steine und vieles andere, womit der Mensch im Traum zu tun hat, können ihm vertraut vorkommen. Ihr Erscheinen im Traum signalisiert den Beginn einer Konfrontation mit Ereignissen aus jener Inkarnation, in welcher sie beispielsweise sein Eigentum waren.

Sie können aber in einer Situation, welche für den Menschen damals eine besondere Bedeutung besass, auch nur nebensächlich vorhanden gewesen sein. Denn damit ein *Déjà-vu-Erlebnis* zustande kommt, brauchen Gegenstände und Ortschaften aus der damaligen Inkarnation nicht unbedingt eine besondere oder gar entscheidende Rolle gespielt zu haben. Sie können lediglich zur Kulisse der Ereignisse gehören. Dem Menschen prägen sich auch völlig unwesentliche Einzelheiten aus dem

Umfeld immer dann tief in sein Gedächtnis ein, wenn das Ereignis, das da stattfindet, für ihn eine besonders hohe emotionelle Bedeutung hat.

Menschen, die Rückführungen machen, finden fast ausnahmslos bestätigt, dass sie mit all dem, was sie in ihrem *Déjà-vu-Erlebnis* wiedererkannt haben, einst tatsächlich zu tun hatten. Und falls sie bei der Wiederbegegnung, beim *Déjà-vu-Erlebnis*, emotionell erregt waren, so erfahren sie auch den Grund dafür.

*Déjà-vu-Erlebnisse* werden übrigens häufig nicht nur von emotionellen Reaktionen begleitet, sondern können auch leibliche Begleiterscheinungen wie Kopfweh, Übelkeit, Schwindelgefühle, Erbrechen und sogar Körperschmerzen hervorrufen, wie auch von angenehmen Gefühlen wie Freude, Frieden, Entspannung und anderen begleitet sein.

Verwunderlich ist es ja nicht. Denn das *Déjà-vu-Erlebnis* erinnert den Menschen an einstige Ereignisse, die für ihn nicht nur damals eine wichtige Bedeutung hatten, sondern deren Folgen noch heute – mitunter überaus deutlich – spürbar sind. Die seelische oder leibliche Reaktion kann ja anzeigen, dass im Menschen noch Unerledigtes aus seiner früheren Vergangenheit vorhanden ist, und mahnt, dass für ihn die Zeit gekommen ist, mit der Aufarbeitung zu beginnen. Oder aber sie erinnert den Menschen an schöne Zeiten in seiner Vergangenheit und macht ihm wieder Mut zum Leben und steigert seine Lebensfreude und damit seine Lebenskraft.

## Rückerinnerungen von Tieren

Auch Tiere können Rückerinnerungen und sogar *Déjà-vu-Erlebnisse* haben, denn auch die Tierseele inkarniert sich immer wieder auf der Erde. Tiere höherer Arten (insbesondere Hunde, Pferde, Esel, Maultiere, Elefanten, Kamele, aber auch Vögel und viele andere Tiere) können bei einer ersten Begegnung mit Menschen erkennen lassen, dass sie ihn schon kennen. Und sie lassen in ihrem Verhalten dieser Person gegenüber auch erkennen, wie sich diese ihnen gegenüber einst verhalten hat: wohlgesinnt und fürsorglich oder aber ungut, ja böse und brutal.

Die erste Reaktion eines Tieres auf einen Menschen muss allerdings nicht das Zeichen dafür sein, dass das Tier diese Person tatsächlich schon aus früheren Inkarnationen kennt. Menschen, die früher mit Tieren zu tun hatten, strahlen ihrem damaligen Verhalten entsprechend aus, und diese Ausstrahlung nehmen heute auch jene Tiere wahr, die mit dieser

Person nie zu tun hatten, auch in früheren Erdenleben nicht. Es gibt Menschen, auf welche Tiere zulaufen und sie freundlich begrüssen, andere werden wütend angefaucht oder angebellt, manche sogar angegriffen, ohne dass sie ihnen gegenwärtig etwas Böses angetan oder ihnen mit einer solchen Absicht entgegen getreten wären. Auch freilebende Tiere – sogar Vögel – können sich Menschen, die im Herzen echte Tierfreunde sind, nähern oder ihre Nähe zulassen, selbst wenn es Fluchttiere sind.

Ob nun ein Tier einem Menschen freundlich oder feindlich gesinnt ist, weil sie in früheren Erdenleben miteinander zu tun hatten, kann erst mit Hilfe von Sensitiven bzw. medial begabten Menschen, allenfalls in Rückführungen mit Sicherheit ermittelt werden.

Manche Tiere scheinen auch Orte wiederzuerkennen, an denen sie in ihrer – vermutlich letzten – Inkarnation etwas Besonderes erlebt haben. War das Erlebnis unangenehm oder gar sehr schlimm (wurden sie da z. B. gequält oder getötet), so kann es sein, dass das Tier beim Vorbeigehen um die fragliche Stelle stets einen grossen Bogen macht. Es gibt Tiere, die an einer bestimmten Stelle – durch eine Gasse oder über ein bestimmtes Feld, an einem Baum oder Busch vorbei – zum Weitergehen selbst mit Gewalt nicht genötigt werden können. Tritt im Verhalten eines Tieres etwas in dieser Art Ungewöhnliches auf, so kann der Grund dafür am sichersten in Rückführungen des Tierhalters oder stellvertretend abgeklärt werden.

Tiere können sich aber auch aus anderen Gründen weigern, an einer Stelle vorbeizugehen. Jede Stelle auf der Erde ist mit (für uns Menschen) unsichtbaren Wesenheiten besetzt, welche jedoch Tiere wahrnehmen können. Hat eine solche Wesenheit (ein Jenseitiger, eine Niedere Wesenheit, ein Naturwesen) eine schlechte Ausstrahlung, so kann die feinstoffliche Gestalt dem Tier selbst dann, wenn es sie nicht oder nicht deutlich wahrnimmt, aufgrund der Schwingung Angst einjagen.

Auch Tiere sind übrigens Konfrontationen mit ihrer früheren Vergangenheit ausgesetzt. Ein Mann fand einmal ein reinrassiges Hündchen (mit Halsband) im Wald zur Winterzeit, das sich unter einem Baum im abgefallenen Laub eingenistet hatte. Es war nicht zum Weitergehen bzw. Mitkommen zu bewegen, und als der Mann das – offenbar auch von innerer Kälte zitternde – Tier auf die Arme nahm, um es für die Nacht mit nach Hause zu nehmen, sprang es hinunter und lief zur Stelle zurück, um sich in seinem „Nest“ zu verkriechen.

Eine Rückführung des Mannes brachte dann zutage, dass der Hund mit einer dunklen Wesenheit aus seiner magischen Zeit konfrontiert wurde, die das Tier, das damals eine Kröte war, auf Geheiss einer Hexe zur Verbreitung von feinstofflichem Gift gebraucht – bzw. missbraucht – wurde. Denn auch Tiere können bei magischen Praktiken – sogar freiwillig – mitwirken.

Die Konfrontation mit dieser Wesenheit fand jedoch für das Tier nicht deswegen statt, damit es selber „bestraft" wurde, sondern weil auf diese Weise die Aufdeckung einer Verschuldung zu Zeiten der Hochblüte der Magie aufgedeckt und vor allem die beteiligte dunkle Wesenheit endlich aus dem magischen Bann erlöst werden konnte.

Es ist ferner bekannt, dass Tiere auf einen Menschen schon aufgrund seines Aussehens reagieren können (z. B. auf grosse oder starke oder dunkle Männer oder auf auffällige, ungewöhnliche Kleidung, Kopfbedeckung, besondere Stimme), ungeachtet dessen, ob er ihnen gut gesinnt ist oder nicht. In solchen Fällen ist es wahrscheinlich, dass das Tier in der gegenwärtigen Inkarnation ein Trauma mit einem ähnlich aussehenden Menschen erlebt hat. Nun projizieren sie den Grund ihrer Angst in jeden Menschen, dem sie begegnen (besonders Wachhunde greifen jeden an, der einen Stock mit sich führt, angebundene Hunde sind im allgemeinen auf jeden allergisch, den sie nicht kennen und der sich ihnen nähert). Es gibt auch sehr aggressive Tiere – sozusagen „auf eigene Faust".

Es scheint, dass die Durchlässigkeit mancher Menschen, mit deren Hilfe sie über Bewusstseinsgrenzen, so auch über die Artgrenzen hinaus wahrnehmen und kommunizieren können, derzeit immer konkretere Formen annimmt. So vermehren sich Berichte, wonach manche Menschen regelrecht mit Tieren sprechen können. Wenn diese – heute noch seltene – Gabe im Zuge der Erhöhung des allgemeinen Bewusstseinsniveaus und der Erweiterung des Verständnishorizontes mehr Menschen zuteil wird, werden wir – vielleicht recht bald schon – über das wahre Innenleben der Tiere wesentlich mehr erfahren und auch das ungewöhnliche Verhalten mancher Tiere verstehen können. (Dafür, dass dies heute schon möglich ist, gibt das Buch von SONYA FITZPATRICK ein Beispiel: What the Animals Tell Me 1997; dt. Was mir die Tiere erzählen – Spirituelle Verbindungen zwischen Mensch und Tier 1998.)

## Informationen aus zweiter Hand

Manche Menschen beziehen ihre Kenntnisse über ihre früheren Inkarnationen nicht aus eigener Erfahrung, sondern von einer Fremdperson. Ihre „Erinnerungen" an frühere Inkarnationen sind eigentlich keine, und was sie über sie erfahren, stammt aus „zweiter Hand".

Es gibt medial begabte Menschen, die – nach eigener Behauptung – in die Vergangenheit anderer schauen können. Und so manche können sogar eine ganze Liste vergangener Inkarnationen für ihre Klienten zusammenstellen.

Gesetzt nun den Fall, dass das Medium redlich und in der Tat fähig ist, in frühere Inkarnationen der Menschen Einblick zu gewinnen und Wahres mitzuteilen, so stellt sich immer noch die Frage, welchen Wert solche Mitteilungen haben.

Es gibt zwei Gründe, die den Wert solcher Mitteilungen über Vergangenes aus zweiter Hand in Frage stellen. Erstens bleiben die meisten solcher Mitteilungen oberflächlich. Sie geben die äusseren Umstände an, vielleicht auch den Ort und die Zeit, und höchstens noch, wie das Schicksal der Person in jener Inkarnation verlief. Sie gewähren aber keinen Einblick (es sei denn, in ganz seltenen Ausnahmefällen) in die innere Situation des Menschen, in seine Gefühlswelt und in seine Gesinnung. Doch nur dann, wenn der Mensch mit seiner damaligen Gefühlslage konfrontiert wird, hat die Erkundung der Ereignisse in früheren Inkarnationen für ihn einen Sinn.

Der zweite Grund ist der, dass sich der Mensch, um auch seine damaligen Gefühle und seine Gesinnung erleben zu können, in diese selber zurückversetzen muss. Aus zweiter Hand kann er sie zwar zur Kenntnis nehmen, es kommt aber selten vor, dass jemand davon auch innerlich berührt wird.

So manche Menschen, die von einem Medium etwas über ihre Vergangenheit erfahren möchten, suchen es, falls nicht gerade aus purer Neugierde, so vielleicht in der Hoffnung auf, Informationen zu erhalten, aus welchen ersichtlich sein kann, wie bedeutsam sie einst waren.

Je grösser allerdings der Anlass, stolz zu sein oder gar hochmütig zu werden, umso kleiner ist die Wahrscheinlichkeit, dass die Informationen, selbst wenn sie der Wahrheit entsprechen, tatsächlich Grund zur Erhöhung des Selbstwertgefühls bieten. Nicht die hohe Stellung, die einst ein Mensch einnahm, entscheidet über den wahren Wert der Inkarnation, sondern der Zweck, wofür er seine machtvolle Stellung benutzte und seine Begabung einsetzte. Und für Taten, auf die er einst so stolz war, schämt er sich vielleicht heute und möchte sie ungeschehen machen.

Eine Liste früherer Erdenleben, vor allem dann, wenn sie nur banal verlaufene Inkarnationen enthält, bringt den Menschen in seiner inneren Entwicklung kaum nennenswert weiter. Selbst wenn die Liste nichts als die Wahrheit enthält, dient sie höchstens zu einer ersten Orientierung und regt vielleicht an, die eigene Vergangenheit selber aufzusuchen.

Wertvoll ist für den Menschen die Erinnerung an frühere Inkarnationen nur dann, wenn er sich in die damalige innere Situation in der fraglichen Inkarnation selbst hineinbegibt, um das Erlebte auf sich wirken zu lassen und ihre Aufarbeitung damit einzuleiten. Dafür aber bieten ihm Rückführungen die beste Gelegenheit.

## Die Hypnose

Um den Menschen mit Sicherheit in seine Vergangenheit zurückzuführen oder die Hindernisse zur Rückführung, die durch unbewusste Widerstände verursacht werden, zu umgehen, greifen manche Therapeuten zur *Hypnose*.

Früher galt die Hypnose vielenorts sogar als die einzige Methode, mit deren Hilfe Erinnerungen an frühere Inkarnationen gezielt herbeigeführt werden konnten. Heute, da für sehr viele Menschen die Möglichkeit besteht, Erinnerungen an frühere Inkarnationen in der Rückführung vollbewusst zu erleben, braucht es keine Hypnose, um an Ereignisse aus früheren Erdenleben heranzukommen.

Es sind ohnehin nicht alle Menschen hypnotisierbar. Für viele Menschen ist demzufolge der Weg, durch Hypnose zu Rückerinnerungen zu gelangen, verschlossen. Überdies garantiert der Umstand, dass sich ein Mensch in hypnotisiertem Zustand befindet, noch keineswegs, seine dabei gemachten Aussagen entsprächen der Wahrheit.

Ein Nachteil der Hypnose ist, dass das Wachbewusstsein desjenigen, der Erinnerungen an frühere Inkarnationen haben soll, in der Hypnose ausgeschaltet ist. Er selber weiss also, solange er sich im hypnotisierten Zustand befindet, überhaupt nicht, was eigentlich geschieht. Er erfährt erst hinterher, aus dem Protokoll der Sitzung oder vom Tonband, was er in seinem Ohnmachtszustand erlebt hat.

Erlebt hingegen jemand die Ereignisse in der Rückführung bei vollem (Wach-)Bewusstsein, also unmittelbar, und reagiert er spontan, eventuell sogar emotionell darauf, so deutet dies darauf hin, dass er sich in jene frühere innere Situation seelisch nun auch jetzt, bei der Rückerinnerung, versetzt fühlt und sie noch einmal, vielleicht intensiver als damals, wiederum durchlebt. In dem Fall leitet er die Aufarbeitung seiner Erlebnisse und somit die Aufarbeitung seiner Vergangenheit bereits ein.

Vorteilhaft bei der Hypnose ist hingegen, dass es mitunter gelingt, verschiedene unangenehme Symptome wie Ticks oder sonstige neurotische Verhaltensweisen mit ihrer Hilfe zu beseitigen. Dies kann gelegentlich sogar „für immer", das heisst für die Zeit der gegenwärtigen Inkarnation, geschehen. Auch Psychopharmaka können störende Symptome zum Verschwinden bringen oder zumindest erträglich machen.

Allerdings beseitigen weder die Hypnose noch die Verabreichung von Psychopharmaka den wahren Grund der fraglichen Störung. Liegt der Grund für ihr Auftreten in der Vergangenheit des Menschen, wie dies bei allen neurotischen oder psychischen Störungen und psychischen Krankheiten der Fall ist, erleidet der Mensch sie also aus dem Grunde, weil er mit seinen Verschuldungen, wenn auch unbewusst, konfrontiert ist, so ist die Wirkung sowohl der Hypnose als auch der Psychopharmaka nur vorübergehend. Vorübergehend ist die Wirkung selbst dann, wenn die Symptome für die ganze Dauer der Inkarnation behoben werden können. Denn der Mensch wird, sobald er dazu fähig (weil innerlich reif geworden) ist, seine Verschuldungen doch zur Kenntnis nehmen und aufarbeiten müssen, wenn nicht in der gegenwärtigen, so in einer seiner künftigen Inkarnationen.

Wir Menschen müssen freilich versuchen, das Leiden dort, wo es möglich ist, zu lindern. Jene, die noch nicht in der Lage sind, mit ihren einstigen Verschuldungen bewusst konfrontiert zu werden, können ihretwegen dennoch bereits ein schlechtes Gewissen haben. Ist dies der Fall, so kann ihr schlechtes Gewissen in ihnen somatische oder psychische Reaktionen auslösen, die sehr unangenehm sein oder sich sogar selbstzerstörerisch auswirken können. So kann unter Umständen selbst eine kurzfristig wirkende Hilfe angebracht sein, auch wenn sie keine endgültige Lösung der Probleme und somit keine endgültige Befreiung von den allfälligen somatischen und psychischen Störungen mit sich bringt.

# 13.

# Die Rückführung

Die einfachste Möglichkeit, sich über die Tatsache der Reinkarnation Gewissheit zu verschaffen, ist, in sich Erinnerungen an frühere Inkarnationen aufsteigen zu lassen. Dies kann mit Hilfe von Rückführungen geschehen.

***Rückführung*** bedeutet das absichtliche Herbeiführen von Erinnerungen an früher Erlebtes.

Wer sich in seiner Rolle in früheren Inkarnationen erlebt, erfährt selber, dass es die Reinkarnation tatsächlich gibt. Er wird überdies früher oder später erkennen müssen, dass der überwiegende Teil seiner Lebensumstände und der Probleme, die er in seinem gegenwärtigen Erdenleben vorfindet, durch sein Verhalten in früheren Inkarnationen bedingt ist.

Damit ist der Sinn der Rückführungen schon umrissen.

## Der Sinn der Rückführungen

Die Rückführung ist kein Unterhaltungsspiel. Sie ist anspruchsvoll und verlangt von jedem eine seriöse innere Arbeit. Und diese ist anstrengend.

Rückführungen dienen keinem Selbstzweck, so dass sie lediglich der Befriedigung von Neugier oder Eitelkeit dienen würden. Falls kein Grund dafür besteht, braucht niemand in Erfahrung zu bringen, was er schon alles war und was er bereits getan hat.

Die Rückführung steht im Dienste der inneren Entwicklung des Menschen. Sie trägt wesentlich dazu bei, dass sich der Mensch seinem Leben immer bewusster zuwenden kann, um es sinnvoll zu leben, es bewusst zu gestalten und damit seine seelische und geistige Qualität zu erhöhen.

Um dies zu erreichen, muss sich der Mensch über sich und über sein Leben Klarheit verschaffen. Klarheit erlangt der Mensch über sich allerdings erst dann, wenn er sich in jeder Hinsicht kennenlernt. Er muss also zur Kenntnis nehmen (und dabei vielleicht eine gerne gehegte Illusion – wie einen Kinderluftballon – aus der Hand gleiten lassen), dass seine Seele nicht nur eine *Lichtseite*, sondern auch eine *Schattenseite* hat.

## Die Schattenseite der Seele

Die Schattenseite allerdings macht vielen Menschen Kummer. Dies wird offensichtlich, wenn – von manchen mit Befremden, falls nicht gerade gereizt – die Frage gestellt wird: „Warum wühlt man bei den Rückführungen stets im Morast und Unrat der Seele herum? Dabei gibt es so viel Schönes auch in unserer Vergangenheit!" Gewiss, das gibt es. Doch die Antwort dürfte auf der Hand liegen: „Will jemand irgendwo – zum Beispiel in seinem Keller – aufräumen, wo wird er die Reinigung durchführen? Dort, wo alles sauber ist, oder in jenen Räumen, Ecken und Verschlägen, wo noch sehr viel Schmutz vorhanden ist?"

Jede Reinigung, soll sie wirklich „säubern", hat zuerst nicht mit dem Reinen, sondern mit Schmutz und Unrat zu tun. Die seelische Reinigung ist aber ein Ausscheidungsprozess, in welchem Kot und Schlacken aus der Seele ausgeschieden werden. Und vielleicht ist es gut, daran zu denken, dass vieles von dem, was uns heute als „Schmutz" erscheint, früher keineswegs so „schmutzig" dünkte, und weswegen wir uns heute vielleicht schämen, uns früher einmal viel Spass bereitet hat.

Es ist dieser Schmutz und Unrat, der „im Keller der Seele" angesammelt ist und einen Teil der Seele – eben: die *Schatten*seite – so dunkel macht.

Heute ist allgemein bekannt, dass gerade diese Schattenseite es ist, die dem Menschen Probleme bereitet. Aus ihr steigen jene Impulse auf, die den Menschen zu Worten und Handlungen veranlassen, die er gar nicht sagen, gar nicht tun möchte und die ihn in unangenehme Situationen versetzen können. „Nicht das Gute, das ich will, tue ich, sondern das Böse, das ich nicht will, führe ich aus", bekennt schon PAULUS (Röm 7, 19, vgl. auch S. 302). Und das Bild, das sich der Mensch von sich selber macht und den Mitmenschen mit Vorliebe vorzusetzen pflegt, wird – dank den Regungen dieser Schattenseite in seiner Seele – immer wieder arg ramponiert.

Je eifriger der Mensch seine Schattenseite zu verstecken sucht, mit umso grösserer Intensität macht sie sich bemerkbar. Möchte er sich der Wirkung der Schattenseite seiner Seele entledigen, so darf er sie nicht unterdrücken wollen. Was unterdrückt, was versteckt wird, wirkt im

Verborgenen weiter und droht, die ganze Seele zu vergiften. Der Mensch muss versuchen, die Wirkung der Schattenseite in seiner Seele zu neutralisieren. Und dafür muss er sich ihr voll zuwenden, ihre Existenz anerkennen und sich genau anschauen, worin der Schatten besteht. Um das aber zu erfahren, muss er auch erkunden, woher und wieso der dunkle Schatten auf seine Seele gefallen ist.

Damit er es erkennen kann, muss er in seine Seele tief hinabschauen, ja, sich in sie tief hinablassen. Lernt er seine Seele, lernt er ihre Schattenseite kennen, so erhellt er sie zugleich. Zur Selbsterkenntnis und zur Erhellung seiner Seele verhilft ihm immer auch die Rückführung.

Die Rückführung ermöglicht dem Menschen nicht nur, sich selbst und somit die Schattenseite seiner Seele kennenzulernen und zu erhellen. Sie ermöglicht ihm, Erfahrungen auch über die Seele im allgemeinen zu sammeln.

Die Erforschung der Schattenseite der Seele ist die unabdingbare Voraussetzung dafür, dass der Mensch *Menschenkenntnis* erlangt. Erst dann, wenn er nicht bloss die Lichtseite seiner Seele zur Kenntnis nimmt, sondern sich auch ihrer Schattenseite zuwendet und sie auch kennenlernt, gewinnt er Klarheit über das *Wesen des Menschen*. Tritt er an die Aufarbeitung seiner Schattenseite heran, so wird er immer mehr Verständnis für sich und seine gegenwärtige Situation aufbringen und dabei echtes Verständnis auch für die Mitmenschen gewinnen können.

Woher fällt aber der Schatten auf die Seele des Menschen? Er fällt von seinem Verhalten, von seinen Taten her auf sie. Immer dann, wenn der Mensch etwas Ungutes tut, wenn er nämlich Leiden verursacht, besudelt er auch seine Seele.

Und da jeder Mensch bereits eine sehr lange Vergangenheit hat, während der er seine Seele immer wieder verunreinigt hat, stammt der grösste Teil des Schattens, der heute auf seiner Seele liegt, aus seiner Vergangenheit.

Will also der Mensch seine Schattenseite erhellen, so muss er vorerst seine Vergangenheit, die seine Seele heute noch überschattet, kennenlernen.

## Vergangenheit und Gegenwart

Es besteht eine weitverbreitete Ansicht, wonach der Mensch seine Vergangenheit in Ruhe lassen und in ihr nicht herumstochern soll. Er sollte sich lieber um seine Gegenwart kümmern und sich seiner Zukunft zuwenden.

Die Vergangenheit soll man also tunlichst „Vergangenheit“ sein lassen.

Dieser Ansicht ist ohne Einschränkung beizupflichten. Man soll sich nicht um die Vergangenheit kümmern, weder aus Neugierde noch um zu erfahren, was für Rollen jemand schon auf der Erde gespielt hat, in der Hoffnung darauf, dass auf der Liste seiner einstigen Identitätskarten auch illustre Namen zu finden sind.

Nun gibt es aber Menschen – und diese sind zahlreich –, die sich bei ihren Rückerinnerungen, wenn sie mit ihrer früheren Vergangenheit konfrontiert werden, überaus betroffen zeigen. Die meisten von ihnen reagieren auf die Konfrontationen emotionell und bei vielen tritt die Betroffenheit offen zutage. Sie werden erregt, aufgewühlt, traurig und so manche weinen oder schluchzen sogar.

Wenn nun emotionelle Reaktionen durch Rückerinnerungen an Vergangenes ausgelöst werden, so stellt sich doch die Frage: „Warum reagieren Menschen auf Erinnerungen emotionell, wenn diese auf eine wesentlich frühere Vergangenheit zurückweisen, die – so würde man meinen – längst abgeschlossen und aus dem Gesichtskreis eines Menschen verschwunden sein müsste?“

Sie reagieren emotionell, weil das nicht der Fall ist. Die Vergangenheit ist noch nicht abgeschlossen. Das einst Erlebte hinterliess in der Seele Spuren, die heute noch nicht verwischt sind, oder auch Wunden, die noch nicht verheilt sind.

Lässt also der Mensch die Vergangenheit in Ruhe, so ist es noch nicht gesagt, dass die Vergangenheit ihn in Ruhe lässt. Es ist meistens die Vergangenheit selbst, die es nicht zulässt, dass sie für alle Zeiten „Vergangenheit“ bleibt.

Sie lässt den Menschen solange nicht in Ruhe, bis er all das, was in ihr nicht ordnungsgemäss war, in Ordnung gebracht hat.

All das, was in der Vergangenheit nicht ordnungsgemäss war und was auch in der Gegenwart noch nicht in Ordnung ist, in Ordnung zu bringen: – dies ist der einzige Zweck der Rückerinnerung, der wahre Sinn der Rückführungen.

Und in der Tat, es zeigt sich beim genauen Hinschauen, dass es überhaupt keinen Belang im gegenwärtigen Erdenleben eines Menschen gibt, auf welchen seine Vergangenheit nicht einen mehr oder weniger grossen Einfluss ausüben würde. Sie bestimmt oder formt Lebensumstände und Schicksale, zwischenmenschliche Beziehungen, Berufe und Tätigkeitsbereiche, mischt sich in fast sämtliche Angelegenheiten des alltäglichen Lebens und mischt in allem mit, was den Menschen auch nur im geringsten angeht. Es gibt im Leben eines jeden Menschen grundlegende Fakten und Ereignisse, die eindeutig von seiner Vergangenheit her bestimmt oder sogar festgelegt sind, so vor allem alles, was schicksalhaft ist.

Oft bedrängt die Vergangenheit den Menschen geradezu, und ihr Repertoire ist wahrlich unerschöpflich. Sie tut es freilich nicht aus Spass oder Bosheit, sondern weil sie dem Menschen helfen will, in seiner inneren Entwicklung voranzukommen. Und der Mensch kommt in seiner inneren Entwicklung dann voran, wenn er sich von allem befreit, was seine Seele belastet und seine Entwicklung verzögert oder verhindert.

Belastet ist er von seiner Vergangenheit. Daher ist es für jeden Menschen unerlässlich, seine Vergangenheit aufzuarbeiten, und das bedeutet, seine Schattenseite aufzuhellen.

Die Rückführungen – somit auch jede kundig durchgeführte Rückführungstherapie – sind also keineswegs auf die Vergangenheit des Menschen, sondern ausschliesslich auf seine Gegenwart bezogen. Nicht die Vergangenheit, sondern die *Gegenwart* des Menschen steht im Vordergrund der Rückführungen.

Bei der Rückführung wird deshalb nie nach der Vergangenheit gefragt, sondern einzig danach, welche Rolle die Vergangenheit im gegenwärtigen Erdenleben des Menschen spielt.

Es ist sogar ein entscheidendes Kriterium für die Echtheit der Rückerinnerungen, dass ein grosser Teil dessen, was sich in der Vergangenheit des Menschen abgespielt hat, einen oft sehr engen Bezug zu seinem gegenwärtigen Erdenleben hat und den Verlauf seines Schicksals weitgehend mitbestimmt (vgl. S. 260-262).

Von der Vergangenheit her fällt aber Licht auch auf die Zukunft des Menschen. Umrisse seiner künftigen Aufgaben, die für ihn vielleicht schon in der gegenwärtigen Inkarnation, vielleicht erst in den nachfolgenden, greifbar werden, zeichnen sich bei den Rückführungen mit der Zeit immer deutlicher ab. Sie lassen erkennen, wie lange schon der Mensch auf diese Aufgaben vorbereitet wurde, und sie lassen zumindest vermuten, worin diese Aufgaben bestehen.

## Die Konfrontation mit der Vergangenheit

Der Mensch wird in seinen Rückerinnerungen, so auch bei der Rückführung, mit seiner Vergangenheit konfrontiert. Konfrontiert wird er mit all dem, was aus seiner Vergangenheit noch heute in ihm lebt, vor allem damit, was ihn noch belastet.

Belastet wird er von dem, was in seinem Leben noch nicht „in Ordnung", in seiner Seele noch „unheil" ist.

„Unheil" ist seine Seele, weil sie verwundet ist. Und sie trägt nicht nur eine Wunde, sie ist mit Wundmalen übersät. Die Wunden können aufbrechen und schmerzen.

Nun sind es nicht nur seelische Wunden, die dem Menschen Mühe machen. Es kann auch eine dichte, dunkle Wolke in ihm aufsteigen, seine Seele umhüllen und ihn in Ängste, sogar in eine tiefe Depression gleiten, ja stürzen lassen.

Woher kommen die Wunden? Was ist diese lastende, dunkle Wolke, die den Menschen depressiv macht?

Um diese Frage beantworten zu können, muss man sich vorerst darüber klar werden, dass alles, was der Mensch erlebt und tut, entwicklungsbedingt ist. Er entwickelt sich seelisch und geistig, was natürlich auch bedeutet, dass er auf den unteren Stufen seiner inneren Entwicklung nicht reif ist und sich demzufolge anders verhält als auf den mittleren, wenn er schon reifer ist, und auf diesen wieder anders als auf den höheren oder höchsten, wenn er innerlich ganz erwachsen ist.

Die innere Entwicklung führt den Menschen von „unten" nach „oben". „Unten" bedeutet in der Entwicklung Unbewusstheit und Gefühlsdumpfheit, „oben" jene Entwicklungshöhe, auf welcher der Mensch Bewusstheit erlangt und das echte Gewissen in ihm erwacht.

Ist er noch unbewusst und dumpf, so nimmt er keine Rücksicht auf andere, wenn er sich behaupten und durchsetzen will. Er hat weder ein Gefühl für die anderen, noch ist er liebesfähig.

Er muss sich jedoch auf den unteren Stufen seiner inneren Entwicklung behaupten und durchsetzen, denn nur dadurch erlangt er Eigenständigkeit. Er tut dies – da er noch gefühlsarm und unbewusst ist – häufig destruktiv und gewaltsam und verursacht viel Leiden. Dabei lädt er natürlich Schuld – und damit negatives Karma – auf sich und verletzt immer wieder seine eigene Seele.

Ist er gefühlsfähig geworden, erwacht in ihm das echte Gewissen, so dass er zwischen *gut* und *böse* unterscheiden und sich immer mehr nach dem Guten richten kann, so wird er auch die Verletzungen an seiner Seele zunehmend deutlicher spüren, wenn die Wunden in ihr aufbrechen.

## Die Wunde an der Seele

Es ist so eine Sache mit der Wunde an der Seele: Die Wunde, die entsteht, wenn die Seele verletzt wird, ist keine Wunde, die von aussen her geschlagen wird. Es handelt sich um eine Wunde, die sich der Mensch selber zufügt, und sie entsteht nur dann, wenn er sich selber verletzt.

Nicht ein anderer verwundet die Seele des Menschen, sondern ausschliesslich er selber. Er verwundet sich dann selber, wenn er anderen – Menschen, Tieren, Pflanzen, der Natur – leiblich oder seelisch Schaden oder Leiden zufügt.

Fühlt sich der Mensch von jemandem „verletzt", so bedeutet dies keineswegs, dass jener an seiner Seele eine neue Wunde geschlagen hätte. Es bedeutet, dass an seiner Seele eine bereits bestehende (selber zugefügte) Wunde lediglich berührt oder von neuem aufgerissen wird, so dass sie nun zu bluten beginnt. Sie blutet, weil der Mensch mit dem Schmerz, den er bei seelischer „Verletzung" empfindet, an seine eigene Verschuldung erinnert wird (und dabei vielleicht auch noch von seinem eigenen negativen Karma etwas abträgt). In ihm lebt – wenn auch unbewusst – die Erinnerung an seine einstige eigene Verschuldung auf, und es ist sein erwachtes, nun an seine einstige Schuld mahnendes schlechtes Gewissen, das ihm jetzt das Leiden verursacht.

Kein Mensch leidet auch nur im geringsten wegen einer anderen Person, jeder ist ausschliesslich selber der Urheber all seiner Schmerzen, all seiner Leiden. (*Schmerz* empfindet der physische Leib, *Leiden* ist seelisch.)

Nun ist aber nicht jede Wunde gleich tief und nicht jede gleichermassen schmerzhaft.

Schadet der Mensch unbeabsichtigt anderen, so fällt auf ihn nur wenig Schuld, vielleicht gar keine. In dem Fall bleibt seine eigene Seele unverletzt oder wird nur leicht verwundet. Schadet er jemandem absichtlich, so schadet er sich selber, unter bestimmten Voraussetzungen sogar gehörig. Er verletzt dabei seine eigene Seele. Es entsteht an ihr eine Wunde, und die Tiefe dieser Wunde ist an seiner Gesinnung bemessen. Steht jemand unter Triebdruck, kann er sich nicht beherrschen, handelt er im Affekt und verletzt er dabei – leiblich oder seelisch – jemanden, so ist die Wunde an seiner eigenen Seele nicht so tief, vielleicht nur oberflächlich. Ist er hingegen voll bösartiger Intention, trägt er Hass im Herzen und will dem anderen absichtlich schaden, ihn sogar vernichten, so wird die Wunde an seiner eigenen Seele tief sein.

Was bedeutet aber konkret eine „Wunde an der Seele"?

## Die physische Wunde

Wird ein Mensch am physischen Leib verletzt, so bleibt sein Astralleib unverletzt. Schlägt jemand einem anderen Menschen zum Beispiel einen Arm mutwillig ab, so verliert dieser den physischen Arm, nicht aber den Arm an seinem Astralleib, und seine Seele bleibt unverletzt. Derjenige hingegen, der dem anderen einen Arm abschlägt, verletzt damit seinen eigenen Astralleib. Dadurch entsteht an seiner Seele – somit an einer bestimmten Stelle seines Astralleibes – eine Wunde. Und diese bestimmte Stelle zeigt an, an welcher Stelle dieser Mensch *verwundbar* geworden ist. Im Beispiel heisst das: Er ist für den Verlust des entsprechenden Armes von jetzt an disponiert. Ist es an der Zeit, so wird er – falls er seine Tat nicht auf andere Weise wiedergutmachen kann – auf derselben Seite und in derselben Höhe seinen Arm verlieren. Meistens erfolgt der Ausgleich in einer späteren Inkarnation. Demjenigen hingegen, dem der (physische) Arm abgeschlagen wurde, heilt damit seine Astralwunde zu, denn er hat durch seine erlittene Verletzung aus seinem negativen Karma entsprechend abgetragen.

## Seelische und geistige Verletzung

Nun kann man Mitmenschen, aber auch Tieren oder Pflanzen nicht bloss am physischen Leib eine Wunde zufügen, sondern sie auch seelisch leiden lassen und somit ihre *Seele verwunden.* Menschen kann man überdies auch *geistig* verletzen.

***Seelisches Leiden*** entsteht, wenn natürliche seelische Bedürfnisse von Menschen oder Lebewesen nicht in ausreichendem Masse befriedigt werden oder ihre Befriedigung absichtlich verhindert wird.

Zu den natürlichen Bedürfnissen des Menschen und auch des Tieres, das in der Nähe des Menschen lebt (Haus- u. Nutztiere), gehört auch das Bedürfnis nach Geborgenheit. Der Mensch, der anderen gegenüber eine Verpflichtung eingeht, übernimmt – bewusst oder unbewusst – auch die Verantwortung für sie und schuldet ihnen Geborgenheit.

Verlässt beispielsweise jemand ohne hinreichenden Grund seine Familie und lässt sie also im Stich, so entzieht er Ehepartner und Kindern die Geborgenheit auch dann, wenn er für sie finanziell weiterhin sorgt. Sie verlieren die *seelische* Geborgenheit. Eltern können ihre Kinder der seelischen Geborgenheit auch auf die Weise berauben und sie seelisch verwahrlosen lassen, dass sie sie zwar in Luxus leben lassen, doch sich keine Zeit nehmen, sich mit ihnen zu beschäftigen.

Das Aussetzen von Kindern (z. B. von Neugeborenen) oder auch von Hunden, die Verweigerung der nötigen Hilfe, die durchaus geleistet werden könnte, Tiere unnötig einsperren, stets im Zwinger halten, Nutztiere nicht „tiergerecht" halten, ungepflegt oder verkommen lassen, Pflanzen nicht die nötige Aufmerksamkeit schenken (um nur einige Beispiele zu nennen) schlagen in der Seele eine zweifache Wunde, einmal eine – dem erlittenen physischen Schaden entsprechende – *physische* und eine – dem seelischen Leiden gemässe – rein *seelische.* Damit disponieren sie den Menschen dafür, dasselbe zu erleiden, was er Mitmenschen oder Mitseelen seelisch – und eventuell auch physisch – zugemutet hat.

***Geistiges Leiden*** wird verursacht, wenn die Entfaltung der geistigen Gaben eines Menschen infolge Nachlässigkeit, Rücksichtslosigkeit oder absichtlich unterbunden oder sogar direkt verhindert wird. Zum Beispiel: Jene, die dazu die Macht haben (Eltern, Amtsträger), vereiteln, dass ein Jugendlicher einen Beruf, zu dem er sich eignen würde, erlernt oder ausübt, eine Lehre oder Ausbildung macht. Dies kann direkt durch Verbot geschehen oder indirekt, durch Unterlassen möglicher Unterstützung. Ebenso gehören zu geistigen Delikten: Intrigen, falsche Beschuldigungen, Rufmord, das Untersagen wissenschaftlicher, kultureller oder sonstiger Tätigkeit (z. B. in Nazideutschland das Schaffensverbot für Vertreter der „entarteten Kunst"), die Verhinderung freier Meinungsäusserung, der Ausübung des Glaubens, der freien Forschung und ähnliches.

Besonders schwerwiegend ist das geistige Delikt, wenn dadurch die innere Entwicklung eines Menschen verzögert oder (für den Augenblick) unterbunden wird. Zu solchen „geistigen Delikten" gehört daher auch die Schwäche, die jemanden zur sogenannten „Unterlassungssünde" verleitet. Diese Schwäche kann einen Menschen hindern, eine Person (beispielsweise den Ehepartner), die sich durch ihr Betragen dauernd verschuldet (im milden Fall z. B. zänkisch ist und das Leben der Familie zur Hölle macht) oder sich ausgesprochen unmenschlich verhält, zurechtzuweisen. Durch die Unterlassung der nötigen Mahnung lässt er also diese Person sich weiterhin „versündigen".

Doch nicht nur das Dulden der Sünde, auch die Verführung zur Sünde verletzt den Menschen *geistig,* und zwar besonders tief. Hierzu gehört das Werk von Demagogen: Verführung der Untertanen zu destruktiven Handlungen, Aufhetzen zum Krieg, zur Rassendiskriminierung, zur organisierten Denunziation, zum Gutheissen von Verbrechen (z. B. des „totalitären Krieges“ oder der Todesstrafe).

Die Delinquenten setzen sich einer entsprechenden geistigen Disposition (= Verhinderung der Entfaltung und Ausübung einer Begabung) aus. Intrigen, Rufmord, Denunziation und viel ähnliches versprühen nicht bloss seelisches Gift, sondern haben auch eine geistige Wirkung und setzen die Urheber in ihrem geistigen Leben Belastungen oder sogar einer existentiellen Notsituation aus (z. B. Vereitelung von Erfolg, Ausbleiben von Anerkennung, im allgemeinen Ablehnung selbst guter Pläne, Vorschläge, wertvoller Werke u. a.). – Bei vielen meldet sich das schlechte Gewissen wegen seelischer und geistiger Vergiftung von Mitmenschen, sobald sie innerlich reifer sind, in der Form von *Phobie* (gr. Furcht; krankhafte Angst). Bei den genannten Verschuldungen tritt die Phobie zum Beispiel in Erscheinung als: Angst vor Schlangen, Spinnen, Mäusen, Insekten u. a. oder Platzangst, Angst in der Menge, in der Versammlung; bei ehemaligen Demagogen als Sprachstörung.

## Die seelisch-geistige Disposition

Bei dem Menschen, der anderen seelisches oder geistiges Leiden verursacht, bleibt zwar der Astralleib unverletzt (den ja nur eine anderen zugefügte *physische* Verletzung verwundet), dafür aber tritt an seinem Astralleib eine gewisse, dem Ereignis entsprechende konstitutionelle Veränderung ein, die in einem weiteren Sinne ebenfalls als „seelische Wunde“ gelten kann.

Diese „Verwundung“ kann man sich folgendermassen vorstellen: Der Astralleib besteht (wie alles) aus Schwingung. Der Leib (gleich welcher Art) ist ein Schwingungspaket, dessen Schwingungsqualität (Amplitude, Frequenz) an bestimmten Teilen durch Einfluss von innen oder von aussen verändert werden kann. Dies geschieht ähnlich wie beim Computer, in den man ein neues Programm einspeichern kann (man könnte es allerdings auch „Virus“ nennen). Der Astralleib wird bei der seelischen oder geistigen Verletzung anderer nun in dem Sinne selber „verletzt“, dass in seinen Schwingungsbestand dieses „neue Programm“ als Disposition eingefügt wird. Dieses „Programm“ enthält den – mehr oder weniger – genauen Ablauf der verursachten Ereignisse, natürlich mit vertauschten Rollen. Später, meistens in einer nachfolgenden Inkarnation, wenn die Zeit dafür reif ist (und das heisst immer: wenn der Mensch zum Erlernen der Lektion tauglich geworden ist), wird das „Programm“ aktiviert, und es tritt im Leben des Menschen jenes Ereignis ein, wozu ihn sein Verhalten in jenem früheren Erdenleben disponiert hat.

Ist der Mensch innerlich reifer und hinreichend sensibilisiert, so wirkt sich die „Umprogrammierung“ immer stärker auch *seelisch* aus. Die vom neuen Programm verursachte zusätzliche Spannung im Netzwerk des Schwingungspakets (= Astralleib) beunruhigt ihn, er fühlt sich unwohl oder sogar deprimiert und hat Ängste, ohne zu wissen, weshalb.

Der Grund dafür ist stets, dass im Menschen das echte Gewissen erwacht ist und ihn an sein früheres Verhalten mahnt. Es ist seine einstige Verschuldung, die ihm ein – vielleicht permanent – schlechtes Gewissen beschert, das ihm allerdings nicht bewusst sein muss. Es kann aber auch sein, dass er sein schlechtes Gewissen bemerkt, ihm jedoch der Grund verborgen bleibt. Das schlechte Gewissen ist das Zeichen dafür, dass die Wunde an der Seele aufgebrochen ist.

Die Wunde an der Seele heilt nur dann und die Disposition zum entsprechenden – seelischen oder geistigen – Leiden löst sich einzig dann auf, wenn der Mensch das Übel, das er anderen zugefügt hat, entweder *passiv* – durch Erleiden desselben Leides – abträgt oder *aktiv* – durch entsprechende Hilfe an Mitmenschen oder Mitseelen – wieder gutmacht.

Solange der Mensch seine Schuld aber nicht aufgelöst hat, läuft er stets Gefahr, ihretwegen Ängsten ausgesetzt zu sein.

Und auch mit der Angst hat es so seine Bewandtnis.

## Angst und Depression

Hat jemand scheinbar unbegründet Angst, zum Beispiel vor Wasser, so hat er nicht deshalb Angst, weil er einmal – oder des öfteren – ertrunken war oder ertränkt wurde, was freilich sein könnte. Er hat Angst, weil er andere ertränkte oder ertränken liess.

Die Angst vor etwas zeigt immer eine eigene Verschuldung an. Der Mensch aber hat davor Angst, dass er dasselbe erleiden muss, was er einst anderen zugefügt hat. Es ist sein schlechtes Gewissen, das ihm – buchstäblich – „Angst macht“. Und die Angst mahnt den Menschen daran, dass er in seiner Seele eine Wunde trägt, die er sich selber zugefügt hat. Beginnt sie zu schmerzen, so beginnt im Menschen auch die

Angst hochzusteigen, und die Angst ist das Zeichen dafür, dass für ihn die Zeit gekommen ist, zu erfahren, woher die Verletzung an seiner Seele stammt.

Die Angst meldet sich in der Regel als *Depression*. Es ist das Schuldgefühl, das den Menschen depressiv macht. Die Depression umhüllt den Menschen wie eine dichte, dunkle Wolke und übt auf ihn einen Leidensdruck aus, damit er sich gezwungen sieht, seiner Schuld nachzugehen und sie aufzudecken. Den „dunklen Passagen“ in seiner Vergangenheit muss sich der Mensch – jeder Mensch – (dies ist unvermeidbar) zuwenden, falls er sich von seiner – oft schwer auf ihm liegenden – seelischen Last befreien möchte.

Dem Leidensdruck wird er ja nur deshalb ausgesetzt, damit er sich genötigt sieht, sich der Mühe der Reinigung seiner Seele zu unterziehen.

Um die Aufgabe der Aufarbeitung früherer Verschuldungen kommt kein Mensch herum. Sie ist ein wichtiger Bestandteil seiner inneren Entwicklung.

Wer aber bereit ist, seine Verschuldungen aufzudecken und aufzuarbeiten, der wird – meistens schon bald nach den ersten Anläufen – von seinen Depressionen zunehmend, schliesslich endgültig befreit.

Denn jede Wunde an der Seele kann geheilt werden und jede wird mit der Zeit auch geheilt.

Doch ist es nicht die Zeit, die die Wunden heilt.

Die Wunde kann ausschliesslich dann geheilt werden, wenn sich der Mensch ihr selber zuwendet, indem er seine Verschuldungen aufdeckt, die Schuld als seine eigene anerkennt, sie bereut und all diejenigen, denen er Leid verursacht hat, innerlich um Verzeihung bittet.

Bei der Aufarbeitung der schuldhaften Vergangenheit helfen die *Rückführungen.*

Deutet also der Mensch das Zeichen richtig, begreift er, dass ihm eine Chance geboten wird, seine Ängste, seine Depressionen, aufzulösen, so kann er sich von der ärgsten Angst, von der schlimmsten Depression, die ihn vielleicht jahrzehntelang verfolgten, mitunter in kürzester Zeit befreien.

Ein Beispiel: Ein Mann im Pensionsalter hat seit seinem frühen Kindesalter Angst vor Wasser. Er kann zwar schwimmen, doch übermannt ihn beim Schwimmen stets ein unheimliches Gefühl, so dass er bald aus dem Wasser steigt.

In einer Rückführung wird er (von seinen Geistigen Führern) angehalten, in einem See bis auf den Grund zu tauchen, wo er Skelette von

Kindern vorfindet. Diese beginnen sich zusammenzufügen, werden zu lebendigen Kindern, die ihn vorwurfsvoll anschauen. Dann sieht er sich (in einer früheren Inkarnation) als ein wohlhabender Mann, der Frauen nachstellt, die von ihm sozial abhängig sind. Er schwängert mehrere Frauen. Diese versuchen, nachdem sie ihr Kind geboren haben, in ihrer misslichen Lage Unterstützung von ihm zu erhalten. Der Mann aber lässt die Kinder im nahen See ertränken.

Dem Mann ging sein Erlebnis in der Rückführung „unter die Haut". Dann sah er aber, wie er in einer späteren Inkarnation als verheirateter Mann für dieselben Kinder (die nun insgesamt von seiner damaligen Frau geboren wurden) auf liebevolle Art gesorgt hat, und er fühlte, wie er – mit einem Schlag – von seiner Angst befreit wurde.

Ein weiterer Aspekt eines solchen Ereignisses: Diese Rückführung fand einige Tage vor Beginn seines Urlaubes statt, in welcher er ans Meer fahren sollte. Die Auflösung seiner Wasserphobie war offensichtlich ein Geschenk seiner Geistigen Führer, damit er das Schwimmen im Meer endlich ungestört geniessen könne. Das tat er dann auch, da er bald schon deutlich merkte, dass die alte Wasserangst von ihm ganz gewichen war.

## Die Rückführungstherapie

Die Rückführungstherapie ist jenes Verfahren, in welchem Probleme und Schwierigkeiten, die sich im gegenwärtigen Erdenleben eines Menschen stellen, mit Hilfe von Rückführungen deutlich gemacht, gelöst und schliesslich aufgearbeitet werden können.

In der Regel besteht die Rückführungstherapie aus Gesprächen, Traumdeutung und der eigentlichen Rückführung.

*Die Gespräche* haben zur Aufgabe, die gegenwärtige – äussere wie innere – Situation des Menschen abzuklären. – *Die Traumdeutung* trägt zur Abklärung der inneren Situation bei und dient als Wegweiser für die Rückführungen. – *Die Rückführungen* ermöglichen, den Problemen, die sich dem Menschen in der Gegenwart stellen, auf den Grund zu gehen. Der Grund der Probleme liegt ja grösstenteils oder vollumfänglich in der Vergangenheit des Menschen. Erst Rückführungen ermöglichen, die Hintergründe der gegenwärtigen Situationen eines Menschen restlos aufzudecken.

Natürlich sind es nicht in jedem Fall nur die Rückführungen, die die Probleme lösen und die Schwierigkeiten beseitigen. Die Rückführungen zeigen lediglich ihren Grund auf und ermöglichen dem Menschen, seine seelische Situation klar zu erkennen und besser zu verstehen. Aufarbeiten muss er die Probleme selber, und nur dann, wenn er sich der Mühe dieser inneren Arbeit unterzieht, kann er sie endgültig aus der Welt schaffen.

## Das globale Bild des Menschen

In der Rückführungstherapie wird mit einem *globalen* Bild des Menschen gearbeitet. *Global* ist das Bild des Menschen, wenn es ihn nicht nur so zeigt, wie er in der Gegenwart in Erscheinung tritt, sondern wenn sowohl seinem Verhalten in der Vergangenheit als auch Chancen für seine Zukunft Rechnung getragen wird. Denn Umrisse der Zukunft, auf welche hin der Mensch in seiner inneren Entwicklung angelegt wird, zeichnen sich heute schon ab.

Der Mensch ist ja nicht nur der, der er heute ist, sondern auch der, der er in all den vergangenen Inkarnationen war, und er ist in einem gewissen Sinne bereits der, der er in seinen künftigen Inkarnationen sein wird.

In der Rückführungstherapie muss diese Tatsache voll berücksichtigt werden. Nur wenn ihm dies bewusst ist, wird es ihm gelingen, ein wahrheitsgetreues, ganzheitliches Bild sowohl von sich selber als auch von seinem Leben zu zeichnen. Sein Leben tritt dann im Laufe der Sitzungen mit steigender Deutlichkeit als ein einheitliches, permanent verlaufendes und zusammenhängendes Ganzes in Erscheinung, das sich auf unzählige, bereits gelebte und noch bevorstehende Inkarnationen erstreckt und in dessen Brennpunkt das gegenwärtige Erdenleben steht, auf welches alle vergangenen und künftigen Inkarnationen bezogen sind.

Die einzelnen Sitzungen tragen zur Erhellung der einzelnen Ausschnitte aus dem gesamten Leben des Menschen bei. Nun greifen aber Erinnerungen häufig, vor allem am Anfang, nur einzelne Inkarnationen oder sogar bloss Einzelszenen aus einer Inkarnation heraus, so dass die einzelnen Rückerinnerungen anfänglich nur selten zugleich auch die bestehenden Zusammenhänge erkennen lassen. Meistens liefern sie nur einzelne Mosaiksteine, die – wie Einzelstücke im Puzzle-Spiel – erst nach und nach zusammengefügt werden können, sobald sich die grossen Linien im sinnvollen Aufbau des Verlaufs der Inkarnationen allmählich herauskristallisieren. – Ähnlich ist es auch mit dem Hologramm-

Puzzle. Je kleiner ein Hologrammteil, desto unschärfer ist alles, je grösser, desto schärfer. Immer aber ist in einem Teilstück eines Hologramms bereits alles vorhanden.

Warum nun die Erinnerung bei der Rückschau gerade an diesen oder jenen vergangenen Ereignissen aufsteigt, hat selbstverständlich einen Grund, und dieser ist immer der, dass jenes Ereignis einen – meistens engen – Bezug zur bestehenden Situation oder zu einem Problem im gegenwärtigen Leben hat oder sogar der Grund dafür ist.

Nicht alle Inkarnationen haben für den Menschen eine gleich grosse Bedeutung. Waren sie für ihn nicht so wichtig oder wurde das Erlebte bereits aufgearbeitet, so braucht er sich nicht mehr um sie zu kümmern. Darin liegt auch der Grund dafür, dass sich der Mensch nur an jene Inkarnationen erinnert, die für ihn persönlich von besonderer Bedeutung waren und deren Folgen für sein jetziges Erdenleben und für seine Weiterentwicklung wichtig sind. Zu solchen können natürlich auch angenehme gehören.

All das aus der Vergangenheit, was keinen Bezug zur Gegenwart hat, taucht in den Rückerinnerungen auch nicht auf.

Je weitergehend sich der sinnvolle Aufbau der Inkarnationen abzuzeichnen beginnt, umso klarer erkennbar tritt auch der sinnvolle Zusammenhang in der Reihe der Inkarnationen hervor, so dass der Mensch die Etappen seines inneren Wachstums und die wichtigen Schritte in seiner Entwicklung immer deutlicher erkennen kann.

Er erkennt dann auch (vielleicht sogar mit Staunen), wie sorgfältig seine innere Entwicklung gelenkt, wie umsichtig er – stets durch fällig gewordene Erfahrungen – geschult und wie zielgerichtet er – im Hinblick auf seine Fähigkeiten – aufgebaut wurde, damit er seine gegenwärtigen wie auch seine zukünftigen Aufgaben durchführen kann.

Einmal werden im Menschen alle Inkarnationen wieder aufleben, aber erst viel später, erst gegen Ende seiner äonischen Entwicklung. Dann wird er sein ganzes, alle Inkarnationen umfassendes Leben in einer Gesamtschau (und da gleichzeitig) übersehen können. (In manchem ist diese Gesamtschau dem „Lebenspanorama“ ähnlich, das der Mensch nach seinem jeweiligen physischen Tod vorgeführt bekommt. In diesem lassen ihm seine Geistigen Führer die Ereignisse des soeben abgeschlossenen Erdenlebens – allerdings von hinten nach vorne – Revue passieren. Anschliessend wird aus seinem Bewusstsein das „Lebenspanorama“ gelöscht.)

## Die Fülle der Erfahrung

Im Laufe der Rückführungen breitet sich vor den Augen des Menschen ein beinahe unendlich grosses Feld von Erfahrungen mit früheren Inkarnationen aus. So wird die Existenz der Reinkarnation als Erfahrungstatsache für jeden klar denkenden Menschen, falls er nicht längst schon darum wusste, nun spätestens in Anbetracht der Überfülle dieser Erfahrungen zur Gewissheit.

Wer Tag für Tag, Stunde für Stunde, nicht bloss eine einzige Woche oder einige Monate oder Jahre, sondern während mehrerer Jahrzehnte Rückführungen unzähliger Menschen beiwohnt oder diese leitet und eine unausdenkbar grosse Vielfalt von sich nie wiederholenden Erlebnissen verschiedenster Art, darunter bis anhin Unvorstellbares, zu Gesicht bekommt; wer die emotionellen Reaktionen der Menschen auf die Konfrontationen, ihr Elend und ihre Zerknirschung angesichts ihrer Verschuldungen in früheren Inkarnationen, hernach ihre Freude, von Angst und Depressionen und von der Last ihres Schuldgefühls endlich befreit zu sein, unzählige Male miterlebt; wer beinahe Woche für Woche verfolgen kann, wie teils erdrückende Lebensprobleme allmählich gelöst werden, wie deprimierte, resignierte, lebensmüde, niedergedrückte, mürrische, missmutige Menschen sich völlig verwandeln, um verjüngt und tatkräftig, unternehmungslustig und voller Lebensfreude, hoffnungsvoll und zuversichtlich einer neuen Existenz entgegenzusehen und zu einem echt liebesfähigen Menschen zu werden; wer vor dem Hintergrund dieses Überangebots von Erfahrung die wahren Zusammenhänge im menschlichen Leben immer tiefer erkennt und begriffen hat, was *menschliche Entwicklung* heisst, der wird bei jeder Diskussion über Existenz oder Nichtexistenz der Reinkarnation nur meinen: „Wer die Existenz der Reinkarnation immer noch ignoriert oder sogar leugnet, der kann ebensogut behaupten, die Erde stünde unbeweglich im Mittelpunkt des Weltalls oder Neugeborene würden vom Storch gebracht.“

# 14.

# Kriterien der Echtheit von Erinnerungen

Jeder Mensch, der sich mit der Reinkarnation nicht bloss oberflächlich befasst, sieht sich früher oder später vor die Frage gestellt, welche Kriterien es für die Echtheit von Rückerinnerungen geben kann.

Echtheit bedeutet für Rückerinnerungen, dass sie in Wahrheit Erinnerungen sind, dass sie also auf tatsächliche eigene Erlebnisse in früheren Inkarnationen zurückgehen.

Es gibt *fünf* solcher Kriterien für die Echtheit. Das erste Kriterium ist *objektiv*, vier weitere haben *subjektiven* Charakter.

Das *objektive* Kriterium besteht in konkreten Hinweisen auf mitunter nachweisbare Fakten, die in den Erinnerungen enthalten sind.

Die als *subjektiv* geltenden sind:

- emotionelle Reaktionen;
- das Gefühl der Befreiung;
- Bezüge zur Gegenwart;
- die persönliche Gewissheit.

Obwohl diese vier rein subjektiv zu sein scheinen, haben sie eine grosse Überzeugungskraft. Ein jeder, der sich Rückführungen regelmässig unterzieht und sich ihnen dabei vorbehaltlos aussetzt, wird von der Echtheit der Erinnerungen, falls nicht gleich von Anfang an, so mit der Zeit doch vollends überzeugt sein. Er wird früher oder später dessen absolut gewiss sein, dass alles, was er in der Rückerinnerung erlebt, einst seine eigenen Erlebnisse waren. Er wird wissen, dass die Person, die er in den Erinnerungen als seine eigene wahrnimmt oder von innen her als Ich erlebt, in einer früheren Inkarnation tatsächlich er selber war. Er erfährt zudem – was besonders wichtig ist – auf Schritt und Tritt, wie das Heutige auf das Damalige bezogen ist, so dass er alles, was für ihn damals von Bedeutung war, in seinem gegenwärtigen Erdenleben auf eine Weise wiederfindet.

Es muss indes selbstverständlich sein, dass ausschliesslich jene Aussagen über die Identität einer Person in früheren Inkarnationen Beachtung verdienen, die aufgrund von tatsächlichen Rückerinnerungen aufgestellt werden.

## Gründe für die Frage nach Echtheit von Rückerinnerungen

Es bestehen nämlich reichlich Gründe dafür, dass bei Rückerinnerungen die Frage nach Echtheit gestellt wird. Das Feld der sogenannten „Esoterik" ist, als wäre es ein Jahrmarkt, mit Billigware geradezu überschüttet, und in manchen Kreisen ist es Mode, berühmte Namen auf die Liste jener Personen zu setzen, von welchen jemand glaubt oder annimmt, in einer früheren Inkarnation selber gewesen zu sein. Grenzen sind einer „naiven" Phantasie da nicht gesetzt, und im Gedränge der Eitelkeit wimmelt es nur so von Menschen, die einst ein Pharao, natürlich Kleopatra, König David oder Maria Magdalena, der Apostel Paulus, wenn nicht gerade Jesus waren. Und falls doch nicht Jesus, so zumindest Dracula, der sich rühmt, „heute noch Blut zu trinken".

Der Mensch mit einer solch illustren Vergangenheit wird sich kaum ausweisen können, ernsthaft bemüht gewesen zu sein, sich im Rahmen seriöser Rückführungen in frühere Inkarnationen zurückzuversetzen. So droht die Flut von illusorischen Behauptungen, Rückerinnerungen generell in Misskredit zu bringen. Wer nimmt schon einen Menschen ernst, der behauptet, einst die Königin Saba, sodann der Apostel Johannes, später ein Kriegsheld gewesen zu sein? Wer zudem die Spreu vom Weizen nicht sondern kann, doch skeptisch veranlagt ist, wird jede Aussage über Rückerinnerungen in denselben Topf werfen und unterschiedslos für Phantasieprodukte oder für die Frucht eines kindlichen Gemütes halten.

Wer dagegen weiss, wie ernst und sinnvoll die innere Arbeit ist, zu welcher auch die Aufarbeitung der Vergangenheit – eventuell mit Hilfe von Rückführungen – gehört, der wird sich zwar von solchen Blüten der Selbstüberschätzung nicht beeindrucken lassen, doch er wird sich – auch im Interesse anderer – genötigt sehen, die Frage nach möglichen Kriterien der Echtheit von Rückerinnerungen zu stellen.

Der erste Schritt dabei ist, die Glaubwürdigkeit der Person zu prüfen, die Angaben über ihre Identität in früheren Inkarnationen macht. Falls die Aussagen Hinweise auf Tatbestände enthalten, so kann – wenn auch nicht in jedem Fall – nachgeprüft werden, ob diese den Tatsachen auch entsprechen (vgl. das Beispiel mit dem Schraubenschlüssel S. 217-218 und weiter unten die konkreten Hinweise). – Es ist ferner möglich, über die Richtigkeit oder Unrichtigkeit der Aussagen mit Hilfe einer stellvertretenden Konfrontation zu entscheiden. Bei stellvertretenden Konfrontationen kann sich jemand, so auch eine Fremdperson, in die fragliche frühere Inkarnation zurückversetzen, die Identitätsfrage abklären und damit erfahren, ob die Behauptungen der Wahrheit entsprechen. Ansonsten dürften die hier aufgezählten Kriterien für eine Prüfung über die Echtheit ausreichen. Auf fraglos naive Behauptungen wird ohnehin kein vernünftiger Mensch eingehen.

Menschen, die bereits eine Ahnung haben, wozu Rückerinnerungen dienen, werden Scheu haben, über ihre einstige gesellschaftliche „Grösse“ allzu leicht Mitteilungen zu machen. Denn sie wissen, dass die Erinnerungen an eine elitäre Position in früheren Inkarnationen, so ehrenvoll und ruhmreich diese damals auch zu sein schien, nur aus einem einzigen Grund aufsteigt. Und dieser ist der folgende: In der Rückerinnerung wird der Mensch nicht mit seiner früheren – vielleicht glanzvollen – Rolle in einer hochgestellten (oder „hochwohlgeborenen“) Gesellschaft, sondern mit der Frage konfrontiert, wozu er seine Stellung und die damit erhaltene Macht benutzt hat. Und derjenige, der sein Verhalten in der Rolle einer hochrangigen oder machtvollen Person schon einige Male erfahren hat oder – vielleicht sehr zu seinem Leidwesen – erfahren musste, wird begriffen haben, wie viel Herzenskälte und Destruktivität sich hinter der Maske von „Rang und Namen“ verbergen kann. Er wird wohl kaum noch Lust haben, sich für einen einstigen kriegslüsternen Despoten oder sonst für jemanden auszugeben, der rücksichtslos oder gar grausam war und nichts anderes als Gedanken an Macht und Ruhm im Kopf hatte und ungerührt über Berge von Leichen stieg.

Ein Mensch also, der sich Rückerinnerungen, möglicherweise auch Rückführungen, mit der Absicht aussetzt, seine Vergangenheit aufzuarbeiten, und vor der dazu nötigen inneren Arbeit der Reinigung, die ja sehr unangenehm sein kann, nicht zurückweicht, wird an die Frage, ob seine Erinnerungen tatsächlich authentisch sind, mit ganz anderen Voraussetzungen herantreten als jener, der sich vom Glanz ruhmvoller Namen noch blenden lässt. Wenn er dennoch nach möglichen Kriterien der Echtheit der Rückerinnerungen fragt, so deswegen, damit er die Lauterkeit seiner eigenen inneren Einstellung sowie die Glaubwürdigkeit seiner Rückerinnerungen auch für sich selber erweisen kann.

## Konkrete Hinweise

Die Rückerinnerungen können konkrete Hinweise auf Lebensdaten, Lebensumstände wie auch auf verschiedene Einzelheiten enthalten.

Diese Hinweise können das persönliche Leben des Menschen in der damaligen Inkarnation betreffen oder allgemeiner Art sein. Im letzten Fall beziehen sie sich auf Kultur, Sitten und gesellschaftliche Gepflogenheiten der Epoche und des Landes, in welchen sich das fragliche Erdenleben abgespielt hat, ferner auf zeitgenössische Ereignisse, etwa auf historische Vorgänge, auf die allgemeine Situation, auf Frieden, Revolution oder auf Kriege, wobei zum Beispiel Haartracht oder Kleidung – Tracht, Uniform, Kopfbedeckung – die Art der Verkehrsmittel auf Land oder Wasser (z. B. Kutsche oder Eisenbahn, Segel- oder Dampfschiff), Baustil, das Vorhandensein oder Fehlen bestimmter charakteristischer Bauten oder Gebäude (z. B. Eifelturm in Paris) eine weitgehend genaue Datierung und Ortung der Ereignisse ermöglichen können.

### Persönliche Hinweise

Rückführungen können den Namen, Lebensdaten, Wohnsitz, mitunter die genaue Adresse, Ort und Umstände des Todes, sogar die Stelle des Grabes und die Inschrift auf dem Grabstein und ähnliche persönliche Daten und Fakten aus der damaligen Inkarnationen des Menschen zutage fördern.

Manche Menschen gehen sogar den in den Rückerinnerungen empfangenen Daten nach, und so mancher von ihnen konnte seinen einstigen Namen in der Registratur der Geburten oder Todesfälle eines Pfarr- oder Gemeindeamtes aufstöbern oder die eigene Grabstätte aus einem früheren Erdenleben aufsuchen.

Mit etwas Zähigkeit (und mit etwas „Glück") können auch bereits verwischte Spuren wiederentdeckt werden. Jemand erhielt zum Beispiel aus der Rückerinnerung die genaue Adresse, unter welcher er in einer Grossstadt im letzten Jahrhundert lebte. Nun war aber auf dem Stadtplan die genannte Strasse nicht zu finden.

Die Person bestieg ein Taxi in der Stadt und fragte den Fahrer nach der Strasse. Der schon ältere Fahrer konnte sich erinnern, dass eine bestimmte Strasse früher tatsächlich jenen Namen trug, inzwischen aber umbenannt worden war. Die Person fand schliesslich das Haus wieder, in dem sie, laut Rückerinnerung, einst lebte. Das Haus entsprach dem in der Rückschau empfangenen Bild im grossen und ganzen noch immer.

### Die Epoche

Viele Menschen können bei ihren Rückerinnerungen Mode und Bekleidung der entsprechenden sozialen Schicht, Möbel- und Baustil, Lebens- und Wohnkultur und sonstige Charakteristika aus der damaligen Zeit minuziös schildern, über die eigentlich nur gute Kenner der fraglichen Epoche Bescheid wissen können.

Eine besondere Klasse stellen jene Schilderungen dar, die Kulturepochen betreffen, über die der heutige Mensch kaum noch etwas wissen kann. Darunter gibt es Kulturen und Epochen, über deren Existenz heute niemand auch nur eine Ahnung hat.

Nicht selten werden Rituale, Kulthandlungen, Moralvorschriften, religiöse Gebräuche und vieles andere mit so grosser Genauigkeit geschildert, dass die Wahrscheinlichkeit für eine spontane Phantasieproduktion nicht sehr gross sein kann. Nun kommen solche Schilderungen gelegentlich in den Rückerinnerungen bei verschiedenen Personen vor, die sich gar nicht kennen. Ihre Angaben können eine – mitunter sogar bis in die Einzelheiten gehende – Übereinstimmung aufweisen. Solche detaillierten Angaben kann freilich nur ein Mensch machen, der einst in jener Epoche lebte.

### Fremdsprachen

Es kommt auch vor, dass Menschen bei ihrer Rückerinnerung Sprachen hören oder sogar selber sprechen, die sie im gegenwärtigen Leben nicht beherrschen oder überhaupt nicht kennen. Den Sinn des Gesagten verstehen sie dennoch, indem sie ihn unmittelbar (telepathisch) übernehmen.

### Mitbeteiligte

Äussere Daten und Einzelheiten können auch bei der Identifizierung von Personen dienlich sein, die in einer früheren Inkarnation eine Rolle gespielt haben. Es ist ja nicht gleichgültig, ob die damals Mitbeteiligten mit dem Menschen, der nun Rückschau hält, auch im gegenwärtigen Erdenleben zu tun haben.

In den meisten Fällen können sie wiedererkannt werden. Gelegentlich sind es die Geistigen Führer, die die Identität eines Mitbeteiligten enthüllen. Kann jemand nicht identifiziert werden, so fast immer aus dem Grunde, weil die fragliche Person nicht oder noch nicht in den Gesichtskreis des Rückschau-Haltenden getreten oder gegenwärtig gar nicht inkarniert ist.

Das Wiedererkennen von mitbeteiligten Personen kann spontan oder erst aufgrund ihrer Eigenart erfolgen. Im ersten Fall weiss der Rückschau-Haltende meistens sofort und mit absoluter Sicherheit, wer diese oder jene Person ist, im zweiten kann er sie aufgrund der äusseren Erscheinung, des Charakters oder von Verhaltensweisen identifizieren. Habitus, Charakter und Verhaltensweisen, selbst das äussere Erscheinungsbild ändern sich kaum oder nur langsam innerhalb der Inkarnationszyklen. Manche Einzelzüge verraten die Identität eines Menschen selbst dann noch, wenn er inzwischen das Geschlecht gewechselt hat, und so manches von seiner damaligen Eigenart kennzeichnet den Menschen noch in seinem gegenwärtigen Erdenleben.

Die Neigung für eine bestimmte Haar- oder Barttracht, für Kleidungs- und Schmuckstücke, für Kopfbedeckung, für die Art, wie sich jemand ein bestimmtes Kleidungsstück anzieht, wie er es trägt, wie er sich bewegt, sogar Ess- und Trinkgewohnheiten und sonstige Einzelheiten charakterisieren einen Menschen über Inkarnationen hinweg und verraten übrigens vieles über seine Mentalität.

## Der Sinn konkreter Hinweise

Es ist – dies versteht sich – nicht das Ziel der Rückführungen, den Menschen über äussere Einzelheiten, Lebensdaten und Wohnorte aus seinen früheren Inkarnationen zu informieren. Konkrete Hinweise auf Fakten kommen in den Erinnerungen beinahe immer nur anfänglich vor.

Kommen solche vor, so haben sie für die Person stets einen Sinn. Der Sinn kann darin bestehen, dass sich der Mensch klar machen kann, warum er – falls dies der Fall ist – gewisse Neigungen, Vorlieben oder Abneigungen Epochen, Ländern, Ortschaften, Kleidungsstücken, Speisen, Getränken, Stilen, Gepflogenheiten und vielem anderen gegenüber hegt. Eine besondere Bedeutung haben emotionelle Beziehungen zu solchen Äusserlichkeiten, wenn diese krankhafte Formen annehmen, wenn der Mensch zum Beispiel süchtig nach etwas ist oder eine angstvolle Abneigung gegen etwas hat.

Hinweise auf Einzeldaten, die vielleicht sogar nachprüfbar sind, steigern natürlich immer auch die Überzeugungskraft für die Echtheit der Erinnerungen. Der Empfang genauer Bilder mit konkreten Hinweisen hilft ferner, sich in die Rückerinnerungen einzuüben, ähnlich wie wenn ein Fernsehgerät auf einen immer besseren Empfang eingestellt wird. Je mehr sich der Mensch der eigentlichen Aufgabe der Rückführung zuwendet – und diese besteht stets in der Auflösung der Last der Vergangenheit –, umso mehr treten auch die konkreten Hinweise auf Fakten in den Hintergrund. Die Bilder werden meistens allgemeiner, weniger deutlich, dafür aber erlebt der Mensch die damaligen Gefühle umso intensiver wieder. Mit der Zeit werden die Bilder immer häufiger von unmittelbaren Eingebungen abgelöst (dem Menschen kommt etwas einfach in den Sinn, er denkt etwas oder an etwas), und dies, damit er sich dem eigentlichen, dem seelischen Gehalt, der Motivation seines Verhaltens und somit der wahren Bedeutung des damaligen Geschehens ohne Ablenkung zuwenden kann.

Die Wiedergabe von äusseren Umständen bei der Rückführung dient letztlich nur dazu, den Menschen in seine damalige *innere* Situation zurückzuversetzen.

## Zeitliche Einordnung der Inkarnationen

Äussere Umstände haben dann eine grössere Bedeutung, wenn es um die – wenn auch nur annähernde – zeitliche Einordnung des damaligen Verhaltens in die Chronologie der Gesamtentwicklung geht. Und dazu kann die Kenntnis der äusseren Fakten verhelfen.

Einzeldaten können für das Erfassen nicht nur der äusseren, sondern auch der inneren Situation wichtig sein. Dies ist oft (aber nicht immer) der Fall, wenn in der Rückschau eine zeitlich naheliegende, zum Beispiel die erst kürzlich abgeschlossene vorangehende oder die vorletzte Inkarnation, thematisiert wird. Da diese für die gegenwärtige Inkarnation eines Menschen noch grosse Bedeutung haben kann, kann die Wahrnehmung von Einzelfakten für die logische Einordnung jener Ereignisse in das heutige (vielleicht schicksalsschwere) Leben entscheidend sein. Lebte jemand zum Beispiel knapp vor und noch während der Zeit des Zweiten Weltkrieges, so ist es für ihn nicht gleichgültig, in welchem Land er lebte und welche Rolle er bei den damaligen Ereignissen spielte.

Erst recht ist es nicht gleichgültig, ob ein Mensch, der erfahren muss, dass er einst ein glühender Anhänger eines Diktators war, unter Napoleon oder zur Römerzeit oder noch früher – oder aber erst gestern – einem „Führer“ diente. War jemand ein militanter Bonapartist oder gar ein Bewunderer eines Despoten im 20. Jahrhundert, so kann er noch etliche Mühe haben, seine – vielleicht karrierenreiche – Vergangenheit heute schon restlos aufzuarbeiten. Ausgeschlossen ist es freilich nicht. Denn obwohl der zeitliche Abstand zur Besinnung und zum Gesinnungswechsel noch recht kurz ist, sind heute schon etliche dabei, sich mit ihrer – während des Zweiten Weltkrieges oder kurz danach beendeten – Inkarnation (die vielleicht ihre letzte war) eingehend auseinanderzusetzen.

Sonst spielen Zeitabstände lediglich in einem grösseren Maßstab noch eine Rolle. Es ist ja nicht ganz gleichgültig, ob eine bestimmte Art von Verschuldung im letzten Jahrhundert, vor einigen Jahrhunderten oder vor Tausenden von Jahren begangen wurde. Im Hinblick auf den Sinn der Rückerinnerungen ist es jedoch letztlich unwichtig zu wissen, zu welcher Zeit, in welcher Epoche, in welchem Land und unter welchen äusseren Umständen sich die Ereignisse abspielten. Jene, die schon in der Lage sind, das Wesentliche unmittelbar zu erfassen, werden sich ohnehin ohne Umschweife zum Kerngehalt der Erinnerungen wenden.

Alles andere, was der Mensch bei seinen Rückführungen sonst noch wahrnimmt oder erfährt, ist letzten Endes nur Beigabe. Das wahre Ziel der Rückführungen ist es, Gefühlsgehalt, Motive und Gesinnung zu erkunden, die für das damalige Verhalten verantwortlich waren, um daraus zu lernen und somit Selbsterkenntnis zu erlangen. Dazu aber trägt die Kenntnisnahme von äusseren Daten nur anfänglich und später nur selten etwas bei.

## Die emotionelle Reaktion

Die meisten Menschen reagieren auf eine Rückerinnerung emotionell.

Der Mensch reagiert aber nur dann emotionell, wenn seine Seele „berührt“ wird. Die Seele kann freilich von nichts anderem „berührt“ werden, als was in ihr auf Resonanz stösst. Auf eine Stimme, die ihr fremd ist, antwortet die Seele meistens überhaupt nicht, geschweige denn emotionell.

Wird der Mensch in der Rückerinnerung mit einer früheren Verschuldung konfrontiert, so wird seine Seele an einer Stelle „berührt“, die verwundet ist. Es ist der Mensch selber, der seiner Seele eine Wunde geschlagen hat, indem er Mitmenschen oder Mitseelen Leiden zugefügt hat (vgl. S. 237-240).

Die Rückerinnerung „legt den Finger“ gleichsam auf die Wunde, und diese beginnt zu schmerzen. Auf den Schmerz reagiert die Seele entweder unmittelbar und somit emotionell oder sie erstarrt.

## Die unmittelbare Reaktion

Nicht jeder Mensch ist in der Tiefe seiner Seele – schon – „berührbar". Der Mensch muss innerlich zumindest ein wenig aufgeschlossen und somit etwas weich geworden sein, damit er echter seelischer Reaktionen fähig ist. Ist der Mensch noch gefühllos, so ist seine Seele wie mit einer – mitunter recht dicken – Eisschicht zugedeckt, die jede Regung unmöglich macht.

Beginnt der Mensch sein Herz zu öffnen, beginnen sich in ihm echte Gefühle zu regen, so wird er immer mehr Verständnis für die Mitmenschen und auch für die Mitseelen haben. Er wird also betroffen sein, falls er in der Rückerinnerung erfahren muss, wie lieblos, ja brutal und grausam er sich ihnen gegenüber verhielt.

Auf welche Weise seine Betroffenheit dann nach aussen hin in Erscheinung tritt, hängt immer auch von seiner Veranlagung, seinem Temperament, seiner Gesinnung und von anderen persönlichen Faktoren, aber auch von seiner jeweiligen inneren Disposition ab. Jeder spricht auf dieselben Eindrücke auf verschiedene Weise an, je nach dem, wie es ihm jeweils zumute ist. Der Mensch reagiert selbst auf Unangenehmes bekanntlich wesentlich gelassener, wenn er entspannt und ausgeruht, als wenn er erschöpft, gereizt oder gar Depressionen ausgesetzt ist, so dass ihn schon das Geringste (selbst ein gutgemeintes Wort) in Wallung bringen kann.

Die Reaktionen können also offen, mitunter heftig zutage treten und sich zum Beispiel in Erregung, Angst, Wut, Tränen, Schluchzen, Schreien, Zerknirschung, Trauer und anderswie äussern. Andere reagieren eher in sich gekehrt, tragen ihre Betroffenheit tage- oder wochenlang (manche sogar noch länger) mit sich herum und sind bedrückt. Sie brauchen Zeit, um all das, was sie über sich erfahren haben, seelisch zu verarbeiten.

Die emotionelle Reaktion kann sich sogar – zum Schein – auch in ihr eigenes Gegenteil kehren und eine Regungssperre verursachen oder aber Angst auslösen und zur Flucht veranlassen.

Durch die Konfrontation mit der Vergangenheit wird stets eine seelische Reaktion ausgelöst, und dies ist ein Zeichen für die Echtheit der Erinnerungen.

## Die Regungssperre

Ist der Mensch innerlich noch nicht hinreichend offen, hat er jedoch bereits Rückerinnerungen oder setzt er sich sogar Rückführungen aus, so ist es möglich, dass er sich von den Konfrontationen mit seinen früheren Verschuldungen überhaupt nicht berührt fühlt und nach aussen hin keine sichtbare Reaktion zeigt.

Ein möglicher Grund ist, dass er noch nicht gefühlsfähig ist und seine Gefühlskälte jede Regung in ihm erfrieren lässt. – Es kann aber auch sein, dass sich der Mensch in seiner inneren Entwicklung noch in der Phase der „Willensstärke" befindet. Diese folgt auf eine Phase sorg- und hemmungsloser Ausgelassenheit. Lebt der Mensch hemmungslos, so handelt er sich durch sein oft rücksichtsloses Verhalten viele Schwierigkeiten ein. Beginnt er dann unter seiner Triebhaftigkeit zu leiden, so setzt er sich mit Hilfe seines Verstandes und seines Willens immer stärker unter Kontrolle, um sich vom Triebdruck zu schützen. Ist die Kontrolle stark und lückenlos, so kann er mit ihr zugleich jede Regung seiner Seele, jede Emotion, jedes Gefühl – wenn auch ungewollt – ersticken. Er reagiert also auf die Konfrontation nur scheinbar nicht.

Es kann auch vorkommen, dass jemand gerade deswegen erstarrt, weil er von der Vergangenheit berührt und in seiner Seele eine Wunde aufgerissen wurde. Die emotionelle Sperre verweist auf eine negative Reaktion: auf die Verkrampfung unter der Schockwirkung der Konfrontation. In einem solchen Fall kann trotz Regungssperre eine sogar sehr heftige Reaktion in einer Tiefenschicht der Seele erfolgen, aber (noch) verborgen bleiben. Sie meldet sich unfehlbar, sobald der Mensch innerlich aufweicht.

Besteht die Möglichkeit, grössere Zeiträume der inneren Entwicklung eines Menschen zu beobachten, wird offensichtlich, dass in der Seele eines jeden Menschen auf jede Konfrontation ausnahmslos eine – wenn auch unter Umständen nach aussen hin nicht sichtbar hervortretende – Reaktion erfolgt.

Gerade diese Tatsache, dass nämlich die Seele auf jede Konfrontation mit Verschuldungen auf eine Weise, wenn auch nicht immer offensichtlich, aber unweigerlich reagiert, verursacht bei zahllosen Menschen erhebliche Schwierigkeiten. Solche unterschwelligen Reaktionen können sie in – scheinbar völlig „irrationale", „unbegründete" – Verhaltensweisen (Neurosen und Psychosen) oder zur Flucht (in Krankheit oder Sucht) treiben.

Jede Reaktion, offen oder verborgen, bezeugt letzten Endes die Echtheit der Erinnerung. Sie zeigt, dass der Mensch seine Identität mit der Person in der fraglichen Inkarnation anerkennt und die Verantwortung für seine Vergangenheit übernimmt.

Die meisten Menschen erkennen – vielleicht nach anfänglichem Zögern – die Schuld auch offen als ihre eigene an. Viele leiden regelrecht unter ihren Taten, sie schämen sich und werden über sich traurig. Es muss ihnen dann, falls sie es noch nicht wissen, erklärt werden, dass ihr Verhalten zu ihrer Entwicklung gehörte, sie sich also gar nicht anders verhalten konnten, ferner dass der Mensch, gleich was er angestellt hat, von den Himmlischen stets in grosser Liebe angenommen wird, und dass es nichts gibt, das nicht wieder in Ordnung gebracht und wieder gutgemacht werden kann.

Bildet sich ein Mensch, der sich in seiner Rückschau von den Erinnerungen tief betroffen fühlt, lediglich ein, dass die dabei erlebten Ereignisse tatsächlich vorgekommen sind und dass er selber jene Person war, mit welcher er sich identifizieren konnte bzw. musste?

## Das Gefühl der Befreiung

Eine weitere Reaktion, die auf eine Konfrontation früher oder später erfolgt, ist das Gefühl, von einer seelischen Last befreit zu sein.

Dieses Gefühl stellt sich in absehbarer Zeit bei allen Menschen ein, die mit der negativen Seite ihrer Vergangenheit, also mit Verschuldungen, konfrontiert werden und die Schuld als ihre eigene erkennen und auch anerkennen.

Ähnlich wie nach einer unangenehmen, vielleicht schmerzhaften Behandlung beim Zahnarzt, selbst dann, wenn die Schmerzen noch andauern, meistens eine grosse Erleichterung eintritt, fühlt sich der Mensch auch nach der Konfrontation bald schon erleichtert, als wäre er von einer schweren Last befreit.

Und dieses Gefühl entsteht nicht allein und in erster Linie, weil die schmerzhafte „Zahnbehandlung“ – die Konfrontation mit der bösen Vergangenheit – nun vorbei ist. Der wahre Grund liegt tiefer.

### Die Entlastung der Seele

In jeder Konfrontation mit einer einstigen Verschuldung geht es darum, schuldhaftes Verhalten seelisch nachzuerleben, um die Schuld geistig aufzuarbeiten und dadurch aufzulösen.

Akzeptiert der Mensch die Schuld, fühlt er, ja weiss er von innen her, dass er selber der Schuldige war, leidet er darunter, dass er sich verschuldet hat, so ist er bereits im Begriff, die Schuld aufzulösen. Die Auflösung der Schuld aber zeigt sich darin, dass sich sein schlechtes Gewissen allmählich beruhigt.

Es ist ja nicht die Rückführung oder die – spontan oder wie immer auftretende – Rückerinnerung, die den Menschen mit seiner schuldhaften Vergangenheit konfrontiert. Eine solche Konfrontation ist im Grunde genommen lediglich der äussere Aspekt eines inneren Vorganges. Eine bedrückende Rückerinnerung kommt nur dann zustande, wenn der Mensch mit seiner Schuld vorher schon *innerlich* konfrontiert wurde.

Es ist das echte Gewissen, das im Menschen erwacht und für diese – innere – Konfrontation sorgt. Es mahnt ihn an seine Verschuldungen in früheren Inkarnationen und ermöglicht dadurch überhaupt erst die Rückerinnerung.

Was den Menschen seelisch belastet, ist also sein schlechtes Gewissen. Indem es sich meldet, kann es im Menschen Ängste entfachen oder ihn depressiv machen.

Meistens weiss der Mensch nicht, woher seine Ängste oder Depressionen kommen. Kann er in seinem zeitlich begrenzten (und auf sein gegenwärtiges Erdenleben beschränkten) Umfeld dafür keine Gründe namhaft machen, so liegt es auf der Hand, dass die vom Gewissen angezeigte Schuld in einer früheren Inkarnation zu suchen ist. Erst die Konfrontation mit der fraglichen Schuld deckt dann den Grund für ein schlechtes Gewissen, Angst und Depressionen auf. Erfährt er nun in der Rückerinnerung, weswegen ihn sein Gewissen quält, welche Schuld er begangen hat, sieht er seine Schuld ein und bereut sie, so befreit er sich nach und nach von seinem Schuldgefühl.

Ist er aber von seinem Schuldgefühl befreit, so fühlt er sich – dies ist selbstverständlich – innerlich erleichtert und frei.

Selbst derjenige, der nach der Konfrontation noch eine Weile bedrückt und angesichts seiner Verschuldung traurig ist, verspürt die Erleichterung und fühlt, wie die Last allmählich von seiner Seele weicht.

Auch jene Menschen, die erst an den Anfängen der Aufarbeitung stehen und noch nichts Genaues über ihre Verschuldungen erfahren, merken in der Regel recht bald (vielleicht sogleich oder kurze Zeit – spätestens Stunden – nach ihrer ersten Sitzung) die seelische Entlastung. Sie ist das Zeichen dafür, dass in den Tiefen ihrer Seele eine Konfrontation vor sich gegangen ist und dass sie begonnen haben, ihre Verschuldungen, falls noch nicht bewusst, so zumindest unterschwellig – unterhalb des Pegels des Wachbewusstseins – aufzuarbeiten.

Menschen, die sich Rückerinnerungen aussetzen, um ihre Vergangenheit aufzuarbeiten, wissen, dass das Schuldgefühl, das ihre Seele belastet, fraglos echt ist.

Gehen sie mit dem nötigen Ernst an die harte Arbeit der Konfrontationen, so erleben sie, wie sie innerlich immer freier, gelöster und seelisch stärker werden. Menschen, die nur auf das Negative fixiert waren, merken, wie sich ihre Einstellung verändert, und ein jeder wird immer mehr Gutes, Schönes, Positives in seinem Leben und in der Welt um sich herum entdecken können.

Seine Ängste versiegen nach und nach, seine Depressionen lassen nach, und falls sie dennoch auftreten, sind sie wesentlich weniger drückend und belastend. Und er wird lernen, mit seinen gelegentlich immer noch auftretenden Depressionen umzugehen und sie produktiv zu machen.

Er muss sich bei einsetzenden Depressionen bewusst machen, dass er nun einer Konfrontation mit seinen früheren Verschuldungen ausgesetzt ist. Und selbst ohne das Wissen, worin seine Schuld letztendlich besteht, kann er sie gleichsam „pauschal" annehmen und Reue empfinden. Denn der Hauptgrund bei jeder Verschuldung ist stets, anderen Leid zugefügt zu haben.

## Der Kräftezuwachs

Gleichzeitig wird nach jeder Konfrontation, und erst recht nach der Aufarbeitung der Probleme aus einer früheren Inkarnation, immer auch ein – mitunter recht grosses – Mass seelischer Energie frei.

Jede Verschuldung absorbiert Energie. Die Energiemenge, die verschlungen wird, nimmt zu, falls der Mensch versucht, die Stimme seines erwachten schlechten Gewissens zu unterdrücken. Je grösser der Druck des Gewissens ist, umso grösser muss auch der Gegendruck sein, um seine Stimme zu ersticken. Dies ist der Grund dafür, dass viele Menschen, für welche die Zeit der Konfrontation mit ihrer Vergangenheit gekommen ist, die aber zögern, sich den Konfrontationen zu unterziehen, seelisch immer mehr entkräftet werden.

Viele nehmen an, Mitmenschen würden ihnen Energie „abzapfen". Sie können von so manchem „Hilfsbereiten" sogar erfahren, wer die „schuldige" Person ist, die sie – als Unschuldsengel – so viel Kraft kostet und ihnen immer wieder Energie wegnimmt.

In Wahrheit ist es der Mensch selber, der im Bemühen, jede Verantwortung von sich zu weisen und jede Schuld den anderen in die Schuhe zu schieben, den Fluss seiner Vital-Energie (die er von unten, von der Erde her erhält) und den Fluss der geistigen Energie (die er von oben bekommt) blockiert. Je schwieriger es für ihn wird, die Mahnung seines schlechten Gewissens zu überhören, umso grössere Energiemengen muss er aufwenden, um sein Gewissen zum Schweigen zu bringen.

Beginnt hingegen der Mensch, den Grund für seine Energieschwäche in sich zu suchen, und ist bereit, Verantwortung für sich zu übernehmen, so werden seine Kräfte wieder zunehmen.

Erst recht verhilft dem Menschen die systematische Aufarbeitung seiner Vergangenheit zu einem ständigen Zuwachs an Energie. Er fühlt sich dann im Laufe der Rückführungen nicht nur immer freier, sondern verspürt auch das ständige Anwachsen seiner Kräfte.

Das Gefühl der Befreiung, der Befreiung von einer schweren Last – der Schuldenlast –, und die Erfahrung des Kräftezuwachses nach jeder produktiv gemachten Konfrontation lassen den Menschen erkennen, dass über die Echtheit von Rückerinnerungen keine Zweifel bestehen können.

## Der Bezug zur Gegenwart

Das wichtigste Kriterium für die Echtheit der Erinnerungen ist ihr enger Bezug zur Gegenwart.

Es zeigt sich, dass das Hauptgewicht der Beweislast, unter dem auch der letzte innere Widerstand so mancher Menschen gegen die Annahme der Reinkarnation zusammenbricht, die Tatsache ist, dass sich wesentliche Momente der Vergangenheit auch noch in der Gegenwart bemerkbar machen, und dass vieles davon, was einst im Menschen lebte, in ihm heute noch lebendig ist. Aufgrund dieser Erfahrung im Laufe der Rückführungen sieht sich auch der anfänglich noch Zweifelnde immer mehr veranlasst, Bilder seiner inneren Wahrnehmung für echte Erinnerungen zu halten.

Viele Menschen, die sich Rückführungen unterziehen, haben auf der Suche nach Lösungen ihrer gegenwärtigen Probleme bereits einen langen Weg hinter sich, und die meisten von ihnen nahmen dabei auch die Hilfe der traditionellen Psychologie in Anspruch.

Diese ermöglicht vielen Menschen, anstehende Probleme richtig anzupacken, manche auch aufzulösen und Schwierigkeiten aus dem Weg zu räumen. Etliche Probleme können allerdings nur halbwegs gelöst werden oder bleiben ungelöst. Und diese sind – wie sich dies erst im Laufe der Therapie oder der Auseinandersetzung mit den Problemen zeigt – meistens die schwierigsten.

Wird ein Mensch in die Kindheit seines gegenwärtigen Lebens zurückgeführt, lernt er auch grosse Teile der Schattenseite seiner Seele kennen, so stösst er immer noch nicht auf den wahren Grund vieler seiner Probleme und Schwierigkeiten.

Das ist nicht überraschend. Denn der wahre Grund solcher Probleme und Schwierigkeiten liegt ausserhalb der Reichweite der traditionellen Psychologie, also nicht im gegenwärtigen Erdenleben, sondern in vergangenen Inkarnationen.

Unterziehen sich nun diese Menschen Rückführungen, so machen mit der Zeit ohne Ausnahme alle eine eindrückliche Erfahrung: Sie merken, wie sie den Kern ihrer Probleme begreifen können und dass sich dabei die Schwierigkeiten, mit denen sie sich seit langem herumschlugen, mitunter in kurzer Zeit wie von selbst auflösen. Es wird ihnen dabei klar, wie weitgehend Verhalten und Motive, die für ihre Lebensführung in früheren Inkarnationen ausschlaggebend waren, auch in der Gegenwart noch eine nicht zu unterschätzende Rolle spielen.

Das Verhalten in der Vergangenheit wirkt sich erst recht auf die zwischenmenschlichen Beziehungen in der Gegenwart aus. Geht jemand, der von einer Beziehung belastet ist, Differenzen, Streitigkeiten, Abhängigkeiten oder Hörigkeit, denen er heute ausgesetzt ist, auf den Grund, so können sich seine Verhältnisse bald schon ändern.

Erfährt ein Mensch in einer Rückführung den Grund, warum seine Beziehung zu einer bestimmten Person gestört oder belastet ist, so kommt es häufig vor, dass die Beziehung von derselben Stunde an wesentlich besser wird. Und dabei braucht der Betreffende mit der anderen Person nach der Rückführung über das Erfahrene (auf der Verstandesebene) nicht einmal zu reden, was übrigens in vielen Fällen auch gar nicht möglich wäre.

Belastet ist eine zwischenmenschliche Beziehung in jedem Fall infolge gegenseitiger Verschuldungen.

Kann jemand seine Verschuldung der anderen Person gegenüber erkennen und einsehen, fühlt er sich sogar von seinem damaligen Verhalten betroffen, so wird von der Beziehung gleichsam ein dunkler Schleier – der Schatten des Karmas – weggezogen, so dass auch der andere von einer Last selbst dann noch befreit wird, wenn er sich keinen Rückführungen unterzieht und (auf der Verstandesebene) nichts von den damaligen Kontroversen erfährt (und vielleicht auch von der Reinkarnation nur vom Hörensagen weiss).

Die Folge ist nicht selten, dass diese Person sich dem Betroffenen zuwendet und ihre Haltung jenem gegenüber – mitunter völlig – ändert, in der Regel offener und freundlicher wird. Überaus viele, die sich Rückführungen unterziehen, erfahren die Verbesserung ihrer bisher unerfreulichen Beziehungen zu manchen Mitmenschen. Und auch „Wunder“ ereignen sich immer wieder.

Dafür ein Beispiel, das nicht allein dasteht: Die Beziehung einer Frau zu ihrem inzwischen erwachsenen Sohn, der bereits eine eigene Familie hatte, war seit langen Jahren so schlecht, dass der Sohn der Mutter nicht einmal erlaubt hat, ihre Enkelkinder kennenzulernen. Die Frau erfuhr nun bei einer Rückführung den Grund. In einer früheren Inkarnation setzte sie diesen Sohn aus, der auch damals ihr Kind und gerade geboren war. Das Kind kam als Findling in ein Waisenhaus, und dass das Leben in den damaligen Waisenhäusern nicht gerade fröhlich war, dürfte bekannt sein. Die Frau war bei der Rückführung über ihr einstiges Verhalten tief betroffen und bat den Sohn innerlich um Verzeihung.

Am nächsten Tag rief der Sohn, der ja von den Rückführungen der Mutter nichts wusste und auch kein Interesse für die Reinkarnation hatte, die Mutter gleichsam „aus heiterem Himmel“ an und lud sie ein, ihre Enkelkinder – wie er wörtlich sagte – „endlich einmal kennenzulernen“. Seitdem zeichnet sich die Beziehung zwischen den beiden Menschen durch Herzlichkeit aus.

Diese gar nicht so selten vorkommenden Ereignisse zeigen zum einen, in einem wie hohen Masse das Vergangene in die aktuelle Gegenwart hineinwirkt, zum anderen, wie weitgehend der Mensch durch die Aufarbeitung seiner Vergangenheit seine Probleme lösen und sein Leben in Ordnung bringen kann.

Wer also erlebt, wie – manchmal schon aufgrund einer einzigen Rückführung – sein schlechtes Verhältnis zu jemandem in kurzer Zeit zum Besten gewendet wird, der wird auch die Bedeutung der Rückführungen und damit die Rolle der Vergangenheit in der Gegenwart richtig einschätzen können.

Häufen sich bei Rückerinnerungen die Erfahrungen, dass die eigene Verhaltensweise und bestimmte Ereignisse in früheren Inkarnationen in das gegenwärtige Erdenleben hineinwirken, so wird sich mit der Zeit jeder Mensch genötigt sehen, all das, was er bei seinen Rückerinnerungen oder bei den Rückführungen wahrnimmt und erfährt, für echte Erinnerungen zu halten.

## Die Gewissheit

Die meisten Menschen, die sich Rückerinnerungen aussetzen, haben von Anfang an die Gewissheit, dass diese tatsächlich Erinnerungen an ihre eigenen, einst von ihnen selbst gelebten Inkarnationen sind. Sie sind überdies überzeugt, in den Inkarnationen sich selber erlebt zu haben und Mitmenschen aus ihrem gegenwärtigen Erdenleben begegnet zu sein.

### Die eigene Identität

Für diese Menschen besteht über ihre einstige, jeweilige Identität in der fraglichen Inkarnation nicht der geringste Zweifel. Es ist für sie gleichgültig, ob sie sich in der Rückführung in der Ich-Form erfahren oder sich gleichsam von aussen zuschauen. Sie wissen mit absoluter Sicherheit, dass sie mit jenen Personen, die sie als sich selber erleben, tatsächlich identisch sind.

Die Gewissheit, früher schon gelebt zu haben und dabei jeweils eine bestimmte Person gewesen zu sein, haben oft auch Kinder (vgl. S. 218-219).

Das untrügliche Gefühl für die Echtheit der Erinnerungen erfasst mit der Zeit auch jene Menschen, die sich zwar Rückerinnerungen unterziehen, doch eine Weile noch zwischen der Annahme, die Bilder seien Produkte ihrer eigenen Phantasie, und der Überzeugung, sie seien echte Erinnerungen, hin und her schwanken. Manche hoffen sogar regelrecht, dass die Bilder bei der Rückführung nur Erzeugnisse ihrer Phantasie, folglich ohne Realitätsbezug sind. Dass sie nach diesem Strohhalm greifen, ist verständlich, sind doch die – meistens unbewussten – Widerstände gegen die Konfrontation mit früher begangener Schuld (natürlicherweise) gross, und jeder Mensch hat Mühe, sogar Angst, zuzugeben, dass er die erfahrenen Verschuldungen einst selber begangen hat.

Es ist allerdings völlig belanglos, ob jemand das Erfahrene als wahres Ereignis aus einer früheren Inkarnation ansieht oder an dessen Echtheit zweifelt. Die Wahrheit wirkt immer, und sie wirkt unabhängig davon, ob der Mensch sie einsieht und gelten lässt oder nicht. Auch bei der Rückerinnerung tut sie ihr Werk unbeirrbar selbst dann, wenn jemand – noch – meint, in der Rückschau sei alles Erfahrene nur ein Produkt seiner Phantasie.

Und auch durch die Phantasie kann sich die Wahrheit in die Seele schmuggeln. Auch das Phantasierte ist ein unbewusstes Erzeugnis der Seele und kommt nicht willkürlich, sondern aufgrund ihres jeweiligen Zustandes und innerer Erfahrungen zustande. Die Phantasie kann zur Klärung der Wahrheit ebenso beitragen wie die Erinnerungsbilder. (Vgl. S. 95)

Sollte der Mensch dennoch zögern, die Echtheit seiner Rückerinnerungen anzuerkennen, so zögert er nur die bewusste Aufarbeitung seiner Konfrontationen und damit die Reinigung der Seele hinaus. Wichtig ist, dass er die Rückführungen trotz seiner Vorbehalte nicht abbricht. Dann bleiben auch die günstigen Folgen seiner inneren (vorderhand vielleicht steril scheinenden) Arbeit nicht aus. Denn die Rückführungen wirken in jedem Menschen unterschwellig auch dann, wenn jemand anfänglich noch Widerstände gegen die Annahme der Wahrheit hegt. Setzt er die Rückführungen fort, so versiegen seine Zweifel beinahe unmerklich von selber.

Die Gründe dafür sind: *Erstens:* Seine Einsicht in die engmaschige Verwobenheit seiner Gegenwart mit der Vergangenheit vertieft sich bei jeder Rückführung, er wird also immer deutlicher merken, wie machtvoll seine Vergangenheit in sein gegenwärtiges Erdenleben hineinwirkt. – *Zweitens:* Er wird durch seine Bemühungen, das innere Wissen hochsteigen zu lassen, zunehmend sensibilisiert und somit für die Wahrnehmung und Anerkennung von Tatsachen, und seien sie für ihn noch so unangenehm, empfänglicher. – *Drittens:* Die Kraft des inneren Wissens in seiner Seele, in deren Archiv die Erinnerungen lagern, überwindet letztlich jeglichen Widerstand gegen die Wahrheit.

## Identität von Mitmenschen

Gewissheit kann aber der Mensch bei den Rückführungen nicht bloss über seine eigene Identität in früheren Inkarnationen erlangen. Alle, die Rückerinnerungen haben, erkennen viele heutige Familienmitglieder, Freunde und Bekannte unter den damaligen Mitmenschen und sind über deren Identität absolut sicher.

Solche ehemaligen Zeitgenossen, die der Mensch damals – vielleicht sogar gut – gekannt hat, muss er in der gegenwärtigen Inkarnation nicht unbedingt kennen. Nicht alle diese Personen sind heute inkarniert und auch die Inkarnierten müssen nicht in erreichbarer Nähe des Menschen leben.

In manchen Fällen kann die Begegnung mit einer bestimmten Person in einer Rückschau von besonderer Bedeutung sein. Lebte jemand in einer früheren Inkarnation beispielsweise in der Nähe einer historischen Persönlichkeit, deren Existenz heute bezweifelt wird, und „begegnet“ er ihr in einer Rückführung „wieder“, so hat seine Rückerinnerung den Charakter eines Zeugnisses. Sie bezeugt, dass diese Person tatsächlich gelebt hat. Wird deren Existenz in Abrede gestellt, so weiss der Betreffende mit Sicherheit, dass dies zu Unrecht geschieht.

Während zum Beispiel so manche heute noch in Frage stellen, dass JESUS überhaupt gelebt hat, erfahren etliche, die in seiner Nähe inkarniert waren, in ihren Rückerinnerungen an jene Zeit nicht nur, dass er tatsächlich existiert hat, sondern erleben auch die – für viele überwältigende – Art seiner (damaligen) Gegenwart und viele auch die unbeschreibliche Ausstrahlung seiner Persönlichkeit. Die Gewissheit darüber, dass JESUS wirklich gelebt hat, wird ihnen wohl niemand nehmen können.

Es gibt auch Menschen, die in einer Inkarnation, die noch *vor der Zeit* von JESU Erdenleben stattgefunden hat, JESUS auch damals schon (als er noch nicht „JESUS" war) begegneten und daher wissen können, dass auch er sich schon öfters inkarniert hat. So wissen manche – als ehemalige Zeitgenossen JESU in einer früheren Inkarnation – zum Beispiel, dass er König DAVID war (wie dies auch manche Kabbalisten behaupten). Und es gibt (in Rückerinnerungen) „Augenzeugen" dafür, dass er vorher schon (vor DAVIDS Zeit) in zahlreichen Inkarnationen auf der Erde gelebt hat.

Tatsachen stellen einen Aspekt der Wahrheit dar. Und alles, was wahr ist, wirkt im Menschen. Gewissheit über eine Tatsache zu haben, ist keine rein subjektive Frage, die nur die Person selbst angeht. Die Gewissheit kann gerade deshalb unerschütterlich sein, weil sie das Wissen um einen objektiven Tatbestand widerspiegelt und also auf allgemein erfassbarer Wahrheit beruht.

Die Wahrheit setzt sich in allen Belangen stets durch. Es ist lediglich eine Frage der Zeit, wann ein Mensch zu ihrer Erkenntnis fähig, zu ihrer Beachtung und Anerkennung reif und schliesslich dazu auch bereit ist.

## Die Gewissheit über die Höhere Führung

Gewissheit erlangt der Mensch im Laufe der Auseinandersetzung mit seiner Vergangenheit und seiner Schattenseite auch noch in einem anderen Sinne.

Erfährt er, wie sinnvoll sein Leben Schritt für Schritt aufgebaut ist, damit es ihn zu einem einzigen Ziel, zur Vollendung seiner seelisch-geistigen Entwicklung und somit zur Vervollkommnung seiner Seele führe, so wird er auch Gewissheit über die Höhere Führung erlangen.

Die Rückführungen und die Auseinandersetzung mit der eigenen Vergangenheit stehen nicht für sich, wie auch die Reinkarnation kein Selbstzweck ist. Das wiederholte Einsteigen in das irdische Leben ermöglicht dem Menschen, die Rückerinnerungen drängen ihn, den spirituellen Weg zu betreten und auch zu gehen – jenen Weg, der ihn zu Gott führt.

## Der Grund der Rückerinnerungen

Der entscheidende Grund der Rückerinnerungen und der einzige Sinn der Reinkarnation ist, die Einsicht in die Höhere Führung, letzten Endes die Erkenntnis Gottes zu ermöglichen. Jeder Mensch, der in die Phase der Konfrontationen mit seiner Vergangenheit gelangt, erfährt früher oder später, dass er von oben: von seinen Geistigen Führern, geführt wird. Und er wird mitunter mit strenger Hand geführt, damit die Härte von ihm weicht, die „Kruste" von seinem Herzen nach und nach abbröckelt, so dass er für die Höhere Führung und somit für Gott immer empfänglicher wird.

In dem Masse, wie er sich Gott öffnen kann, öffnet sich ihm eine immer tiefere Einsicht in die Sinnhaftigkeit seines Lebens und in den Sinn des Lebens überhaupt. Damit steigt in ihm auch die Gewissheit, dass er in den zahllosen Inkarnationen auf dem Weg eines in jeder Phase sinnvollen Lebens geführt wird, dass alles, was geschieht, seinen Grund hat, und dass der Grund bei jedem Ereignis nur ein einziger ist: Alles, was dem Menschen zustösst, alles, was mit ihm geschieht, ereignet sich ausschliesslich darum, damit es ihn Gott näher bringt.

## Die Geborgenheit

Jeder, der gelernt hat, sich den Konfrontationen mit seiner Vergangenheit, seinen Rückerinnerungen, vorbehaltlos auszusetzen, spürt, wie er nicht bloss angefordert, sondern auch geborgen ist. Und dieses Gefühl der Geborgenheit nimmt mit der Zeit allen Ängsten, Depressionen und Widerständen zum Trotz überhand. Er lebt dann im Gefühl, in Gottes Hand aufgehoben zu sein. Und wie ihm niemand und kein Argument die Gewissheit der Echtheit seiner Rückerinnerungen nehmen kann, so kann niemand und keine Macht seine Gewissheit erschüttern, dass Gott ihn annimmt, wie er ist, dass er von Gott geliebt und von ihm persönlich geführt wird.

Erkennt er überdies (und ein jeder wird es früher oder später erkennen), dass jeder Mensch, ob er dies schon weiss oder (noch) nicht, in Gott geborgen ist, so wird er in der Freude leben können, dass die Gewissheit, in Gott geborgen zu sein, einmal ausnahmslos jedem Menschen zuteil wird.

Er wird aber noch in einer weiteren entscheidenden Hinsicht Gewissheit erlangen. Er wird wissen, dass dieser spirituelle Weg, den jeder Mensch einmal begeht, für den Menschen überhaupt erst durch Jesus begehbar gemacht worden ist, und dass er, der Herr, es ist, der jeden Menschen – ebenfalls persönlich und einzeln – zu Gott führt.

Er wird dann keine Mühe mehr haben, die Reinkarnation mit seinem – von Tradition und irdischer Autorität befreiten – christlichen Glauben in Einklang zu bringen.

Er wird es tun können, sobald er die Probleme, vor welche das traditionelle Christentum heute gestellt ist, klar erkennt und deren Lösung nicht von einer etablierten christlichen Instanz oder Institution erwartet. Er wird selber wissen, wie er mit ihnen umgehen kann, da er die wahre Gestalt Jesu schon selber wahrnehmen und den wahren Gehalt seiner Lehre selbständig und tief genug erfassen kann.

# Vierter Teil

# Das Christentum und die Reinkarnation

# 15.

# Das Christentum und das Jesus-Bild

Es ist eine Tatsache, die wohl nicht zu übersehen ist, dass heute immer mehr Menschen, die an sich religiös sind und an den Lehren des traditionellen Christentums früher vielleicht recht viel Gefallen hatten, mit seinen Glaubensvorstellungen nicht mehr einverstanden sind.

Zu viele Glaubensthesen widersprechen der beobachtbaren und erfahrbaren Wirklichkeit, zu viele Erklärungen von Glaubensartikeln klingen als bloss „nette Formulierungen", sobald sie jemand in sein tägliches Leben einbeziehen und sich nach ihnen richten möchte. Und nur zu oft müssen Christen erfahren, dass Seelsorger ratlos sind, wenn von ihnen eine Erklärung über den Sinn von Ereignissen erwartet wird, derentwegen Menschen in grösste seelische Not und Verzweiflung geraten sind. Was trösten schon Trauernde, die vom Verlust eines geliebten Menschen tief betroffen sind, die bei Abdankungen so oft wiederholten Worte: „Meine Gedanken sind nicht eure Gedanken, und eure Wege sind nicht meine Wege, spricht der Herr" (Jes 55, 8)? Der Mensch fühlt sich da eher zurückgestossen und ausgeschlossen, als in Liebe angenommen. Und ist er ratlos, so entfremdet er sich allmählich auch von seiner Religion, die ihm in entscheidenden Augenblicken seines Lebens keine Hilfe bieten kann.

Der Grund dafür, dass viele – ehemalige – Christen meinen, in anderen Religionen, vor allem im Hinduismus, im Buddhismus oder im Islam, eine neue religiöse Basis zu finden, ist nicht unbedingt in der Anziehungskraft dieser Lehren zu suchen. Es liegt sehr oft daran, dass sie das traditionell-christliche Glaubensangebot als schal empfinden.

Und viele Menschen, die Schwierigkeiten mit ihrem christlichen Glauben oder mit ihren Kirchen haben und sich vom Christentum entfernen, wenden sich auch von JESUS selbst ab.

## Der Christ und Jesus

Es gibt zwei Gründe, warum für einen Christen, der früher JESUS gegenüber vorbehaltlos aufgeschlossen war, JESU Gestalt verblasst. Der eine Grund liegt darin, dass es keine Alternative zur offiziellen Glaubenslehre gibt, welche JESUS und seiner Lehre würdig wäre; der andere in der christlichen Theologie, die je nach ihrer Richtung diverse Bilder von JESUS vorsetzt, die auch völlig entgegengesetzt sein können.

### Der Mangel an Alternativen

Viele unter jenen, die vom Christentum enttäuscht sind, glauben, wenn sie die christlich-orthodoxe Lehre für unannehmbar halten, so gäbe es nichts mehr, was sie für JESUS selbst einnehmen könnte. Und sie kehren JESUS den Rücken.

Sie tun dies aus zwei Gründen: *Erstens,* weil sie JESUS von „seiner" Kirche (einer der vielen) nicht trennen können; *zweitens,* weil sie auch seine Lehre mit der offiziellen christlichen Glaubenslehre identifizieren. Haben sie Schwierigkeiten mit ihrer Kirche oder mit deren Glaubenslehre, so entfernen sie sich auch von JESUS und erteilen auch seiner Lehre eine Absage, obwohl sie mit JESUS selber kein Problem haben. Die meisten unter ihnen kennen ihn ja gar nicht, und sie kennen auch seine Lehre in ihrem wahren Aussagegehalt nicht. JESU Gestalt und seine Lehre sind ja für die meisten Gläubigen nur auf jene Weise und nur in jener Form bekannt, die von den Konfessionen dargeboten werden.

Zur christlich-orthodoxen Glaubenslehre gab es bisher keine glaubwürdige Alternative, die ermöglichen würde, zwischen der Lehre christlicher Konfessionen und der Lehre JESU klar zu unterscheiden. Wurde eine solche Unterscheidung gemacht, so nur von Einzelnen, vor allem von Mystikern, oder von einigen wenigen Gemeinschaften, die dann zu Ketzern erklärt, meistens auch verfolgt und vernichtet wurden.

Andererseits ist das Bild, das verschiedene theologische Richtungen von JESUS darbieten, reichlich verwirrend. Die meisten lassen seine Gestalt verzerrt, manche sogar extrem polarisiert erscheinen.

### Die Extreme im Jesus-Bild

Die Polarisierung erfolgt zum einen durch *Überhöhung,* zum anderen durch *Verniedlichung* seiner menschlichen Gestalt.

**Die Überhöhung.** Wird JESUS mit CHRISTUS vorschnell und vorbehaltlos identifiziert oder mit Gott gleichgesetzt, wird er gar nur als CHRI-

STUS und ausschliesslich als „Gott“ gesehen, so wird er in eine für uns Menschen unerreichbare Ferne gerückt. Nimmt man das Wort des Evangeliums zudem wörtlich, so ist er nach seiner „Himmelfahrt“ (Mk 16, 19; Lk 25, 50-51; Apg 1, 9-11) für uns Menschen aus unserem Gesichtskreis entschwunden. Denn „er sitzt „ (heute) „zur Rechten Gottes“ (Mk 16,19) und – so ist es anzunehmen – wartet lediglich auf den Anbruch der Endzeit, des Jüngsten Gerichtes, um „mit grosser Macht und Herrlichkeit“ wiederzukommen und über die Menschen Gericht zu halten (Mt 24, 30-31; 25, 31-46; Mk 13,2 6-27; Lk 21, 27).

Den Menschen kann aber, falls er die Ankündigungen der Katastrophen in der Endzeit (Mt 24, 15-28; Mk 13, 14-23; Lk 21, 20-24; vgl. auch S. 320) allzu wörtlich nimmt, beim blossen Gedanken an seine Wiederkunft „Furcht und Zittern“ erfassen. Und JESUS bleibt, bei aller Beteuerung, er sei Mensch geworden, in des Menschen Augen in erster Linie „die mächtige Inkarnation des Göttlichen Wortes“ (Jo 1, 14), seine wahre Menschlichkeit hingegen erscheint ihm herabgesetzt, wenn nicht gerade fragwürdig. Denn gilt JESUS vorwiegend oder ausschliesslich als „Gott“, so wird der Mensch seine menschliche Nähe kaum noch empfinden können. (Vgl. auch S. 277)

**Die Verniedlichung.** Das andere Extrem besteht in der Verniedlichung, ja in der völligen Unterschätzung von JESU Person.

Bereits ERNEST RENAN (1823-1892) verharmloste beispielsweise seine Gestalt in seinem berühmten (übrigens mit viel Liebe geschriebenen) Buch über *JESU Leben* (1863), indem er ihn als einen „liebenswürdigen, sanften galiläischen Träumer“ auftreten liess, der – von Frauenfreundschaften umgeben – eher ein „antiklerikaler Philosoph im Kleide eines palästinensischen Rabbis“ als eine „würdige Messiasfigur“ war. Dieser JESUS lehrte zwar eine unbestimmte, wenn nicht gerade konfuse Religiosität, doch es wurde ihm erst von seiner Umgebung der Gedanke nach und nach „aufgeschwatzt“, wenn nicht „aufgezwungen“, er sei der Messias, ein Gedanke, den er dann zu realisieren versuchte und dabei kläglich scheiterte.

## Die Spaltung zwischen Jesus und Christus

Eine Polarisierung kann auch dazu führen, dass zwischen JESUS und dem CHRISTUS ein Keil getrieben wird. Auf der einen Seite wird die Bedeutung des historischen JESUS masslos herabgesetzt, auf der anderen CHRISTUS zu einer Erscheinung des Glaubens gemacht und dabei weitgehend entpersönlicht.

Eine solche Spaltung zwischen JESUS und CHRISTUS wurde im 20. Jahrhundert innerhalb des Protestantismus von Vertretern der dialektischen Theologie vollzogen. In ihrer Christologie wird der historische JESUS ganz in den Hintergrund gerückt und von CHRISTUS radikal getrennt. JESUS erscheint hier als ein geradezu belangloser Mensch, dem – wie bei RENAN – höchstens der Rang eines exaltierten, wenn auch etwas naiven, realitätsfremden Sektenführers zugestanden wird.

So schreibt zum Beispiel RUDOLF BULTMANN (1884-1976), der Hauptvertreter dieser theologischen Richtung: „Mit einiger Vorsicht" (...) „wird man über das Wirken JESU folgendes sagen können. Charakteristisch für ihn sind Exorzismen, der Bruch des Sabbatgebotes, die Verletzung von Reinheitsvorschriften, die Polemik gegen die jüdische Gesetzlichkeit, die Gemeinschaft mit deklassierten Personen wie Zöllnern und Dirnen, die Zuneigung zu Frauen und Kindern; auch ist zu erkennen, dass JESUS nicht wie JOHANNES DER TÄUFER ein Asket war, sondern gerne ass und ein Glas Wein trank. Vielleicht darf man noch hinzufügen, dass er zur Nachfolge aufrief und eine kleine Schar von Anhängern – Männern und Frauen – um sich sammelte." (Das Verhältnis der urchristlichen Christusbotschaft zum historischen Jesus, in: Sitzungsberichte der Heidelberger Akademie der Wissenschaften, 3. Abh. $^{2}$1961, 11)

Es gab freilich auch zu JESU Zeiten viele Menschen, die die aussergewöhnliche Ausstrahlung seiner Persönlichkeit nicht wahrgenommen haben (noch nicht wahrnehmen konnten) und in ihm – wie BULTMANN – einen gewöhnlichen Menschen sahen. Stützt man sich nur auf den Wortlaut der Berichte in den Evangelien, nachdem man alles „Überhöhte" als überspannte „Mythologisierung" auf die Seite geschoben (nach BULTMANN: den Text „entmythologisiert") hat, so schrumpft die historische Gestalt JESU tatsächlich auf die Grösse eines Menschen zusammen, der vielleicht selber nicht wusste, woran er mit sich und mit seinem Schicksal war.

BULTMANN bemerkt dazu: „Ob oder wie JESUS im Schicksal seiner Kreuzigung einen Sinn gefunden hat, können wir nicht wissen. Die Möglichkeit, dass er zusammengebrochen ist, darf man nicht verschleiern." (Das Verhältnis der urchristlichen Christusbotschaft zum historischen Jesus, 12) Für BULTMANN ist es dann nur selbstverständlich, dass „das Mirakel der Auferstehung JESU als mythisches Ereignis unglaubhaft ist" (Neues Testament und Mythologie, in: Offenbarung und Heilsgeschehen, Beiträge zur Evangelischen Theologie, Bd. 7 1941, 64).

## Die Christologie und das Kerygma

Hat demzufolge die historische Gestalt JESU noch eine Bedeutung für den christlichen Glauben? Nach Ansicht BULTMANNs nur bedingt: „JESU Verkündigung gehört zu den Voraussetzungen der Theologie des Neuen Testamentes und ist nicht ein Teil dieser selbst" (Theologie des Neuen Testaments 1953, 1).

Woher stammt dann die „Theologie des Neuen Testamentes"? Auch die Antwort auf diese Frage versteht sich von selbst: von PAULUS.

BULTMANN behandelt diese (seine) Theologie konsequenterweise im Rahmen des Judentums und nicht in dem des Christentums (Das Urchristentum im Rahmen antiker Religionen 1954, 76 ff). Das Christentum ist eine Angelegenheit des PAULUS, nicht von JESUS. Was daher BULTMANN über PAULUS sagt, dürfte für die ganze christliche Theologie uneingeschränkt gelten: „*Direkt* ist PAULUS überhaupt nicht durch den geschichtlichen JESUS bestimmt." (...) „Für ihn ist auch JESU Verkündigung – mindestens im wesentlichen – irrelevant." (Glauben und Verstehen, Bd. I $^{2}$1954, 191; Hervorhebung von BULTMANN).

BULTMANN hatte recht: Die Theologie des PAULUS ist in der Tat keine lineare Fortsetzung der Lehre JESU, sondern ein Neuansatz, und sowohl von JESU Person als auch von seiner Lehre weitgehend – teils sogar völlig – unabhängig.

Das Fazit: „Nur durch das Kerygma ist CHRISTUS zugänglich." Denn: „Nicht der historische JESUS, sondern JESUS CHRISTUS, der Gepredigte ist der Herr." (Glauben und Verstehen I, 213 u. 208)

Und der andere wichtigste Wortführer der dialektischen Theologie, KARL BARTH (1886-1968), stellte kategorisch fest: „JESUS hat mit Religion einfach nichts zu tun" (Vorwort zur 1. Auflage seines Buches *Der Römerbrief* 1919, abgedruckt in: Anfänge der dialektischen Theologie, hg. J. MOLTMANN, Bd. I 1962, 72).

Versteht man unter „Religion" die Theologie, so trifft auch dies zu: JESUS hat mit Theologie nichts zu tun. Versteht man hingegen unter „Religion" das, was das lateinische Wort ursprünglich besagt: „Scheu vor Gott", „Gottesfurcht", wörtlich sogar: „Zurückgebundensein", nämlich des Menschen an Gott, so hat JESUS fraglos mit Religion – und nur mit Religion – zu tun gehabt. Er wollte die Menschen nicht bloss daran erinnern, dass sie an Gott „zurückgebunden", das heisst von ihm abhängig sind. Das tat auch die altjüdische Gotteslehre, die vor allem die „Gottesfurcht" lehrte. JESUS hingegen hat den Menschen auch gezeigt, worin ihre „fromme Scheu" zu gründen hat, nämlich im Vertrauen zum

Himmlischen Vater, und worin ihr „Zurückgebundensein“ an Gott besteht, nämlich in der Liebe Gottes zu den Menschen. Und er lehrte sie, wie sie mit ihrer so verstandenen Religion umgehen können und umgehen sollen.

Geht es jedoch um Theologie, so verschiebt sich die Antwort auf die Frage nach der Urheberschaft der christlichen Religion von JESUS auf PAULUS. Die Grundlagen der christlichen Theologie wurden tatsächlich nicht von JESUS, sondern von PAULUS gelegt, und JESUS war zweifellos auch nicht ein „Religionsstifter“, der Begründer einer neuen Religion: – des Christentums. Seine Lehre weist über jede Art orthodoxer – theologisch und dogmatisch festgelegter – Religion hinaus. JESU Religion besteht in der Unterweisung des Menschen, wie er unmittelbar, ohne die Krücke einer formalen oder theologisierten Religion, zu Gott gelangen kann.

Steht jedoch jemand erst auf der dritten Entwicklungsstufe, auf der Stufe der Orthodoxie, so ist für ihn JESU Anliegen noch nicht – oder noch nicht im vollen Umfang und in seiner Tiefgründigkeit – zugänglich. Er braucht noch das Gerüst – auch für seinen Glauben. Er braucht noch „Theologie“.

Vertreter jeder Art von Theologie, so auch die der dialektischen, sind daher vornehmlich an PAULUS, nicht an JESUS orientiert. So galten auch BARTHS Bemühungen folgerichtig nicht der Interpretation der Evangelien, sondern der des Römerbriefes, um – wörtlich – „die Wahrheit Gottes durch die Stimme des PAULUS zu Gehör zu bringen“ (Das Wort Gottes als Aufgabe der Theologie, Vortrag 1922; abgedruckt in: Anfänge I, 212; vgl. auch: Der Römerbrief 1919, [15]1989).

Was ist aber das Kerygma, das erst „CHRISTUS zugänglich macht“?

*Kerygma* ist nach BULTMANN „keine theoretisch-betrachtende Lehre“, (...) „sie ist primär *direkte Anrede*: Ruf zur Busse und Verheissung des kommenden Heils für den Bussfertigen.“ Es „verkündet das Kommen der Gottesherrschaft“, (...) „das ihn“ (den Menschen) „vor seine letzte Möglichkeit stellt und Entscheidung fordert“. (Glauben und Verstehen I, 172; Hervorhebung von BULTMANN)

Bleibt die historische Person JESU unbeachtet, gilt nur jener CHRISTUS als Erlöser, der nach dieser Ansicht eine Gestalt des Glaubens, ein „CHRISTUS des Kerygmas“, aber im Grunde keine menschliche Gestalt ist, so verlieren sowohl JESUS als auch CHRISTUS für den Menschen letzten Endes an Wichtigkeit. Denn für viele wird CHRISTUS infolge seiner Abspaltung von JESUS zu einer reinen Abstraktion.

## Der Mensch und Jesus

Ob nun in der Christologie eine Überhöhung von JESU Gestalt, seine Vergottung erfolgt, ob – im Gegensatz dazu – die historische Person JESU geringgeschätzt wird, das Resultat ist dasselbe. Durch beide Extreme fühlen sich Christen von JESUS eher getrennt, als dass er für sie noch eine lebendige Person sein könnte, eine Person, die nicht nur als „Gott" gilt, sondern als verklärter Mensch das Göttliche ausstrahlt und – trotz seiner Göttlichkeit – ihnen *menschlich* dennoch nahe steht.

Verblasst JESU Gestalt, so verblasst auch seine Bedeutung, und JESUS verschwindet für viele hinter den zahllosen „Meistern" und „Gurus" als einer der vielen „Meister". – Oder aber er löst sich im sogenannten „CHRISTUS-Bewusstsein" oder in „CHRISTUS-Energie" als Person völlig auf.

Was zurückbleibt, ist der Mensch, der – im Augenblick zumal – ärmer geworden ist.

Denn obwohl jeder Mensch – wie dies noch gezeigt wird (vgl. S. 311-312) – mit JESUS unverrückbar verbunden ist, ist es für den Menschen selber dennoch nicht gleichgültig, ob er um seine Verbundenheit mit JESUS weiss oder nicht.

Damit er aber seine Verbundenheit mit JESUS erkennen kann, muss er die wahre Gestalt JESU und den wahren Gehalt seiner Lehre kennenlernen.

Dafür reichen aber weder die traditionelle Glaubenslehre des Christentums noch seine Christologie aus. Es bedarf dafür einer gänzlich neuen Sicht, und diese Sicht ergibt sich wie von selbst aus der Reinkarnationslehre.

Sie ermöglicht, JESU Gestalt in einer ungemein weit gespannten Dimension zu sehen und seine Lehre in ihrer ganzen Tiefe immer deutlicher zu erfassen.

Ob nun das offizielle Christentum zur Aneignung einer solchen Sicht tauglich, ja, ob es zur Änderung seiner Sichtweise grundsätzlich bereit und also überhaupt *erneuerungsfähig* ist, ist eine andere Frage.

# 16.

# Das Christentum und die Frage der Erneuerung

Der Sinn der ausführlichen Darstellung der Diskussion über die Reinkarnation besteht selbstverständlich nicht nur darin, zu zeigen, dass die Existenz der Reinkarnation weder bewiesen noch widerlegt werden kann. Ebenso dient die Auflistung der Erfahrungsmöglichkeiten der Reinkarnation nicht bloss als Wegweiser, mit deren Hilfe sich ein jeder, der sich mit dem Gedanken der Reinkarnation befasst, über die Lehre besser orientieren kann.

Ihr Grund liegt tiefer. Die noch so sachliche Darlegung der Probleme berührt einen – zumindest für viele – sehr heiklen Punkt: Die Auseinandersetzung mit der Reinkarnation im Westen führt unweigerlich zu einer Auseinandersetzung mit der Glaubenslehre des traditionellen Christentums.

Befürworter der Lehre greifen, wenn auch ungewollt, die als Glaubenssätze hingestellten Vorstellungen des Christentums an, Gegner der Lehre versuchen mit ihren philosophischen und theologischen wie auch mit manchen allgemeinen Argumenten in erster Linie gar nicht die Reinkarnationslehre zu disqualifizieren, als vielmehr ihren eigenen christlichen Glauben zu verteidigen. Sie fühlen – oder wissen sogar –, dass die Reinkarnationslehre etliche Ansichten in Frage stellt, die mit ihrer Glaubenslehre verkoppelt sind.

Und sie täuschen sich nicht. Die Reinkarnationslehre fordert in der Tat – wenn auch unbeabsichtigt – das traditionelle Christentum heraus.

## Die Reformation und die Reform des Weltbildes

Das Christentum wurde im Laufe seiner Geschichte freilich schon öfters herausgefordert, doch wurden seine Glaubensvorstellungen und weltanschaulichen Fundamente noch nie so weitgehend in Frage gestellt wie heute.

### Die Reformation

Alle bisherigen Versuche, Glaubenslehre und Institution des Christentums zu reformieren, betrafen lediglich formale Fragen. So war es auch in der von LUTHER ausgelösten Reformation.

*Reformation* (lat.) bedeutet „Wiederherstellung". Wiederhergestellt wurde das „ursprüngliche Christentum" im Sinne, dass die Glaubenslehre von den Zutaten der katholischen Kirche, die sich in anderthalb Jahrtausenden angesammelt hatten, – zum Teil wenigstens – befreit und zu ihrer einzig verbindlichen Grundlage die Bibel erklärt wurde. Sonst spielten sich die Veränderungen nur in mehr oder weniger äusserlichen Belangen ab, so zum Beispiel als Lossagung vom Papsttum, Abschaffung von Ablass und Fasten, Verlegung des Hauptgewichtes auf das „Wort" und Vereinfachung der Liturgie im Gottesdienst, vor allem: Tilgung des Kanons (des das „Mysterium" enthaltenden Kernstückes) aus der Messe, Entfernung von Kunstgegenständen aus den Kirchen, Reduktion der sieben katholischen Sakramente auf Taufe, Busse und Abendmahl (ZWINGLI verwarf auch den Glauben an die leibliche Gegenwart CHRISTI im Abendmahl), Aufhebung des Zölibats der Priester, später: Priesterweihe von Frauen.

Die Reformatoren rüttelten aber nicht an den Fundamenten des Christentums und stellten keine grundlegenden Glaubenssätze in Frage. Im Gegenteil: Sie erteilten zwar der Autorität der Tradition und der Konzile eine Absage, setzten jedoch an ihre Stelle die Autorität der Bibel. Dadurch wurde die Glaubenslehre noch enger an das Alte Testament gebunden und noch deutlicher an der Theologie des PAULUS ausgerichtet. Wie dies bereits dargestellt wurde (vgl. S. 275), ist für die christliche Theologie – und übrigens nicht nur im Protestantismus, sondern auch in der katholischen Kirche – nicht so sehr JESU Lehre selbst, als vielmehr die Lehre des PAULUS ausschlaggebend und also die eigentliche theologische Grundlage. JESU Lehre hingegen blieb für die Kirchenchristen in diesen zweitausend Jahren eher – mitunter allzu sehr – im Hintergrund. Sie wurde schon zu Anfängen des Christentums wie auch dann in der Zeit der Reformation bis heute nicht nur von der paulinischen Theologie, sondern immer wieder auch von eigenwilligen Interpretationen überdeckt, nicht selten auch verstellt.

Ebensowenig machte das von Papst JOHANNES XXIII. im Jahre 1963 zu Rom einberufene 21. ökumenische Konzil (das zweite Vatikanum) nennenswerte Eingriffe in die Glaubenslehre. Diese stand und steht für die Kirche „für alle Zeiten" unveränderlich und unveränderbar fest. So wurden auch die Evangelien von jenen Aussagen und Vorstellungen nicht befreit, die in den anderen Teilen der Bibel stehen und das Verständnis von JESU authentischer Lehre in keiner Weise fördern, im Gegenteil, Lehre wie ihr Verständnis nur unnötig belasten. Die Abhängigkeit auch des katholischen Glaubens von der „Schrift" wurde bei dieser „Reform" durch den betonten Rückgriff auf das Alte Testament und auf die Apostolischen Briefe – nach protestantischem Muster – in Predigt und Liturgie noch deutlicher unterstrichen.

So blieb der von konservativen kirchlichen Kreisen ohnehin mit Misstrauen betrachtete „Aufbruch" in rein formalen Änderungen stecken, und Nachfolger des Papstes gaben und geben sich redlich Mühe, die wenigen Errungenschaften des Konzils rückgängig zu machen. (Neuerdings – Anfang 1999 – wurde vom Papst JOHANNES PAUL II. sogar der Ablass wieder eingeführt, der durch eine Pilgerfahrt nach Jerusalem erkauft werden kann.) So wurde wieder allen vor Augen geführt: Die Kirche – ob katholisch, ob „reformiert" – ist nicht reformierbar.

## Das Weltbild

Zum Fundament jeder Glaubenslehre gehört auch ein Weltbild, das für die Gläubigen als verbindlich vorausgesetzt wird. Jede Religion hat eine weltanschauliche Grundlage, und diese hängt nicht von ihrer Heiligen Schrift und ihren Glaubensvorstellungen ab. Sie orientiert sich am weltlichen Weltbild und spiegelt das Wissen des Menschen zu einer Geschichtsepoche wider.

Legen Vertreter eines Glaubens Wert darauf, ihre Religion lebendig zu erhalten, und wollen sie den Anspruch der Gläubigen deren geistigem Niveau entsprechend befriedigen, so müssen sie sich an den weltlichen – so auch an den wissenschaftlichen – Kenntnissen der Zeit orientieren und bei jeder neuen Erkenntnis, sobald diese im möglichen Rahmen gesichert ist, prüfen, ob sie in ihr Weltbild einzufügen sei. Die Sicht des Menschen, die Sicht der Welt ändert sich, und mit ihr ändert sich die Sicht der Menschen über Gott ebenfalls.

Wenn die Vertreter einer Religion sukzessiv versäumen, die neu gewonnenen und hinreichend gesicherten Erkenntnisse in ihre weltanschaulichen Grundlagen einzubeziehen, heben sie ihren Glauben vom soliden Boden der Wirklichkeit ab und die Religion wird unglaubwürdig. Probleme kann keiner dadurch lösen, dass er Tatsachen ignoriert oder ihre Existenz in Abrede stellt.

Dadurch wird nur die Sicht in der Religion eingeschränkt und damit innerlich reifen Menschen jeglicher „Geschmack" an der Glaubenslehre genommen und sogar so sehr verdorben, dass sie – wie dies heute so häufig geschieht – ihr eine Absage erteilen und aus der Kirche austreten. – Für jene Menschen hingegen, die innerlich noch unreif sind, kann gerade durch Einschränkung der Sicht die Religion „schmackhaft" gemacht werden.

Der betonte Konservatismus in religiösen Fragen bietet nämlich – zumindest scheinbar – auch Vorteile. Die Stärke der Durchschlagskraft weitverbreiteter Religionen, so des Christentums und des Islams, liegt gerade darin, dass die Mehrzahl der Gläubigen die Aussagen ihrer Instanzen (Heilige Schrift und Autorität) für „Göttliche Offenbarung" halten und sie auch in irdischen Belangen buchstabengetreu befolgen. Dies aber können sie nur tun, wenn sie gewissen Tatsachen gegenüber blind sind oder wesentlichen Zügen der Wirklichkeit keine Beachtung schenken. Ein charakteristischer Zug des Fundamentalismus ist gerade seine Wissenschafts- und Erkenntnisfeindlichkeit, die sich in „Bilderstürmen" und in Vernichtung ganzer, höchst wertvoller Bibliotheken äussern, wie dies schon des öfteren geschah (vgl. S. 60). – Überdies rollt die Maschinerie des Fundamentalismus über die Menschen hinweg, und auch in der Orthodoxie wird nicht gefragt, ob ihre Vorschriften den elementaren Forderungen der Menschlichkeit standhalten oder nicht.

In ihren Glaubensvorstellungen und ihren religiösen Praktiken leben solche „Gesetzestreuen" ihre eigene Schattenseite, vor allem ihre Destruktivität aus. Die Religion dient lediglich zur Rechtfertigung des eigenen Verhaltens (so auch manchen Terrors). Mit der Negation von Realitäten leben sie dann an der Wirklichkeit wacker vorbei. Und falls sie über die Menschlichkeit oder über Tatsachen und die Wirklichkeit stolpern, die sie zur Kenntnis nehmen müssten, so überlassen sie es getrost Gott, sich um die Menschen oder die Sache zu kümmern. Gott wird schon wissen, wie er mit den Menschen fertig wird oder ihre Religion mit den profanen Kenntnissen und mit dem an der Realität orientierten Wissen in Einklang bringen und mit der Wissenschaft samt ihren Gelehrten zurechtkommen kann.

Wird der Mensch reifer, übersteigt er nicht nur die Stufe des Fundamentalismus (die erste Entwicklungsstufe), sondern auch die der Orthodoxie (die dritte), so wird es ihm nicht mehr gleichgültig sein, ob die Lehre seiner Religion menschlich oder unmenschlich, wirklichkeitsnah oder wirklichkeitsfremd ist. Und er wird sich auch für das Weltbild interessieren, welches seiner Religion zugrunde liegt.

Zum Weltbild gehört wesentlich auch die Vorstellung, dass der Mensch nur einmal oder aber wiederholt auf die Erde kommt. Ist eine Glaubenslehre, wie die des orthodoxen Juden- und des Christentums oder des Islams, auf die Ein-Leben-Vorstellung zugeschnitten, so berührt die Frage, ob es nur ein Erdenleben oder die Reinkarnation gibt, immer auch die auf das Weltbild gegründeten Glaubensfragen. Die Bekämpfer der Reinkarnationslehre sind daher Verteidiger ihrer eigenen Vorstellungen, die zum Allgemeingut des traditionell-christlichen Weltbildes gehören, und sind nur in zweiter Linie Verteidiger des „Glaubens".

Es muss dabei betont werden, dass kein innerlich reifer Mensch, der die Reinkarnationslehre vertritt, den Glauben traditionell denkender Christen auch nur antasten, geschweige „angreifen" möchte. Der Kampf um die Reinkarnationslehre entflammt jeweils stets von Seiten der Gegner, und er entsteht ausschliesslich deshalb, weil sich Christen in ihrem Glauben von der Lehre angegriffen fühlen. Sie fühlen sich angegriffen, nicht weil sie tatsächlich angegriffen werden, sondern weil sie Tatsachen, auf welche die Reinkarnationslehre hinweist, in ihr traditionelles Weltbild nicht einordnen können. Etliche Christen, unter ihnen auch Theologen, sind gerade wegen ihrer inneren Unsicherheit der Reinkarnationslehre gegenüber recht empfindlich. Die Lehre stellt sie vor Fragen, die sie nicht beantworten können, und legt ihnen Thesen vor, die für sie unbequem sind. Sie sind umso empfindlicher, als sie erfahren müssen, dass die Forderung an Vertreter des traditionellen Christentums auch von der „Basis" her, durch gläubige Christen, ergeht. Diese verlangen aber nicht bloss institutionelle Reformen, sondern erwarten, dass diverse Glaubensvorstellungen wie auch die offizielle Weltsicht des Christentums neu überdacht werden (vgl. S. 292-297).

Um dies aber tatsächlich tun zu können, muss oder müsste eingeräumt werden, dass auch die Religion – wie alles, was den Menschen betrifft – der Entwicklung untersteht bzw. unterstellt werden müsste.

# Entwicklung, Evolution und das Christentum

Es scheint leichter zu sein, ein Bergmassiv zu bewegen, als Menschen, die mit Herz und Seele an traditionellen Glaubensvorstellungen hängen, zur Änderung ihrer Ansichten anzuregen. Es dürfte doch niemanden, der kirchentreue Gläubige kennt, wundern, dass Vertreter einer traditionell gebundenen Glaubenslehre jeder Art von Entwicklung ihrer Religion gegenüber höchst misstrauisch sind.

## Der Entwicklungsgedanke im Christentum

Dabei ist der Entwicklungsgedanke im Christentum nicht fremd, er wurde schon öfters herangezogen, um die heilsgeschichtliche Bedeutung des Christentums hervorzuheben.

Da das wiederholte Erdenleben des Einzelnen für Christen – in ihrer Unkenntnis über die Reinkarnation – noch keine Rolle spielt, bezieht sich in der christlichen Darstellung die heilsgeschichtliche Entwicklung immer auf die ganze Menschheit. „Entwicklung" bedeutet in der Heilsgeschichte, dass die Menschheit allmählich in Gott hineinwächst und auf der Erde das Reich Gottes immer deutlicher verwirklicht wird.

Relativ einfach ist dies beim Übergang vom Alten zum Neuen Testament aufzuzeigen. In der ersten Phase herrscht das Gesetz vor, in der zweiten, christlichen, der Glaube an JESUS CHRISTUS, wie dies PAULUS schon (vor allem im Römerbrief) lehrte. Die wichtigsten Beispiele für eine heilsgeschichtliche Deutung des Entwicklungsbegriffes sind die Konzeption des bereits angeführten Kirchenvaters AUGUSTIN, des Zisterzienserabtes JOACHIM VON FIORE und – in neuerer Zeit – des katholischen Philosophen FRANZ VON BAADER.

## Augustins Gottesstaat

AUGUSTIN (354-430) deutete in seinem Werk *Vom Gottesstaat* (vgl. S. 130) die Geschichte der alttestamentlichen Juden als die – auf fünf Stufen erfolgte – Zuführung der Menschheit zur Etablierung des Gottesstaates. Seine Verwirklichung begann mit CHRISTI Ankunft und wird – als sechste Stufe der heilsgeschichtlichen Entwicklung – bis zum Weltende andauern. Das Weltende und mit ihm die zweite Ankunft CHRISTI ist nach AUGUSTINS Ansicht – und nach verbreiteter Meinung der Christen seiner Zeit – in baldiger Zukunft zu erwarten.

Das Reich Gottes setzte AUGUSTIN mit der Kirche gleich, ausserhalb derer es bekanntlich kein Heil geben könne: *Extra ecclesiam nulla salus* (erstmalig von CYPRIAN im 3. Jh. formuliert, in: De unitate Ecclesiae <lat. Von der Einheit der Kirche> 6, CSEL 3/1; epist. 73/21 CSEL 3/2, 795; AUGUSTIN: sermo <= Predigt> 6, CSEL 53, 167 u. 174; sermo 267, 4/4, PL 38, 1231; epist. 185, 11/50 CSEL 5, 43 u. öfters; vgl. als Vorbereiter auch IRENÄUS: Aderversus haereses <lat. Gegen die Heiden> III, 24, I; PG 7, 966; CLEMENS VON ALEXANDRIEN: Paedagogus I, 6; PG 8, 281). – Nach AUGUSTIN bleiben diejenigen, die – seiner Prädestinationslehre gemäss – nicht zu den Auserwählten, sondern zu den für die Verdammung Ausgesuchten gehören, selbstverständlich in ihrem Leben ausserhalb der heilbringenden Kirche und brauchen lediglich ihren Einlass in die Gemächer der Hölle abzuwarten. (Zur Prädestinationslehre vgl. S. 129-131)

## Die Vision des Joachim von Fiore

JOACHIM VON FIORE (1145-1202) legte eine heilsgeschichtliche Interpretation der Weltgeschichte vor, die besonders beachtenswert ist. Er deutete den Ablauf der Geschichte unter Heranziehung der Dreifaltigkeit Gottes und unterschied in ihr demgemäss drei grosse Phasen. Das Zeitalter des *Vaters* beginnt mit der Schöpfung, das des *Sohnes* mit der Erlösung, das des *Heiligen Geistes* mit dem Anfang des dreizehnten Jahrhunderts. Die Entwicklung geht also über CHRISTI Zeit hinaus und führt auch über die in der zweiten Phase gültige Glaubenslehre hinaus.

In der letzten Phase wird nämlich das *Evangelium aeternum* (lat.), das ewige, vom Heiligen Geist – inspirativ – mitgeteilte Evangelium, verkündet, wie dies in der *Geheimen Offenbarung* des JOHANNES verheissen wurde (14, 6). Das „ewige Evangelium“ ist kein Gegenstück zur Bibel, kein Buch, sondern eine Vertiefung des Verständnisses von JESU Lehre in einem höheren, rein geistigen, also spirituellen, verklärten Sinne. Der sonst kirchentreue Abt prophezeite eine bevorstehende tiefgreifende Umwälzung und Reform im Sinne einer Vergeistigung der Kirche und ihrer Institutionen.

So utopisch auch JOACHIMS Vision erscheinen mag, ihr geistiger Aspekt findet heute tatsächlich seine Realisierung. Aufgrund eines erweiterten Wissenshorizontes, nicht zuletzt dank der Erkenntnis, dass jeder Mensch in einem gross angelegten inneren Entwicklungsprozess steht – so auch mit Hilfe der Kenntnis der Tatsache der Reinkarnation –, sind wir in der Lage, JESU Lehre in einem echt spirituellen (und nicht mehr nur in einem verstandesmässig-konstruktiven) Sinne zu verstehen. (Ein *inne-*

*res* Verständnis für JESU Gestalt und für seine Lehre war in diesen zweitausend Jahren für Einzelne selbstverständlich zu jeder Zeit möglich.)

Ob allerdings die Realisierung von JOACHIMS Vision und also die Vergeistigung der Kirche und sogar ihrer Institutionen heute schon im Bereich der Möglichkeiten steht, ist äusserst fraglich. Ginge das von ihm Erschaute in Erfüllung, so führte dies konsequenterweise zur Auflösung des allgemeinen, heute noch gültigen Kirchenbegriffes. Doch dieser ist für viele noch lange nicht überholt. Es gibt ja zahllose Menschen, für deren religiöses Leben eine Kirche als etablierte Institution noch unabdingbar ist.

## Der Begriff der Evolution und die Heilsgeschichte

Der Begriff der Evolution stammt nicht aus der Naturwissenschaft, sondern war ursprünglich ein politisch-philosophischer Begriff. Er wurde im Hinblick auf die Französische Revolution erstmalig von HERDER als Gegenbegriff zur Revolution geprägt: „Mein Wahlspruch bleibt also: fortgehende, natürliche, vernünftige Evolution der Dinge, keine Revolution“ (1793; Werke XVIII, 332). – KANT verwendet den Ausdruck im selben Sinne (Sämtl. Werke 1912, I, 637). – Erst nach Erscheinen von DARWINS aufsehenerregenden Werken *Ursprung der Arten* (1859) und *Abstammung des Menschen* (1871) wurde der Begriff „Evolution“ zu einem rein naturwissenschaftlichen Begriff.

FRANZ VON BAADER (1765-1841) griff noch vor DARWINS Veröffentlichungen den Begriff der Evolution auf, um sie im heilsgeschichtlichen Sinne zu gebrauchen.

*Evolution* (lat.) bedeutet wörtlich „Auswicklung“, im weiteren Sinne Entfaltung, Entwicklung. Mit ihrem Gebrauch soll angedeutet werden, dass im Laufe einer Entwicklung etwas „ausgewickelt“ wird, das vorher darein „eingewickelt“, hineingelegt wurde.

Was in der Heilsgeschichte im Laufe der Evolution „ausgewickelt“ (= realisiert) wird, ist der Göttliche Plan. In diesem Sinne nannte BAADER die Entwicklung der alttestamentlichen zur neutestamentlichen Stufe der Heilsgeschichte „Evolution“. (Über den Evolutionsmus und Revolutionismus 1834, Sämtl. Werke 6, 61). Er verwendete den Begriff auch in einem erweiterten Sinne, indem er auf eine allgemeine Evolution der Natur- und Heilsgeschichte verwies, die zu verstehen ist als „jene Evolution zum Lichte, deren Stufen durch die Geschichte des einzelnen und des allgemeinen Menschen wie der Natur hindurchgehen“ (1839,

Sämtl. Werke 9, 353). An dieser „Evolution zum Lichte" ist auch JESUS beteiligt, den BAADER – TEILHARD DE CHARDIN vorwegnehmend – „CHRISTUS der Evolution" nennt. (Zu TEILHARD DE CHARDIN vgl. vom Verfasser: Der Mensch und die Evolution – Teilhard de Chardins philosophische Anthropologie 1968)

Dieser CHRISTUS hat mit seinem Auftreten in der historischen Gestalt JESU ein neues Element des zukünftigen Seins der Menschheit in der Menschheitsgeschichte eröffnet. Und er entwickelt sich weiterhin in der Geschichte auf eine zukünftige Vollendung hin. (1836, Sämtl. Werke 6, 21)

Für den heutigen Gebrauch empfiehlt sich, den Begriff der „Evolution" von dem der „Entwicklung" abzuheben. *Evolution* bezieht sich auf die stammesgeschichtliche Entwicklung der Lebewesen, *Entwicklung* hingegen ist allgemein, der Ausdruck steht auch für die innere Entwicklung des Menschen. Beide Termini sind zugleich im Sinne von „Auswicklung" zu verstehen: Sowohl in der Evolution der Lebewesen als auch in der äonischen Entwicklung des Menschen wird das in der Seele Angelegte hervorgeholt, das potentiell (keimhaft) Vorhandene entfaltet, Anlagen der Seele aktualisiert.

## Darwin und die Christen

CHARLES DARWIN (1809-1882) brachte mit seiner Abstammungslehre den Christen ins Bewusstsein, dass der Mensch nicht nur aus Seele und Geist besteht, deren Erlösung und Vollendung im Mittelpunkt der Heilsgeschichte steht. Nicht nur diese entwickeln sich, sondern sogar der von Christen vielfach ausser acht gelassene oder gar verabscheute physische Leib war einer sehr langen Entwicklung unterzogen. Der Mensch aber hat nun zu seiner grossen Verblüffung seine Vorfahren – so DARWIN – unter den Affen zu suchen. Dies allerdings ist eine These, die – zumindest dem Anschein nach – im glatten Widerspruch zur Schöpfungsgeschichte der Bibel steht und die Christen dementsprechend gehörig brüskiert hat.

Der Begriff der Evolution wurde – wie dies zu erwarten war – unter Christen suspekt, und nicht nur deswegen, weil er die Menschen an ihre animalischen Ahnen erinnerte. Es gab Christen, die fühlten, dass in dem Augenblick, in dem der Evolutionsbegriff eine allgemeine Bedeutung erlangt, dieser nicht bloss auf die Menschheitsgeschichte, sondern auch auf die Entwicklung der Religion angewendet werden kann. Macht sich die Idee der Evolution breit, so dringt sie schlussendlich sogar in das „Reich Gottes" (= Christentum) ein, mit der Folge, dass den Christen der Gedanke aufgezwungen wird, es gebe auch in der christlichen Glaubenslehre eine Entwicklung, ja, es müsse sie sogar geben. Und dann? Dann ist das trojanische Pferd in die Festung eingeschleust, und es beginnt – wie damals in Troja – der Untergang, diesmal der Untergang des Christentums. Oder zumindest des traditionellen.

Dies ist der Hauptgrund dafür, dass jene, die auf der Tradition beharren, schon den blossen Gedanken an die Entwicklung ablehnen. Nicht nur also, dass der naturwissenschaftliche, etwa der darwinistische Entwicklungsbegriff, mit dem – wortgetreu genommenen – Schöpfungsbericht der Bibel nicht zu vereinen ist. Es ist der Begriff der Entwicklung an sich, der Zündstoff enthält, mit welchem man die festgelegten Glaubensvorstellungen – und nicht bloss die christlichen, sondern die Lehre jeder dogmatisierten Religion – gefährden, sogar in ihren Festen erschüttern kann. Von diesem Standpunkt aus ist die Mahnung christlicher Evolutionsgegner durchaus verständlich. Reisst die Mauer der Tradition ein, so bedeutet dies nicht bloss den Beginn der – von JOACHIM VON FIORE vorausgesagten – Auflösung des Kirchenbegriffes, sondern auch den Anfang vom Abbröckeln des ganzen christlich-orthodoxen Glaubensgebäudes.

Das Christentum, das nach eigener Meinung im Vollbesitz der Wahrheit ist, kann sich keine ernsthafte Revision seiner Glaubensansichten leisten und schon gar nicht eine grundlegende Änderung in seiner Glaubenslehre dulden. Daraus folgt konsequenterweise, dass es *entwicklungsfeindlich* eingestellt sein *muss.*

Und das ist es in der Tat heute noch.

## Die Entwicklungsfeindlichkeit im Christentum

Das Aufkommen des Entwicklungsbegriffes bot Vertretern des traditionellen Christentums die beste Gelegenheit, den Gedanken einer Entwicklung auch „in eigener Sache" – in der christlichen Religion – in aller Offenheit zurückzuweisen. Während BAADER die Schriftausleger noch rügte, das „geschichtliche Moment" in ihrem Bibelverständnis nicht zu berücksichtigen (1839, Sämtl. Werke 9, 35), waren Vertreter des traditionellen Christentums anderer Meinung.

Hier einige protestantische Stimmen aus der Zeit des damals überaus erhitzten Gefechtes um die Evolutionslehre: „Christliche Religion und Entwicklungslehre sind zwei sich überall ausschliessende Systeme. Antipoden, zwischen denen weder Versöhnung noch Ausgleich denkbar ist“ (A. KUYPER: Evolutionismus, das Dogma moderner Weltanschauung 1901,6). – „Das Christentum mit seiner Gottes- und Weltanschauung steht im prinzipiellen Gegensatz zu dem Evolutionismus, nicht nur zu dem naturalistischen und monistischen, sondern auch zu dem idealistischen“ (M. REISCHLE: Entwicklungsforschung und evolutionistische Weltanschauung, in: Zeitschrift für Theologie u. Kirche, 1902, XII, 36). Der „monistische Evolutionismus“ wurde von dem grossen Gegner kirchlichen Christentums ERNST HAECKEL mit seiner auf den Entwicklungsgedanken begründeten Weltanschauung vertreten; einer der Hauptverfechter der idealistischen war neben BAADER der protestantische Theologe und Philosoph FRIEDRICH E.D. SCHLEIERMACHER (1768 – 1834). (Noch 1924 versuchte der protestantische Theologe EMIL BRUNNER in seinem – in affektiver Gereiztheit geschriebenen – Buch *Die Mystik und das Wort* in der Person SCHLEIERMACHERS nicht bloss den Idealismus, sondern die ganze Mystik am Boden zu zerstören.) – Bei den Idealisten witterten die Gegner die Gefahr einer Auflockerung der durch die Tradition festgefügten Glaubenslehre. Es ist dann nicht erstaunlich, wenn es heisst: „Der Entwicklungsgedanke war für das konsequente Christentum immer eine Ketzerei, in welcher Form sie auch auftrat“. (...) „Das Christentum ruht grundsätzlich auf der biblischen Schöpfungslehre, ist also grundsätzlich jeder Entwicklunglehre abhold.“ (H. SCHMIDT: Geschichte der Entwicklungslehre 1918, 49) – (Zitate von HERDER u. BAADER u. die letzten drei Zitate entnommen aus: E. BENZ: Schöpfungsglaube und Endzeiterwartung 1965, 78-80 u. 270-271)

Es geht also nicht bloss um die Ablehnung der darwinistischen Abstammungslehre. Diese steht zwar fraglos im Vordergrund und bietet das „apropos“ zur Auseinandersetzung mit dem Entwicklungsgedanken schlechthin. Doch die Ablehnung gilt zugleich jedem Impuls, selbst wenn er von der Sache her nahegelegt wird, der bewirken soll, den Gedanken der Entwicklung in die Glaubenslehre einzulassen oder gar in ihr zuzulassen und somit einer echten, gründlichen Revision in den Grundlagen der Religion Raum zu geben.

Und sie betrifft auch seine Anwendung des Entwicklungsgedankens auf die Seele des Menschen. Diese wurde bekanntlich von Gott eigenhändig erschaffen, so dass eine Entwicklung der Seele im Sinne der Evolution der Lebewesen überhaupt nicht zur Debatte stehen kann. Daran hält die katholische Kirche heute noch fest.

In der Enzyklika *Humani generis* (lat. frei übs. Die Herkunft des Menschen) des Papstes PIUS XII, welche knapp hundert Jahre nach DARWINS erster Veröffentlichung 1950 erschien, heisst es: „Das kirchliche Lehramt verbietet nicht, dass die Entwicklungslehre dem heutigen Stand der Profanwissenschaft und der Theologie, von Fachleuten beider Gebiete in Forschung und Erörterung behandelt werde, insofern die Untersuchung den Ursprung des menschlichen Leibes aus schon vorliegender und belebter Materie betrifft; denn bezüglich der Seele gebietet uns der katholische Glaube daran festzuhalten, dass sie unmittelbar von Gott geschaffen ist." Nach gründlicher Forschung „sollen daher alle bereit sein, sich dem Urteil der Kirche zu unterwerfen." – Die Forscher aber ermahnt der Papst zur „gebührenden Besonnenheit" und zur „Mässigung" und beklagt sich über die „kühne Vermessenheit" jener, die „sich so benehmen, als ob der Ursprung des menschlichen Leibes aus schon vorhandener belebter Materie durch die bisher festgestellten Indizien und die aus diesen Indizien abgeleiteten Schlussfolgerungen schon einfachhin sicher und bewiesen sei und als ob von seiten der Quellen der göttlichen Offenbarung nichts vorliege" (lat. Ench. Symb. 3896; dt. Urk. Lvk. 332; vgl. auch S. 175).

(Der Seitenhieb mit der „kühnen Vermessenheit" galt damals dem Jesuitenpater und Paläontologen Pierre Teilhard de Chardin, der seine Evolutionstheorie mit einer Christologie kombinierte und für seine philosophischen Werke keine kirchliche Druckerlaubnis erhielt. Seine Werke wurden erst nach seinem 1955 erfolgten Tode publiziert und fanden unter Intellektuellen grosse Beachtung. Zu Teilhard vgl. auch den Hinweis auf S. 287)

Während nun Pius XII. die Evolutionstheorie immerhin für eine „ernsthafte Hypothese" hielt, ging Papst Johannes Paul II. ein Schrittchen weiter. Er fand, wie er in seiner Botschaft vom 24. Okt. 1996 den Mitgliedern der Päpstlichen Akademie der Wissenschaften mitteilte, dass „neuere Erkenntnisse zu der Feststellung führen, die Evolutionstheorie sei *mehr als eine Hypothese*" (Hervorhebung vom Verfasser). – Auch er verwahrte sich dann gegen die „materialistische Lesart" der Theorie über die Entwicklung der Menschheit und hielt die Auffassung, Geist und Seele seien aus der Materie emporgewachsene Produkte, „mit der Wahrheit unvereinbar" – womit er zweifellos Recht hatte.

## Die Glaubenswahrheit und die Entwicklung des Menschen

Wenn es nun nicht nur um „die Untersuchung über den Ursprung des menschlichen Lebens aus schon vorliegender und belebter Materie" geht, sondern – und in erster Linie – um die Verwandlung der menschlichen

Seele, wenn nämlich erkannt wird (wie dies in der Gegenwart erkannt wurde), dass sich nicht nur die „belebte Materie" – das Lebewesen – leiblich wie seelisch entwickelt hat und sich immerzu entwickelt, sondern auch der Mensch in einem seelisch-geistigen Entwicklungsprozess steht, so tut sich im Begriff der Entwicklung eine ganz andere, nämlich wesentlich tiefere Dimension auf, als es zur Zeit, da bloss um die Abstammungslehre diskutiert wurde, der Fall war.

Entwickelt sich der Mensch im Laufe seiner Inkarnationen seelisch und geistig weiter, so wird er alles, was ihm auf der irdischen Welt auf irgendeine Weise begegnet, je nach Grad seiner inneren Entwicklung anders sehen, anders erleben und anders beurteilen, gleichgültig, ob es sich um eine Erfahrungstatsache, um eine Idee oder eine Glaubenslehre handelt.

Im Laufe seiner inneren Entwicklung macht er auch in seinem Glauben Fortschritte. Entwicklung im Geistigen, so auch im Religiösen, besteht in einer fortlaufenden Annäherung an die Wahrheit. Nach jedem Entwicklungsschritt wird die Sicht auf eine Religion und auf ihre Glaubenssätze von einer jeweils höheren Warte her gewonnen, und vieles, was gestern noch unantastbar war und als „nichts als die reine Wahrheit" galt, kann morgen schon als nichtssagend oder als unhaltbar durchschaut werden.

Ist hingegen jemand noch nicht so weit, die Relativität der Wahrheit – genauer: der Wahrheitserkenntnis – erkennen zu können, so wird er die Möglichkeit einer solchen Erkenntnis in Abrede stellen. Und diskutiert er über Glaubensfragen, so wird sein Beitrag in erster Linie nicht sein Ringen um die Wahrheit, sondern sein Bemühen widerspiegeln, den von seinem Entwicklungsniveau abhängigen Glaubensvorstellungen Allgemeingültigkeit zu verschaffen und sie als „unverrückbare Glaubenswahrheiten" hinzustellen.

Tun dies christliche Kirchen, so übersehen sie, dass Mündigen Kindernahrung nicht mehr bekömmlich ist. Das grosse Unbehagen unter Gläubigen, deren Zahl rapide zunimmt, ist das Unbehagen von Heranwachsenden, die von den Eltern – von der „Mutter Kirche" – gezwungen werden, ihre alten Kinderkleider weiterhin zu tragen, obwohl sie aus ihnen längst hinausgewachsen sind.

Nicht die christliche Religion an sich ist allerdings zu eng, sondern die Auslegung und das Verständnis ihrer Grundlagen. Und ihre Grundlagen sind – oder sollten zumindest sein – die *Gestalt Jesu* und *seine Lehre*.

Der zweite Grund des Unbehagens ist die Enge der Weltvorstellung, welche mit dem Christentum verkoppelt wurde. Auch diese ändert sich für den Menschen, wenn er innerlich reift. Weigert er sich, Tatsachen – so auch die Tatsache der Reinkarnation – anzuerkennen, so weigert er sich, zur Kenntnis zu nehmen, dass sich die Welt um ihn herum verändert hat. Und die Welt hat sich um ihn verändert, weil *er* sich selber geändert hat. Er ist – was er nicht akzeptieren will – innerlich älter geworden.

Die Entwicklung ist freilich nie aufzuhalten. Die Kinderkleider zerreissen, wenn Erwachsene sie noch anziehen wollen, die Kinderschuhe drücken die Füsse, und viele unter jenen Menschen, die aus den – vielfach recht naiven – Glaubens- und weltanschaulichen Vorstellungen ihrer Religion hinausgewachsen sind, sich aber nach wie vor zum Christentum bekennen und sogar (mit Recht) überzeugt sind, dass es in seinem Kern die „reine Wahrheit" beherbergt, erwarten von ihrer Kirche, dass sie ihnen jene geistige Vollnahrung verabreicht, die auch innerlich Erwachsene sättigen kann.

Nicht Gegner der Kirche, nicht Vertreter der Reinkarnationslehre, sondern das eigene „Kirchenvolk" fordert die Kirchen heraus und verlangt, ihre Glaubenslehre und das ihr zugrunde liegende Weltbild zu überdenken und zu revidieren, um auch den christlichen Glauben und die christliche Weltsicht auf das Niveau von Mündigen zu heben.

## Der Glaube von Christen an die Reinkarnation als Herausforderung

Die christlichen Kirchen können die Reinkarnationslehre nicht mehr – wie früher – mit einer einzigen Handbewegung auf die Seite schieben. Daran hindert sie weniger ihr „guter" Wille als vielmehr der Umstand, dass sie ihre Augen vor einer Tatsache nicht mehr verschliessen können. Und diese Tatsache wird von einem Vertreter des christlichen Glaubens wie folgt formuliert: „Immer mehr Menschen sind vom Reinkarnationsgedanken fasziniert. Die Überzeugung, wiederholte Erdenleben seien möglich, findet sich zunehmend auch in christlichen Kreisen. Wie soll die christliche Theologie auf diese Herausforderung reagieren?" (N. Bischofberger: Werden wir wiederkommen? Artikel in: *Neue Zürcher Zeitung* 14.9.96)

So werden die christlichen Konfessionen mit der Tatsache der Reinkarnation durch ihre eigenen Gläubigen konfrontiert. Indem sie sich gezwungen sehen, zu dieser Konfrontation Stellung zu beziehen, werden sie genötigt, ihre Glaubenssätze der Reinkarnationslehre gegenüberzustellen und sich auf die weltanschaulichen Grundlagen ihres Glaubens zu besinnen.

Und Theologen werden in der Tat nachdenklich. Sie machen dem „Reinkarnationsgedanken" gegenüber Zugeständnisse.

## Unnötig, dennoch nützlich

„Die Bibel äussert sich weder positiv noch negativ zur Frage nach der Reinkarnation. Biblisch besehen ist der Glaube an Reinkarnation deshalb weder *falsch* noch *richtig*, sondern einfach *unnötig*. Wir brauchen nicht mit Reinkarnation zu rechnen. Wir müssen diesen Reinkarnationsglauben aber auch nicht bekämpfen. Der christliche Glaube kennt andere Orientierungsmuster fürs menschliche Dasein. Dieser biblische Glaube, der den Reinkarnationsglauben nicht stützt, ist aber nur noch für eine Minderheit eine Orientierungshilfe fürs eigene Leben. Kann es uns verwundern, dass zahlreiche Zeitgenossen andere Orientierungsmuster suchen? Der Glaube an Reinkarnation ist sicher nicht die schönste Frucht am Baum der Mystik. Aber dieser Glaube gibt doch dem eigenen Leben einen sichtbaren Rahmen. *Woher komme ich? Wohin gehe ich? Wer bin ich?* Der Glaube an Reinkarnation schenkt Orientierung einer weitgehend orientierungslosen Zeit." (G. SCHMID: Anfang und Ende des Glaubens an Reinkarnation, Vortrag 1988; abgedruckt in: Grenzgebiete der Wissenschaft 1988, 346; Hervorhebungen von ihm)

„Unnötig" scheint allerdings vieles zu sein, was es dennoch gibt (z. B. Ungeziefer). Auch Kinder können die Schule „unnötig" finden. Wenn sie dann reifer sind, begreifen sie, wie sinnvoll doch der Unterricht für sie ist. Ist also über die Existenz einer Sache schon entschieden, indem man sie „unnütz" findet?

Dass die Zeit weitgehend „orientierungslos" ist, dazu hat auch das traditionelle Christentum durch seine Ablehnung, Tatsachen zur Kenntnis zu nehmen, wesentlich beigetragen. Und sie trägt zur Orientierungslosigkeit seiner Gläubigen bei, indem sie auf grundlegende Fragen zu Leben und Tod, auf das Problem der Theodizee (vgl. S. 131-132), ja selbst auf die Frage nach dem Sinn der irdischen Existenz keine auch nur einigermassen befriedigende Antwort geben kann.

SCHMID, der als evangelischer Theologe der Mystik gegenüber – wohl nach Tradition des dialektischen Protestantismus – offenbar kein Verständnis hat, behauptet: „*Reinkarnationslehrer sind verhinderte Mystiker*, Mystiker, die ‚auf der Strecke blieben', verunglückte Wahrheitssucher" (Glaube an Reinkarnation 357; Hervorhebung von ihm). – Ein Exponent der dialektischen Theologie, KARL BARTH, der offenbar ein Gewährsmann von SCHMID ist, spricht zum Beispiel von der „Hybris" (gr. = frevelhafter Übermut) „der Mystik, die Gottmenschheit des Wortes in die Gottmenschheit des durch das Wort angeredeten Menschen umzudeuten" (Prolegomena zur Christlichen Dogmatik 1927, 224), womit – so kann man im Sinne BARTHS hinzufügen – das Wort der Verkündigung durch „Vermenschlichung" - im mystischen Erlebnis – verdunkelt wird. (Vgl. auch den Hinweis auf EMIL BRUNNER, S. 289)

Begibt sich jemand indes auf die Wahrheitssuche, ohne voreingenommen zu sein, so wird er bereit sein müssen, sich der Wirklichkeit gegenüber zu öffnen und sie zur Kenntnis zu nehmen. Dann aber wird er merken, dass er dabei ist, sich an die Reinkarnationslehre heranzutasten.

## Zwei Weisen der Hoffnung

„Im Gefolge der Begegnung mit den Religionen des Ostens und aus eigenen Denkansätzen erwachsen, ist der Glaube an die Reinkarnation zu einem weitverbreiteten Phänomen in unserer westlichen Kultur geworden." (...) „Im Westen begrüsst man die mehrmalige Existenz als eine Möglichkeit zur unbegrenzten Entfaltung." (...) „Vom biblisch begründeten christlichen Glauben aus gesehen, ist die Idee der Reinkarnation als ein Fremdkörper zu betrachten, der sich nicht in die christliche Vorstellung von der Vollendung des Lebens in der Begegnung mit Gott integrieren lässt. Deshalb ist aber dem Reinkarnationsglauben weniger in der westlichen als in der östlichen Prägung die Achtung zu verweigern. Letztlich stehen sich zwei Weisen der Hoffnung einander gegenüber, die nicht ineinander aufgehen." (F. MARXER in: *Liechtensteiner Volksblatt* 5.10.96; ausführlich in: MARXER: Wiedergeburt – Hoffnung oder Illusion? 1996).

„Zwei Weisen der Hoffnung einander gegenüberstellen" bedeutet, die christliche Auferstehungslehre und die Reinkarnationslehre gegeneinander auszuspielen. Ein Schritt weiter in der Sachlichkeit bei der Beurteilung der Lage des Christentums, und weitere Gründe der Anziehungskraft der Reinkarnationslehre für Christen werden sichtbar:

„Angesichts der letztlich ruinösen Tendenzen in der heutigen Gesellschaft erweist sich der christliche Auferweckungsglaube gerade nicht als Schmieröl. Mit seiner Betonung der Einmaligkeit des menschlichen Lebens, mit dem ihr zugrundeliegenden ‚fordernden und harten Lebensverständnis' (RICHARD FRIEDLI) und seiner Revolution der Gnade Gottes, die in Gelassenheit den leidenschaftlich drängenden Ernst des jetzigen Lebens durchhalten lässt, streut er vielmehr Sand ins Getriebe – um des Menschen und seiner vollen Menschlichkeit willen. Wir Christen sollten die Herausforderung des heute im Wachsen begriffenen Glaubens an die Seelenwanderung annehmen." (...) „Wenn ein solcher Wettstreit in einer heilsamen herausfordernden Kon-Kurrenz ausgetragen wird, kommt es darauf an, welche Hoffnung im Blick auf die grossen Nöte der heutigen Welt die besseren ‚Beine' hat und gleichsam schneller ‚laufen' (con-currere) kann. – Wenn uns Christen in diesem Sinn die Herausforderung durch die Seelenwanderungslehre neuen Mut macht zur prophetischen Verkündigung der personalen und universalen Zukunft des Menschen im Reiche Gottes," (...) so „sollten wir Christen jedenfalls die Herausforderung der Seelenwanderungslehre in gelassener Leidenschaft annehmen. Sie könnte uns helfen, die – gewiss etwas verstaubten – Edelsteine der christlichen Hoffnung neu und in glaubwürdiger Weise zum Funkeln bringen." (K. KOCH: Seelenwanderung und christliche Auferstehungshoffnung, in: *Wendekreis* 3/90, 19)

Es ist eine eigenartige Vorstellung: „Zwei Weisen der Hoffnung" „konkurrieren" miteinander (lat. *con* = miteinander; *currere* = laufen). Wer gewinnt? Entscheidet den Sieg die „demokratische Mehrheit"? Als hätte Gott die Welt in zweifacher Anfertigung erschaffen, eine für die traditionstreuen Christen, die nur einmal auf der Erde leben wollen, eine für jene, die das mehrfache Erdenleben bevorzugen.

Wäre der „Wettstreit" nicht einfach dadurch zu entscheiden, dass man die Wirklichkeit befragt? Nun, Theologen haben, selbst wenn sie sich herausgefordert fühlen, offenbar eine grosse Abneigung, die Erfahrung heranzuziehen und bei der Entscheidung einer Streitfrage nach dem Sachverhalt zu fragen (vgl. S. 110-111).

Tut man dies nicht, steht überdies jemand auf der Seite der schwächeren Position, so sieht er sich gezwungen, sogar eine „Werbung" für seine Ansicht einzulegen: „Nach biblischem Glauben verdient der momentane Augenblick und das jetzige Leben immer einzigartige Aufmerksamkeit. Was einmal in einem eventuell früheren Leben war und was in einem möglichen späteren Leben eventuell sein wird, ist für den biblischen Menschen höchst irrelevant. Über frühere oder spätere Leben zu spekulieren, bringt dem biblischen Glauben nicht nur nichts. Solche Erwägungen oder Ahnungen erschweren die ungeteilte Aufmerksamkeit fürs Hier und Heute. Heute will uns Gott begegnen. Heute stellt er uns Menschen zur Seite, die uns brauchen. Heute soll Liebe die Welt verändern. Heute soll sich Nacht in Licht verwandeln und Schuld in Vergebung und neues Leben." (G. SCHMID: Reinkarnation und die Bibel, in: *Leben und Glauben* 36/98)

Was soll aber der Mensch tun, wenn er sich den Forderungen des „Hier und Heute" noch nicht gewachsen fühlt?

Derjenige freilich, der um die Tatsache der Reinkarnation weiss, „spekuliert" keineswegs „über frühere oder spätere Leben". Und falls er innerlich hinreichend reif ist, so zweifelt er keinen Augenblick daran, dass jede einzelne Inkarnation für ihn gleichermassen wichtig ist. Er wird versuchen, sein Leben seiner Einsicht entsprechend „hier und heute" zu gestalten. Ist er hingegen noch unreif, so wird er sich um solche Fragen und Forderungen ohnehin nicht kümmern, ob er um die Reinkarnation weiss oder nicht, ob er ein „Christ" ist oder an nichts glaubt. (Vgl. S. 182-184)

Je weniger voreingenommen allerdings ein Theologe an die Frage nach der Reinkarnation herantritt, umso mehr fühlt er sich gedrängt zu erwägen, auf welche Weise die Reinkarnationslehre mit dem christlichen Glauben zu vereinbaren sei.

In dem Fall wird er vorerst die bereits erwähnte Tatsache feststellen müssen: „Den Gedanken, dass die menschliche Seele während weiterer irdischer Existenzen in immer neue Körper eingeht, vertreten nicht nur Menschen in den östlichen Religionen. Er erfreut sich auch in Europa einer enormen Beliebtheit. Umfragen in verschiedenen europäischen Ländern beziffern die Reinkarnationsgläubigen mit bis zu 30 Prozent der jeweiligen Bevölkerung." Daraus ergibt sich wie von selbst die Frage: „Wie kann der christliche Glaube heute auf die Herausforderung durch den Reinkarnationsgedanken reagieren? Zwei Optionen stehen im Vordergrund. Die christliche Theologie muss einerseits die Bemühungen weiterführen, ihre Lehre vom Tod des Menschen und von einer möglichen Existenz ‚danach' neu einsichtig machen." (...) „Sie sollte andererseits eine mögliche Integration der Reinkarnationslehre in den christlichen Glauben ernsthaft prüfen. Der christliche Läuterungsgedanke (ursprünglich ‚Fegefeuer') ist die Brücke zu den Interpretationen des Reinkarnationsgedankens im Westen. Die Verbindung besteht dort, wo die Läuterung als lebenslanger Reifungsprozess verstanden wird, der mit dem Tod nicht einfach abgeschlossen ist. Würde der Läuterungsgedanke durch die Reinkarnationsvorstellung ergänzt, entstünde ein Konzept, das eine Entwicklungsmöglichkeit unter materiellen Existenzbedingungen für Menschen vorsieht, die nach ihrem ersten Erdenleben einer Läuterung bedürfen. – Das Vollendungsgeschehen wäre im Rahmen einer hypothetischen christlichen Reinkarnationslehre in Form einer ‚Rückbindung' an die Materie gedacht und damit unter den gleichen Bedingungen vollzogen, unter denen die erste Existenz stattgefunden hat. Die christliche Theologie könnte damit der Tatsache Rechnung tragen, dass ein grosser Teil der konfessionell gebundenen Christen zur Annahme mehrmaliger Erdenleben neigt." (N. BISCHOFBERGER: Werden wir wiederkommen? Artikel in: *Neue Zürcher Zeitung* 14.9.1996; ausführlich in: Werden wir wiederkommen? Der Reinkarnationsgedanke im Westen und die Sicht der christlichen Eschatologie 1996)

Damit ist aber die Vorstellung KARL RAHNERS aufgegriffen, der die Theologen anregt, für eine „gemässigte Reinkarnationslehre" „innerhalb der christlichen Dogmatik Platz zu suchen" (vgl. S. 126-127).

## Das Christentum heute und die Reinkarnation

In der Auseinandersetzung mit der Reinkarnationslehre geht es also letzten Endes nicht um die Sache selbst, nicht um die Reinkarnation, sondern um die Folgen, die sich aus der Gegenüberstellung des christlichen Glaubens mit der Reinkarnation ergeben. Und diese laufen auf die Erkenntnis hinaus, dass eine Überprüfung der Grundlagen des christlichen Glaubens unumgänglich geworden ist, will das Christentum auch in der Gegenwart glaubwürdig und lebensfähig erscheinen.

Die Grundlagen des Christentums sind einerseits Glaubensvorstellungen, andererseits jenes Weltbild, das seiner Glaubenslehre zugrunde liegt.

Und dieses Weltbild ist teils das Ergebnis von Spekulationen von Kirchenlehrern (unter welchen so manche nicht gerade philosophie- und wissenschaftsfreundlich waren; vgl. z. B. TERTULLIAN, S. 167); teils ist es der Überrest der aristotelischen Weltvorstellung, die in der Scholastik aufgegriffen und theologisch unterbaut wurde. Nicht die Reinkarnationslehre beruht auf Spekulation, wie dies immer wieder behauptet wird, sondern die weltanschaulichen Vorstellungen des Christentums. Sein spekulatives Weltbild steht in der heutigen Diskussion einer Weltsicht gegenüber, die durch Erfahrung gewonnen wurde und deren Richtigkeit von einem jeden eingesehen werden kann, der von jeglicher – kirchlichen und sonstigen – Autorität und Tradition frei, dafür aber offen für die Wirklichkeit und damit für die Wahrheit ist.

Im „Wettstreit“ zwischen Christentum und Reinkarnationslehre steht demzufolge nicht Aussage gegen Aussage, Behauptung gegen Behauptung, sondern Glaubenssatz gegen Erfahrung. Die Erfahrung ermittelt Tatsachen, die Glaubenssätze beruhen auf Vorstellungen, deren Richtigkeit an der Wirklichkeit erst noch geprüft werden muss.

## Probleme der Erneuerung

Es ist freilich nicht so leicht, Vorstellungen aufzugeben, an welche sich eine religiöse Gemeinschaft seit zwei Jahrtausenden gewöhnt hat. Zudem wurde den Gläubigen hartnäckig und unter Strafandrohung (wenn nicht gerade von Folter, so von Exkommunikation) untersagt, die vorgelegte Glaubenslehre auf ihren Wahrheitsgehalt hin zu hinterfragen.

Die Aussichtslosigkeit, echte Reformen auch nur vorzuschlagen, geschweige durchzuführen, da sie am Bollwerk kirchlicher Instanzen ohnehin abprallen, erstickt in vielen Gläubigen die Hoffnung auf eine Revision der Glaubenslehre und auf eine Korrektur des christlichen Weltbildes im Keim. Die Laschheit selbst sonst aufgeschlossener katholischer Bischöfe, mit der sie Erneuerungswünsche der Gemeinde (= Basis) entgegennehmen, um sie nach Rom weiterzuleiten, wo jeder Erneuerungsvorschlag im Archiv des Vatikans landet, ist in erster Linie durch die Reformfeindlichkeit, ja Reformunfähigkeit der Zuständigen zu erklären.

Die Probleme entstehen für aufgeschlossene Christen allerdings nicht bloss durch die konfessionelle Autorität und die Tradition. Sie liegen auch in ihnen selbst. Es gibt für Vertreter der orthodox-christlichen Glaubenslehre namentlich zwei Probleme, vor welche sie in der Auseinandersetzung mit der Reinkarnationslehre gestellt werden: ein persönliches und ein sachliches.

## Der Christ vor der Entscheidung

*Das persönliche Problem* entsteht für Theologen, aber auch für manche kirchlich verpflichtete Christen dadurch, dass sie in eine kirchliche oder konfessionelle Institution eingebunden sind. Möchten sie sich von der geistigen Autorität befreien, so müssen sie auch die Institution ihrer Religion verlassen und also aus der kirchlichen Gemeinschaft austreten. Dies würde besonders jene hart treffen, die ihre Tätigkeit in der Kirche (z. B. Seelsorge) nicht nur aus beruflichen Gründen ausüben, sondern sich dazu im echten Sinne berufen fühlen und dafür wahrhaftig ein „Charisma" haben. Wollen sie ihre Tätigkeit nicht aufgeben, so müssen sie den Richtlinien der Gemeinschaft folgen.

Die Autorität setzt aber – meistens stillschweigend – voraus, dass in der kirchlichen Hierarchie ein jeder weiss, was seine Aufgabe bei einer Auseinandersetzung gleich welcher Art ist. Und die Aufgabe besteht nie darin, frei zu forschen und dadurch die Wahrheit zu ermitteln (dies würde Sachlichkeit verlangen), sondern darin, dass in der Auseinandersetzung oder in der „Forschung" ein bestimmtes, klar gesetztes Ziel erreicht werde. Das Ziel in der Auseinandersetzung mit der Reinkarnationslehre ist aber, die lästige Lehre zu widerlegen und die Richtigkeit der Glaubenssätze zu beweisen. Weder die Reinkarnationslehre noch die Glaubenssätze werden geprüft, ob sie tatsächlich richtig oder falsch sind. Denn es darf nicht sein, dass sich die Reinkarnationslehre als zutreffend behauptet, während sich Glaubenssätze als irrtümlich erweisen. Und dies würde sich in einer sachlichen Auseinandersetzung mit beiden unfehlbar herausstellen.

Ein Theologe hat in der Auseinandersetzung mit der Reinkarnation, falls er die Tatsache ihrer Existenz erkannt hat, nur die Wahl, entweder seine Meinung für sich zu behalten und sein Amt vorschriftsgetreu weiter auszuüben, oder aber die Folgen eines Bruches mit den festgelegten Ansichten seiner Konfession in Kauf zu nehmen. (Hochschuldozenten werden z. B., falls sie wagen, Kritik an Auswüchsen des Papsttums oder an der zu engen, teils unmenschlichen offiziellen Moraltheologie zu üben, ihres Lehrstuhls kurzerhand enthoben.)

Etliche Geistliche (darunter auch Mönche und protestantische Pfarrer) meinen sogar, falls sie anerkennen, dass die Reinkarnation eine Tatsache ist, so seien sie keine Christen mehr. Dies zeigt, wie tief der christliche Glaube im Ein-Leben-Glauben verwurzelt ist.

## Die Kluft zwischen Christentum und Reinkarnationslehre

*Das sachliche*, und zwar *theologische Problem* für Vertreter der christlichen Glaubenslehre besteht darin, dass sie keine Möglichkeit sehen, den Kern des christlichen Glaubens mit der Reinkarnationslehre in Einklang zu bringen, selbst wenn sie sich darum bemühen würden.

Der Kern des christlichen Glaubens ist der *Glaube an Jesus Christus*. Die orthodox-christliche Vorstellung über seine Person (Gottessohn) und über sein Wirken (Erlösung) ist festgelegt, überdies mit weiteren Vorstellungen (Erbsündenlehre, Auferstehungsglaube) ergänzt.

Sowohl die Erlösungslehre als auch der Auferstehungsglaube sind aber auf die Ein-Leben-Lehre zugeschnitten. Erweist sich diese Vorstellung, dass nämlich der Mensch nur ein einziges Mal auf der Erde lebt, als falsch, so muss auch der Glaube an die Lehre über Erlösung und Auferstehung in der von den Konfessionen dargebotenen Form in sich zusammenfallen. Dies ist wohl der Hauptgrund für viele christliche Theologen (wenn auch nicht für alle), die Reinkarnationslehre abzulehnen oder sogar zu bekämpfen.

Und sie haben sogar Recht: Die traditionelle christliche Auffassung sowohl über JESU Identität und die Erlösung als auch über die Auferstehung erweisen sich als unhaltbar angesichts der Erkenntnisse, die jedem, der dafür aufgeschlossen ist, offenstehen. Diese Erkenntnisse geben die Sicht auf ein ganz neues Bild von JESU Person und der Erlösung frei. Dieses Bild aber fügt sich in das Wissen über Struktur und Sinn der Reinkarnation nahtlos ein.

Um einem Missverständnis vorzubeugen, soll hier vermerkt werden, dass der in Frage gestellte „Auferstehungsglaube“ ausschliesslich die bereits geschilderte (S. 137-138) Vorstellung betrifft, der Mensch würde am „Jüngsten Tag“ mit seinem physischen Leib „auferweckt“. Er bezieht sich aber nicht auf die *Auferstehung* JESU, die als ein völlig reales (und keineswegs nur „symbolisches“) Ereignis betrachtet werden muss, welches auf jener höchsten Entwicklungsstufe, die JESUS erreicht hat, sogar ein durchaus natürlicher Vorgang ist.

# 17.

# Das alte und das neue Bild des Christentums

Es genügt selbstverständlich in keiner Weise, nur darauf hinzuweisen, dass angesichts der neueren Erkenntnisse auch das traditionelle Christentum orientierungslos und in so manchen seinen Grundlagen hinfällig geworden ist.

Es muss auch gezeigt werden, wie ein neues Bild eines von Autorität und Tradition befreiten Christentums – zumindest in seinen ersten Umrissen – vorgestellt werden kann.

Im Zentrum der traditionell-christlichen Glaubenslehre steht die Lehre von der Erlösung durch JESUS CHRISTUS. Auch in der Sicht der Reinkarnationslehre sind die Gestalt JESU und sein Erlösungswerk vorrangig. Die Erlösungslehre ist daher besonders geeignet, in der Gegenüberstellung ihres traditionellen und ihres neueren Verständnisses den grundlegenden Unterschied zwischen dem alten und einem neuen – erweiterten und vertieften – christlichen Glauben deutlich zu machen.

## Die Erlösungslehre des traditionellen Christentums

In jeder Religion lebt der Gedanke der Erlösung. Und es gibt Religionen, in welchen die Erlösung im Mittelpunkt der Lehre steht. Die bedeutendsten Erlösungsreligionen sind der Buddhismus und das Christentum.

Das Hauptgewicht von BUDDHAS Lehre liegt auf der Befreiung vom Leiden im irdischen Leben und vom Zwang der Wiedergeburten (vgl. S. 41-42). Während jedoch im älteren Buddhismus der Glaube vorherrscht, dass die Befreiung durch *Selbsterlösung* erreicht werden kann, lehrt das Christentum die Erlösung durch eine Göttliche Person, durch JESUS CHRISTUS.

*Warum* ist aber für den Menschen „Erlösung" überhaupt nötig? Und worin besteht sie?

Die Antwort ist bei PAULUS zu finden. Auf ihn geht die christliche Erlösungslehre im Wesentlichen zurück.

Es können bei ihm zwei Gründe namhaft gemacht werden, warum Erlösung notwendig sei: die *Erlösungsbedürftigkeit* des Menschen und die *Versöhnung* der Menschheit mit Gott. Die Versöhnungslehre wurde später (im 4. Jh.) durch AUGUSTIN mit der *Erbsündenlehre* ergänzt und im Mittelalter durch ANSELM VON CANTERBURY zu einer *Genugtuungslehre* erweitert.

## Die Erlösungsbedürftigkeit

Durch die Erlösung soll der Mensch nicht bloss vom Übel befreit werden, beispielsweise von sozialen Missständen, von physischen, seelischen und geistigen Minderungen (vgl. S. 131-132) oder von einer politischen Unterwerfung, wie dies etwa im jüdischen Volksglauben vom Messias erwartet wurde. Der Mensch soll auch – und in erster Linie – vom Bösen erlöst werden, und zwar vom Bösen, das in seiner Natur verankert ist.

Auch in der buddhistischen Lehre, wie übrigens auch bei PLATON (vgl. S. 41-42 u. 44-45), steht nicht die Befreiung aus dem „Jammertal" – von den irdischen Bindungen und Plagen – im Vordergrund, sondern die Befreiung von Begierden und Wünschen, die den Menschen an das irdische Leben fesseln.

Die Erlösungsbedürftigkeit des Menschen schildert PAULUS äusserst eindrucksvoll: „Ich aber bin fleischlich" (dem Leib unterworfen), „unter die Sünde verkauft. Denn was ich vollbringe, erkenne ich nicht; denn nicht, was ich will, das führe ich aus, sondern was ich hasse, das tue ich." (...) „Wenn ich aber das tue, was ich nicht will, so vollbringe nicht mehr ich es, sondern die Sünde, die in mir wohnt." Und PAULUS ruft aus: „Ich elender Mensch! Wer wird mich erlösen von diesem Leibe des Todes?" Die Antwort weiss er freilich: Wir werden erlöst „dank sei Gott durch JESUS CHRISTUS, unseren Herrn!" (Röm 7, 14-15 u. 20-25)

Ein jeder, der in seiner inneren Entwicklung bereits im Kampf mit sich selber steht, wird in dieser Schilderung der Erlösungsbedürftigkeit seine eigene innere Lage mühelos erkennen können (vgl. S. 323-325).

Der Mensch wird also von seiner Sündhaftigkeit – und zwar durch JESUS – erlöst. Durch ihn hat der Vater „uns aus der Macht der Finsternis errettet und in das Reich des Sohnes seiner Liebe versetzt, in dem wir die Erlösung haben, die Vergebung der Sünden" (Kol 1, 13-14).

## Die Wurzel des Bösen

„Die Macht der Finsternis": – das ist die *Herrschaft der Sünde*. Der Mensch steht unter ihrer Herrschaft, er ist voller Begierde, Aggression und Destruktivität, das Böse wurzelt in seiner Natur, die – so LUTHER – von Grund auf verdorben ist.

Woher kommt es, dass er eine so böse Natur hat? Hat ihn Gott sündhaft gemacht?

Keineswegs. Gott hat ihn – zumindest nach altjüdischer und christlich-orthodoxer Auffassung – „gut" gemacht. „Und Gott sah" (nachdem er den Menschen erschaffen hat) „alles an, was er gemacht hatte, und siehe, es war sehr gut" (Gen 1, 41). Es war der Mensch, der erste Mensch, der durch Ungehorsam gegen Gott gesündigt und damit seine eigene Natur verdorben hat. Durch Ungehorsam brachte der erste Mensch, ADAM, die Sünde in die Welt. So ist „durch *einen* Menschen die Sünde in die Welt gekommen" (Röm 5, 12).

Doch die Sünde kam nicht allein: „Durch die Sünde ist der Tod" in die Welt gekommen, „und der Tod ist auf alle Menschen übergegangen, weil sie alle gesündigt haben" (Röm 5, 12).

Die Menschen sündigten und sündigen, weil mit ADAMS Sünde auch die Neigung zur Sünde auf alle Menschen übergegangen ist. Mit dieser Annahme legte PAULUS den ersten Grundstein zur *Erbsündenlehre*.

## Im Vorfeld der Erbsündenlehre

PAULUS stellte den zweiten, den „letzten ADAM" dem ersten gegenüber. Der erste ADAM ist „ein Gegenbild des zukünftigen" (Röm 5, 14), und dieser „zukünftige", der „zweite ADAM", ist JESUS (1. Kor 15, 45).

Was der erste Mensch, ADAM, verdorben hat, das hatte der zweite ADAM, JESUS, wiedergutzumachen. (Dieser Gedanke ist wohl auch in der *Kabbala* der Kern der Vorstellung, wonach der noch zu erwartende Messias eine Wiederverkörperung des ersten Menschen, ADAMS, sein wird; vgl. S. 64) „Also kam es nun, wie es durch eine einzige Übertretung für alle Menschen zur Verurteilung kam, so auch durch eines einzigen gerechte Tat für alle Menschen zur Gerechtsprechung, die Leben gibt. Denn wie durch den Ungehorsam des *einen* Menschen die vielen als Sünder hingestellt wurden, so werden auch durch den Gehorsam des *einen* die vielen als Gerechte hingestellt werden." (Röm 5, 18-19)

Eine entsprechende Gegenüberstellung nahm im zweiten Jahrhundert – zweifellos von PAULUS angeregt – auch der Kirchenlehrer JUSTIN vor, und zwar von EVA und MARIA. Während EVA, die ursprünglich eine

„Jungfrau ohne Verderbnis" war, „durch das Wort der Schlange empfing und Ungehorsam und den Tod gebar", (...) „ist das Wort" (= Jesus) „durch eine Jungfrau Mensch geworden." (...) „Maria empfing Glaube und Treue, und sie gebar jenen, durch den Gott die Schlange zerstörte" (...) „und jene vom Tode befreit, die Busse für ihre bösen Taten tun." (Dialog mit Tryphon, 4-5; PG 6, 485-486)

Jesus erlöst also die ganze Menschheit von ihrer Sündhaftigkeit, indem er durch seinen „Gehorsam" Gott gegenüber die Folgen des Ungehorsams des ersten Menschen tilgt. Die Menschen sündigten zwar auch nach der Erlösungstat Jesu und sündigen nach wie vor fröhlich weiter. Aber – so meint Paulus – „die Macht der Finsternis" ist gebrochen, und durch die Taufe und den Glauben an Jesus Christus, durch den Glauben, dass er „gerettet" wurde, kann der Mensch dem Tod entrinnen.

Der „Stachel des Todes" ist die Sünde (1. Kor 15, 56). Der Tod ist Folge (Röm 5, 12) – der „Sold" (Röm 6, 23) – der Sünde.

Es dürfte kein Zweifel darüber bestehen, dass Paulus unter „Tod" in erster Linie nicht den leiblichen, sondern den seelischen Tod verstand, der im Verwirken des „ewigen Lebens" besteht (vgl. z. B. Röm 6, 22-23). Da es aber für ihn und die Kirchenväter selbstverständlich war, dass der Mensch nur ein einziges Mal auf der Erde lebt, verbreitete sich die Meinung, auch der leibliche Tod sei erst durch Adams Schuld in die Welt gekommen. Diese Ansicht setzt voraus, dass für das erste Menschenpaar kein Tod vorgesehen war, so dass die beiden ersten Menschen auch leiblich nie hätten sterben müssen. Nur ihre Sünde machte sie –und in der Folge alle Menschen – zu Sterblichen, eine These, die bereits auf der Synode zu Karthago (418) kanonisiert (zum Glaubenssatz erhoben) wurde (Can 1 u. 2; Ench. Symb. 222, 223; Urk. Lvk. 338), – wohl unter Augustins Einfluss, der zur selben Zeit Bischof von Hippo Regius war. (Hippo lag wie Karthago in Nordafrika.)

## Das Sühneopfer

In verschiedenen Religionen herrschte die Vorstellung vor, Gott müsse wegen der Vergehen der Menschen durch ein Opfer „versöhnt" werden. Dies galt auch im Judentum (Lev 16, 5-11).

Es gab früher nicht nur Tier–, sondern auch Menschenopfer (vgl. z. B. die – verhinderte – Aufopferung Isaaks durch seinen Vater Abraham, Gen Kap 22). – Und Gott schien für Adams Sünde und die Sünden seiner Nachfolger ebenfalls ein Menschenopfer zu verlangen.

Das Opfer musste jemand aber *freiwillig* auf sich nehmen, um die Strafe für die Sünden der Menschen selber zu erleiden, und diese Person musste – seelisch – besonders *hochrangig* sein.

Der Gedanke fand schon im Alten Testament einen Vertreter. Die berühmte Stelle bei JESAJA (52, 13-15 u. Kap 53) berichtet über den leidenden „Gottesknecht", der – „verachtet und verlassen" – „Gebrechen und Schmerzen der Menschen auf sich lud". „Die Strafe lag auf ihm zum Heil der Menschen, und durch seine Wunden sind sie genesen". (...) Und „während die Menschen wähnten, er sei von Gott geschlagen und geplagt" (53, 4-5), „trug er die Sünde der Vielen und trat für die Schuldigen ein" (53, 12). Diese – ebenfalls überaus eindrucksvolle – Bibelstelle wurde von den Christen als Prophezeiung verstanden und – verständlicherweise – auf JESUS bezogen.

Auch PAULUS deutete JESU Tod als „Sühneopfer". Seine Aufopferung war notwendig, „weil die vorhergeschehenen Sünden unter der Langmut Gottes ungestraft geblieben waren" (Röm 3, 25). Es war also „eine Erlösung durch sein Blut" erforderlich, damit „die Vergebung der Übertretungen" erfolgen kann (Eph 1, 7). Das besagt in einer anderen Sprechweise: JESUS hat am Kreuz das Karma der Menschen, die vor ihm gelebt haben, auf sich genommen und abgetragen.

Die Annahme, dass die Erlösung nur durch ein blutiges Opfer erbracht werden kann, hat aber noch einen anderen Hintergrund. PAULUS ging es nicht zuletzt auch darum, den Kreuzestod JESU für seine Zeitgenossen, vor allem für die Juden, verständlich zu machen.

JESUS galt für seine Jünger als der erwartete *Messias*. Die Juden jedoch stellten sich den Messias ganz anders vor. JESUS enttäuschte sogar auch unter jenen viele, die anfänglich glaubten, er sei der erwartete Messias. Er enttäuschte sie, indem er seine Hinrichtung zuliess. Etliche, die von PILATUS seine Kreuzigung forderten, taten es in der Hoffnung, erfahren zu können, wie „ihr Messias" beim Versuch, ihn hinzurichten, sich befreie und über seine „Feinde" triumphiere.

Nichts davon trat ein. JESUS starb am Kreuz, und es blieb nichts übrig, als zu versuchen, Juden und Getauften zu erklären, warum der Messias einen so schändlichen Verbrechertod erleiden musste.

Die Antwort des PAULUS auf die Messiasfrage ergab zugleich eine Antwort auf die Frage, warum JESU Kreuzestod „Erlösung" bedeutet.

JESU Selbsterniedrigung und Tod am Kreuz (Phil 2, 5-11) war ein „Versöhnungsopfer", mit welchem Gott mit der Menschheit wieder versöhnt werden sollte. Es wurde dabei stillschweigend vorausgesetzt, dass ein solcher Opfertod Gott selber gefordert hat. Warum? Weil Gott wegen des „Sündenfalls" nicht nur über das erste Menschenpaar, sondern über die ganze Menschheit erzürnt war.

PAULUS meinte ohnehin, Gott neige dazu, zornig zu werden. So schuf er – wohl tüchtig verärgert – sogar „Gefässe seines Zornes", nämlich Menschen, nur um sie zum Verderben zu bringen (Röm 9, 22; vgl. auch S. 129).

Durch die Voraussetzung, Gott zürne der Menschheit, erhielt die Versöhnungslehre einen neuen Akzent. Der wegen des Sündenfalls verärgerte Gott musste besänftigt werden. Damit rückte die Erbsündenlehre in den Vordergrund der Erlösungslehre.

## Die Erbsündenlehre

Die Lehre von der Erbsünde steht weder im Alten Testament noch in den Evangelien. Das Alte Testament berichtet lediglich vom „Sündenfall" und davon, dass deswegen Mann und Frau „verflucht" wurden (Gen Kap 3). Daraus kann man jedoch nicht entnehmen, dass Gott alle Nachfolger von ADAM und EVA, also die gesamte Menschheit, verstossen oder gar für seine „Beleidigung" Genugtuung gefordert hätte.

Jeder aufgeschlossene Exeget wird den Bericht der *Genesis* als einen symbolischen Hinweis auf die „Sündhaftigkeit" der menschlichen Natur auffassen und die Geschichte des ersten Menschenpaares keineswegs buchstäblich nehmen.

Wichtige Ansätze zur Erbsündenlehre sind zwar schon bei PAULUS zu finden (vor allem: Röm 5, 12-21; vgl. S. 303-304), der eigentliche Urheber der Erbsündenlehre war jedoch AUGUSTIN.

AUGUSTIN stellte in seinem Werk *Vom Gottesstaat* den Sündenfall als den eigentlichen Grund für die Erlösung hin. Damit überhaupt Erlösung möglich werde, liess Gott die Versuchung und den Fall der ersten Menschen zu, obschon es in seiner Macht stand zu bewirken, dass der Mensch nicht sündige (XIV, 27). ADAM sündigte nicht bloss aus sinnlicher Lust, sondern – wie ehedem die gefallenen Engel – aus Hochmut (XIV, 13). Denn „nicht das vergängliche Fleisch hat die Seele sündig gemacht, sondern die sündige Seele machte das Fleisch vergänglich" (XIV, 3). So verfiel der Mensch durch seinen Ungehorsam gegen das Göttliche Gebot der gerechten Strafe: dem Tod (XIII, 1; XIV, 15).

Entscheidend ist nun, dass nach AUGUSTINS Meinung die durch den Sündenfall verdorbene menschliche Natur nur deren Schöpfer wieder herstellen kann (XIV, 11). Dieser Schöpfer ist ja Gott, der Erlöser muss daher eine Göttliche Person sein.

Und da AUGUSTIN an seiner Prädestinationslehre (vgl. S. 129-130) festhielt, behauptete er im weiteren, JESUS sei nur für diejenigen gestorben, für welche die ewige Seligkeit im voraus (bereits vor ihrer Erschaffung) bestimmt wurde, die also auserwählt worden sind (XIV, 27). – Dieser – selbstverständlich unhaltbaren – Ansicht wurde schon zu AUGUSTINS Lebzeiten, so vom Abt CASSIANUS (360-435), widersprochen.

Mit seiner Erlösungslehre wandte sich AUGUSTIN gegen den irischen Mönch PELAGIUS (um 400), der der Meinung war, der Mensch besitze Willensfreiheit genug, so dass er der Versuchung zur Sünde widerstehen könne. Er hätte auch durch den Sündenfall sein Vermögen zum Guten und zum sündenfreien Leben nicht verloren. Damit verwarf PELAGIUS die Erbsündenlehre. Er widersprach auch der Behauptung, der Tod sei eine Folge der Sünde und lehnte die Notwendigkeit der Gnade für die Seligwerdung des Menschen ab. Der Mensch könne sein Heil auch ohne CHRISTUS gewinnen.

Das bereits 418 einberufene Konzil zu Karthago verwarf – wohl auf AUGUSTIN gestützt – in neun Lehrsätzen (Canones; Ench. Symb. 222-230) die Lehre des PELAGIUS und hielt ausdrücklich fest, dass alle Menschen in ADAM gesündigt hätten, weswegen auch die Kinder zur Vergebung der Sünden getauft werden müssten. Und da „der Tod der Sold der Sünde ist" (Röm 6, 23), hätte ADAM von Natur aus nicht sterben müssen (vgl. S. 304).

Damit wurde die Erbsündenlehre als Bestandteil der Erlösungslehre endgültig festgelegt.

## Die Genugtuungslehre

Eine weitere Akzentverschiebung erfuhr die Erlösungslehre im Mittelalter durch den Erzbischof ANSELM VON CANTERBURY (1033-1109). Er stellte in seiner Schrift: *Cur deus homo?* (lat. Warum ist Gott Mensch geworden?) die These auf, dass Gott wegen seiner „Kränkung" durch den Sündenfall *Genugtuung* (lat. *satisfactio*) verlange.

Da sich Gott wegen des Sündenfalls von allen Menschen abwandte, konnte er der verworfenen Menschheit gegenüber – der Schwere der Verfehlung des ersten Menschenpaares entsprechend – ausschliesslich durch ein grosses und würdiges Opfer wieder wohlgefällig gestimmt werden.

Würdig für so ein Opfer konnte nur eine Göttliche Person sein. So kam der Gottessohn, der Messias (= CHRISTUS), auf die Erde, um die erwartete Genugtuung zu leisten, Gott mit der Menschheit auszusöhnen und die Menschheit von der Last der Erbsünde zu befreien.

## Die Erbsündenlehre als Blasphemie

Ob allerdings eine solche Vorstellung einem Klardenkenden tatsächlich zugemutet werden kann, ist eine andere Frage. Dennoch wurde die – mit der Erbsündenlehre verkoppelte – Erlösungslehre von den meisten Christen – und wird von vielen heute noch – ungeprüft hingenommen. Dies mit umso weniger Hemmung, als an dieser Erlösungslehre, die die Erbsünde voraussetzt, christliche Konfessionen, vor allem die katholische Kirche, – offiziell zumindest – nach wie vor festhalten.

Auf dem 19. ökumenischen Konzil zu Trient (1545-1563), das eine Reihe von Dogmatisierungen durchführte, wurde die „Erbsündenlehre" dogmatisch festgelegt und als Bestandteil der Erlösungslehre hingestellt. Insbesondere wurde festgehalten: Adams Sünde ist auf alle seine Nachkommen übergegangen (Ench. Symb. 239, 372, 1512, 3897; Urk. Lvk. 349, 351, 354, 363) und haftet einem jeden Menschen an (Ench. Symb. 1513, 1514; 1523; Urk. Lvk. 355, 356, 793). Die Folge der Erbsünde ist der Tod (Ench. Symb. 1511, 1512; Urk. Lvk. 353, 354). Seit dem Konzil gilt die Erbsündenlehre als Voraussetzung zur Erlösungslehre (Ench. Symb. 1511, 1514, 1955; Urk. Lvk. 353, 356, 853; bzw. 1513, 1522-24, 1528-29, 1545-47; Urk. Lvk. 355, 792-793, 798-800, 815-816; vgl. ferner: Katechismus der katholischen Kirche 1991; Erbsünde: S. 128-136; Erlösung: S. 183-191).

Und weil diese Lehre, und sei sie noch so befremdend, zu den Kerngedanken der christlichen Glaubenslehre gezählt wird, ist es so schwer, sie abzulegen.

Vor lauter Eifer, den damaligen Zeitgenossen etwas tatsächlich Wichtiges – die Notwendigkeit von JESU Kommen und Werk und die Gründe seines Kreuzestodes – zu erklären, wurde die eigentliche Hauptperson aus den Augen verloren. Und diese Hauptperson war und ist Gott.

Gott wird in seinem Wesen noch heute von allen missverstanden und er selber auf der Seite gelassen, die an die traditionelle Version der Erbsünden- und Erlösungslehre der christlichen Konfessionen glauben.

Kein innerlich reifer Mensch hingegen, der von Gott auch nur eine Ahnung hat und einigermassen bemüht ist, ihn wirklich zu lieben, wird sich mit der Lehre abfinden können. Ja, er wird sie, falls er darüber nachdenkt, lächerlich, wenn nicht sogar abstossend finden. Es ist also nicht verwunderlich, wenn Gläubige ihre Kirche auffordern, „eine intelligente Alternative zum alten Erlösungsbegriff anzubieten" (Leserzuschrift in: *Wendekreis* 9/95, 38).

Blasphemisch ist die traditionelle Erlösungslehre, insofern sie die Erbsünde voraussetzt, allenfalls. Denn sie ist eine einzige Beleidigung Gottes (falls Gott überhaupt beleidigt werden kann). Es ist doch ein merkwürdiger Gott, der es fertig bringt, wegen des Ungehorsams zweier Menschen über die ganze Menschheit ergrimmt zu sein, ja sogar so zu zürnen, dass er alle Menschen verstösst, obwohl sie für das Verhalten ihrer (angeblichen) Ahnen nichts können. Und ein „Gott", der für seine „Kränkung" Genugtuung fordert und seinen eigenen Sohn hinrichten lässt, ist eher in der Phantasie rachsüchtiger Menschen als im Himmel zu suchen.

Eine Versöhnung mit Gott wegen der Erbsünde wäre auch schon aus dem Grunde gänzlich überflüssig, weil es überhaupt keine „Erbsünde" je gegeben hat. (Auch die Heimat der „Erbsünde" ist ausschliesslich in den Köpfen am Buchstaben klebender Menschen zu suchen.)

Warum kam dann JESUS?

## Jesus und sein Erlösungswerk

Die Grundlehre des traditionellen Christentums gebietet, JESUS für den „einzigen Sohn Gottes" und damit für die „zweite Göttliche Person" (d. h. für „Gott") zu halten und anzunehmen, er hätte sich nur ein einziges Mal inkarniert. Dieses eine Erdenleben hätte ausgereicht, um sein grandioses Werk zu vollbringen und in dem Sinne zu vollenden, dass die ganze Menschheit erlöst werden kann.

Und dies ist wahr und es ist wunderbar: Er ist gekommen, um die ganze Menschheit zu erlösen.

Allein, dies ist leichter gedacht als getan. Und es ist auch leichter, es nur mit dem Verstand zu denken (oder es einfach nachzusagen), ohne es zu bedenken, in sich zu bewegen und zu versuchen, nachzu*fühlen*, was Erlösung für den Einzelnen bedeutet und auf welche Weise JESUS den Menschen hat erlösen können.

Kam auch Jesus, um die ganze Menschheit zu erlösen, so hat sein Erlösungswerk – und dies dürfte für jeden, der zum Nachdenken fähig ist, selbstverständlich sein – einen ganz anderen Grund als die „Versöhnung mit Gott". Überdies hat „Erlösung" eine völlig andere Bedeutung, als sie in der christlichen Tradition verstanden wird.

## Die Korrekturen

Für das Verständnis der Erlösung ist ein Umdenken in zweifacher Hinsicht notwendig; im Hinblick auf den *zeitlichen Rahmen* und im Hinblick auf das *Wesen der Erlösung*.

**Der zeitliche Rahmen.** JESUS kam, aber er hat die „menschliche Natur" nicht bloss für die Dauer einer einzigen Inkarnation auf sich genommen. Er kam wesentlich früher schon, denn er musste im tiefsten Sinne zum Menschen werden. Und zum Menschen, zu einem wahrhaftigen Menschen, kann nur derjenige werden, der sich zumindest einem grossen Teil der inneren Entwicklung (der ganzen zweiten Hälfte, die unzählige Inkarnationen umfasst) unterzogen hat.

Dies galt auch für JESUS. Auch er hat sich unzählige Male inkarniert, bevor er in seine letzte, seine Entwicklung abschliessende Inkarnation trat. (Dieser Hinweis ist keine leere Behauptung, sondern beruht auf mehrfacher, durchaus konkret gewonnener Erfahrung; vgl. S. 265.)

**Das Wesen der Erlösung.** Auch JESUS ging in seiner inneren Entwicklung, wie jeder Mensch, durch alle Höhen und Tiefen des menschlichen Daseins. Gerade dadurch konnte er alles, was in der Seele des Menschen vorhanden ist, in sich aufnehmen. Dazu gehört aber auch das Böse, ja sogar das Tun des Bösen. In diesem Sinne hat JESUS „unsere Sünden" auf sich genommen und nicht bloss von aussen her, wie etwa PAULUS es meinte (vgl. Röm 3, 25; 4, 25; bes. 1. Kor 15, 3).

Er nahm auch das Böse in sich hinein, aus dem einzigen Grunde, damit er es in sich verwandle. Indem er alles Negative, was in der menschlichen Seele vorhanden ist, ins Positive gewendet, die Finsternis ins Licht verwandelt hat, ermöglichte er – und ermöglicht er immerzu – allen Menschen, diese innere Reinigung und die damit einhergehende *innere Wandlung* zu vollziehen. In der völligen Verwandlung der Seele besteht aber die von ihm verheissene *Wiedergeburt im Geiste* (Jo 3, 3-8).

Am Kreuz vollzog sich seine bedingungslose Hingabe an Gott, seine vollständige – geistige, seelische und leibliche – *Selbstentäusserung*. Dadurch, dass er alles, was er besass: sein enormes Gut an Können und Wissen, und alles, was sein „Leben" war, Gott übergab und nichts für sich behielt, konnte er sich mit Gott vollständig vereinigen. Der Mensch JESUS wurde zum CHRISTUS.

Zu Jesu Erlösungswerk gehört also nicht nur sein Kreuzestod, nicht nur seine letzte Inkarnation, nicht nur seine Lehre, sondern ebenso seine ganze innere Entwicklung über unzählige Inkarnationen.

Seine *Auferstehung* hingegen ist jenseits seines Erlösungswerkes. Nachdem er zur *Höchsten Lichtgestalt* (der Erdsphäre) geworden ist, wurde sein „natürlicher" Leib der *Lichtleib*. Und eine Wesenheit, deren Leib der Lichtleib ist, kann jede beliebige Leibart zu jeder Zeit (falls nötig) annehmen. So konnte auch Jesus den Jüngern in seinem (abgelegten) physischen Leib erscheinen (Mt 28, 17-20; Mk 16, 9 u. 12 u. 14-18; Lk 24, 15-31 u. 36-51; Jo 20,14-17 u. 19-23 u. 26-29; 21,1-23).

## Die Erlösung des Menschen

Der Erlösungsvollzug hat jedoch noch einen anderen Aspekt. Es besteht nämlich ein zweiter, wichtiger Grund dafür, dass er diesen enorm langen Prozess der „Menschwerdung" auf sich genommen hat.

Deren Länge war nötig, weil Jesus im Laufe seiner inneren Entwicklung, während der vielen Inkarnationen, nach und nach jede Menschenseele in seine immerzu wachsende eigene Seele einbezog.

Er führt also jeden Menschen nicht nur durch den Glauben, sondern auch auf diese unmittelbare Weise zu Gott, indem er, der ja mit Gott völlig eins wurde, jede Seele als ein Teilchen seiner eigenen Seele zu Gott gelangen lässt. Jeder Mensch gehört zu Jesus, ob er es weiss oder nicht, ob er es wahrhaben will oder nicht, denn seine Seele bildet ein Teilchen – eine „Zelle" – in Jesu *Lichtleib*.

In der völligen Einswerdung Jesu mit Gott vollzog sich in einem gewissen Sinne sogar auch die Vereinigung jedes Teilchens seines Lichtleibes (= jedes Menschen) mit Gott. Dieser Umstand sichert jedem Menschen zu, dass er sich einmal – nun in voller Bewusstheit und in seiner voll entfalteten Individualität – mit Gott vereinigen wird. Jeder Mensch, gleich wie weit er innerlich schon entwickelt ist, ist heute schon durch Jesus mit Gott verbunden und ist mit Gott *potentiell* eins. Was aber für den Menschen, der in der Zeitlichkeit lebt, heute nur potentiell, der Möglichkeit nach, besteht, ist für Gott, für den es keine Zeit gibt, heute schon Wirklichkeit.

Die ständige Annäherung des Menschen an Gott ereignet sich im Laufe seiner inneren Entwicklung also deshalb unfehlbar, weil seine Teilhabe an Gott – dank seiner engsten Verbindung mit Jesus – im Keim schon heute besteht. Seine „potentielle Teilhabe „ wird dann im Laufe seiner inneren Entwicklung Schritt für Schritt aktualisiert, so dass sie zu einer – für ihn immer deutlicher erlebbaren – Wirklichkeit wird. Der Mensch gelangt immer mehr zur Gewissheit, dass er von Gott nicht getrennt werden kann. Denn aufgrund dessen, dass JESUS mit Gott restlos eins geworden ist, und demzufolge, dass jeder Mensch ein Teilchen von JESU Lichtleib ist, ist der Mensch bei Gott in einem gewissen Sinne heute schon angelangt.

## Die Bedeutung der Erlösung

*Erlösung* bedeutet für den Menschen ein zweifaches. Sie bedeutet *erstens*, dass seine seelische Reinigung, welcher im Laufe der inneren Entwicklung jeder Mensch ausgesetzt ist, für ihn überhaupt vollziehbar ist und vollendet werden kann. JESUS machte diesen Weg der inneren Reinigung dadurch, dass er dieselbe Verwandlung in seiner Seele vollzog und zur Vollendung brachte, überhaupt erst begehbar.

Auch für den Menschen ist die Erlösung ein langer Prozess. Er erstreckt sich auf die ganze zweite Hälfte seiner inneren Entwicklung und spielt sich demzufolge während Zyklen von Inkarnationen ab. Die Erlösung beginnt allerdings für den Menschen erst dann deutliche Züge anzunehmen, wenn er reif genug ist, um sich Gott zu öffnen.

JESUS hat sich Gott vollständig geöffnet. Darum konnte er mit Gott ganz eins werden. Er ist also von Gott nicht „trennbar". Öffnet sich der Mensch Gott gegenüber, so ahmt er im Grunde JESUS nach. Doch selbst dann, wenn er dies unter Aufbietung all seiner Kräfte tut, reichen sein guter Wille und seine Anstrengungen nicht aus, um den ganzen Prozess der Erlösung vollziehen und zu Ende führen zu können. Er braucht zu ihrer Vollendung JESU Hilfe. Und diese steht ihm unfehlbar zu. Denn:

*Zweitens* bedeutet Erlösung, dass JESUS jedem Menschen ohne Ausnahme ständig beisteht und seine innere Entwicklung, seine „Mensch-Werdung" im Sinne wachsender Menschlichkeit, wie auch seine Spiritualität unablässig fördert.

JESUS „sitzt" also nicht „zur Rechten Gottes" irgendwo „im Himmel" und sieht untätig zu, ob ein Mensch von der ihm angebotenen Erlösung Gebrauch macht oder nicht. Er wirkt unentwegt in der Erdsphäre – auf der Erde und im Jenseits – und steht einem jeden tatkräftig bei. Er führt den Menschen, ermuntert ihn und ermöglicht nicht nur jenen, die heute an ihn glauben, sondern ohne Ausnahme jedem Menschen, wenn die Zeit dafür da ist, den inneren – *spirituellen* (= von Gottes Geist erleuchteten) – Weg zu betreten und auf diesem Weg zu Gott zu gelangen.

Und da JESUS jeden Menschen in seine Seele miteinbezogen hat, steht es „felsenfest“ fest, dass mit seiner Hilfe, die jedem sicher ist, ein jeder Mensch, ohne Ausnahme, der Erlösung teilhaftig sein und einst unfehlbar zu Gott gelangen wird.

## Jesus und die Spannweite der christlichen Dimension

JESU *Menschennähe* gründet also darin, dass er selber durch und durch Mensch geworden ist, und zwar auf dem Weg der Menschwerdung, – auf jenem Weg, den ein jeder Mensch ebenfalls zu begehen hat. Und seine *Gottesnähe* beruht darauf, dass er am Abschluss seines Werdeganges wahrhaftig zu CHRISTUS geworden ist.

Angesichts dieser weit gespannten Polarität öffnet sich aber einem jeden, dem JESUS nicht mehr gleichgültig ist, eine ungeahnt grosse seelische Dimension. In dieser Dimension umspannt JESUS jene immense existentielle Weite, welche von den tiefsten Niedrigkeiten menschlichen Daseins bis zum Höchsten, zum Göttlichen reicht, von wo aus die Teilhabe an Gott möglich wird.

Es ist jene Spannweite, in welche die Seele eines jeden Menschen gleichermassen gestellt ist. Jede menschliche Seele ist in sie gestellt, damit sie sich vollständig entfalten und somit „göttlich“ werden kann. Daher ist es die wichtigste Aufgabe eines jeden Menschen, sich dieser Spannung auszusetzen und sie aus- und durchzuhalten. Diese Spannung lässt die Seele wachsen, und sie lässt sie in diese immense Seinsweite hineinwachsen.

In jeder Seele ist es der *Göttliche Kern*, der sich voll entfaltet und die Seele des Menschen „vergottet“, das heisst für die Teilhabe an Gott fähig macht.

So gross diese Aufgabe auch ist, ein jeder wird sie meistern können. Jeder wächst, unter JESU Führung, in CHRISTUS unfehlbar hinein. Nur wird keiner JESU Grösse erreichen. Und auch unter Menschen, die zur Vollendung gelangt sind, gibt es Unterschiede. Denn nicht ein jeder reicht an dieselbe Höhe heran, und nicht ein jeder wird das Licht mit derselben Intensität ausstrahlen können.

## So hoch, wie tief

Jeder kann nur so hoch steigen, wie tief er nach unten gestiegen ist. Die Seele, die die höchste Höhe: die Vereinigung mit Gott, erreicht hat, muss durch alle Tiefen und Niederungen des menschlichen Daseins hindurchgegangen sein.

Und dies ist keine ersonnene Theorie, schon gar keine leere Behauptung, nicht einmal ein „Göttliches Gesetz", sondern etwas Natürliches.

Derjenige, der in die Tiefe steigt, klettert nicht einfach aus der Tiefe – wie aus einem Erdloch – wieder heraus und schüttet alles, was an ihm haften geblieben ist – Sand oder Lehm –, wieder ab. Er nimmt diese Tiefe bzw. das, was die Tiefe in sich birgt, in sich herein und nimmt es mit sich wieder in die Höhe.

Was in der Tiefe liegt, ist das Niedrige: „Schmutz", „Unrat" der Seele. Der Mensch tut das Böse und beschmutzt dabei nicht etwa von aussen seine vorher noch „makellose" Seele. Die Seele enthält Triebe und Affekte als Anlagen, die sie *ausleben muss*. Diese sind in der ersten Hälfte der inneren Entwicklung noch in Rohform und entladen sich, wenn sie ausgelebt werden, meistens in Aggressionen und Destruktionen. Sie enthüllen all das, was in der Schattenseite der Seele vorhanden ist, und lassen das Böse und als dessen Folge das Übel entstehen. Und das Tun des Bösen schlägt sich in der Seele als „Unrat" nieder, durchtränkt sie mit „Schmutz".

Die Seele aber kann nur dann aus der Tiefe wieder hochsteigen, wenn sie sich vom Unrat befreit. Sie kann freilich den Schmutz nicht einfach abstreifen (wie man ein verunreinigtes Kleidungsstück sauber bürstet). Sie selber ist – wie ein Schwamm vom Wasser – vom Schmutz durchtränkt, sie muss sich *innerlich* reinigen. Der Wiederaufstieg in die Höhe besteht ja in der Reinigung der Seele. Und Reinigung bedeutet *Verwandlung*. All das Niedrige muss verwandelt, das Dunkle erhellt, die Schlacken aus der Seele ausgebrannt werden.

Die Reinigung, die Verwandlung des Bösen ins Gute, geschieht durch *Leiden*.

Je mehr Böses ein Mensch getan, je mehr Übel er in der Welt verursacht hat, umso mehr Unrat belastet seine Seele und umso grösser ist auch das Leiden, das zu ihrer Reinigung erforderlich ist.

Doch je mehr ein Mensch aus dem Bösen in seine Seele aufgenommen hat, je mehr er also das Böse in sich wirken liess, umso mehr Negatives wird er auf seinem Weg in die Höhe verwandeln, ins Positive wenden können, falls er sich dem dazu nötigen Leiden aussetzt.

Je mehr Böses er aber in sich verwandelt, umso reicher wird seine Seele am verwandelten Bösen. Das verwandelte Böse ist aber das *Lichtvolle*. Je mehr Lichtvolles der Mensch in sich trägt, umso höher wird er auch steigen können.

Und umso reicher ist er auch an Können und Wissen, umso mehr Fähigkeiten kann er Gott anbieten, um sie in seinen Dienst zu stellen. Je mehr er aber während seines Ganges durch die Abgründe des Lebens erfahren hat, umso mehr Verständnis wird er für die Menschen und die Mitseelen (Tier, Pflanze und die Natur im allgemeinen) haben und umso mehr Menschen und Seelen wird er helfen können.

Nur im Durchschreiten der tiefsten Tiefe gelangt der Mensch auf die höchste Höhe. Nur wer alles, was es im irdischen Dasein gibt, so auch das Böse, durchgemacht und durchgelitten hat, um es in sich aufzunehmen und zu verwandeln, wird in die unmittelbare Nähe Gottes treten können.

## Qualitäten der Gottesnähe

Die „Gottesnähe" hat verschiedene Qualitäten. Schliesslich gibt es sogar unter Engeln eine hierarchische Ordnung.

Nicht jeder Mensch steht nach Abschluss seiner äonischen Entwicklung auf derselben Höhe, nicht jeder Mensch verfügt im gleichen Masse über Können und Wissen, nicht jeder Mensch ist seelisch gleichermassen stark und tragfähig, selbst dann noch nicht, wenn er zu einer Lichtgestalt geworden ist.

Wer nicht in alle Tiefen des irdischen Lebens hinabsteigt und somit auch nicht alle seiner Höhen erklettert, der wird (falls er nicht allzu bequem oder gar faul ist) die äonische Entwicklung in kürzerer Zeit absolvieren als derjenige, der sich nicht schont und alles, was das irdische Dasein an Gutem und an Schlimmem, ja an Bösem bietet, restlos auskostet und sich damit nicht nur allen Schwierigkeiten, sondern immer wieder auch grossem Leiden aussetzt.

Eine wirklich „alte Seele" ist eine erfahrene Seele. Es gibt für den Menschen, der auf seinem Entwicklungsweg nichts (oder nur da und dort eine Chance zum Lernen und zum Leiden) ausgelassen hat, kaum etwas, was er nicht verstehen, und schon gar nichts, wovor er sich fürchten würde.

Eine „alte Seele" weiss, dass nicht nur seine Geistigen Führer, sondern Gott ebenso sein Freund ist wie der Teufel, Fürst LUZIFER, und seine Mitarbeiter, die ja insgesamt ebenfalls im Dienste Gottes stehen und ausschliesslich Gottes Willen ausführen (vgl. vom Verfasser: *Das Vaterunser* – Die Entwicklung des Menschen im Lichte des Evangeliums 1990, 258-266).

Und eine „alte Seele" ist vor allem ein Freund JESU.

Da eine „alte Seele" eine grosse – wenn auch nicht annähernd dieselbe wie JESUS, so doch eine beträchtliche – Spannweite in seiner Seele umfassen kann, wird sie doch mit seinem Herrn und Freund gemeinsam „Himmel und Erde" – oder genauer: „Himmel und Hölle" – umspannen und sie dadurch verbinden können.

Sie – die Seele des Menschen und die Seele JESU – verbinden sie, weil in der Schöpfung „Himmel und Hölle" in Wirklichkeit zusammengehören. „Himmel und Hölle" stecken in ihrer Polarität lediglich die Dimension des menschlichen Daseins ab.

Es ist der Entwicklungsweg des Menschen im Erdendasein, der durch diese Dimension des Seins hindurchführt. Begonnen auf einer mässigen Höhe, führt er hinab in die Tiefe, um den Menschen über zahllose Zwischenstationen auf einer Berg- und Talwanderung in immer höhere Höhen, schliesslich – und endgültig – in die höchste Höhe gelangen zu lassen.

Und der Mensch, der kein Tal, auch kein Seitental, wie auch – selbst im Vorgebirge – keinen einzigen Hügel oder gar eine ansehnliche Höhe auslässt, wird für seinen Entwicklungsweg eine wesentlich längere Zeit benötigen als derjenige, der vielleicht so eilt, dass er froh ist, wenn er zahlreiche Täler und Bergkuppen auf der Seite lassen kann.

So hoch, wie tief: Die Amplituden der Tiefen- und Höhenwanderung sind für alle Menschen verschieden. Doch damit auch jene Menschen, die im Laufe ihrer inneren Entwicklung stark genug geworden sind, um wagen zu können, durch – beinahe – alle Tiefen und Höhen des irdischen Lebens hindurchzuwandern, diese schwere Wanderung auch vollbringen können, hatte auch JESUS sie in vollem Umfang durchschritten. Er hatte in seiner inneren Entwicklung keine Tiefe und keine Höhe ausgelassen, damit er überall hin Licht bringt. Daher gibt es keine einzige Stelle im Tal oder auf der Höhe, wohin ein Mensch hinab- oder hinaufsteigen könnte, die von JESUS nicht schon erleuchtet wäre.

Mit dieser Tatsache hängt jenes Ereignis zusammen, das unmittelbar nach seinem Tod eingetreten ist: sein Abstieg in die Hölle.

## Jesu Abstieg in die Hölle

In der seit 370 verbreiteten Fassung des *Apostolischen Glaubensbekenntnisses* steht, Jesus sei nach seinem Tode „in die Hölle" – nach einer anderen Version: „in das Totenreich" – hinabgestiegen. Eine solche Annahme ist bereits bei den Aposteln, eine Anspielung darauf ist bei Jesus selber zu finden.

Paulus deutete die „Höllenfahrt" an, als er schrieb, Jesus sei „hinabgestiegen in die Gebiete unter der Erde" (Eph 4, 9); Petrus behauptete, er (Jesus) hätte „den Geistern im Gefängnis gepredigt, die einst ungehorsam waren" (1. Pet 3, 19) und dort ihre Strafe verbüssten. – (Mit dem griechischen Wort *phylaké* <= Gefängnis> meinte er wohl *Scheol*, hebr. Unterwelt.) – Jesus sagte selber seinen „Abstieg" voraus, indem er sich mit dem Propheten Jona verglich: Wie dieser „drei Tage und drei Nächte im Bauch des Meerungetüms war, so wird der Sohn des Menschen drei Tage und drei Nächte im Schoss der Erde sein" (Mt 12, 40; Jona 2, 1).

Das *Apostolische Glaubensbekenntnis*, das im Wesentlichen in der frühesten Taufliturgie entstanden ist und die wichtigsten Glaubensaussagen in gedrängter Form enthält, wurde auf dem zweiten ökumenischen Konzil zu Konstantinopel (381) offiziell festgelegt (Ench. Symb. 30; Urk. Lvk. 911). Die These über den Höllenabstieg Jesu wurde zum „definierten Glaubenssatz" (= Dogma) erhoben (Ench. Symb. 801, 852; Urk. Lvk. 919, 922), der die Gläubigen zum Glauben daran verpflichtet. Sie befindet sich im Glaubensbekenntnis, das auf dem Konzil zu Nizäa (325) niedergelegt wurde (Ench. Symb. 125; Urk. Lvk. 155) allerdings nicht. Es fehlt auch im *Credo* (lat. „ich glaube" = Glaubensbekenntnis), das heute im katholischen Gottesdienst gebetet wird.

Dennoch bestehen auch aus heutiger Sicht Gründe dafür, die These als zutreffend zu betrachten. Es entspricht nämlich sowohl Jesu Einstellung zu den leidenden Menschen als auch dem (hier dargelegten) Charakter seines Erlösungswerkes, dass er sich gleich nach dessen Vollendung jenen zuwandte, die im Höchstmass zu leiden hatten.

Er „stieg in die Hölle hinab", um deren „Insassen" eine Frohbotschaft zu bringen. Die Frohbotschaft bestand – selbstverständlich – darin, dass auch sie, die Höllenbewohner, erlöst wurden.

Auch im Protestantismus wird die „Höllenfahrt" in diesem Sinne verstanden. „Hölle" gilt in der protestantischen Theologie im allgemeinen als neutrales „Totenreich", das sowohl Gottesnähe als auch Gottesferne bedeuten kann. Jesu „Höllenfahrt" besagt nach protestantischer Deutung, dass sein Erlösungswerk auch bei jenen, die *vor* ihm verstorben sind, wirksam ist (vgl. R. STÄHLIN: *Himmel-Hölle*, Artikel in: Christliche Religion, hg. O. SIMMEL u. R. STÄHLIN, Neubearbeitung 1961, 132).

## Jesus in der Hölle

Die Hölle ist ein Schwingungsbereich. Auch ein seelischer Zustand beruht auf Schwingung und ist die Erlebnisweise einer Schwingungsqualität. So auch der *Höllenzustand*. Und da – auf Erden wie im Jenseits – jeder seelische Zustand ausstrahlt, prägt auch der Höllenzustand den umliegenden Schwingungsbereich. Deshalb nimmt ein sensibler Mensch auch auf der Erde beispielsweise die niederdrückende Ausstrahlung eines Depressiven wahr. Im Jenseits formt sich der innere Zustand überdies zu einer Lokalmasse aus, indem sich die Schwingung – feinstofflich – materialisiert.

Hölleninsassen, selbst wenn in ihnen das echte Gewissen noch nicht erwacht ist, so dass sie unter ihren begangenen Missetaten schon leiden würden, befinden sich mit ihrem feinstofflichen Leib in der Finsternis. Viele, die viel Blut vergossen haben, sind in eine schleimig-schmierige „Erd"masse gesenkt. Denn jeder Mensch ist mit jenem Astralstoff umgeben und von einem solchen durchtränkt, welcher ihrem wahren inneren Zustand entspricht. In der Hölle ist er der äusserst dunklen Schattenseite seiner Seele ausgeliefert.

Man kann sich also den Höllenabstieg JESU – wie dies fast immer getan wird – als einen „Gang durch die Hölle", der im Feinstofflichen tatsächlich stattgefunden hat, vorstellen. JESUS begegnete dabei unzähligen Menschen, die sich damals „dort" aufhalten mussten, und ermunterte sie, indem er mit seiner hoffnungverheissenden Botschaft – und übrigens mit seiner äusserst intensiven Liebesausstrahlung – ihren erloschenen Lebensgeist wieder erweckte.

Im übrigen fand ein solcher Höllengang JESU nicht nur einmal – und nicht nur damals – statt. Er ereignet sich immer wieder. Und er lässt sich von manchen – menschlichen – Seelen begleiten, die stark genug sind, um unter seiner Obhut den Höllengang mitzuerleben und für die Insassen um Licht zu beten.

JESUS brachte den damals in der Hölle Leidenden die Kunde, dass auch da, in ihrem beklagenswerten Zustand, in dem sie sich befanden, schon Licht vorhanden ist und seit seinem eigenen Durchgang durch die Hölle jede Ecke in einem gewissen Sinne schon erleuchtet ist. Dies, wenn auch die Insassen vorderhand das Licht nicht bemerken (wie auch ein Mensch, der in eine Depression gehüllt ist, die ihn umgebenden Lichtgestalten nicht wahrnehmen kann). Denn auch JESUS war während seiner eigenen inneren Entwicklung dem Höllenleiden – wohl nicht nur einmal – ausgesetzt, um auch diesen Zustand in sich aufzunehmen und die völlige Verwandlung der Finsternis der Hölle ins Licht vorzubereiten.

Dank JESU Höllengängen, denen er im Laufe seiner eigenen inneren Entwicklung selber ausgesetzt war, wurde für sämtliche – damalige und künftige – Höllenbewohner der Weg zu Gott frei. Und zu Höllenbewohnern werden bzw. wurden in einer bestimmten Phase ihrer inneren Entwicklung – in der von Grausamkeit gespickten und von totaler Gefühlskälte überzogenen Machtphase – ausnahmslos *alle* Menschen.

Der Grund dafür, dass JESUS die damaligen Hölleninsassen aufsuchte, war, ihnen ihre Erlösung anzukündigen. Sie sollen wissen, sie würden – wenn die Zeit dafür gekommen ist – nicht bloss von ihren Höllenqualen befreit, sondern einmal auch unfehlbar zu Gott gelangen.

Seine Liebe zu den in der Hölle leidenden Menschen war der Grund auch dafür, dass er nach seinem irdischen Tod nicht sogleich zu seinem Vater ging, um sich ihm zu zeigen (Jo 20, 17), sondern zuerst in die Hölle hinabstieg, um den Menschen dort Erleichterung zu bringen und in ihnen Hoffnung zu erwecken.

Auch JESUS kannte den Weg sehr gut, der „in die Hölle führt". Mit ein Grund dafür, dass er den überaus langen Prozess der inneren Entwicklung auf sich nahm, war gerade, jedem einzelnen Menschen unserer Menschheit beistehen zu können, und zwar sowohl in jeder noch so kurzen oder unbedeutend scheinenden Phase seiner inneren Entwicklung, als auch – und erst recht – in den mühsamen, leidbeladenen, extrem schwierigen Etappen, – auf Erden wie im Jenseits, im Paradies gleichwohl wie in der Hölle. Es gibt in der Tat keine einzige – gute wie böse – Situation im Menschendasein, welcher er nicht selber ausgesetzt gewesen wäre, welche er nicht selber durchgelebt, durchgelitten und nicht auch gemeistert – das Böse ins Gute gewendet – hätte.

Auch dies ist eine Aufgabe des Menschen, welcher er in der Nachfolge JESU und mit seiner Hilfe gerecht wird: – die *Verwandlung des Bösen ins Gute*.

### Die Endzeit

Er tut es in der zweiten Hälfte – in der bewussten Phase – seiner inneren Entwicklung und vollendet es, wenn er in das abschliessende Stadium seiner inneren Reinigung tritt. Er tritt dann in seine eigene, persönliche „Endzeit".

Der „Greuel der Verwüstung", der über ihn einbricht, verwüstet lediglich die Reste der Schattenseite in seiner Seele. Die *Endzeit* ist keine globale Katastrophe, sondern der Untergang der eigenen „Welt" des einzelnen Menschen. „Die Kräfte des Himmels" eines jeden Menschen müssen „erschüttert werden", damit er seelisch vollkommen *sauber* und geistig restlos *geläutert* ist, um „im Geiste wiedergeboren zu werden" (Jo 3, 3 u. 5) und JESUS, den „Sohn des Menschen", der „mit grosser Macht und Herrlichkeit" (als Höchste Lichtgestalt der Erdsphäre) „kommt", empfangen zu können. (Mt 24, 15-31; Mk 13, 14-27; Lk 21, 25-27)

Gelangt der Mensch in seine „Endzeit", so ist er dabei, seine äonische Entwicklung endgültig abzuschliessen und somit vollkommen *frei* zu werden. „Wenn aber dies zu geschehen anfängt, so richtet euch auf und hebet eure Häupter empor; denn eure Erlösung naht" (Lk 21, 28).

Denn dann – und erst dann – vollendet sich die *Erlösung* des Menschen.

Öffnet sich einem Menschen diese Sicht, in welcher er JESU Gestalt und Erlösungswerk in ihrer ganzen Bedeutung und in ihrer ganzen Tragweite wahrnehmen kann, so wird er auch die unmittelbare Nähe JESU konkret erleben, die Intensität seiner immensen Liebeskraft immer inniger wahrnehmen können und spüren, wie sie sein Leben über alle Hindernisse hinweg auf Gott zuströmen lässt.

## Der Mensch und die neue Sicht der Erlösung

Heute ist diese neue Sicht der Person und des Erlösungswerkes JESU für viele noch allzu neu, als dass sie sie, selbst wenn sie für ein neues Verständnis des Christentums aufgeschlossen sind, mühe- und widerstandslos annehmen könnten. Die Antwort des traditionellen Christentums auf die Frage nach dem Sinn des Lebens, auf die Gottesfrage und nicht zuletzt auf die Frage des Verhältnisses JESU zur Gestalt CHRISTI müssen für jemanden bereits *zum Problem geworden sein*, damit er sich überhaupt auf eine solche Thematik aus eigenem Antrieb einlassen kann.

Und erst dann, wenn jemand schon eine lange Reihe von Erfahrungen mit sich selber und mit seiner ungezähmten „bösen“ Natur durchgemacht, ja durchgelitten hat, wird er begreifen können, welche Hilfe ihm in seinen inneren Kämpfen die Tatsache bedeutet, dass eine so hohe Lichtgestalt wie JESUS diese Kämpfe ebenfalls durchfochten und alles Dunkle in der menschlichen Seele bereits erhellt hat.

## Der Kampf gegen die Einsicht

Ist ein Mensch in seiner inneren Entwicklung noch nicht so weit, einsehen zu können, dass das Böse, das in der Welt ist, auch in seiner Seele vorhanden ist, so wird er das Böse in der Welt suchen, dort auch mühelos finden und es bekämpfen. Und er wird alles, was an Negativem in seiner Seele ist, in die Welt, vornehmlich (natürlich) in die Mitmenschen hinauszuprojizieren, die er dann als „Feinde“ betrachten kann.

Im Gegenzug wird er alles, was für ihn „heilig“ ist, mit „Licht“ umhüllen. „Heilig“ sind ihm auf den unteren Stufe seiner inneren Entwicklung die Mitglieder seiner Familie. Und „heilig“ sind ihm seine Vorbilder. Auch dann, wenn er eine dafür auserkorene Gestalt „in Licht hüllt“, projiziert er seine – von ihm noch für makellos gehaltene – Lichtseite in diese Person. Und da seine eigene Lichtseite noch zu wenig hell ist, hilft er nach und verklärt in seinen Projektionen die Person noch zusätzlich mit Hilfe seiner frommen Wünsche und Vorstellungen, so dass ihm diese im Vollglanz der „Heiligkeit“ erscheinen kann.

Er fragt freilich nicht, ob diese Person verdient, auf diese oder jene Weise „erhöht“ zu werden. Er forscht ja nicht nach der Wahrheit. Und er braucht anfänglich – wie jeder Mensch – für seine Lebensführung noch makellose Vorbilder. So retuschiert er das Vorleben für ihn beispielhafter Menschen zu einer rosigen „Heiligenlegende“. Und er wird, falls er ein gläubiger Christ ist, schon beim blossen Gedanken, JESUS sei nicht von vornherein „Gott“ gewesen und sei erst am Kreuz zum CHRISTUS geworden, äusserst verstimmt sein. In seinen Ohren klingt die These, JESUS hätte durch eine grosse Anzahl von Inkarnationen hindurchgehen müssen, als Gotteslästerung, und die Behauptung, er sei in seinen frühesten Inkarnationen – wie jeder Mensch – durch alle Tiefen des Menschseins hindurchgegangen und hätte auch Böses getan, wird ihm als ein persönlicher Angriff auf Gott erscheinen. Schliesslich gilt für ihn JESUS als die zweite Person Gottes.

Auch sonst wurde und wird versucht, vom historischen JESUS jeden „Makel“ fernzuhalten. Traditionstreue Katholiken bestehen heute noch darauf, dass JESUS durch den „Heiligen Geist" – wie es heisst: „ohne Zutun eines Mannes" – gezeugt wurde und seine Mutter MARIA sich der „ewigen Jungfrauschaft" erfreue.

Kennzeichnend für diese Haltung ist die Mitteilung des Bischofs EPIPHANIUS (um das Jahr 375), manche liessen in den Handschriften der Evangelien Berichte weg, aus Furcht, sie würden JESU göttlicher Würde Abbruch tun. Er nennt zwei Textstellen: an der ersten wird das Weinen JESU über Jerusalem erwähnt (Lk 19, 41); an der zweiten über sein Leiden im Garten Gethsemane berichtet: „Es erschien ihm aber ein Engel vom Himmel und stärkte ihn. Und er geriet in angstvollen Kampf und betete noch anhaltender; und sein Schweiss wurde wie Blutstropfen, die auf die Erde fallen." (Lk 22, 43-44) Ein „Gott" kann doch nicht in Angst fallen und in seiner Angst „Blut schwitzen"!

Ein innerlich reifer Mensch hingegen, der weiss, was „Schwäche des Fleisches" (Mt 26, 41; Mk 14, 38) ist, fühlt sich in seiner Ohnmacht der Angst gegenüber durch JESU Beispiel gestärkt und von ihm verstanden.

Ist jemand allerdings in seiner inneren Entwicklung noch nicht so weit, erkennen zu können, dass jeder Kampf, den der Mensch austrägt, letztlich ein innerer Kampf ist, so wird er nicht nur mit der Annahme all dessen, was die Menschlichkeit des historischen JESUS betrifft, seine liebe Mühe haben, sondern jeden Gedanken an eine mögliche Reinkarnation JESU und damit die in ihrer Sicht sich öffnende Einsicht in die Wahrheit über JESU Person und Werk weit von sich weisen. Und falls an ihm schon Zweifel über die Richtigkeit seiner Vorstellungen nagen, so wird er sie nicht nur ablehnen, sondern die Lehre angreifen und vielleicht sogar bekämpfen.

Und es ist verständlich, wenn er sie ablehnt oder bekämpft. Der Mensch muss etwas Besseres haben, um das Alte, durch Tradition Bewährte aufgeben zu können. Doch zu erkennen, dass die Wirklichkeit besser und schöner ist als eine illusorische Vorstellung, setzt nicht bloss Einsichtsfähigkeit, sondern auch seelische Stärke und Mut voraus.

Befindet sich der Mensch in seiner inneren Entwicklung erst im Stadium seiner geistigen Empfängnis: der Empfängnis des *spirituellen Menschen*, der als „Embryo" in seiner Seele ausgetragen wird, so braucht es Zeit (und nicht nur neun Monate und vielleicht auch nicht nur neun Inkarnationen), bis die Wehen seiner Geburt – seiner *Wiedergeburt im Geiste* – einsetzen.

Kämpft er aber gegen die bessere Einsicht, so kämpft er auf verlorenem Posten. Ein jeder Mensch wird doch, wenn er innerlich reif geworden ist, die Wahrheit so, wie sie ist, erfahren und einsehen können und auch einsehen müssen. Auch derjenige, der heute in seiner Konfrontation mit dieser neuen Sicht über JESUS und seinem Werk noch erregt oder sogar erbost ist, wird sie – sobald die Zeit für ihn kommt – ebenfalls akzeptieren können und sie sogar selbstverständlich finden.

Die Zeit kommt dann, wenn der Mensch beginnt, sich in Frage zu stellen. Dann aber beginnt für ihn der innere Kampf.

## Der innere Kampf

Um die Bedeutung von JESU Wirken für den Menschen in seiner ganzen Grösse ermessen zu können, genügt es nicht, dass der Mensch bloss die Mühsal seiner eigenen Menschwerdung, die Hindernisse in seinem Streben, ein wahrhaftig menschlicher Mensch zu werden, vielleicht schon verspürt. Er muss auch dem Leiden seiner inneren – seelischen – Reinigung, die die Voraussetzung für die Menschwerdung ist, auf langen Strekken bereits selber ausgesetzt gewesen sein.

Wer im inneren Kampf steht, im Kampf, den der Mensch mit sich selber auszutragen hat, wer schon weiss, dass die „Feinde" des Menschen ausschliesslich in ihm selber zu suchen sind, weil sie *innere* Feinde sind, der wird beim Gedanken, JESUS habe diesen inneren Kampf in all seinen Phasen ebenfalls durchgelitten und durchgefochten, freudig aufhorchen. Und er wird sich noch in seinen ärgsten Anfechtungen gestärkt fühlen. Derjenige aber, der immer wieder durch Trübsal und Hoffnungslosigkeit hindurchgegangen ist, Verzweiflung und der Ohnmacht dem „Bösen" gegenüber ausgesetzt war und die Macht seiner eigenen triebhaften Natur erlebte und somit auf die bitterste Weise erfahren hat, was es heisst, *erlösungsbedürftig* zu sein, dem wird das Wissen, auch JESUS sei durch all die inneren Nöte und Leiden hindurchgegangen, eine unheimlich grosse Hilfe und immerwährende Stärkung bedeuten.

Er wird zudem einsehen können, dass der Vollzug seiner Erlösung nicht auf die überaus kurze Zeit einer einzigen Inkarnation bemessen sein kann. Und er wird selbst dann, wenn er weiss, dass JESUS mit menschlichem Mass nicht zu messen ist, erkennen, dass JESU Erlösungswerk kein „Tages"werk ist, das er innerhalb eines einzigen Erdenlebens hätte vollbringen, geschweige vollenden können.

Ein Mensch also, der in der Auseinandersetzung mit seiner Schattenseite bereits „kampferfahren" ist und weiss, wie schwer es ist, auch nur einigermassen menschlicher zu werden, und der schon weiss, wieviel es vom Menschen fordert, auf den Weg zu Gott nicht nur – als wäre es bloss ein frommer Wunsch – in Gedanken loszugehen, sondern ihn tatsächlich anzutreten, der wird bei der Vorstellung, es gebe im menschlichen Leben nichts, keinen leuchtenden Höhepunkt und keine finstere Tiefe, was JESUS nicht selber durchgemacht, erlebt und es somit *ins Göttliche verwandelt* hätte, nur Erleichterung und Freude empfinden können. Und er wird ihm gegenüber mit Dankbarkeit erfüllt sein, dass er dieses äusserst lange währende Werk – auch für ihn – auf sich genommen und zu Ende geführt hat.

Er weiss doch, dass es für ihn überhaupt keine Lebenssituation geben kann, und sei sie noch so düster, mit noch so grossen Selbstverschuldungen belastet, in der sich nicht auch JESUS befand und die er nicht in sich aufgenommen hätte, um sie ins Lichtvolle zu wenden.

Der Mensch, der in inneren Kämpfen steht, im Kampf mit dem Bösen, das in ihm ist, kann wissen: Auch da geht er in den Fussstapfen des Herrn. Und da JESUS jede noch so hoffnungslos scheinende Lage bereits gemeistert hat, so kann er wissen, dass auch er jede Situation letztlich ebenfalls wird meistern können. Er wird aber auch den Grund kennen, warum er sie einmal wird meistern können: Weil ihm JESUS immerzu – Tag für Tag – beisteht und unablässig in alle Zukunft beistehen wird. Er garantiert ihm, dass er mit seiner Hilfe den Weg zu Gott wird beschreiten können, jenen Weg, dessen Ziel – die Vollendung – er selber bereits erreicht hat.

Der Mensch aber geht auf diesem Weg nicht bloss vorwärts, er wird auf ihm auch in das Wesen JESU hineingeführt. Und das Wesen JESU ist die Liebe.

Liebt jemand JESUS, so wird er auch die Menschen lieben können. Sein Leben und sein Wirken wird dann, gleichgültig, wie er lebt, gleichgültig, was er tut, letztlich darin bestehen, dass er aus JESU Liebe schöpft, um sie den Menschen weiterzugeben.

Wer aber die Menschen liebt, achtet stets darauf, dass er menschlich ist und menschlich handelt – menschlich im Sinne der wahrhaftigen Menschlichkeit.

Dann wird er nicht mehr *aus*schliessend denken, nicht mehr meinen, es gebe Menschen, die nicht zu Gott gelangen. Und selbstverständlich wird er die Einhaltung äusserer Vorschriften einer orthodoxen Religion nicht für den Weg halten, auf dem der Mensch tatsächlich zu Gott gelangen kann.

Er wird dann *frei* sein, frei von menschlichen Vorstellungen, frei auch von einer falschen Vorstellung über Gott, frei von menschlichen Geboten und Verboten, und frei *für* die Erkenntnis der Tiefe der Weisheit und der Tiefe der Liebe Gottes.

Er wird aber auch frei sein für die Einsicht, dass JESUS die ganze Menschwerdung, die auch jeder Mensch zu vollziehen hat, allein aus Liebe zu den Menschen auf sich genommen hat.

Und er wird begreifen, was es heisst: die *Liebe des Herrn.*

## Verzeichnis der Abkürzungen/Abkürzung der Bibelstellen

**Evangelium nach**

| | |
|---|---|
| Mt | Matthäus |
| Mk | Markus |
| Lk | Lukas |
| Jo | Johannes |

**Alt- und neutestamentarische Bücher**

| | |
|---|---|
| Gen | Genesis = Das erste Buch Mose |
| Ex | Exodus = Das zweite Buch Mose |
| Lev | Leviticus = Das dritte Buch Mose |
| 2. Kön | Das zweite Buch der Könige |
| Jes | Jesaja |
| Jona | Das Buch Jona |
| Mal | Maleachi |
| Apg | Apostelgeschichte |

*Briefe des Paulus*

| | |
|---|---|
| Röm | Der Brief an die Römer |
| 1. Kor | Der erste Brief an die Korinther |
| Gal | Der Brief an die Galater |
| Eph | Der Brief an die Epheser |
| Kol | Der Brief an die Kolosser |
| 1. Pet | Der erste Brief des Petrus |

(Bibelzitate entnommen aus der Zwingli-Bibel, Zürich 1962)

**Glaubenssatzverzeichnis der katholischen Kirche**

| | |
|---|---|
| Ench. Symb. | Enchiridion Symbolorum, gr. lat. hg. H. Denzinger u. A. Schönmetzer $^{34}$1967 |
| Urk. Lvk. | Der Glaube der Kirche in den Urkunden der Lehrverkündigung, dt. hg. J. Neuner u. H.Ross, neubearb. K. Rahner u. K. H. Weger $^{8}$1971 |

**Patrologiae cursus completus**

| | |
|---|---|
| | hg. J.P. Migne |
| PG | Series I: Ecclesia Graeca 162 Bde, 1857-1866 |
| PL | Series II: Ecclesia Latina 221 Bde, 1844-1864 |
| CSEL | Corpus scriptorum ecclesiasticorum latinorum, hg. Wiener Akademie d. Wissenschaften, 1866 ff |

**Andere Abkürzungen**

| | |
|---|---|
| Abh. | Abhandlung |
| arab. | arabisch |
| Art. | Artikel |
| Bd. | Band |
| bearb. | bearbeitet |
| bes. | besonders |
| christl. | christlich |
| dt. | deutsch |
| engl. | englisch |
| epist. | Epistola = Brief |
| franz. | französisch |
| Frg. | Fragment |
| geistl. | geistlich |
| gr. | griechisch |
| hebr. | hebräisch |
| hg. | herausgegeben |
| Jh. | Jahrhundert |
| jur. | juristisch |
| kath. | katholisch |
| lat. | lateinisch |
| Neubild. | Neubildung |
| neulat. | neulateinisch |
| sans. | sanskrit |
| urspr. | ursprünglich |
| übs. | übersetzt |
| weltl. | weltlich |
| wört. | wörtlich |
| $^{8}$1971 | 8. Auflage, 1971 |

# Fremdbegriffe

Agnostiker (gr. Neubild. aus: *agnosein* = nicht wissen) Anhänger der Lehre, wonach über das wahre Sein u. über Gott nichts erkannt werden könne, so dass die Frage nach ihrer Existenz unentscheidbar sei

Akasha (sans.) Raum; in der Hinduphilosophie: Schall oder Lautäther. Im Westen deuten manche diesen Raum (= *Akasha*) in einem erweiterten Sinne als den Raum, in welchem die *Akasha-Chronik* (= Kosmische Chronik) aufbewahrt wird, als „Weltgedächtnis". Da aber Weltgedächtnis auf Sanskrit *Matarishva* heisst, ist der Terminus „Akasha-Chronik" nicht sachgerecht.

Anathema (gr.) kirchlicher Bannfluch

Anthropologie (gr. aus: *anthropos* = Mensch; *logía* = Lehre, Wissenschaft) Lehre vom Menschen

Äon (gr. *aíon*) Leben, Lebenszeit; Zeitalter, Weltalter; in der Gnosis: höhere geistige Kräfte, die von Gott ausgeströmt sind; Wesenheiten; bei Paulus: Beherrscher dieser Welt (= Teufel, Eph 2, 2)

Ápokatástasis pánton (gr. zurückversetzen, Wiederherstellung, Neuordnung; *pántos* = ganz, völlig) vollständige Wiederherstellung eines früheren Zustandes; in der Gnosis: Rückkehr d. Seelen zum ursprünglichen Zustand/zu Gott

apokryph (gr.) verborgen; unecht. Als solche gelten jene Schriften des Alten u. des Neuen Testaments, die von der Kirche nicht kanonisiert, d. h. nicht als „Heilige Schrift" anerkannt sind.

Apologet (gr. aus: *apologéonai* = sich rechtfertigen, sich verteidigen) Verteidiger d. christlichen Lehre

Astralleib (aus: gr. *astron* = Gestirn, sternartig) feinstofflicher Leib. Das Wort „Astral" stammt aus dem Mittelalter, es wurde von Neuplatonikern u. in der Sufi-Literatur verwendet, von Theosophen u. Anthroposophen übernommen. - Das „Astrale" hat mit Sternen insofern zu tun, als nach Angaben von medial begabten Menschen

| | |
|---|---|
| | im „Astralleib" Lichtpünktchen aufleuchten sollen, die Sternen ähnlich sind. |
| Atheist | (gr. *atheos* = gottlos) Gottesleugner |
| Blasphemie | (gr.) verletzende Äusserung über etwas Heiliges; Gotteslästerung |
| Demagoge | (gr.) urspr. Volksführer; Volksverführer, -aufhetzer |
| Dogma | (gr. Meinung) festgelegter Lehrsatz, als Wahrheit hingestellter Glaubenssatz (bes. in d. kath. Kirche) |
| Dualismus | (lat. aus: *dualis* = zweifach) Lehre von zwei unterschiedlichen od. gegensätzlichen Prinzipien |
| Emanation | (lat. Ausfluss) Herausströmung; Hervorgehen aller Dinge aus einem höchsten Ursprung |
| Enzyklika | (gr. aus: *egkyklios* = rund) Rundschreiben, bes. d. Papstes |
| Eschatologie | (gr. aus: *eschatos* = d. letzte) die christliche Lehre von den letzten Dingen: Sinn d. Lebens, Ziel d. Menschen, Tod, Jenseits, Weltende, Anbruch d. neuen Welt bei Christi Wiederkunft |
| Exegete | (gr. *exegesis* = d. Auseinandersetzen) Ausdeuter eines Schriftwerks, bes. d. Bibel |
| Exorzismus | (gr.) Beschwörung; Austreibung böser Geister, d. Teufels |
| Geozentrik | (gr. aus: *gé* = Erde) Lehre, wonach die Erde im Mittelpunkt d. Weltalls steht |
| Häresie | (gr. *airesis*) urspr. das Erwählte, im weiteren Sinne: die Schule. Das Wort erlangte erst vom 2./3. Jh. an im Streit der Christen um Glaubensvorstellungen u. Dogmen seine noch heute gültige Bedeutung als: Abspaltung, Irrlehre, Ketzerei. |
| Heliozentrik | (gr. aus: *hélios* = Sonne) Lehre, wonach die Sonne im Mittelpunkt des Planetensystems steht |
| Hologramm | (gr. Neubild. aus: *holos* = ganz; *grámma* = Schrift, Zeichen) mit Spiegelung und besonderem Beleuchtungseffekt hervorgebrachtes Bild eines Objekts |
| Imam | (arab. Führer, Vorbild) urspr. Vorbeter in der Moschee (= mohammedanisches Gotteshaus); d. geistliche Würde d. Kalifen (arab. = geistl. u. weltl. Herrscher d. Islams als Nachfolger Mohammeds) |
| in statu nascendi | (lat. aus: *status* = Stand, Zustand; *nascere* = geboren werden) im Entstehen begriffen |

| | |
|---|---|
| Islam | (arab.) urspr. Ergebung in den Willen Gottes; auf Mohammeds Lehre gründende Religion |
| Kanon | (gr. Massstab) Gesamtheit der als echt anerkannten Schriften d. Bibel (= kanonische Bücher im Gegensatz zu apokryphen); feststehender Teil d. kath. Messe |
| Katatonie | (gr. aus: *katátonas* = gespannt) „Spannungsirresein", krankhafte Bewegungsstörung, Bewusstseinsstarre |
| Kerygma | (gr. Heroldsruf) Verkündigung d. Propheten u. von Jesu Lehre |
| Konzil | (lat. Zusammenkunft) Versammlung d. höheren kath. Geistlichkeit |
| Liturgie | (gr. *leiturgía*) urspr. Dienst am Volke; Gottesdienstordnung, von der Kirche vorgeschriebener Kult |
| Logos | (gr.) Wort, Rede; Gedanke, Begriff; Vernunft, Sinn; Gottes Schöpferkraft/schöpferisches Wort (vgl. Jo 1, 1) |
| Messias | (gr. aus: hebr. *maschiah*) d. Gesalbte; (gr.) *Christos*; mit lat. Endung: *Christus* |
| Metempsychosis | (gr. aus: *meta* <Vorsilbe> = mit-, nach-, zwischen-; *én* = hineien; *psyche* = Seele; *enpsychein* = beleben) Seelenwechsel im Sinne: Durchgang durch verschiedene Seelenzustände |
| Metemsomatosis | (gr. aus: *soma* = Leib) Wiedereinkörperung, (lat.) Reinkarnation |
| missing link | (engl.) fehlendes Glied; die fehlende Zwischenstufe zwischen Tier und Mensch in der Kette der Evolution |
| Mysterium | (gr. *mystérion*) unergründliches Geheimnis; Geheimkult; in der kath. Messe: Verwandlung von Brot (Hostie) u. Wein in Leib u. Blut Christi |
| Neurose | (gr. aus: *neuron* = Nerv) psychisch verursachte regelwidrige Funktion d. Nervensystems |
| ökumenisch | (gr. aus: *okouméne* = d. bewohnte <Erde>); urspr. den bewohnten Teil der Erde betreffend; für alle Welt geltend, allgemein; auf die Einigung aller christl. Kirchen u. Konfessionen in Fragen d. Glaubens u. d. religiösen Arbeit angelegt |
| Orthodoxie | (gr. aus: *orthós-* = gerade-, recht-, streng-; *dóxa* = Glaube) Recht-, Streng-, Starrgläubigkeit; Glaube an die unverrückbare Gültigkeit von Thesen u. Vorschriften, |

in der Religion an Glaubenssätzen u. Dogmen; strenge od. starre Haltung in Glaubens- od. Wissensfragen

Paläontologie (gr. Neubildung aus: *palaiós* <Vorsilbe> = alt-, ur-; *òn* = Wesen, Lebewesen) Wissenschaft von d. Lebewesen vergangener Endzeitalter

Palingenesis (gr. aus: *palin* = wieder, von neuem; *génesis* = Erzeugung, Entstehung, Geburt, Leben, Werden) Wiederentstehung; Wiedergeburt

Paradoxie (gr. aus: *pará-* <Vorsilbe> = wider-, entgegen-; *doxa* = Meinung) d. allg. Meinung, dem Geglaubten oder der Vernunft Zuwiderlaufendes, (scheinbar) Widersinniges; in d. Logik: Aussage, die zugleich „wahr“ u. „falsch“ ist bzw. zu sein scheint

Patristik (lat. aus: *pater* = Vater) Lehre u. Schriften der Kirchenväter

Plagiat (aus: gr. *plágios* = hinterlistig) Diebstahl geistigen Eigentums

Pneuma (gr. Hauch, Atem) in d. gr. Philosophie: luftartige, Atem u. Pulsschlag bewirkende Substanz, Lebenskraft; im Christentum: Geist, der der Seele übergeordnet ist

Praescription (lat. aus: *prae* <Vorsilbe> vor- ; *scriptum* = Schrift) Überschrift, Titel; Vorwand; jur. Einrede, die die Abweisung des Klägers noch vor der Gerichtsverhandlung zur Folge hat

Prämisse (lat. d. Vorausgeschichte) Vordersatz bzw. Voraussetzung in einem logischen Schluss

Präzession (lat.) Vorrücken des Widderpunktes und damit der Tag- und Nachtgleichen infolge der Kreiselbewegung der Erdachse

profan (lat.) urspr. vor dem geweihten/heiligen Bezirk liegend; ungeweiht, weltlich

Prolegomena (gr.) wörtl. das in voraus Gesagte; Vorrede, Vorwort

Psychopharmaka (gr. aus: *psyché* = Seele; *phármakon* = Gift, Heilmittel) auf die Seele wirkendes Heil- bzw. Beruhigungsmittel

Psychose (gr. *psychósis* = Beseelung) Seelenstörung, seelische Krankheit (= „Geisteskrankheit“)

Renaissance (franz. Wiedergeburt) Wiedererweckung einer vergangenen Kultur, bes. d. Antike im 15. - 16. Jh.

| | |
|---|---|
| Sakrament | (lat. aus: *sacer* = heilig; *sacramentum* = Eid) heilige Handlung, die nach christlicher Lehre göttliche Gnadengüter vermittelt |
| Sakrileg | (lat.) Vergehen gegen geweihte Personen; Gotteslästerung |
| Schizophrenie | (gr. aus: *schizein* = spalten; *phrén* = Gemüt, Seele) „Spaltungsirresein", Spaltung d. Person, gespaltetes Seelenleben |
| Scholastik | (lat. aus: *schola* = Schule; *scholasticus* = d. schulgerecht Gebildete) urspr. zur Schule gehörend, Schullehre; die an Kloster- u. Domschulen u. Universitäten gelehrte Philosophie und Wissenschaft im Mittelalter |
| Synkretismus | (aus: gr. *syn-* <Vorsilbe> = mit-, zusammen; lat. *cretio* = d. Wachsen) urspr. Vereinigung streitender Parteien gegen d. gemeinsamen Feind; Verbindung entgegengesetzter Lehren u. Meinungen; Verschmelzung gr., orientalischer u. christl. Elemente in d. Spätantike |
| Synode | (gr. Zusammenkunft) Kirchenversammlung |
| Theodizee | (gr. aus: *theós* = Gott; *dike* = Recht) Rechtfertigung Gottes angesichts d. Übels u. d. Bösen in der Welt |
| Theologie | (gr. aus: *theós* = Gott; *logía* = Wissenschaft, Lehre) Lehre von Gott |
| Transmigration | (lat. aus: *trans-* <Vorsilbe> = über-, hinaus-; *migrare* = wandern) Seelenwanderung |
| Trauma | (gr.) Wunde; seelische Erschütterung durch Verletzung od. Schock |
| Trojanisches Pferd | Nach griechischer Sage bauten die Griechen, die die Stadt Troja belagerten, aber nicht einnehmen konnten, ein riesengrosses hölzernes Pferd, in dem sich Krieger versteckten. Nachdem die draussen gebliebenen Griechen einen Abzug vortäuschten, wurde das Pferd von den Trojanern in ihre Festung geholt. Die Griechen verliessen nachts das unbewachte Pferd und besiegten d. Trojaner. (Homer: Odysse <in der Sinnfolge> VIII 492-520; IV 271-289; XI 523-537, später auch bei anderen Dichtern) |
| Zölibat | (lat. *coelebs* = ehelos) Ehelosigkeit, wozu kath. Priester seit der Synode zu Rom (1074) unter Bannandrohung verpflichtet sind |

# Personenregister

**Fett** gedruckte Seitenzahlen verweisen auf Hauptstellen, *kursiv* gedruckte auf wichtige Aussagen.

# Sachregister

**Fett** gedruckte Seitenzahlen verweisen auf Hauptstellen, *kursiv* gedruckte auf Definitionen oder wichtige Informationen. (FB) = Fremdbegriffe, → = siehe unter, vgl. = vergleiche

## Alexander Gosztonyi

Alexander Gosztonyi, Dr. phil. I, Jahrgang 1925, führt eine Praxis als Lebensberater und Rückführungstherapeut in Zürich. Zahlreiche Publikationen über verschiedene naturwissenschaftliche Themen und aus dem Bereich der Philosophie, Psychologie, Theologie und Religionsgeschichte. Die Bücher im naturwissenschaftlichen Bereich sind vergriffen.

Ausser den Veröffentlichungen sind ***Tonband-Kassetten*** und ***CD's*** mit ***Vorträgen*** des Autors über Themen im Bereich der Psychologie, Philosophie, Glaubensfragen des Christentums und die Reinkarnation erhältlich. Interessenten werden in die Adressliste aufgenommen und über weitere Vorträge/Veröffentlichungen informiert. Der Leserservice des Verlages hält eine aktualisierte Liste mit Bezugsadressen dieser Kassetten für Deutschland und die Schweiz bereit.

Diese Liste finden Sie unter **www.windpferd.de**, und zwar unter dem Titel dieses Buches: *Die Welt der Reinkarnationslehre.*

Der Autor führt **Kurse** zur ***Einführung in die Praxis der Rückführungstherapie*** und über ***Traumdeutung*** durch. Die Kurse richten sich an alle, die ihre therapeutische Tätigkeit mit Rückführungen ergänzen möchten und die den Wunsch haben, das Wissen um die Reinkarnation mit dem dazugehörenden Weltbild in ihre Beratung einzubeziehen.

Die Zeitschrift ***RÜCKBLICK*** bringt Texte von Autor, Mitarbeitern und anderen über Fragen zur Praxis und Theorie der ***Rückführungstherapie***. Sie erscheint jährlich zweimal. Bezugsadressen finden Sie ebenfalls unter **www.windpferd.de** beim Titel dieses Buches.

Alexander Gosztonyi
Anatomie der Seele
WINDPFERD

Alexander Gosztonyi
Das Vaterunser
Die spirituelle Entwicklung des Menschen
– im Lichte des Evangeliums –
vor dem Hintergrund der Reinkarnation
WINDPFERD